D1666796

Hartmut F. Eisenmann

Die zwei Sigillen

Zum Leben im Mittelalter, Roman

EDITION OCTOPUS

Über den Autor:
Dr. Hartmut F. Eisenmann lebt in Pforzheim, ist emeritierter Professor. Er lehrte Wirtschaftsrecht und ist Autor zahlreicher Fachbücher und wissenschaftlicher Beiträge. Gegenstand seiner Dissertation war mittelalterliches Recht, und von dort ist der Weg nicht sehr weit zum Thema dieses Buches: zum Leben im Mittelalter.

Hartmut F. Eisenmann, »Die zwei Sigillen«
© der vorliegenden Ausgabe: Edition Octopus
Die Edition Octopus erscheint im
Verlagshaus Monsenstein & Vannerdat OHG, Münster
www.edition-octopus.de
© 2007 Hartmut F. Eisenmann

Titelbild: Ausschnitt eines Renaissanceanhängers »Großes Meeresungeheuer« nach Hans Collaert, Schmuckmuseum Pforzheim.
Satz: Claudia Rüthschilling
Umschlag: Claudia Rüthschilling

Druck und Bindung: MV-Verlag
ISBN: 978-3-86582-533-9

Prolog

Mit diesem Roman führe ich Sie, lieber Leser, in das *späte Mittelalter*, und zwar in die Zeit von etwa 1400 bis 1490. Das Leben, Denken und Handeln der Menschen jener Zeit steht im Mittelpunkt dieses Buches.

Das Mittelalter, die Zeit zwischen Antike und Renaissance, wurde von den Humanisten oftmals die »dunkle Zeit« genannt. In Bezug auf die geistig-philosophische Entwicklung und die Verhaltensweisen der Menschen pflegen wir heutzutage jene Zeit ganz ähnlich zu bezeichnen: das »finstere Mittelalter«. Mitleidlos, roh, hart und unmenschlich sind Prädikate, mit denen wir aus unserer Sichtweise mittelalterliches Leben versehen, Bewertungen, die nicht zu Unrecht bestehen – wie wir noch sehen werden.

Orte der Handlung sind *Konstanz*, an Bodensee und Rhein gelegen, und *Weinfelden* im Thurgau – die Landschaft südlich von Bodensee und Hochrhein (Schweiz).

Schon mit diesen spärlichen Angaben habe ich Ihnen einen Teil des Spannungsfeldes umrissen, das den Hintergrund für diesen Roman abgibt, denn von *politischer Brisanz* war das magische Sechseck: Bischof – die Stadt Konstanz – Thurgau – Herzöge von Österreich – deutsche Könige – Eidgenossen.

Um das Jahr 600 wurde Konstanz Bischofssitz. Für große Teile Alemanniens zuständig, war das Bistum Konstanz viele Jahrhunderte lang die umfangreichste deutsche Diözese. Der *Bischof* als Kirchenfürst war ursprünglich zugleich weltlicher Herr der Gemeinde. Das wirtschaftliche Erstarken der Bürgerschaft führte jedoch zu deren politischem Gewicht, zu Selbstverwaltungsorganen und damit zur Einschränkung der bischöflichen Macht.

Konstanz mit seinen damals 6000 bis 8000 Einwohnern gehörte zu den größeren Mittelstädten Deutschlands. Es war ein wichtiger Handelsplatz und rangierte in der Spitzengruppe der reichen Städte Oberdeutschlands.

Eingeengt durch den Bodensee im Osten, den Rhein im Norden und durch Sumpfgebiete im Westen, blieben lediglich Expansionsmöglichkeiten nach Süden hin, also in den *Thurgau*. Dies wurde gefördert durch Verwandtschaft und Schwägerschaft von Konstanzer Patriziern mit thurgauischem Landadel sowie dadurch, dass Konstanzer Bürger im Thurgau Ländereien aufkauften. Eine beträchtliche Anzahl von Thurgauern, ja sogar ganze Gemeinden im Thurgauer Umland, nahmen das Konstanzer Bürgerrecht an; auch die Vogtei Eggen gehörte zur Konstanz. Vor allem aber waren es enge wirtschaftliche Verflechtungen. Händler und Handwerker aus dem Thurgau verkauften ihre Landprodukte am nächstgelegenen bedeutsamen Handelsplatz Konstanz und erwarben dort die Erzeugnisse für den eigenen Bedarf. Dies alles führte dazu, dass Ansätze für eine Territorialbildung von Konstanz in seinem natürlichen Hinterland Thurgau geschaffen wurden.

Obwohl die Landgrafschaft Thurgau in der ersten Hälfte des 15. Jahrhunderts die überwiegende Zeit der Landvogtei der *Herzöge von Österreich* unterstand, hatte Konstanz dort bedeutsame Rechte erlangt, insbesondere das thurgauische Landgericht mit Blutbann. Dies hatte der *deutsche König* Sigismund seiner Reichsstadt im Jahre 1417 gegen eine Summe von 3100 Gulden verpfändet und zu Lehen erteilt. So war die Landeshoheit im Thurgau geteilt zwischen Konstanz und Österreich.

Die *Eidgenossen*, die ihre Interessensphäre im Laufe der Jahre immer weiter nach Norden vorgeschoben hatten, eroberten im Jahre 1460 den Thurgau. Das hatte zur Folge, dass sich vor den Toren der Reichsstadt an See und Rhein so ganz allmählich eine Art »Staatsgrenze« entwickelte, die sich bald auch als Handelsgrenze erwies. Wirtschaftlich gesehen war dadurch der Lebensnerv von Konstanz getroffen, wenn auch das Landgericht zunächst dort verblieb, und zwar bis 1499, dem Jahr des Sieges der Eidgenossen im Schwabenkrieg. Damit hatte die Reichsstadt auch die letzte Position in ihrem natürlichen Hinterland verloren. Versuche einer Territorialbildung im Thurgau waren somit gescheitert. Das war aus der Sicht der Stadt Konstanz umso bedauerlicher, als sie dort jahrhundertelang die Zentrale für Handel und Verkehr war.

Mindestens genauso bedeutsam wie diese geschichtlichen und wirtschaftlichen Hintergründe ist die Beantwortung folgender Fragen: Welches waren die bestimmenden Kräfte jener Zeit? Wie lebte der Mensch im ausgehenden Mittelalter, wie war sein Weltbild, wie sein Alltag? Nur wenn wir hier einige fundamentale Einsichten gewonnen haben, werden wir das Umfeld und die Verhaltensweisen der handelnden Personen dieses Romans verstehen können.

Das Leben bedeutete in jener Zeit für die große Mehrheit der Bevölkerung Mühsal, Entbehrung, Krankheit, Seuchen, Hungersnöte und geringe Lebenserwartung. Mägde, Gesellen und Tagelöhner hausten oft in Schuppen oder einfachen Buden, auf engstem Raum oder gar in finsteren Kellerlöchern. Die hygienischen Verhältnisse waren meist unzureichend: Unrat jeglicher Art, sogar Exkremente landeten in den Eegräben, den engen Grenzgräben zwischen Häuserzeilen, zum Teil sogar auf den Straßen und Gassen vor den Häusern. Hunde und Schweine stöberten dort nach Nahrung, eine Straßenreinigung wurde nur ausgesprochen spärlich durchgeführt; Kanalisation im heutigen Sinne war nicht bekannt. Enge, Schmutz und Gestank waren beherrschende Elemente. Damit wir uns aber richtig verstehen: Diese aus heutiger Sicht trostlosen Zustände herrschten nicht etwa nur auf dem Lande, sondern vor allem in den Städten.

Das Menschenbild im Mittelalter war vom katholisch-christlichen Glauben bestimmt, die maßgebliche Sichtweise jener Zeit war die der Kirche. Das Bewusstsein der Menschen war ein religiöses Bewusstsein. Der *christliche Glaube* war keine Privatsache, er stellte vielmehr die Norm für das menschliche Leben dar und war somit die Basis jeglicher gesellschaftlichen Konvention. Die *Kirche* war die dominierende Kraft. Durch sie wurde das gesamte Dasein bestimmt. Das galt gleichermaßen für die Armen und für die Reichen, für deren Lebensrhythmen und Verhaltensweisen, sowohl im Geschäftlichen als auch im Privaten, kurzum für alles bis hin zu Alltäglichem, wie etwa den Essgewohnheiten.

Auch für die gesellschaftlichen und rechtlichen Unterschiede zwischen Mann und Frau war die Auffassung der Kirche maßgebend. Die *Unterordnung der Frau* wurde aus dem Neuen Testament abgeleitet, insbesondere aus den Paulusbriefen, in denen geschrieben steht, dass der Mann des Weibes HAUPT ist, dass die FRAUEN SCHWEIGEN, dass sie UNTERTANEN ihrer Männer sind als ihren Herren. Der große Kirchenlehrer und Philosoph Augustinus, Vater und absolute Autorität der gesamten mittelalterlichen Gedankenwelt, schrieb, dass er nicht wisse, wozu die Frau dem Mann als Hilfe gegeben worden wäre, wenn nicht zum Kinderkriegen. Da man diese Subordination nicht nur auf die Ehe bezogen verstand, bedeutete dies die Dominanz des Mannes schlechthin. Die Frauen lebten in einer patriarchalisch bestimmten Welt. Dass die Frau im politischen Leben keinen Anteil hatte, war dabei wohl noch das geringste Übel. Schlimmer war es für sie, dass man sie als ein *Ding* ansah, ein Objekt, an dem sich der Mann abreagierte; Erniedrigung zur Lustgespielin, Unterdrückung und Brutalität waren insofern grausame Realität. Diese an sich schon erniedrigende Beurteilung erfuhr noch eine Steigerung durch die Auffassung von der *Sündhaftigkeit* des Wesens der Frau, abgeleitet vom Evasyndrom: Durch sie wurde die Sünde in die Welt gebracht. Die Frau war es also, die für den Sündenfall verantwortlich war, ein Makel, von dem sie nicht freikam. In diesem Sinne war die Aussage eines Predigers: »Die Ursache allen Übels ist das Weib!« eine Formel, die Jahrhunderte überdauerte. Dementsprechend stellte man auch die sieben Todsünden in Frauengestalt dar. Frauen wurden zum Teil geradezu verteufelt. Dass aufgrund dieser Sichtweise der Weg zur Verfolgung von Frauen und deren Verbrennung als *Hexen,* was MOSAISCHER DARLEGUNG entsprach, nicht sehr weit war, liegt fast auf der Hand.

Groß waren auch die *sozialen Unterschiede* der verschiedenen Schichten. Auf der einen Seite standen die wenigen Reichen, die Patrizier und die Handelsherrn, selten waren es Handwerker. Diese konnten sich großen Luxus leisten. Sie trugen ihren Wohlstand stolz zur Schau, nicht nur in Form ihrer Bekleidung, sondern vor allem auch ihrer Steinhäuser mit prächtigen Einrichtungen. Ihre Lebensweise war üppig, vor allem bei Speis und Trank. Ihnen stand die große Zahl der armen Bevölkerung gegenüber: der größte Teil der Zünfter, die Gesellen, das Gesinde, Knechte, Mägde, Tagelöhner und auch die Bauern. Ihre Mahlzeiten bestanden in der Regel lediglich aus Brot und Mus, einem gekochten Getreidebrei, wenn es hochkam einem Gemüsebrei. Fleisch war für sie eine Seltenheit und beschränkte sich meist auf Fest- und Feiertage. Hunger war nicht selten ein ständiger Begleiter dieser armen Schichten.

In dieses für die meisten Menschen im Diesseits von Mühsal und Plage beherrschte Leben wirkte die *göttliche Welt* in alle Bereiche hinein. Seuchen, Krankheiten, Hungersnöte und Naturkatastrophen schickte Gott dem sündigen Menschen als Strafe und zugleich als Mahnung, Buße zu tun. Die krassen Unterschiede zwischen Armen und Reichen wurden als von Gott so gewollt hingenommen. Die Lebensrhythmen richteten sich nach dem liturgischen Kalender. Jeder Gläubige sollte im Laufe eines Kirchenjahres die christliche Heilsgeschichte miterleben und in sich aufnehmen. Ständiges Glockengeläute erinnerte an die Vergänglichkeit und an das Jüngste Gericht, denn schließlich glaubte man doch, in einer Endzeit zu leben. »Was sagt Gott dazu?«, war die tiefste, war *die* entscheidende Frage des Mittelalters. Hiervon ausgehend, ist es verständlich, dass das Leben vor allem darauf ausgerichtet war, sich bereits im Diesseits auf eine bessere Welt im Jenseits vorzubereiten. Insoweit waren es tiefgründige Jahrhunderte der Verinnerlichung, die zum Teil aber in religiösen Fanatismus ausartete.

Im Weltbild jener Zeit waren aber auch noch im Heidnischen wurzelnde Vorstellungen, war *Aberglaube* höchst lebendig. Die Grenze zwischen Glaube und Aberglaube war recht fließend.

Der *Teufel* war aus damaliger Sicht Realität, er lauerte überall. Man sah ihn durch die Lüfte fliegen, er ging leibhaftig umher und suchte seine Opfer aus. Die Dienerinnen des Teufels, auch dessen Huren, waren die *Hexen*, die ihr Unwesen trieben und Menschen und Tieren Schaden zufügten. Teufel, Dämonen und Hexerei schürten Ängste und verleiteten Menschen zu uns heute kaum mehr vorstellbaren und nicht verständlichen Verhaltensweisen. Und dies alles war nicht etwa nur die Sicht der einfachen Leute, sondern auch die der Gebildeten. Mit Hilfe der *Magie* suchte man sich vor den Einwirkungen der bösen Kräfte zu schützen.

All dies darf aber nicht zu dem Eindruck führen, dass das primär dem Jenseits zugewandte Weltgefühl zur Weltflüchtigkeit des spätmittelalterlichen Menschen geführt hätte und sein Leben ausschließlich grau und sinnenfeindlich verlaufen sei. Vielmehr ist das Gegenteil der Fall: Das Leben jener Zeit gestaltete sich – soweit der liturgische Kalender dies zuließ und es keine Seuchen, kriegerischen Ereignisse oder Katastrophen gab – lebensprall, froh und farbenprächtig. Freude, Ausgelassenheit und *Vergnügungen* kamen in verschiedensten Formen zum Ausdruck. So waren Feste, sowohl kirchliche als auch weltliche, Feiern, Festspeisen, Musik, Tanz, Spiel und Spaß integrierende Bestandteile des pulsierenden Lebens jener Zeit, natürlich bei jeder Schicht von deren wirtschaftlichen Möglichkeiten bestimmt. Besonders ausgeprägt waren beim mittelalterlichen Menschen der Farbensinn und die Freude am Schauen und am Miterleben, an theatralischen Arrangements und am Spektakulären. So waren kirchliche Feierlichkeiten, etwa die Prozessionen, und weltliche Feste, wie Belehnungen oder Ritterspiele und große »Gesteche«, farbenprächtig und pompös gestaltet. Selbst Hinrichtungen galten als beliebtes »Spectaculum«.

Jene Zeit war voller *Kontraste*. Nur einige für das Mittelalter typische Gegensatzpaare seien hier genannt und mögen dies belegen: Gott – Teufel, Engel – Dämonen, fromme und weise Frau – böses Weib/Hexe, Glaube – Aberglaube, Kirchenfeste – Scheiterhaufen, Weltuntergangs- und Todesangst – Freude und Ausgelassenheit, Leiden und Mühsal – Gaudium, geistige Nachfolge Christi – recht irdische Streitigkeiten um materielle Güter, Devotion – Prachtliebe, stille Verinnerlichung – Lautstärke (etwa Markt- und Turniergeschrei, Spielleute überall), Herr – Knecht, Mann – ihm untertänige Frau, großer Reichtum – bittere Armut.

Ein äußerst bedeutsames, das mittelalterliche Leben bestimmendes Kriterium darf nicht unerwähnt bleiben: die Ehre. Ehrbarkeit war das Bestreben aller. Seine Ehre zu verlieren bedeutete soziale Ächtung und war mit das Schlimmste, was einen mittelalterlichen Menschen treffen konnte. Das Rechtsgut Ehre war nicht nur für die Oberschicht maßgebend, sondern genauso für die einfachen Leute. Die Ehre ist es dann auch, die in diesem Roman eine herausragende Rolle spielt.

Fasst man dies alles zusammen, so müssen wir, die wir heute leben, erkennen: In jener Zeit war das Leben in vielfacher Weise ein anderes, mit anderen Denk- und Verhaltensformen.

In jene vielschichtige Welt möchte ich Sie jetzt geleiten und den Geist jener durch Behäbigkeit und Langsamkeit geprägten Zeit für Sie etwas einfangen. Dazu gehört meines Erachtens auch, dass ich Sie ein wenig an Diktion und plastischer Sprache unserer Altvorderen teilhaben lasse, natürlich nur insoweit, als dass Sie die Ausdrücke und Wendungen problemlos verstehen können. Ich möchte auch versuchen, Ihnen Einblicke in die Topografie, in gesellschaftliche, wirtschaftliche, soziale, kultur- und rechtsgeschichtliche Strukturen, aber auch in alltägliche Verhaltensweisen jener Zeit zu geben, die nunmehr unsere Zeit ist.

Wer von Ihnen hierüber etwas mehr – also über den reinen Handlungsverlauf hinausgehend – erfahren will, wer auch an lokaler, institutioneller oder historischer Kulisse interessiert ist, kann sich anhand des jeweiligen STICHWORTES (IN KAPITÄLCHEN) im recht umfangreich gehaltenen GLOSSAR informieren.

Handlung und Personen dieses Buches sind frei erfunden. Geschichtliche Gestalten, Lebensverhältnisse, Umfeld und Kulisse entsprechen jedoch in hohem Maße der historischen Realität.

Doch jetzt möchte ich die grobe Skizzierung von Hintergründen zu diesem Roman und auch das Zwiegespräch mit Ihnen beschließen und Ihnen die wichtigsten Personen vorstellen:

Die wichtigsten Personen

1. In Konstanz

Die Zwingensteins
- Melchior Zwingenstein, genannt der *Große* Zwingenstein, Urgroßvater = Uräni von Jacob, sehr erfolgreicher Handelsherr
- Agnes Zwingenstein, genannt Nes oder Ententante, Tochter von Melchior
- Lienhart Zwingenstein, genannt *der* Zwingenstein, Großvater = Äni von Jacob, Sohn von Melchior
- Gerwig Zwingenstein, Sohn von Lienhart
- Barbara Zwingenstein, genannt die Ulmerin, Ehefrau von Gerwig
- Jacob Zwingenstein, genannt der Bub, später *Zwingenstein der Jüngere*, Sohn von Gerwig und Barbara
- Peter Sunnentag und Doktor Wolffgang Gasser, Freunde von Jacob
- Christina Zwingenstein, Ehefrau von Jacob, deren Eltern Hans und Katharina Huch sind
- Sybille, ledige Tochter von Jacob, ein Morgengabskind
  Bedienstete im Hause Zwingenstein: Johann Keller, Vorsteher im Handelshause Zwingenstein, dessen Nachfolger Diethelm Pfefferhart, Maria Murer, Besorgerin im Hause Zwingenstein, Anna Brosemli, Gretli Häggini und die Amme Elfried
  Christoffel Winterberg, Freund und Ratgeber der Zwingensteins

2. In Weinfelden

Die Näglins
- Albrecht Näglin, stiller Teilhaber von Melchior Zwingenstein
- Hainrich Näglin, Sohn von Albrecht
- Adalhait Näglin, Ehefrau von Hainrich

– Ruedi Näglin, Sohn von Hainrich und Adalhait
– Agathe Näglin, Ehefrau von Ruedi
– Verena Näglin, Tochter von Ruedi und Agathe, mit ihrer ledigen Tochter
  Sybille

Die Nachbarn der Näglins, die Baderfamilie Gluri
– Marti Gluri, Bader
– Afra Gluri, genannt die Baderin, Ehefrau von Marti
– Claus Gluri, Sohn von Marti und Afra, mit Ehefrau Dorothe
– Els Gluri, Tochter von Claus und Dorothe
  Baderknechte der Gluris: Jos Brenner, genannt der Wasserbader, und Paule
  Wackerlin

.

Kapitel 1

COSTENZ, im Wintermonat 1453: Jacob Zwingenstein saß spätnachmittags an einem Novembertag, wie er für den Bodensee typisch ist, beim KAUFHAUS direkt am See. Er stierte auf das dunkle Wasser, das ständig etwas in Bewegung war, und in die dichten Nebelschwaden, die von Süden nach Norden an ihm vorbeizogen. Durch sie hindurch konnte er gerade noch schemenhaft Teile der Pfahlpalisaden wahrnehmen, die vom Raueneggturm bis hin zum PETERSHAUSER TOR den Hafen einfassten und die Stadt auf der Wasserseite gegen feindliche Angriffe aus Richtung Osten schützten. Auch das »Lucken-Häusle«, ein turmähnliches Häuschen im See, das mit seinem Glöckchen bei unsichtigem Wetter den Schiffen die Einfahrt in den Hafen wies, konnte er bisweilen erkennen.

Unweit von seinem Platz entfernt sah er auf dem Wasser ein sich kaum bewegendes weißes Dreieck, das sich, nach geraumer Zeit sich majestätisch aufrichtend, in einen stolzen Schwan verwandelte. Dieser schwamm dann, er hatte wohl seine Nahrung gefunden, seine Flossen kaum bewegend, ganz langsam davon.

Dieses Bild entsprach so ziemlich der Situation des Jacob Zwingenstein.

So wie der Schwan dahinglitt, ruhig und unbeschwert, so verbrachte er seine sechzehn Lebensjahre bei seiner Mutter Barbara, die aus Ulm stammte, weswegen sie häufig die »Ulmerin« genannt wurde. Sie lebten im Hause seines Großvaters Lienhart Zwingenstein. Sein Äni war ein wohlhabender Handelsherr und hoch geachteter Konstanzer Bürger, der bei jedermann als *der* Zwingenstein bekannt war. Jacob liebte diese beiden sehr. Er fühlte sich wohl in seinem Großelternhaus zum »SCHWARZEN HORN« am »MARKSTAD« und in seiner Heimatstadt Konstanz, der bekannten Handelsmetropole mit ihren starken Mauern und 25 Türmen und Toren, in günstiger Lage an Bodensee und Rhein am Schnittpunkt großer Handelsstraßen und Pilgerwege.

Wohin die Nebelschwaden ziehen, das ist uns Menschen nicht bekannt, genauso wie auch Jacob nicht wusste, wohin sein weiterer Weg führen sollte. Diese Ungewissheit, die schon seit geraumer Zeit latent in ihm nagte, bekam am heutigen Tag eine neue Dimension. Der Grund hierfür war sein Lehrer, der Pater Urban vom Dominikanerkloster. Dort – und nicht in der städtischen Lateinschule – hatte Jacob seit Jahren seine Ausbildung genossen, so wie dazumal auch sein Vater und sein Großvater. Der Dominikanermönch Urban hatte heute in einem für ihn ganz untypischen Unterricht zu erkennen gegeben, dass ein besonderer Tag sei. Er hatte nämlich nicht, wie sonst üblich, religiöses Wissen und fachliche Fertigkeiten vermittelt, sondern ganz allgemein über Verhaltensweisen der Menschen und – über den sonst üblichen Umfang weit hinausgehend – über Gott wohlgefällige Werke gesprochen. Dann, es war noch keine Stunde her, stieg der Mönch von seinem erhöhten Sitz herab, beendete den Unterricht, nahm Jacob beiseite und erklärte ihm – die Worte klangen immer noch in Jacobs Ohr – : »Heute Morgen bin ich ›dem Zwingenstein‹ begegnet; schon seit einiger Zeit habe ich Ausschau nach ihm gehalten. Ich wollte nämlich mit ihm über dich sprechen, vor allem darüber, dass deine Gelehrsamkeit nunmehr so weit fortgeschritten ist, dass du deine Studien an einer Artistenfakultät aufnehmen kannst, an irgendeiner Universität deiner Wahl, und dass wir dir ›Urkund darüber geben‹. Dein Großvater hat sich über diese Mitteilung gefreut, hat aber sogleich betont, dass das mit dem Studium so eine Sache sei, denn er wolle dich, den letzten Spross seines Geschlechts, natürlich in seinem Handelsgeschäft behalten. Er beabsichtige, dich die Kaufmannschaft zu lehren. Ich sage dir dies jetzt gleich, damit du dich gedanklich darauf vorbereiten kannst. Ich kenne ja den lieben, von mir hoch geschätzten Lienhart seit vielen Jahren recht gut und bin mir sicher, dass er versuchen wird, dich mit seinen Ideen zu überschütten, dich wortreich zu überfahren. Passe gut auf, Bub! Aber du bist von mir ja gut vorbereitet worden. Habe ich dich doch auch in die Kunst des Streitens eingeführt; du erinnerst dich doch sicher an meine Unterweisungen in RHETORIK und Dialektik? Wir beide nehmen nun Abschied«, fuhr der Pater mit etwas trauriger Stimme fort, »aber das ist ein ganz normaler Abschnitt im Leben. Viele gemeinsame Jahre verbinden uns. Auf Wunsch deines Großvaters waren es sogar ein oder zwei Jahre länger als normal, denn ich sollte dich umfassend lehren. Das ist nun geschehen. Du warst immer ein guter und kluger Junge. Und ich habe versucht, dir ein guter Lehrer zu sein, und das nicht nur in kirchlichen Dingen, sondern auch in all jenem, was man im irdischen Leben benötigt, um erfolgreich zu sein. Gott sei mit dir!« Dabei hatte Urban dem scheidenden Schüler seine Rechte gereicht, ihn an sich gedrückt und ihn gesegnet.

Nach diesem Gespräch war Jacob innerlich aufgewühlt. Das Ende seiner Schulzeit war nun doch schneller gekommen, als er angenommen hatte; von Mariä Lichtmess war nämlich bisher immer die Rede gewesen. So war er jetzt unvorbereitet und musste das alles erst einmal innerlich verarbeiten. Daher ging er zu seinem Lieblingsplatz, der »Brugg«, der Schiffslände beim Kaufhaus, und ließ sich dort nieder in der Nähe vom »Krench«, dem Kran, der zum Be- und Entladen der Schiffe diente. Der Blick auf das Wasser hatte ihm schon immer Ruhe vermittelt und oft gute Ideen und Einfälle verschafft. Seine Gedanken schweiften in die Vergangenheit, zurück zum Beginn seiner Schulzeit im DOMINIKANER-MÄNNERKLOSTER bei den »Predigern im Rhein« auf der Insel, wo der Strom aus dem Bodensee fließt. Der Unterricht begann am Gregoriustag, am 12. März, nach seinem sechsten Geburtstag. Er konnte sich noch gut daran erinnern, wie er ganz verschüchtert auf einem kleinen Hocker saß neben seinen Mitschülern, denen es schon damals bestimmt war, Kleriker zu werden – zumindest den meisten von ihnen. Vor ihnen thronte auf erhöhtem Sitz der Lehrer, ein Dominikaner mit weißer gegürteter Tunika mit weißem SKAPULIER. Der schwarze Mantel mit Kapuze hing hinter ihm an einem großen Nagel an der Wand. Zunächst hatte der Mönch ihnen das vermittelt, das für den Gottesdienst notwendig war: die lateinischen Gebete und Gesänge, den kirchlichen Festkalender und die wichtigsten Daten des Heiligenkalenders. Auch die Musik, vor allem in Form des Chorgesangs, war ein bedeutsamer Bestandteil der Ausbildung. Da erinnerte er sich noch genau an eine aufgezeichnete linke Hand, die immer wieder vorgezeigt wurde, deren einzelne Fingerglieder und die Handfläche beschriftet waren und mit deren Hilfe die Knaben die Grundelemente des Gesangs auswendig lernen mussten. Mit Unbehagen dachte er an das Erlernen des LESENS und SCHREIBENS zurück. Das war zunächst recht schwierig, weil das ABC vor allem anhand lateinischer Texte gelehrt wurde. Das Paternoster, das Ave-Maria, das Credo und andere messliturgische lateinische Texte mussten im Zusammenhang mit den einzelnen Buchstaben auswendig gelernt und eingeübt werden. Geschrieben wurde zunächst auf einer Holztafel mit Vertiefungen, in die Wachs glatt eingestrichen war. Die Oberfläche dieser Wachstäfelchen wurde mit der scharfen Spitze eines Griffels, der ein breites Ende hatte, beschrieben. Diese Art des Schreibenlernens machte Jacob Spaß, denn man konnte Fehler, die sich beim Einritzen mit der Spitze in die Wachsschicht eingeschlichen hatten, mit dem breiten Ende ganz schnell entfernen, bevor der Lehrer etwas bemerkte. *Da war ich immer ganz fix*, sagte er, in sich hinein schmunzelnd, zu sich selbst. So leicht ging das dann später bei dem mit Tinte beschriebenen Papier leider nicht mehr. Ganz besonders gern erinnerte er sich an den Unterricht im Rechnen. Beide gängigen Rechenmethoden wurden gelehrt: das damals übliche Rechnen mit dem Rechenbrett, dem Abakus, sowie das Rechnen auf dem Papier mit arabischen Ziffern. Den Schwerpunkt der Ausbildung bildete das Erlernen des Lateinischen, war dies doch die entscheidende Voraussetzung für das Studium an einer Universität. In diesem Fach hatte Pater Urban besonders viel mit seinen Schülern gearbeitet: zunächst die Grammatik, dann die Regeln für die praktische Lebensführung nach christlichen Vorstellungen, dazu die Lektüre klassischer Autoren. Häufig durfte nur lateinisch gesprochen werden. Und wer dies nicht oder falsch tat, musste eine Eselsmaske aufsetzen. Diese Ehrverletzung, diese Schande hatte Jacob jedoch nie ertragen müssen – und darauf war er auch sehr stolz. In den letzten beiden Jahren hatte der Pater auch etwas aus dem Gebiet der sieben Freien Künste erläutert, aus der Grammatik, Rhetorik, Dialektik, Geometrie, Arithmetik, Musik und der Astronomie. Der Dominikaner hatte immer wieder zum Ausdruck gebracht, dass dies eine bewährte Grundlage für die Universität sei. Damit könne man dort das Artistenstudium zum Magister gut und schnell absolvieren, um somit dann die Basis für das Studium der drei klassischen scholastischen Disziplinen zu haben: die Theologie, das Recht, sei es kirchliches oder weltliches, und die Medizin. *Ja, das war schon ein ausgezeichneter Präceptor, ein guter Lehrer für mich, der Pater Urban von den Predigern im Rhein*, sagte sich Jacob im Stillen.

Aber dies alles war nun Vergangenheit und hatte soeben ein jähes Ende gefunden.

So sehr ihn das auch bewegte, so schnell war sich Jacob darüber im Klaren, dass er sich nicht länger mit Vergangenem belasten durfte, sondern sich vielmehr mit der Planung seiner Zukunft beschäftigen sollte.

Zwei Möglichkeiten kamen für ihn in Betracht und diese orientierten sich an zwei völlig verschiedenen Leitbildern: Zum einen war das seine Mutter Barbara, den von ihr beschrittenen Weg *wollte* er gehen, zum anderen waren das seine väterlichen Altvordern, die Zwingensteins und deren erfolgreiche Tätigkeit als Handelsherrn, und diesen Weg *sollte* er wohl gehen.

Barbara, die Ulmerin, hatte ein gutes Herz. Ihr Augenmerk galt den Armen und Kranken. Häufig war sie in den Spitälern anzutreffen, im Heilig-Geist-Spital, aber auch im Spital an der Rheinbrücke. Auch die Spitalpfleger und Spitalmeister waren über ihre Besuche stets erfreut, wenn sie dort Bedürf-

tigen Almosen spendete, Kranke tröstete und Menschen beim Sterben begleitete. Ihre Besuche galten auch dem »Seelhaus bei St. Jost« in der Vorstadt
Stadelhofen, der Elendenherberge, dem Ort, wo man den Fremden Fürsorge
angedeihen ließ, den vielen Landfahrenden, vor allem der großen Zahl von
Bettlern und Landstreichern, die allgemein als wahre Landplage angesehen
wurden, aber auch den Handwerksburschen und Pilgern. Dort gab es eine
Mahlzeit mit Brot oder Mus und einen Zehrpfennig, erforderlichenfalls auch
ein Nachtquartier. Auch dort vollbrachte Barbara gottgefällige Werke und
spendete geistigen und materiellen Trost. Ihr wollte es Jacob nachtun und
armen und kranken Menschen auf seine Art helfen. Den Beruf eines *Medicus* wollte er ergreifen, dies war sein großer Wunsch. Insofern kam ihm das
Gespräch sehr gelegen, in dessen Verlauf der Pater seinem Äni erklärt hatte,
dass er, Jacob, nunmehr das Artistenstudium zügig aufnehmen könne, dessen
erfolgreicher Abschluss Voraussetzung für die höhere Fakultät der Medizin
ist.

Der andere Weg war der, der dem Äni vorschwebte, den er früher schon oft
angedeutet und auch dem Pater gegenüber zum Ausdruck gebracht hatte:
Jacob solle Kaufmann werden und den Zwingensteins dienen, waren diese
doch eine alteingesessene, ehrbare und hoch geachtete Familie von Handelsherrn, angesehen weit über den Bodenseeraum hinaus. Hätte Jacob Brüder,
so wäre die Sache vielleicht einfacher, aber leider war er der letzte Zwingenstein. So fragte er sich: *Kann ich es verantworten, die Tradition der Familie
Zwingenstein als Handelsherrn untergehen zu lassen?*

Sein Herz und sein Gefühl sprachen eindeutig für den ersten Weg: kranken Menschen helfen. Aber hatte er überhaupt das Recht, dies zu verlangen? Konnte er dies durchsetzen? Entsprach es überhaupt seinem Naturell,
bestimmte Dinge hart durchzufechten? Fragen über Fragen ...

Schon seit längerer Zeit hatte er sich mit diesen Gedanken beschäftigt und
immer wieder das Problem vor sich hergeschoben. Und jetzt kam die Stunde
der Entscheidung so plötzlich! Er war sich sicher, dass der Äni gleich heute
beim Abendessen das Gespräch mit Pater Urban aufgreifen würde und dessen Vorschlag, ein Studium aufzunehmen, überhaupt nicht erwähnte, sondern
seinen Enkel sofort in seine Dienste nehmen wollte.

Meine Mutter, so sah Jacob voraus, *wird mir bei diesem Gespräch kaum beistehen. In wesentlichen Dingen hat sie dem Äni noch nie ernsthaft widersprochen; sie konnte dies wohl auch nicht. Hätte ich doch nur noch meinen Vater,
den Gerwig Zwingenstein! Der könnte mich vielleicht unterstützen, denn als*

Vater hätte er doch die Gewalt, also das Entscheidungsrecht, über mich als seinen Sohn. Aber hätte sich Gerwig Zwingenstein gegen seinen Vater Lienhart wirklich durchsetzen können? Oder wäre auch er schwächer als die starke Persönlichkeit des Äni gewesen? All das weiß ich nicht. Ich kann mich kaum noch an meinen Vater erinnern. Noch keine vier Jahre war ich alt, als er auf großer Handelsreise von Raubrittern erschlagen wurde.

So fühlte sich Jacob alleingelassen und völlig auf sich selbst gestellt. *Wie kann ich dem Gespräch mit dem Äni ausweichen?*, fragte er sich. *Das Beste wird es wohl sein, wenn ich heute Abend erst gar nicht heimgehe. Irgendwo finde ich schon ein Plätzchen, wohin ich mich verkriechen kann. Ich habe hier in Costenz ja schon so manchen Freund.*

Von diesem Gedanken sagte er sich jedoch schon bald los. Er wollte nicht als feige gelten, außerdem sollte sich seine Mutter wegen seines Ausbleibens nicht ängstigen. *Schließlich*, so sagte ihm seine Vernunft, *löst dies mein Problem nicht; es bringt lediglich einen Zeitaufschub.*

Zeitaufschub, eine kleine Gnadenfrist – das war eine Idee, die Jacob sofort einleuchtete. Doch nur einen oder zwei Tage! Er brauchte diese Zeit, um seine Gedanken einigermaßen ordnen zu können, um seinem Großvater klarzumachen, warum er Arzt werden will, um Argumente zu sammeln. Schließlich würde es nicht einfach sein, ein solches Gespräch zu führen. Änis Gegenreden machten stets Sinn und waren wohlfundiert. Seine Worte unterstrich er meist mit den Händen, die er beschwörend vor die Augen seines Widerparts hielt, und die *Sigillen* an seiner linken Hand wirkten dabei so, als unterstützten sie seine Rede, als dienten sie dazu, den anderen einzuschüchtern. Oh, diese *grausigen Sigillen,* so hatte Jacob diese beiden Ringe schon seit frühester Jugend im Stillen immer genannt.

Ja, diese Sigillen, so nannte der Zwingenstein *liebevoll* die beiden Ringe, die er als besonderes Kleinod wie seinen Augapfel hütete. Der Blick eines jeden, der mit Äni zu tun hatte, fiel sofort auf dessen linke Hand wegen der großen goldenen Ringe, einen am Zeigefinger und einen am Ringfinger. Sie waren so mächtig, dass sie über das unterste Fingerglied hinausragten. Innen waren sie rund. Doch im Gegensatz zu den Ringen, die man als Sigillum, also zum Siegeln, verwendete, wiesen sie eine glatte Oberfläche auf. Sie hatten lediglich ganz zarte Gravuren, wie Kratzerchen, die man nur bei genauem Hinsehen wahrnehmen konnte, was auch auf die drei ganz feinen konzentrischen Kreise am Ringrand zutraf. Deutlich erkennbar hingegen waren die Meeresungeheuer, deren schuppige, gräuliche Körper und krallige Flossen das gesamte Rund der Ringe einfassten, so dass ihr Schwanz beim Kopf endete. Das eine Monstrum glich dem anderen, lediglich die Köpfe unterschieden sich. Der eine schaute von unten nach oben mit wild aufgerissenem, furchterregendem Schlund. Das Ungetüm am Ringfinger hielt den Schädel aufrecht, hatte Ohren wie ein Esel und ein Maul wie ein Hecht. Im Vergleich zum anderen wirkte es recht friedlich, soweit bei solchen Meeresungeheuern davon überhaupt die Rede sein konnte.

Niemand wusste, warum Lienhart Zwingenstein diese beiden Ringe Sigillen nannte. Klar war nur eines: Er bezeichnete sie nun einmal so, und zwar auf eine sehr liebevolle und ehrfürchtige Weise.

Immer wenn Jacob diese Ringe des Großvaters sah oder auch nur daran dachte, erinnerte er sich an seine Zeit als kleiner Junge zurück. Hatte er damals den geliebten und geschätzten Äni einmal geärgert, was bei Kindern ja immer wieder mal vorkam, zog Großvater ihn mit seiner rechten Hand am linken Ohrläppchen. Dabei hielt der Alte ihm das Zeigefingerungeheuer vor die Augen und wies mit energischer und zugleich beschwörender Stimme auf das Fehlverhalten hin: »Nefas est, nefas est, es ist Unrecht! Bub, schau dir das an! Dieses Monster wird dich mit seinen scharfen Zähnen zwicken! Schau dir das an!« Und immer wieder, immer wieder diese gleichen Worte in monotoner Weise. Mit jeder Wiederholung wuchs das Meeresungetüm unter dem gebannten und starren Blick des Kindes in seiner Fantasie, erwachte zum Leben, bewegte sich, gebärdete sich immer grauenerregender, zeigte seine blitzenden Zähne und schnappte schließlich zu. Dabei war Jacobs Angst unbeschreiblich groß und dauerte so lange an, bis der Äni sein Ohr losließ, die Hand mit dem Monstrum seinem Blick entzog und sich von dem zitternden Buben abwandte, der nur ganz langsam wieder in die Wirklichkeit zurückfand. Daher hasste der kleine Jacob diese Ringe, diese grausigen Sigillen – bis heute.

Hab ich doch jetzt glatt mit den Gedanken an diese furchterregenden Sigillen meine Zeit vertan!, rief sich Jacob in die Gegenwart zurück. *Es dämmert bereits und das Nachtmahl wird wohl schon fertig sein; ich muss sofort nach Hause. Hoffentlich ist der Äni nicht dort, so dass ich noch etwas Zeit zum Nachdenken habe. Vielleicht ist er noch in einem der Wirtshäuser ganz in unserer Nähe, im »Weißen Kreuz«, in der »Krone«, im »Adler« oder vielleicht in der Trinkstube der Thurgauzunft, und kommt erst später, wenn der Nachtwächter mit seinem Horn zum Heimweg mahnt. Schön wär's, wenn ich Glück hätte ...*

Kapitel 2

Nunmehr fröstelnd, machte sich Jacob auf den Weg. Er eilte vom Kaufhaus die Markstad hinauf, vorbei am Kornhaus zu seiner Linken und rechts das Gasthaus »Weißes Kreuz«, das »Spital zum Heiligen Geist« und die Gastwirtschaften zur »Krone« und zum »Goldenen Adler« hinter sich lassend, hin zum »Schwarzen Horn«, einem dreigeschossigen, STEINERNEN, MIT ZIEGELN GEDECKTEN WOHNHAUS auf der rechten Seite der Markstad.

Dort angekommen, stieß er auf Johann Keller und Maria Murer. Beide waren ihm sehr ans Herz gewachsen, denn sie hatten seinen Lebensweg seit vielen Jahren liebevoll begleitet. Sie lebten im »Schwarzen Horn« und dienten dort ergeben und treu. Für die Zwingensteins waren die beiden weit mehr als Dienstboten: Sie waren die guten Geister im Hause und für nahezu alles zuständig. Auch für einfachere Arbeiten waren sie sich nicht zu schade. Im Vordergrund standen aber verantwortungsvolle Tätigkeiten: Allen Bediensteten des »Schwarzen Horns« gaben sie Anweisungen. Unter der Gesamtleitung von Lienhart und Barbara Zwingenstein waren sie Vorsteher für das Gesinde, Johann im geschäftlichen und Maria im häuslichen Bereich.

Darüber hinausgehend oblag dem Johann eine besonders verantwortungsvolle Tätigkeit, und zwar das tägliche häusliche Sicherheitswesen. Da in der eng bebauten Stadt jedes Grundstück eine Feuergefahrenquelle für das gesamte Gemeinwesen war, schrieb eine alte Konstanzer Satzung vor, jedes Gebäude so »zu besorgen und zu versehen«, dass der Stadt kein Schaden entsteht. Johann war also zuständig für die häuslichen Feuerstellen und für das Einhalten der städtischen Ordnung und auch dafür, dass jeden Abend Eimer voller Wasser bereitgestellt wurden. Zum Schutz gegen nächtliches Unwesen hatte Johann darüber hinaus alle Läden zu verschließen und die Türen und Tore zu verriegeln.

Faktisch gehörten Maria Murer und Johann zur Hausgemeinschaft. Sie bewohnten gut ausgestattete Kammern im zweiten Obergeschoss neben der Gästekammer. Somit hatten sie es wesentlich besser als die Mehrheit der Gesellen, Knechte, Mägde und Tagelöhner, die auf engstem Raum und häufig in unhygienischen Verhältnissen hausen mussten, etwa in einfachen Buden, in Schuppen oder gar in finsteren Kellerlöchern. Zur Familie Zwingenstein hielten die beiden immer einen geziemenden Abstand, und auch der Tischgemeinschaft in der Stube gehörten sie nicht an. Sie waren sehr zurückhaltend und mischten sich niemals in zwingensteinsche Angelegenheiten ein. Stets achteten sie peinlichst darauf, dass keine Interna nach außen drangen, weder geschäftlicher noch familiärer Art.

Schon als kleiner Junge hatte Johann Botengänge für die Zwingensteins gemacht und Höhen und Tiefen mit der Familie erlebt, bis heute, wo er nun als Mann mit weißem Haar, schlank und groß gewachsen, vom Alter zwar etwas gebeugt, aber trotzdem noch recht kräftig, in der Hofeinfahrt stand. Mit ihm unterhielt sich die stämmig gewachsene Maria Murer, die unvermeidliche grüne Haube auf ihrem kürbisrunden Kopf. Beide gaben zwei Tagelöhnern Anweisungen, die gerade dabei waren, Karren zu entladen. Auf dem einen befanden sich Lebensmittel für den häuslichen Bedarf, auf dem anderen Handelswaren.

»Ist der Äni schon oben?«, fragte Jacob die beiden. »Nein«, antwortete Johann bedächtig, »der ist bei seinen ZUNFTGENOSSEN in der TRINKSTUBE der THURGAUZUNFT. Vielleicht macht er dort wieder ein Würfelspielchen.« Das leuchtete Jacob ein, denn es war ihm bekannt, dass sich Äni dort häufig mit Mitzünftern traf, meist reichen und angesehenen Bürgern.

Jacob verspürte eine große Erleichterung, denn nun verblieb ihm schließlich die sehnlichst erhoffte Zeit, um sich gedanklich auf das Gespräch mit Äni vorzubereiten und bei seiner Mutter Barbara die Weichen zu stellen.

Schnell ging er ins Erdgeschoss, das als Lager- und Büroraum diente. Dort stieg ihm schon der angenehme Geruch des bereits fertigen Essens in die Nase, so dass er die Holztreppe hinauf zur STUBE eilte.

Die Zwingensteins hatten die Mahlzeiten schon immer in der Stube eingenommen. Dies ging bereits auf Jacobs Uräni Melchior Zwingenstein zurück, den man den *Großen* Zwingenstein genannt und der immer Gäste eingeladen hatte, vor allem Handelsfreunde und Kaufmannskunden. Er war nämlich ein trefflicher Verfechter der Idee, dass gemeinsames Essen und Trinken in angenehmer Umgebung geschäftliche und freundschaftliche Beziehungen bestätigt und bestärkt. Diese Gepflogenheit wurde von seinem Sohn Lienhart fortgeführt und sogar noch intensiviert. So hatte es sich eingebürgert, dass im »Schwarzen Horn« auch ohne die Anwesenheit von Gästen, also im rein familiären Rahmen, in der Stube gespeist wurde, ganz anders als bei den meisten Familien, vor allem den ärmeren, bei denen die Mahlzeiten immer in der Küche eingenommen wurden.

Aus der hohen Vorhalle kommend, betrat der schlanke und groß gewachsene Jacob, den Kopf etwas eingezogen, die recht niedrige, bereits hell erleuchtete Stube, die mit ihrem »Täffelwerk« – ihrer Holzvertäfelung mit Zierleisten an allen Wänden – und den wuchtigen Holzbalken an der Decke recht heimelig wirkte. Vom großen Kachelofen mit seinen grünlich braun glasierten Napfkacheln strömte ihm wohlige WÄRME entgegen.

Ganz im Gegensatz zu dieser behaglichen Wohnlichkeit stand der eiskalte, ihn wie ein Bannstrahl treffende Blick seiner schon nervös wartenden Großtante Agnes Zwingenstein, die man abschätzig häufig Ententante oder gar Ente oder aber nur Tante nannte. Um ihren bösen Blicken auszuweichen, wanderte sein Auge durch die ihm wohlvertraute Stube, zunächst zu den mit kunstvollen Schnitzereien verzierten Wandborden, in denen sich wertvolles Zinn- und Silbergeschirr befand, primär als repräsentative Schaustücke, um den Reichtum der Zwingensteins offensichtlich zu machen – benutzt wurde dieses Geschirr nur bei festlichen Anlässen. Dann schweifte sein Blick weiter zu dem wuchtigen, freistehenden Schrank mit seinen kunstvollen schmiedeeisernen Beschlägen, den zwei großen Flügeltüren mit feinen Einlegearbeiten sowie dem reichen Dekor von Blätter- und Blumenmustern auf dem Sockel und den Seitenteilen und schließlich nach oben zu den Rosetten und zur eingeschnitzten Inschrift »Gott alle ding zum besten wend«. Sodann heftete sich sein Auge auf den überdimensionalen, farbenprächtigen Wandbehang aus Wolle, Leinen und Seide, auf dem der Heilige Martin mit einem Strahlenkranz über seinem Haupt dargestellt war. Er stand auf einem zerschnittenen, roten, mantelartigen Überwurf und war in pontifikaler Gewandung mit den auf sein Amt bezogenen Merkmalen Mitra und Bischofsstab. An seinen früheren Soldatenstand erinnerten Helm und Schwert. Sankt Martin war von Engeln umgeben, die ein Band mit der Inschrift »Sanct Martinus« trugen. Schon von früher Kindheit an hatte Jacob, gerade durch diesen Wandbehang begründet, zu Sankt Martin als dem Urzeichen der Nächstenliebe ein inniges spirituelles Verhältnis aufgebaut, hatte oft zu ihm gebetet und um Fürbitte nachgesucht. *Ich habe mir,* so sagte sich Jacob, *gerade ihn als meinen Fürsprecher bei Gott erkoren, weil er als einer der bedeutendsten Heiligen gilt, als einer der größten Asketen, Wohl- und Wundertäter und Klostergründer – und vor allem: Der 11. November, der Tag dieses Heiligen, ist auch mein Geburtstag.*

Aus diesen Gedanken riss ihn die schrille Stimme der Ententante, die neben seiner Mutter Barbara an dem großen, mit feinem Schnitzwerk versehenem Eichentisch auf ihrem reich verzierten und mit Kissen ausgepolsterten Holzstuhl saß. »Warum kommst du so spät? Weißt du nicht, zu welcher Zeit wir seit Jahren essen? Immer pünktlich, immer pünktlich, darauf bestehe ich! Bub, mach sofort die Türe zu, es zieht ja wie Hechtsuppe!«, herrschte ihn seine Tante an.

Schade, dass der Hecht die Ente nicht fressen kann, hatte Jacob bereits auf der Zunge. Doch verkniff er sich, dies auszusprechen, als er sah, wie seine Mutter mit leuchtend blauen Augen zu ihm hochblickte, ihn anlächelte und so leicht mit dem Kopf schüttelte, dass sich kein einziges Härchen ihrer pechschwarzen Haarpracht bewegte und nur er ihre Aufforderung zur Zurückhaltung erkennen konnte. Als Barbara, die die Reaktionen ihres Sohnes recht gut kannte, dazu noch ihren Gobelinbeutel, in dem sie ihre Almosengelder aufzubewahren pflegte, neben sich auf den Tisch stellte, war ihm endgültig klar, dass er zu schweigen hatte. Auf dieser ihm wohlbekannten Tasche waren nämlich vier Tiere dargestellt, und über jedem von ihnen war ein Spruch eingewirkt. Über dem Löwen stand: »Halt dein Mund in Hut«. – Und der Löwe war ihm zugewandt.

Jacob schloss die Stubentüre, ging zu der an der Wand befestigten Aquamanile aus Messing, prunkvoll in der Gestalt eines Löwen, und dem dazugehörigen Auffangbecken für das Waschwasser; beides hatte der Äni aus Nürnberg beschafft. Er säuberte sich dort die Hände und setzte sich schweigend an seinen Platz auf der in die Wand eingelassenen, mit vielen Kissen bestückten Sitzbank, die sich beinahe über die gesamte Länge der Stube erstreckte. In seinem Rücken waren die drei leicht grünlich verglasten Fenster zur Markstad hin. Am Kopfende des Tisches, rechts neben ihm, residierte normalerweise der Äni auf einem mächtigen Eichensessel mit wertvollen Polstern. Auch der Platz rechts davon war frei, denn dieser war den Ehrengästen vorbehalten. Jacob gegenüber saß seine Mutter, daneben die Ententante.

Als er Ente Agnes hämisch grinsen sah, brodelte es in seinem Inneren. *Bei jeder sich bietenden Möglichkeit wischt sie mir eins aus. Ich weiß nicht, warum. Und immer nennt sie mich ostentativ »Bub«, und das noch in meinem Alter. Unverschämt! Und dabei trage ich mit Jacob einen guten Namen, mit dem ich sehr zufrieden bin. Nur sie hat den Namen »Bub« in die Welt gesetzt und in der ganzen Stadt verbreitet, nur sie ist schuld daran, dass mich alle »Bub« nennen, sogar die Dominikaner auf der Insel, wenn auch meist nur hinter vorgehaltener Hand. Von ihr ausgesprochen, kann ich den Namen*

»Bub« am wenigsten ertragen. Bei den anderen habe ich mich wohl im Laufe der Jahre mehr oder weniger daran gewöhnt. Und um an sich zu halten und sich zu beruhigen, schaute er hoch an die Decke zum vielarmigen eisernen Hängeleuchter, dessen bereits angezündete Wachskerzen dem Raum ausreichend Licht spendeten.

Auf dem Tisch befand sich ein netzartiges Tischtuch aus Samt, auf dem drei GEDECKE aufgelegt waren: Essbrettchen und gedrechselte Teller, jeweils aus Holz, Messer mit Horngriff und Holzlöffel, deren Griffe mit Silber belegt waren. Des Weiteren standen an jedem Platz drei Becher: zwei braun glasierte Keramikbecher sowie ein türkisblauer Nuppenbecher aus Glas für den Wein. Inmitten der Tafel befanden sich drei Krüge: ein grünlich glasierter Keramikhenkelkrug mit Wasser, ein bemalter Henkelkrug mit heimischem Wein und ein farbloser Krug mit Fadenauflagen aus feinstem, wertvollem Glas, voll mit gewürztem Wein. Bier wurde im Hause Zwingenstein, im Gegensatz zu den meisten anderen Familien, kaum getrunken.

Auf dem oberen Teil des Tisches waren Spitzbrote aus Dinkel, Wecken, Äpfel, Birnen und Walnüsse appetitlich ausgelegt, der untere Teil wurde zum Servieren der verschiedenen TRACHTEN frei gehalten. Ein mehrarmiger Tischleuchter aus Keramik mit hohem hohlen Schaftfuß, kunstvoll bemalt, sollte die Speisen ins richtige Licht setzen. Daneben stand noch eine Aquamanile, die nach jedem Gang herumgereicht wurde, um die Finger abzuwaschen, die man ja zum Essen benutzte. Dieses Wassergefäß, ein kleines Kunstwerk aus Keramik, stellte eine Kombination vom unteren Teil eines Tierkörpers mit einer Frauengestalt dar. Kopf, Hände, Kleidung und Zopf der Frauenfigur waren gelblich glasiert. Der Rücken der Frauengestalt, mit einem Griff und einem ausgesparten Loch zum Einfüllen des Wassers versehen, und die Ausgusstülle präsentierten sich in olivgrüner Farbe.

Da erschien Maria Murer – wie immer bei dieser für sie feierlichen Handlung mit einer großen grünen Haube auf dem Kopf – und verkündete mit erhobener Stimme die Speisenfolge: »Es gibt heute, wie üblich, drei Trachten: Zuerst werden Linsensuppe, Hafermus und Aal im Weinsud aufgetragen.

Danach folgen Krebspastete, gebratene Forelle, süße Speise von Sauerkirschen und süße Kuchen.

Als dritte Tracht gibt es Gemüsemus, gefülltes Huhn und Weinbeerküchlein. Ich hoffe, dass die Herrschaften mit der ›Kuchenmeysterey‹ zufrieden sind.« »Danke«, sagte die Ulmerin. Jacob sprach das Tischgebet, und schon stand die erste Tracht auf dem Tisch – und bald darauf schon die nächste ...

Barbara und Agnes sprachen den Speisen gut zu; vor allem schätzten sie – wie die meisten Menschen jener Zeit – die stark gewürzten Gerichte. Auch der Wein mundete ihnen sehr. Jacob dagegen war der Hals wie zugeschnürt. Er musste nach wie vor an seine verzwickte Lage denken. Lediglich in den süßen Speisen stocherte er wortlos etwas herum und trank dazu Wasser. Auch Agnes und Barbara sprachen kein Wort. Agnes war missmutig, und Barbara, sehr feinfühlig, sann darüber nach, was ihren Sohn wohl bedrücken möge.

Spannung lag im Raum. Diese entlud sich aber schon bald recht heftig, als Nes ihre Finger von den Resten des gefüllten Huhnes, das sie gierig zum Mund geführt hatte, mit Wasser aus der Handaquamanile reinigen wollte. Daraus floss aber nur noch ein dünnes Rinnsal, das ihre Hand kaum benetzte. »Das ist doch nicht die Möglichkeit! Was ist denn mit der Murer los, warum lässt die denn das Gefäß nicht nachfüllen? Wird die denn etwa alt? Dieser Vollmondkopf gehört weg, ein neues Gesicht muss her! Aqua gehört in die Aquamanile, daher hat sie doch wohl ihren Namen, denn sie heißt doch schließlich Aquamanile und nicht Leermanile!«

»Deine Worte über die Maria Murer lasse ich so nicht durchgehen«, rügte Barbara augenblicklich mit eiskalter Stimme, »das ist meine Sache, was hier im ›Schwarzen Horn‹ geschieht, das geht dich gar nichts an! Im ›Gelben Horn‹ nebenan, bei dir, da magst du dein Gesinde schuhriegeln oder, wenn du willst, gar rauswerfen, wie du es ja häufig genug tust, aber nicht hier. Wenn es bei der zuverlässigen Maria etwas anzumahnen gäbe, dann würde *ich* dies tun. Aber nicht hier, nicht vor dir, sondern draußen in der Küche, ganz allein mit ihr, aber nicht wegen dieser Kleinigkeit, sicher nicht!«

»Ja, ja die Allergnädigste, eingesetzt von *dem* Zwingenstein, dem hohen Herrn, als kleine Herrscherin im ›Schwarzen Horn‹. Die passt genau zu ihrem werten Herrn Sohn: Sie lässt Unordentlichkeit durchgehen, und er ist unpünktlich!« Dabei klopfte sie mit ihren vom Alter gefleckten Fäusten energisch auf den Tisch.

»Aber Tante, ich ...«, wollte der Junge gerade anmerken, als ihn die ungewohnt frostige Stimme seiner Mutter abrupt unterbrach: »Schweig – und denk das Richtige!«

Ruckartig erhob sich Agnes im Zorn. Klein gewachsen, breitbeinig, den Oberkörper weit nach vorn gebeugt, stand sie da, das Gesäß, wohl gepolstert, extrem nach hinten hinaus ragend, die Arme eng am Körper angelegt, den schmalen Kopf nach vorn gestreckt. Ihre lange, schnabelartig gekrümmte Nase zog sich fast bis zur Oberlippe hinab. Mit kleinen, watschelnden Schritten setzte sie sich in Bewegung hin zur Wandaquamanile und hob und senkte dabei ständig Schultern und Arme – das tat sie immer, wenn sie erregt war.

Jacob sah ihr belustigt nach und dachte: *Wenn man sie so betrachtet, kann man durchaus verstehen, dass sie in der ganzen Stadt »Ente« genannt wird.*

Als könnte sie Gedanken lesen, fauchte Nes ihn an: »Was schaust du mich so komisch an? Sorge lieber für dich! Kaum einen Bissen hast du vorher angerührt, nur so herumgestochert hast du und nur wenig von den süßen Speisen gekostet. Das war doch heute, wie meistens bei uns, eine rechte HERRENSPEISE. Aber das war dem jungen Herrn wohl nicht gut genug. Kennst du immer noch nicht den Unterschied zwischen ALLTAGSESSEN UND FESTTAGSSPEISEN? Oder gelüstet den Gnädigen gar jeden Tag nach einem Festtagsmahl mit vielen Fleischspeisen? Und noch eines: Heute ist Samstag, ein FASTENTAG. Also kannst du doch kein Fleisch erwarten. Da macht die Kirche auch keine Ausnahme für den hochwohllöblichen Bub! Merk dir das!«

Wieder traf ihn der Name »Bub« wie eine Keule. Aber Jacob wusste geschickt zu reagieren: »Mutter, darf ich noch etwas Wichtiges mit dir besprechen?«, fragte er Barbara. »Kommst du mit mir ins ›Turbulentum‹?«

So wurde der Raum bezeichnet, in dem die Zwingensteins mit ihren Handelspartnern die Verhandlungen zu führen pflegten. Dabei ging es teilweise recht »turbulent« zu, weshalb sich schon seit langer Zeit dieser Name eingebürgert hatte. Jacob wusste genau, dass die Ententante diesen Raum seit vielen Jahren nicht mehr betrat. Der Äni hatte sie damals nach einem heftigen Streit – keiner weiß, worum es dabei ging – aus diesem Raum hinausgeworfen und ihr verboten, dort jemals wieder zu erscheinen.

Bevor die Ulmerin antworten konnte, giftete Agnes weiter: »Das hast du wieder fein gemacht, Bub, alles immer schön geheim halten. Die Tante darf ja nichts erfahren. Ich merke mir das! Bedenke immer, dass deinem Äni nicht das ganze Handelsgeschäft allein gehört. Als seine Schwester und Tochter des Großen Zwingenstein habe auch ich geerbt. Aber keine Angst, ich gehe ja schon. In meinem ›Gelben Horn‹ lebt es sich ohnehin pünktlicher und ordentlicher. Ihr werdet mich nicht so schnell wiedersehen!«

Spätestens morgen früh, sagte sich Jacob im Stillen.

So watschelte die Ente, wohl auch vom nicht im geringen Maße genossenen Wein beseelt, zum Laubengang, der Änis Haus zum »Schwarzen Horn« mit dem angebauten, um eine Achse kleineren »Gelben Horn« auf der Rückseite der Gebäude verband.

*

»Jetzt, wo die Nes weg ist, können wir ja hier im Warmen bleiben«, meinte Barbara. »Was hast du auf dem Herzen? Ich habe schon seit einiger Zeit bemerkt, dass dich etwas bedrückt. Doch heute zeigt sich deine Kümmernis besonders stark. Vertraue dich doch bitte deiner Mutter an!«
Da erzählte Jacob in knappen Worten von der Verabschiedung durch Pater Urban, von seiner großen Überraschung darüber und dass er sich danach zu seinem Lieblingsplatz am Kaufhaus an den See begeben habe, um dort seine Gedanken über seine neue Lebenslage zu ordnen. Auf diese Weise wollte er sich gleichzeitig für seine Verspätung entschuldigen.
Hierauf herrschte zunächst längeres Schweigen, denn für Barbara kam das alles auch recht plötzlich.
»Mutter, du musst mir Beistand leisten«, brach es aus ihm heraus, »du musst *mir* helfen, nicht dem Äni! Mein innigster Wunsch ist es, ›Arzat‹ zu werden. Ich möchte kranken Menschen helfen. Das müsstest vor allem *du* verstehen, da du doch täglich im ›Spital zum Heiligen Geist‹ und im ›Seelhaus‹ den Alten, Gebrechlichen und Bedürftigen beistehst!«
»Mein lieber Jacob, ich habe vollstes Verständnis für dich, und ich würde mich außerordentlich freuen, wenn mein einziger Sohn ein gebildeter Arzt wäre. Aber auch du musst meine Lage begreifen. Sicherlich, ich bin deine Mutter und werde alles für dich tun. Aber ich lebe auch im Hause des Lienhart Zwingenstein, und er hat die GEWALT im Hause. Er hat mich während all meiner Konstanzer Jahre, vor allem nach dem Tod deines lieben Vaters Gerwig, sehr gut behandelt. Ich kann mich nicht gegen ihn stellen, ich schaffe das einfach nicht, nicht mit meinen Worten, nicht mit meinen Gefühlen. Ich kann und mag dir das alles nicht im Einzelnen erklären, aber eines kann ich dir versprechen: Ich werde nicht gegen dich reden, ich werde den Äni nicht gegen dich unterstützen. Allerdings kann ich auch nicht deine Fürsprecherin sein. Mein lieber, seliger Vater Ulrich aus Ulm, dein Großvater Denzlin, hat mich zwar mit einem beachtlichen Vermögen versehen, so dass ich wirtschaftlich unabhängig bin. Von daher betrachtet wäre es für mich an sich

schon möglich, mit Hilfe eines Freundes, der mir als Vogt vor dem Rat der Stadt Konstanz beisteht, dort gegen den Äni Klage zu führen über die Festlegung deines künftigen Lebensweges. Dazu darf es jedoch nie kommen. Zum einen bin ich sicher, dass ich unterliegen würde. Ich als Frau gegen einen wohlbekannten, reichen und geachteten Mann, einen Bürger, der in dieser Stadt schon viele wichtige Funktionen wahrgenommen hat. Du musst bedenken, dass er mehrfach Ratsmitglied war. Sogar das Amt des Säckelmeisters hatte er inne, das bedeutendste städtische Amt der Finanzverwaltung, wo alle Gelder verwaltet werden, wobei dem Säckler nicht nur die Steuerherrn, die für die Steuererhebung und -verwaltung zuständig sind, die ›Stürer‹, unterstehen, sondern auch der Steuerschreiber, der ›Wasserschriber‹, die ›Rechner‹ und die Steuerknechte. Aber an all dies kannst du dich ja wohl noch erinnern, zumindest zum Teil.

Zum anderen sind es aber rein gefühlsmäßige Gründe – ich habe sie ja schon etwas angedeutet –, die es mir verbieten, mit Lienhart einen ernsthaften Streit auszutragen, und schon gar nicht öffentlich. Es bleibt also nur ein Weg: *Du*, ganz allein *du*, musst dich mit deinem Großvater auseinandersetzen. Ich weiß, dass das für dich sehr schwer werden wird, denn dein Äni ist mit einem scharfen und analytischen Geist ausgestattet. Aber ihr müsst euch einigen, das ist mein sehnlichster Wunsch. Und wenn ihr euch geeinigt habt, wie auch immer, dann wird der festgelegte Weg ohne Wenn und Aber konsequent beschritten. Dafür werde ich als deine Mutter dann schon sorgen; soweit wirst du mich ja wohl kennen.«

Genau so habe ich das vorausgesehen. Letztendlich bin ich ganz auf mich allein gestellt, ganz allein muss ich den Kampf über mein zukünftiges Tun und Handeln ausfechten, sagte sich Jacob. *Aber so leicht werde ich mich nicht geschlagen geben, und so einfach kommt mir die Ulmerin da nicht raus!*

»Mutter, ich verstehe da manches nicht, du musst mir schon einiges erklären. Wie passt es denn zusammen, wenn du einerseits sagst, du seiest vermögend und unabhängig, du aber andererseits darauf abstellst, dass der Lienhart Zwingenstein die Gewalt habe? Du bist doch nicht mit ihm verheiratet. Er ist doch nicht dein Vogt, und auch für mich ist er nicht als Vogt bestellt.«

»Das ist ein ganzes Knäuel von Gedanken und Fragen«, erwiderte Barbara nach einigem Nachdenken, »welches ich zunächst entwirren und dann versuchen muss, die Dinge so zusammenzufügen, dass sie verständlich werden. Dabei kann ich dir als meinem Sohn und jungem Menschen einiges nicht in vollster Offenheit darlegen. Dafür muss ich dich um Verständnis bitten. Auch muss ich dich ersuchen, nicht weiter in mich zu dringen, wenn ich als Frau das eine oder andere aus meinem Gefühlsleben als mein Geheimnis bewahren möchte.

Zunächst muss ich dir eines einräumen, mein lieber Sohn Jacob: Du triffst genau die zentralen und wunden Punkte, die janusgesichtige Situation deiner Mutter in diesem Hause. Ich glaube, es ist am besten, wenn ich dir Schritt für Schritt meine Lage erklären werde:

Mein Vater und Gerwigs Vater waren nicht nur gute Handelsfreunde, sie waren sich auch persönlich sehr verbunden. Als die beiden sich wegen der Heirat von mir und deinem Vater einig waren, hatten sie in größter Einmütigkeit einen sehr großzügigen ›nottel der ee‹, einen Ehevertrag, zu meinen Gunsten abgeschlossen: Mein Vater – ich glaube, ich war sein Liebling – gewährte mir eine äußerst üppige HEIMSTEUER, nämlich Liegenschaften, zahlreiche Fahrnis und viel Geld. Die WIDERLEGUNG in Höhe der Heimsteuer übernahm der Äni durch Geld und Zinsbriefe; diese Widerlegung fiel mir mit dem Tod deines Vaters zu. Auch die MORGENGABE, die mir Gerwig bei der Hochzeit zugewendet hatte, war sehr großzügig bemessen.

Neben diesem durch die Eheschließung mit deinem Vater eingebrachten Gut hatte ich durch Erbschaft von meiner Großmutter mütterlicherseits weiteres großes Vermögen erlangt und schließlich fiel mir beim Tod meines lieben Vaters Ulrich ein großes Erbe zu.

Und wenn du nun all dies zusammen nimmst, so siehst du, dass ich ein beachtliches Vermögen besitze. An die Stadt Konstanz bezahle ich Steuern für ein Vermögen von mehreren tausend Rheinischen Gulden und gehöre damit zu den reichsten Bürgern, auch wenn ich laufend, wie du ja weißt, reichlich Almosen spende.

Als wohlhabende Witwe bin ich freier und unabhängiger als eine verheiratete Frau. Und so gesehen könntest du mich mit Fug und Recht fragen, warum ich nicht mit dir das ›Schwarze Horn‹ verlassen habe oder gar jetzt noch verlasse, irgendwohin ziehe, dort das Bürgerrecht annehme und dir dann dein Arztstudium ermögliche. Schon nach dem Tod deines Vaters Gerwig hätte ich mit dir nach Ulm ziehen können, dort besitze ich ja mehrere Häuser. Sicherlich hätte ich ohne jegliches Zögern des Rates meiner Heimatstadt das Vollbürgerrecht erhalten. Mein Vater, Verwandte und viele Ulmer Freunde hatten mich dazu aufgefordert. Aber auch in jede andere Stadt hätte ich ziehen können. Wohlhabende Leute, sogar Frauen, wenn sie gute Steuerzahler sind, werden dort als neue Bürger immer willkommen geheißen. Mein Vater stand mit einem

Handelsfreund aus Nürnberg, dem Zentrum des Gewürzhandels, in Verhandlungen über meine Vermählung mit seinem Sohn. Das war ein reicher Kaufherr, der mit Gewürzen in Deutschland, Frankreich, Spanien und Italien handelte. Immer wieder hat mich dein Ulmer Großvater diesbezüglich bedrängt, aber keinen Zwang ausgeübt. So war ich, es war so etwa zwei Jahre nach dem Tod deines Vaters, sehr, sehr schwankend und fragte mich immer wieder: *Was soll ich tun? Wohin geht mein Weg, natürlich zusammen mit meinem Sohn?* Damals stand ich vor ähnlichen Fragen wie *du* heute. Daher kann ich dich, mein lieber Jacob, in deiner jetzigen Lage sehr gut verstehen. Genau die gleichen Gefühle der Ungewissheit, wie du sie heute hast, plagten mich damals auch.

Als hätte er in jenen Zeiten meine Gedanken lesen können, schaute mich Lienhart mit seinen großen braunen Augen häufig fragend an, bis er mich unvermittelt und für mich völlig überraschend auf meine Probleme ansprach. Noch heute höre ich seine Stimme, die ja normalerweise sehr bestimmend, zum Teil sogar schneidend klingt, damals jedoch recht stockend und warm war, und ich erinnere mich an jedes seiner Worte. Es war am Weihnachtsabend, du warst gerade schlafen gegangen. ›Was wird das NEUE JAHR 1442 für uns bringen? Wirst du das Schwarze Horn verlassen? Wirst du unserem Konstanz den Rücken kehren? Ich bin mir sicher, dass dich derartige Gedanken umtreiben, denn ich glaube, dich recht gut zu kennen.‹

Ich war erstaunt über diese offenen Worte und bestätigte ihm deren Richtigkeit – wir waren immer sehr ehrlich zueinander.

›Jetzt zum Jahresbeginn‹, fuhr er zögernd fort, ›ist wohl der richtige Augenblick, um über die kommenden Zeiten zu sprechen. Wenn ich jetzt in Bezug auf *dich* rede, so sei dir bitte darüber im Klaren, dass dies genauso *mich*, meine Zukunft, mein Leben, meine Gedanken und meine Gefühle betrifft. Du bist eine anziehende, bildschöne Frau, wohlhabend und unabhängig. Dementsprechend ist das zum Teil überdeutlich zum Ausdruck gebrachte Interesse vieler Männer an deiner Person gut zu verstehen. Man müsste volles Verständnis aufbringen, wenn du diesem Werben nachgeben solltest. In einem solchen Falle wäre es ganz allein deine Entscheidung, ob du deinen Sohn Jacob mit dir nehmen oder ohne ihn ein ganz neues Leben beginnen wolltest. Ich könnte es verstehen, wenn du eine neue Ehe lieber ohne familiäre Bindung eingehen würdest. In diesem Fall würde *ich* Jacob bei mir behalten, und ich verspreche dir bei meinem Seelenheil, dass mein Enkel im Schwarzen Horn nur Gutes erfahren würde. Ich würde ihn wie meinen eigenen Sohn halten und behandeln, erziehen und ausbilden lassen und ihn zu einem ehrbaren Handelsherren machen, zu meinem Nachfolger.‹

Da schossen mir die Tränen in die Augen, und ich erklärte ihm, dass ich mich nie von meinem Sohn trennen würde und dass diese Entscheidung für mich heute und für alle Zukunft endgültig und unumstößlich sei.

›Wenn wir also hiervon ausgehen‹, sprach Lienhart, nunmehr wieder bestimmend und ganz Kaufherr, weiter, ›so möchte ich dir meine Vorstellungen für den Fall unterbreiten, dass du dich entschließen solltest, zusammen mit Jacob bei mir im Schwarzen Horn zu bleiben: Als nicht verheiratete Frau ist deine gesellschaftliche und rechtliche Stellung einigermaßen frei. Du bist Bürgerin, zahlst an die Stadt Steuern, verwaltest dein beträchtliches Vermögen selbst und hast darüber Verfügungsgewalt. In deinem Bereich wirst du demzufolge weiterhin alles tun und lassen können, was du willst. Du wirst bei den Armen und Kranken deine gottgefälligen Werke vollbringen können, so wie du das seit dem Tod von Gerwig immer getan hast. Außerhalb unseres Hauses werde natürlich *ich* nach wie vor der *Herr* sein, der Handelsherr, der seine Kaufmannschaft betreibt, hoffentlich weiterhin mit Erfolg. Innerhäuslich werden wir uns die Aufgaben teilen: Die großen Dinge im Haus obliegen mir, vor allem der finanzielle Unterhalt sowie die Ordnung und Führung des Gesindes, alle übrigen Aufgaben im Schwarzen Horn, vor allem die *Hausbesorgung*, möchte ich jedoch gern dir übertragen. Du müsstest die damit verbundenen mannigfachen Angelegenheiten natürlich nicht in eigener Person wahrnehmen. Unter deiner Aufsicht könnten die Aufgaben in einem von dir bestimmten Umfang einer zuverlässigen Person übertragen werden, vielleicht der treuen und qualifizierten Maria Murer als Meisterin über das Hausgesinde. Ich stelle mir das so ähnlich vor, wie ich es in meinem Handelsgeschäft mit dem Johann handhabe, der der Meister über meine Knechte ist. Innerhalb meines Hauses möchte ich dir also die Schlüsselgewalt einräumen, und der Schlüsselbund an deinem Gürtel würde diesen Status dokumentieren. Damit hättest du im häuslichen Bereich eine Stellung, die in etwa mit der vergleichbar ist, die meine verstorbene Ehefrau vor vielen Jahren innehatte. Als Witwe wärest du natürlich bedeutend freier als eine Ehefrau. Für dich würde auf jeden Fall nicht der in vielen Liedern zitierte Satz gelten: ›Und nichts als Entbehrung bringt das Leben dem Eheweib.‹

Was meine Person angeht, so würde ich dich in höchsten Ehren halten und für deinen Sohn Jacob wie für einen eigenen Sohn sorgen, nicht nur wie für einen Enkel. Natürlich stünde es dir immer frei, mein Haus zu verlassen, solltest du dich hier nicht mehr wohlfühlen. Zu meinem Angebot musst du dich nicht sofort äußern, überlege dir nur alles reiflich. Ich musste dir ja schließlich einmal aufzeigen, was dich erwartet, wenn du hier bei uns bleibst, denn nur so bist du in der Lage, die Vor- und Nachteile mit anderen möglichen zukünftigen Wegen zu vergleichen.‹

Nach kurzem Schweigen redete der Zwingenstein weiter, nunmehr wieder stockend, und seine Stimme klang liebevoll: ›Ich habe versucht, dir diese Vorschläge emotionslos zu unterbreiten, so wie ich einem guten Handelsfreund ein Angebot machen würde. Lass mich aber als *Mann* noch dazu sagen, dass ich äußerst glücklich wäre, wenn du bei mir bleiben würdest. Sicherlich wäre dies, das räume ich gern ein, nicht ganz ohne Eigennutz: Ein älterer Mann in der Nähe einer jüngeren Frau wirkt und ist immer jünger. Allerdings, und das möchte ich dir nicht verschweigen, munkelt man in der Stadt immer wieder einmal, und zwar durchaus etwas hämisch, vom alten Zwingenstein mit seiner jungen Ulmerin. Aber das müssten wir eben in Kauf nehmen. Derartige Nachreden enden immer recht schnell, wenn etwas Aktuelleres auftritt, flackern vielleicht noch einmal auf und werden im Laufe der Zeit immer uninteressanter.‹

Wir waren an diesem Weihnachtsabend noch lange zusammen, Lienhart und ich.

Noch in dieser Nacht wurde mir klar, dass ich hier im ›Schwarzen Horn‹ bleiben würde. Dabei waren für meine Entscheidung nicht nur *meine Gefühle* maßgebend, sondern auch der Umstand, dass der Zwingenstein *dich* immer sehr gut behandelt hat. Ob bei einer Wiederverheiratung mein neuer Ehemann ein guter Stiefvater geworden wäre, konnte ich nicht vorhersehen. Und schließlich hat man schon reichlich schlimme Dinge darüber gehört, in welch bösartiger Weise Stiefväter ihre Gewalt gegenüber angeheirateten Kindern ausgeübt haben. Dieses Risiko wollte ich nicht eingehen. Mitgeteilt habe ich Lienhart dann erst einige Zeit später, dass ich ihn nicht verlassen werde.

Nach der Gewalt des Äni«, so Barbara weiter, »hast du noch gefragt. Das solltest du eigentlich wissen: Jeder Mann hat die Gewalt nicht nur in seinem Gewerbe, sondern auch in seinem Haus. Von daher gesehen, geht es mir in diesem Hause doch recht gut. Meine damalige Entscheidung, mit dir im ›Schwarzen Horn‹ zu bleiben, hat sich als richtig erwiesen, und ich habe sie nic bereut. Lienhart hat sein Versprechen gehalten. Er hat mich nie gezüchtigt oder geschlagen, ganz im Gegenteil: Er hat mich immer in höchsten Ehren gehalten, innerhalb und außerhalb des Hauses, und mir große Freiheiten gelassen. Und was für mich genauso wichtig war: Er war immer gut zu dir, behandelte dich wie einen eigenen Sohn. Und dies beurteilst du ja auch so, wie du mir gegenüber oft genug betont hast – bis auf seine Sigillen, die du nie mochtest. Aber das ist sicherlich ...«

Barbara unterbrach ihre Worte, denn sie hörte schwere Schritte auf der Treppe. Sogleich betrat Lienhart Zwingenstein die Stube, in der Hand noch die LATERNE, die ihm HEIMGELEUCHTET hatte, so wie es nach Konstanzer Ratsverordnung vorgeschrieben war. Lienhart war weder groß noch klein, stämmig, aber nicht dick, hatte schulterlanges weißes Haupthaar, eine sehr hohe Stirn, ein längliches Gesicht mit Adlernase und scharf gezeichneten Mundfalten. Buschige Augenbrauen und eine massive Kinnpartie wiesen auf einen ausgeprägten Machtwillen hin. Seine großen dunkelbraunen Augen strahlten Kraft und zugleich Wärme aus. In seinem TIEFSCHWARZEN mit Marderpelz gefütterten, bis zu den Knöcheln reichenden Mantel mit den überlangen und daher nach oben gestülpten Ärmeln wirkte er etwas unbeholfen. Barbara, die ihn mit freundlichem Kopfnicken begrüßt hatte, nahm ihm die Lampe ab und öffnete die Spange an seinem kragenlosen Mantel. Da stand nun der Alte vor ihnen in seinem grünen von einem Gürtel zusammengehaltenen Rock, der bis zu seinen Oberschenkeln reichte. Seine Kopfbedeckung abnehmend, heftete er seine durchdringenden Augen auf Mutter und Sohn und sagte herrisch: »Ihr sitzt ja immer noch auf, ihr Nachteulen. Aber kein Vorwurf. Ich selbst bin vielleicht auch etwas zu spät, der NACHT-WÄCHTER hat die ersten Nachtstunden längst angesungen«, fügte er selbstkritisch und sich leicht rechtfertigend mit nunmehr gemäßigter Stimme hinzu. »Ich habe nämlich den FEUERSCHAUER Kleinhans getroffen und mit ihm einen längeren Disput gehabt.«

Sich auf seinem bequemen Sessel am oberen Ende des Tisches niederlassend, wechselte er das Thema: »Ich möchte dich, meinen lieben Enkelsohn, zur erfolgreichen Beendigung deiner Studien bei den Predigern auf der Insel beglückwünschen.« Dabei klopfte er Jacob anerkennend auf die Schultern. »Der Schwarzmantel Urban hat mir heute nämlich berichtet, dass er dich entlassen hat und mit guten Zeugnissen versehen wird. Für mich kam diese Mitteilung heute recht unvorbereitet und unvermittelt.«

Nach einer kurzen Pause räusperte er sich leicht und fuhr an Jacob gewandt fort: »Doch ehrlich gesagt, ich bin froh darüber, dass dein Leben bei den Dominikanern nun ein Ende hat. Diese Aussage erscheint euch wahrscheinlich etwas absonderlich, zumal auch ich, wie auch schon mein Vater, die Schule der Predigerherren besuchte und schließlich ich es war, der dich dort auf die Insel zur Ausbildung gegeben hat – natürlich nicht gegen den Willen deiner Mutter. Die damalige Entscheidung halte ich auch heute noch für richtig, denn die Dominikaner gelten als Meister der Worte und der Wissenschaften. Nun haben sich bei mir aber in der letzten Zeit einige innere Vorbehalte gegenüber diesen Mönchen angesammelt. Das hat einen Grund, der mit ihrer stets guten Ausbildung von Schülern zunächst gar nichts zu tun hat. Wie ja allgemein bekannt ist, wurde dieser Orden schon vor langer Zeit vom Papst als ›Hüter der Gesetze‹ eingesetzt. Dies gab den Dominikanern schon immer eine besondere Machtstellung, die noch verstärkt wurde, als ihnen Papst Gregor IX. im Jahre 1232 die Leitung der Inquisition übertrug. Und dies nutzen sie vor allem in der letzten Zeit zunehmend aus und betreiben die Inquisition, wie man immer wieder hört, in zunehmend fanatischer Weise. In einem Wortspiel, das ich allerdings für etwas makaber halte, bezeichnet man die Dominikaner wegen ihres Eifers und ihrer Wachsamkeit bezüglich der Reinerhaltung der Gesetze und des Glaubens als Domini canes, als Hunde des Herrn. Da ich derartige Verfolgungen von Ketzern und Hexen als nicht der Bibel entsprechend und gottgefällig halte, habe ich mich schon seit einiger Zeit mit dem Gedanken getragen, dich aus der Schule der Predigerherrn herauszunehmen. Fanatismus auf einem Gebiet vergiftet oft das gesamte Leben. Jetzt könnt ihr mich vielleicht verstehen, dass ich froh darüber bin, dass sich dieses Problem mit deiner heutigen Verabschiedung sehr elegant von selbst gelöst hat. Also können wir uns jetzt gleich, lieber Jacob, deiner Zukunft zuwenden.«

»Aber bitte nicht jetzt, ich bin doch schon sehr müde. Bei diesem Gespräch möchte ich als Mutter nämlich dabei sein, und zwar hellwach«, sagte die Ulmerin recht bestimmend und gähnte dabei. Damit war klar, dass für sie dieses Thema für heute erledigt war.

»Natürlich hast du recht, liebe Barbara«, erwiderte der Äni. An seiner bedächtigen Sprechweise und den wässrigen Augen war zu erkennen, dass die Tröpfchen in der Trinkstube der Thurgauzunft wohl gut und reichlich gemundet hatten. »Es gehört auch zu meinen Grundsätzen, zu dieser späten Stunde keine wichtigen Dinge zu besprechen, erst recht nicht, wenn man etwas Wein im Kopf hat. Diese Unterredung verschieben wir also auf morgen, ich denke auf den Abend. Schlaft wohl.«

Und alle drei stiegen die Treppe hinauf zu ihren Schlafkammern.

Der Äni fiel sofort in tiefen Schlaf, sein Schlummertrunk zeigte Wirkung.

Der Enkel empfand Erleichterung darüber, dass sich das für ihn so wichtige Gespräch mit dem Äni um einen Tag verzögerte. Er hat, so wie er es sich gewünscht hatte, eine Gnadenfrist zum Nachdenken gewonnen. Seiner Mutter, die diese Verschiebung veranlasst hatte, war er innerlich recht dankbar; ein kleines Stückchen hat sie ihm also doch geholfen. Über diesem Gedanken entschlummerte auch Jacob.

Lediglich Barbara wälzte sich auf ihrem Lager hin und her und konnte keine Ruhe finden, denn sie war in ihrem Innersten aufgewühlt. Ihre Gedanken kreisten nicht nur um die Vorkommnisse und Gespräche dieses Abends, vor allem die Vergangenheit war es, die sie wieder eingeholt hatte.

Sie sah sich in jene Zeit zurückversetzt, als sie Lienhart versprochen hatte, bei ihm im »Schwarzen Horn« zu bleiben, und wie er ihr mit selten warmer Stimme und Tränen in den Augen gedankt hatte.

Sie dachte auch daran, wie sie an die ihr übertragenen innerhäuslichen Aufgaben der Hausbesorgung herangegangen war, an die wichtigen Funktionen der Hausfrau: die Verantwortung für alle Räume des Hauses, vor allem aber für die ›Kuchenmeisterey‹, und auch für die Beschaffung, Konservierung und Vorratshaltung von Nahrungsmitteln und Getränken. Bei all diesen Dingen hatte sie aber immer nur die Organisation und die grundsätzlichen Angelegenheiten bestimmt. Die Einzelheiten, wie vom Äni empfohlen, hatte sie Maria Murer und deren Gehilfinnen überlassen. Das galt auch für die Zubereitung der Alltags- und Fastenessen, eine Aufgabe, die die Murer zur vollsten Zufriedenheit aller erfüllte. Und das wollte schon etwas heißen, denn der Äni war stets recht anspruchsvoll. Nur an Fest- und Feiertagen und wenn Gäste zu Besuch waren, wirkte sie bei der Zusammenstellung der einzelnen Trachten mit.

Barbara erinnerte sich des Weiteren daran, dass ihr Stand als Hausbesorgerin am Anfang alles andere als einfach war. Sie hatte Agnes abgelöst, die in ihrer Stellung als Schwester des Hausherrn bisher diese Funktion wahrgenommen hatte. Aufopferungsvoll hatte die Ente zu jener Zeit fast alles eigenhändig erledigt, bis zu den letzten Einzelheiten hin. Dieser Arbeitseinsatz hatte ihr allseits große Bewunderung eingebracht, und da war es durchaus verständlich, dass Nes diese für sie bedeutsame Position nicht so ohne Weiters räumen wollte. Auf die damaligen Machtkämpfe blickte Barbara vor allem deswegen ungern zurück, weil diese von Agnes meist nicht offen, sondern ausgesprochen hinterhältig geführt worden waren. Schlussendlich gipfelte alles darin, dass Lienhart seiner Schwester jegliche Tätigkeit im »Schwarzen Horn« verbot. In diesem Zusammenhang gesehen, war der Zusammenstoß mit Nes beim heutigen Abendessen eine Kleinigkeit.

Barbara hatte sich im Laufe der Zeit an Streitigkeiten mit der Ente gewöhnt und konnte diese auch ertragen, weil Lienhart sich immer hinter sie gestellt hatte.

Vor allem aber war sie von dem Gespräch mit ihrem Sohn berührt. Es wurde ihr dabei zum ersten Mal so richtig bewusst, dass er kein Kind mehr war, sondern ein junger Mann, der sich gründliche Gedanken machte, kritische Fragen stellte und Dinge so klar auf den Punkt brachte, dass sie ihm als Mutter auch Teile ihres Innersten offenbaren musste – wenn auch nicht alles.

Über diesen Gedanken kam schließlich auch die Ulmerin zur Ruhe.

Kapitel 3

Am nächsten Abend saßen die drei wieder in der warmen Stube: Lienhart Zwingenstein auf seinem thronartigen Stuhl, in weiche Polster gelehnt, Jacob, wie immer, neben ihm auf der Wandbank und Barbara hatte sich, einem freundlichen Wink des Alten folgend, direkt rechts neben ihm niedergelassen auf dem Ehrenplatz, der normalerweise Gästen vorbehalten war. Die Abendtafel war, wie es sich für einen Sonntag geziemte, großzügig und wohlschmeckend mit Wild und verschiedenen Fleischsorten bei jeder der drei Trachten. Doch in Erwartung der Aussprache wurde wenig gegessen und kaum Wein getrunken; lediglich die Süßspeisen fanden einige Beachtung. Großvater gebot, alles zügig abzutragen, auch den Wein, denn man sollte einen klaren Kopf haben. Nur einige Äpfel, Birnen und Walnüsse waren auf dem weißen Leinentuch verblieben und wirkten recht verloren auf dem großen Tisch. Die Wachskerzen des mächtigen Hängeleuchters und der großzügigen Wandbeleuchtungen ließ er löschen, so dass nur der mehrarmige Tischleuchter aus Messing und wenige auf dem langen Tisch verteilte Öllämpchen aus Keramik dem großen Raum ein gerade noch ausreichendes LICHT spendeten. So handhabe Lienhart es immer, wenn er sich stark konzentrieren wollte.

»Dass meine Schwester Agnes nicht anwesend ist, wundert mich sehr, denn normalerweise verleiht ihr die angeborene Neugier ein sicheres Gespür für wichtige Gespräche. Doch ich bin ganz froh darüber«, lächelte der Äni. »Auf diese Weise bleibt es uns erspart, aus dieser wohligen Stube ins novemberkühle ›Turbulentum‹, wo sie ja keinen Zutritt hat, hinaufsteigen zu müssen. In der Wärme lässt sich ein Teig aus Fragen und Problemen besser kneten als in der Kälte.«

Nach kurzem Zögern sagte er in bestimmendem Ton: »Kommen wir doch sofort ad rem, packen wir den Stier doch gleich bei den Hörnern, ohne großes Drumherumgerede: Jacob, du bist von den Predigern im Rhein, von Pater Urban, entlassen worden und hast deine Ausbildung gut abgeschlossen; meine Glückwünsche hierzu habe ich dir schon ausgesprochen. Daher ist es jetzt an der Zeit, über deine Zukunft zu entscheiden. Was meint ihr beide denn zu diesem Thema? Auf euch kommt es ja schließlich primär an.

Durch diese Frage brach das gut vorbereitete Gedankengebäude zusammen, das Jacob sich den ganzen Tag über so schön zurechtgezimmert hatte. Er hatte sich nämlich vorgenommen, in dem wichtigen Gespräch mit seinem Großvater all das anzuwenden, was er vom Dominikaner Urban gelernt hatte, und sich dabei die Frage gestellt, wie dieser Pater in seiner Lehre über die KUNST DER UNTERREDUNG UND DER GESPRÄCHSFÜHRUNG diese Problemsituation wohl angegangen und sie zu einem guten Ende geführt hätte. Sicherlich hätte dieser in der gedachten Person eines Großvaters als Gesprächspartner die Dialektik nicht im Sinne der Sophisten angewendet, sondern in dem allgemeinen Sinne, also der Kunst, durch logisches Denken ein Ding von allen Seiten zu betrachten, um dann mit der Fähigkeit der Überredung, der Rhetorik, zum Ziel zu gelangen. Und es war immer der Pater, der das Gespräch mit sachlichen Argumenten begonnen hatte, so dass Jakob davon ausgegangen war, dass es wohl eine Selbstverständlichkeit sei, dass zuerst der Ältere seine Sicht darlegt und er als Jüngerer dann die verteidigende Position einnimmt; so war es zumindest immer geübt worden. Mit dieser Umkehrung hatte er nie gerechnet. Der Äni war wirklich ein Fuchs! Da Barbara keine Anstalten machte, sich zu äußern, fiel dies nun wohl Jacob zu. Aber wie? Er dachte nach.

»Ja, was ist denn Jacob? Du hast doch heute viele Stunden sinniert, wie ich wohl bemerkt habe. Sicher hast du dir doch alles schön zurechtgelegt, so wie ich dich kenne. Was zögerst du dann jetzt noch so lange? Gib doch endlich etwas von dir!«, forderte sein Großvater ihn auf.

»Äni, du hast doch die Gewalt in diesem Haus«, kam ihm der befreiende Gedanke in dieser unvorhergesehenen Situation, »sag doch *du*, was du über meinen zukünftigen Weg denkst; ich habe hierzu bereits eine genaue Vorstellung.«

»Bei eurem Getue habe ich den Eindruck, dass ihr wie zwei Hunde um einen fetten Knochen herumschleicht, teils knurrend, teils schwanzwedelnd«, meinte Barbara, »aber keiner beißt zu und keiner schnappt sich den Knochen. Werdet doch endlich konkret!«

»Barbara, du hast recht, wir sollten hier keine Dialektik und keine Rhetorik betreiben, kein wissenschaftliches Streitgespräch führen, so wie wir Männer es – ich zwar schon vor vielen Jahren – bei den Predigerherrn auf der Insel erlernt haben«, räumte Lienhart ein. »Da wir doch eine Familie sind, sollten wir uns freundlich und in ganz schlichten Gedanken und einfachen Worten begegnen und besprechen, um für Jacob die bestmögliche Zukunft zu gestalten. In diesem Sinne frage ich dich: Wie stellst du dir deine Zukunft vor?«

»Ich will *armen kranken Menschen* helfen.«

»Oh nein, nur das nicht«, wehrte Äni ärgerlich ab, »ich hatte mein ganzes Leben lang keine Lust und Liebe zu den ›Doctores, Erzten und zu der Artzeney‹. Und nun will ausgerechnet mein Enkel so einen Beruf ergreifen! Die Medizin steht doch de facto der Krankheit ohnmächtig gegenüber. Das Gesundwerden ist doch in unseren Landen und zu unseren Zeiten mehr mit Glauben oder gar Aberglauben verbunden als mit Wissen, Diagnose und vernünftiger Therapie. Das mag im Altertum anders gewesen sein. Was machen die Doctores heute bei uns anderes, als ihrer von den Arabern übernommenen Viersäftelehre zu huldigen? Urin, Blut und Puls, sind das nicht allzu spärliche Mittel der Diagnostik? Und immer wieder dieser Aderlass! Und wenn, wie häufig, der Misserfolg eintritt, was sagen sie dann? Sie verweisen darauf, dass sie nur mit Christi Hilfe und nach Gottes Ratschluss heilen können. Oder ist das nicht so?«

»Aber Lienhart«, rügte Barbara, »da kann ich dich nun wirklich nicht verstehen. Es geht nicht um deine Zukunft, sondern um die von Jacob, und dabei ist es doch wohl gleichgültig, ob *du* die Heiler magst oder nicht und wie *du* deren fachliche Kompetenz beurteilst. Was meine Person angeht, so könnte *ich* mir gut vorstellen, dass mein Sohn zu den doch recht wenigen doctores medicinae gehört. Ich wäre sehr stolz darauf, zählt doch ein Doktorentitel immerhin ähnlich wie ein Adelstitel.«

»Da muss ich dir wiederum zustimmen, liebe Barbara. Aber wir sind in der Gedankenfolge doch noch gar nicht so weit wie du. Der Junge hat doch bisher lediglich gesagt, dass er armen Kranken helfen möchte. Wollen wir ihn nicht fragen, warum er gerade dies will?«

»Das kann ich gern beantworten. Die Gesundheit kommt von Gott; gesunde Menschen bedürfen nicht meines Beistandes. Aber auch alle schlimmen Dinge auf dieser Welt sind Zeichen des Himmels. Auch die Krankheit kommt von Gott als Prüfung und Strafe über die Leute. Und gerade diese bestraften Menschen brauchen meine Hilfe. Das ist Nächstenliebe, so wie sie von uns gefordert wird.«

»Bleiben wir also bei deinen armen Siechen«, so der Großvater, der dem breiten Thema der Nächstenliebe ausweichen wollte. »Diesen Kranken können vier Kategorien von Helfern beistehen: die Helfer im Spital, dann die Bader und Barbiere, schließlich die Chirurgen und in der höchsten Stufe die an Universitäten ausgebildeten Ärzte, häufig Doctores.

Nach deiner hervorragenden Ausbildung bei den Dominikanern schließe ich eine Arbeit als bloßer *Helfer* im Spital von vornherein aus. Eine derartige untergeordnete Tätigkeit kommt für einen Zwingenstein nicht in Betracht. Ich habe diese Möglichkeit überhaupt nur deswegen erwähnt, um diesen Leuten meine Ehre zu erweisen, denn diejenigen, die ihre täglichen Dienste bei den armen Siechen erbringen, leisten in der Tat eine große Hilfe.

Ich nehme auch nicht an, dass du in die unterste Stufe der Heilberufe einsteigen und eine Scherstube eröffnen oder als *Barbier* von Haus zu Haus gehen oder gar als *Bader* eine Badestube betreiben willst. Ich kann mir nicht vorstellen, dass du die entsprechenden Fertigkeiten der niedrigen Chirurgie handwerklich erlernen willst, um dann nach Barbier- oder Baderart Zähne zu brechen, Geschwüre zu behandeln, Knochen zu schienen, zur Ader zu lassen und zu schröpfen. Das würde ich dir glatt verbieten, denn die Berufe der Bader und Barbiere gelten als anrüchig, ihre Angehörigen sind nicht gut angesehen, ihnen wird Trunksucht und große Geschwätzigkeit nachgesagt. So etwas wäre mit unserem hohen Ansehen, guten Ruf und unserer EHRE als würdige Handelsherrn nicht zu vereinbaren.

Wäre also die erste ernst zu nehmende Möglichkeit die eines *Chirurgen*. Möchtest du in einer handwerklichen Lehre dieses blutige Gewerbe eines ›Wundartzetes‹ erlernen? Willst du Wunden, Abszesse oder Geschwüre aufschneiden, Amputationen durchführen oder gar mit deinem Messer in das Innere des menschlichen Körpers eindringen? Das kann ich mir bei dir gar nicht vorstellen. Wenn du als Kind einmal hingefallen bist oder dich mit einem Messer geschnitten hast, bekamst du bei jeder Wunde panische Angst. Blut konntest du überhaupt nicht sehen. Sag mal, sollte das dein Wunschberuf sein?«

»Nein, Äni«, wehrte Jacob ab, »da kann ich dich beruhigen, alle diese drei von dir genannten Möglichkeiten kommen für mich nicht infrage. Ich will ein richtiger *Arzt* werden, an einer *Universität* studieren, ein doctor medicinae, einer der ganz wenigen, so wie meine Mutter es vorher angedeutet hat. Mit unblutigen Methoden will ich arbeiten, ohne zu schneiden möchte ich heilen, kein Messer werde ich in die Hand nehmen. Zu den als minderwertiger eingestuften Wundärzten, zur Chirurgia, will ich nicht gehören. Die übliche Lehren der Universitäten werde ich studieren, die Physiologie und Anatomie des Menschen, vor allem die Zusammensetzung und Verteilung der vier Körpersäfte: des weißen Schleims, der schwarzen und gelben Galle sowie des Bluts und deren Korrelation mit den Organen. Die Ausgewogenheit der Körpersäfte ist nämlich für unsere Gesundheit von größter Bedeutung. Aber auch übernatürliche Kräfte können Ursache für Krankheiten sein. Daher werde ich mich auch dem Studium der Astrologie und der planetarischen Kräfte widmen.«

Barbara nickte voller Anerkennung, und Lienhart konstatierte. »Meine Hochachtung möchte ich dir aussprechen, du hast dich schon sehr intensiv mit Fragen unserer Medizin beschäftigt. Man könnte fast den Eindruck gewinnen, dass da ein studiosus in medicinis bei uns sitzt, da fehlt nur noch der dunkelrote Mantel der Medizinstudenten. – Trotzdem, eines ist mir nicht einleuchtend: Du willst armen kranken Menschen als Arzt helfen. Das ist doch ein Widerspruch! Nur Reiche können es sich leisten, einen studierten Arzt zu konsultieren. Für einen normalen Bürger, geschweige denn für arme Leute, sind die Honorare der Doctores unerschwinglich. Das musst du uns schon erklären.«

»Nichts leichter als das! Ist es einem Arzt denn verboten, von nicht Wohlhabenden ein geringeres oder unter Umständen gar kein Honorar zu verlangen? Davon ist mir nichts bekannt. Dass man sich dadurch den Zorn seiner Arztkollegen zuzieht, das mag wohl sein. Aber damit könnte ich leben. Viel wichtiger ist mir die uneigennützige Hilfe. Da habe ich doch ein Vorbild: meine Mutter. Legt sie im Spital bei den Siechen, wenn es notwendig erscheint, nicht auch mit Hand an und gibt den Armen Almosen? Dagegen hat doch bisher auch niemand etwas eingewendet«, sagte Jacob trotzig und schaute dabei den Zwingenstein herausfordernd an.

Damit hatte der Junge ins Schwarze getroffen, weshalb Lienhart sofort das Thema wechselte: »Studieren willst du also. Weißt du überhaupt, wie lange so ein Studium dauert? Ich sag's dir: Zunächst vier Jahre Artistenstudium mit dem Abschluss eines Magisters, dann viele Jahre Medizin, je nach Universität verschieden lang. Zehn Jahre und mehr sind da bis zum Erwerb des Doktortitels schnell vergangen. Weißt du, wie viele Studiosi ihr Studium gar nicht beenden? Wie schwer es ist, ›Arzat‹ zu werden? Was ein Studium kostet und wie viel Geld die Herrn Professoren fordern, bis sie den Titel eines Doktors verleihen? Und wenn das Studium, was sehr häufig vorkommt, nicht abgeschlossen wird, was wird dann aus dieser großen Zahl von abgebrochenen Studiosi? Nicht selten sind dies dann gebrochene Menschen! Viele von ihnen werden unverbesserliche Landstreuner, geben sich dem freien Vagantentum hin, vergleichbar mit Gauklern, Possenreißern und Spielleuten. Wir kennen sie doch, die an unseren Türen läuten und einen Imbiss oder einen Wanderpfennig begehren. Als Ärzte oder Wunderheiler geben sie sich häufig aus, als mit übernatürlichen Kräften ausgestattet und in magischen Künsten bewandert, als Geisterbeschwörer, Schatzgräber, Heiler von verhexten Menschen und Tieren. Natürlich haben sie immer Pülverchen parat, wirksam für und gegen alles, die sie für gutes Geld gutgläubigen Leuten andrehen. Nein, ich will nicht das Risiko eingehen, dass mein Enkel jemals zu solch fahrendem Volk gehört, und eine derartige Gefahr würde niemals entstehen, wenn du in Konstanz bliebest.«

»Lienhart, da werden nun aber verschiedene nicht zusammengehörende Dinge in einem Topf gekocht«, wehrte Barbara ärgerlich ab. »Zunächst sprichst du die Kosten einer Universitätsausbildung an. Diese sind, wie du zu Recht sagst, enorm hoch. Aber bedenke bitte, dass ich Vermögen habe, dass ich sehr wohlhabend bin. Und das weißt du doch ganz genau. Ich bin durchaus in der Lage, das Studium meines Sohnes zu bezahlen. Dann zielst du auf das fahrende Volk ab. Sicherlich sind deine Worte im Ansatz richtig, wenn du die vielen abgebrochenen Studiosi, die den Menschen oft die abstrusesten Dinge vorgaukeln und so ihren Lebensunterhalt erschwindeln, als unverbesserliche Landstreuner ansiehst. Ich gehe sogar noch einen Schritt weiter: Diese Gauner sind eine wahre Landplage, und viele von ihnen sollten wegen ihres betrügerischen Verhaltens der weltlichen Gerichtsbarkeit übergeben werden. Aber was hat dies mit meinem Sohn Jacob zu tun? Immerhin ist er ja auch dein Enkel! Wie kommst du darauf, ihn in die Ecke der Vaganten zu stellen? Welche Anhaltspunkte hast du hierfür? Dagegen muss ich mich als Mutter doch ganz energisch verwahren. Diese Freiheit habe ich als nicht verheiratete Frau, die nicht unter der Gewalt eines Ehemannes steht.«

»Entschuldigt bitte, da habe ich mich verrannt«, gab der Äni etwas reumütig und zerknirscht zu. Er war klug und sensibel genug, um sofort zu erkennen, dass er zu weit gegangen war. »Aber an dem Argument, dass der Bub in Konstanz bleiben soll, will ich festhalten, die Begründung muss ich allerdings auf ein anderes Fundament stellen:

Jacob, du hast doch oft gesagt, dass du dich in unserem ›Schwarzen Horn‹, bei deiner Mutter und auch bei mir sehr wohlfühlst? Gilt das heute nicht mehr? Hat dich jemand verletzt? Ist es etwa die Ente? Wenn dies der Fall sein sollte, könnte ich dich allerdings nicht recht verstehen. Ich habe dir schon oft erklärt, dass sie es immer wieder trefflich versteht, andere zu verärgern, dass man aber auch selbst schuld ist, wenn man sie zu ernst nimmt. Oder bin ich es, den du in Zukunft meiden willst? Dann sag's mir bitte. Warum willst du uns verlassen?

Gilt es heute denn nicht mehr, dass du dich in deiner Heimatstadt Konstanz sehr wohlfühlst? Früher hattest du das doch immer wieder betont.

Oder ist es bei dir einfach der Trieb nach Veränderung, nach einem Wechsel? Das ist ja durchaus ein modischer und kollektiver Drang in unseren Zeiten. Nicht nur die Kaufherren ziehen durch die Lande, Wanderschaft und Reiselust sind Sehnsüchte vieler Menschen, denken wir doch nur an die große Zahl von Kreuzfahrern und Pilgern, an die weitreichenden Gesellenwanderungen im Handwerk und die vielen landstreunenden Vaganten. Doch halt! Von den Letzteren will ich jetzt nichts mehr sagen, sonst wird Barbara wieder böse«, sagte der Großvater mit einem ironischen Unterton.

Nach einem kurzen Moment des Schweigens erwiderte Jacob: »Äni, deine Worte haben mich sehr nachdenklich gestimmt. Ich liebe meine Mutter, und ich liebe dich, auch das ›Schwarze Horn‹, auch Konstanz, und eine Sehnsucht nach Wanderschaft habe ich schon gar nicht. Und was die Tante Agnes angeht, die spielt in diesem Zusammenhang für meine Entscheidungen die geringste Rolle«, sagte der Bub mit rauer Stimme und feuchten Augen. »Mehr zu sagen bin ich im Augenblick nicht in der Lage. – Doch eines fällt mir gerade noch ein: Könnte ich nicht eines Tages als STADTPHYSICUS nach Konstanz zurückkehren? Als angestellter Stadtarzt würde ich ein jährliches Gehalt bekommen und dafür die armen Kranken umsonst behandeln, so wie ich das vorher als mein Wunschbild geschildert habe.«

»Wo willst du denn studieren? Hast du dir auch darüber schon Gedanken gemacht?«, wollte Äni wissen.

»Von der Sprache her gesehen, ist dies an sich gleichgültig. An allen Universitäten pflegt man das Lateinische, und ich bin ein Litteratus, ein der lateinischen Sprache Kundiger. Zunächst hatte ich mir vorgestellt, an eine der ältesten Hochschulen zu gehen, nach Paris oder Bologna. Dann habe ich aber an Prag gedacht«, antwortete Jacob.

Der Zwingenstein war überrascht, wie konkret die Vorstellungen seines Enkels bereits waren. *Da habe ich ja noch schwere Überzeugungsarbeit zu leisten oder muss sogar meine Gewalt einsetzen, das allerdings nur im äußersten Falle,* sagte sich der Alte im Stillen und fuhr fort: »Wie kommst du denn ausgerechnet auf Prag? Warum nicht Heidelberg oder Wien, wenn überhaupt? In Prag waren doch immer Unruhen, aus religiösen und nationalen Gründen. Das ging schon vor der Verbrennung von Hus los. Und immer wieder lagen auch dessen Nachfolger im Streit mit der römischen Kirche und waren in kriegerische Auseinandersetzungen verwickelt. Auch sind dort die deutschen und tschechischen Professoren häufig auf Konfrontationskurs. Sollte das etwa ein gesunder Boden für ein gedeihliches Studium sein?«

»Da magst du wohl recht haben, Äni, aber es könnte durchaus auch eine andere Universität sein, vielleicht auch Heidelberg; auf Prag habe ich mich nicht festgelegt.«

»Jacob, nachdem du uns wohlüberlegt, begründet und umfassend dargelegt hast, wie du dir deinen weiteren Lebensweg vorstellst«, so Lienhart mit getragener Stimme, »möchte ich nun meine Sicht der Dinge dartun. Es geht hier nicht um meine Person, das möchte ich besonders herausstellen, sondern vielmehr allein um die *Familie* Zwingenstein. Aber da muss ich etwas ausholen.

Ich beginne mit deinem Uräni, dem Melchior Zwingenstein, den alle den *Großen Zwingenstein* nannten. Nicht zu Unrecht, denn er war ein bekannter und erfolgreicher Groß- und Fernhandelskaufherr. Er übte seine Tätigkeit zum Teil auch in Zusammenschlüssen mehrerer Kaufleute aus, in Handelsgesellschaften, vor allem wenn es um den Fernhandel ging. *Leinwand* war seine wichtigste Ware, die er in großen Mengen in alle Welt lieferte. Im Gegenzug kaufte er vielerlei Erzeugnisse, auch fremdländische, etwa Spezereien, Indigo, Gewänder, vor allem hochwertige Tuche aus Flandern und England, Seide sowie Pelzwerk und Wachs aus dem Osten – alles Güter, die bei den Wohlhabenden guten Absatz fanden. Er hatte kaum eine Ware ausgeschlagen, die ihm gute Gewinne versprach, und dafür hatte er immer eine gute Nase. Mit Tieren, Metallen, Wein und Salz aus Bayern sowie mit Hering aus dem dänischen Sund und Stockfisch aus Norwegen als Fastenspeise, alles Waren, mit denen andere Kaufherrn auch gute Geschäfte machten, handelte der Melchior allerdings nicht. Je nach Produkt war seine Begründung entweder: ›Das beleidigt meine Nase oder dies überfordert meinen Lagerraum.‹ Zweimal im Jahr war die Frankfurter Messe für ihn Pflicht. Aber auch die Messen in Nürnberg, Köln, Brügge und Antwerpen waren ihm nicht zu fern. Im Vergleich hierzu waren die näher gelegenen Messen in Nördlingen und Zurzach für ihn kleinere Kaufmannsfahrten. In den Handelszentren Straßburg, Ulm und Augsburg war er immer wieder zu Gast. Vor allem aber führten seine Wege nach Oberitalien, nach Venedig, wo er vorwiegend seine Gewürze bezog; auch in Mailand und Genua machte er gute Geschäfte. Mit großen Handelskarawanen zog er durch die Gegend, begleitet von gut bewaffneten Knechten, die Überfälle verhinderten; ein guter Schutzengel begleitete ihn immer. Die meisten Tage des Jahres war er unterwegs, und allzu oft habe ich meinen Vater nicht zu Gesicht bekommen. Diese großen Handelsfahrten waren ihm nur möglich, weil er einen zuverlässigen Partner und stillen Teilhaber hatte, der hier vor Ort in Konstanz die ganze Kaufmannschaft abwickelte, die regionalen Geschäfte tätigte und die Aufsicht über das Gesinde führte: Albrecht Näglin – Näglin, ein Name, den du wohl schon kennst oder sicher noch kennenlernen wirst.

Mein Vater begründete den Wohlstand unserer Familie. Als Kaufherr hatte er naturgemäß große Mengen fahrenden Gutes. Er erwarb aber auch viel liegendes Gut hier in Konstanz, vor allem aber im Thurgau. So erarbeitete er sich ein versteuerbares Vermögen von über 9000 Gulden, bestehend aus etwa 3/4 fahrendem und 1/4 liegendem Gut; er gehörte somit zu den zwanzig reichsten Bürgern unserer Stadt.

Nach seinem Tod – ich war damals kaum achtzehn Jahre alt – habe ich alle seine Geschäfte fortgeführt, auch den Fernhandel. Auf einer Fernreise ereignete sich ein existenzgefährdender Vorfall, der den Anlass dafür gab, dass ich die Art meiner Handelstätigkeiten generell überdachte. Dabei kam ich zu dem Ergebnis, meine Handelsgeschäfte auf Oberdeutschland, vor allem auf den regionalen Handel, zu beschränken. Ich habe bisher noch niemandem von diesem Ereignis erzählt, werde dies aber noch rechtzeitig tun. Auch die Vielfalt der von meinem Vater gehandelten Waren habe ich zurückgefahren. Mein Handelsschwerpunkt ist, wie ihr ja wisst, immer noch der Leinwandverkauf und auf der Gegenseite der Handel mit Gewürzen und Indigo. Natürlich verschließe ich mich nicht den lukrativen Geschäften mit anderen Produkten, aber sie stehen nicht im Vordergrund. Den Handel mit Gütern, mit denen mein Vater schon nichts zu tun haben wollte, lehnte auch ich immer ab.

Anstelle des Fernhandels und der Aufrechterhaltung der Warenvielfalt begann ich mit *Kapitalgeschäften*, die sich gut entwickelt haben. Ich habe Gelder risikolos angelegt, durch Renten auf Häuser und Schuldverschreibungen von Reichen, Landadligen, Städten und Klöstern. Dabei habe ich aber niemals mehr als die in Konstanz erlaubten vier bis fünf Prozent Jahreszins genommen und niemals Notlagen ausgenutzt – da habe ich ein ganz ruhiges Gewissen. Man kommt recht gern zu mir. Die Juden, die vorwiegend dieses Gewerbe betreiben, da sie ja zu den Zünften nicht zugelassen sind, nehmen nämlich häufig zwei Pfennig vom Pfund oder drei Heller vom Gulden in der Woche, was hochgerechnet bis über vierzig Prozent Jahreszins ausmachen kann. Geldverleihen ist zudem deswegen interessant, weil nicht ich als Geldgeber, sondern die Schuldner die hierauf anfallenden Steuern an die Stadt zu entrichten haben.

Warum habe ich dir nun diese geschäftliche Entwicklung der Zwingensteins skizziert, obwohl du sie, zumindest zum Teil, selbst kennst? Die Antwort ist einfach: Du bist der *letzte Spross* dieser Familie, mein einziger Nachkomme. Du sollst einmal an meine Stelle treten. Das durch meinen Vater und auch durch mich Geschaffene darf nicht untergehen! Aus diesem Grund will ich dich als Handelsherr ausbilden.

Eine wichtige Entscheidung, die ich erst vor Kurzem getroffen habe, möchte ich euch beiden noch mitteilen: In der nächsten Zeit werde ich die Handelstätigkeit der Zwingensteins noch weiter einschränken, und zwar auf die Wirtschaftsregion nördlich des Bodensees und auf den Thurgau als das natürliche Hinterland unserer wirtschaftlichen Zentrale Konstanz. Ich möchte nicht, dass mein Enkel größere Handelsreisen unternehmen muss, denn da mahnt mich mein toter Sohn Gerwig. Hinzu kommt noch die Erkenntnis, dass der Zenit von Konstanz als bedeutende Leinwand- und Handelsstadt überschritten ist, da wir von anderen überflügelt werden, etwa von St. Gallen. Aus diesen Gründen wird sich die Geschäftspolitik der Zwingensteins ändern: Nicht mehr das Expandieren, sondern das Konsolidieren soll von nun an im Vordergrund stehen. Und diese Veränderung wird bei dir, mein Enkel Jacob Zwingenstein, wirksam werden: Du wirst unser Haus Zwingenstein erfolgreich weiterführen!«

Jacob schwieg, Barbara schwieg – mehrere Minuten, die aber allen wie eine Ewigkeit vorkamen. Beide waren zutiefst berührt. Von dem, *was* der Äni gesagt hat, war vieles gar nicht so neu, und es war ja auch zu erwarten, dass er in diese Richtung argumentierte. Aber *wie* er es gesagt hat, mit welcher Leidenschaft, teilweise bestimmend, auch fordernd, dann wieder flehend: Da sprach die Stimme des Blutes der Zwingensteins. So empfanden es Mutter und Sohn in gleicher Weise.

Jacob beendete die Stille: »Mutter, ich bitte dich ernsthaft, äußere du dich doch auch einmal!«

»Ja, was soll ich jetzt sagen? Ich weiß es nicht. Wirklich nicht. Lienharts mahnende und beschwörende Worte leuchten mir ein; das Werk der Zwingensteins sollte fortgesetzt werden. Vor allem aber bin ich davon beeindruckt, dass er sein Geschäft mit Rücksicht auf dich, Jacob, und zu deinem Wohle einschränken will, auch in Gedenken an meinen seligen Mann Gerwig. Aber auch dich kann ich verstehen, sogar sehr gut, du bist mein Sohn, du hast mein Blut, du denkst und fühlst altruistisch wie ich. Das habe ich bei jedem deiner Worte gespürt.«

Wiederum schwiegen alle sehr nachdenklich. Schließlich war es Jacob, der mit gedrückter Stimme sprach: »Äni, du hast gewonnen: Hast du mich mit deinem Appell an meine Liebe zu euch und zu meiner Heimatstadt schon nachdenklich gemacht, so ist es dir jetzt vollends gelungen, mich zu überzeugen. Nein, das Wort ›überzeugen‹ ist nicht richtig, denn es weist ja auf etwas Rationales hin. Meine Entscheidung pro Zwingenstein wurde durch mein *Gefühl* bestimmt und durch meine Verantwortung in Bezug auf unsere Familientradition.«

Lienhart Zwingenstein legte seine Sigillenhand auf die Schulter seines Enkels: »Jacob, ich danke dir – aus zwei Gründen: zum einen dafür, dass du dich entschlossen hast, mein Nachfolger zu werden. Zum anderen, weil du es mir erspart hast, diese Entscheidung kraft meiner Gewalt herbeizuführen, der du nach Recht und Gewohnheit unterstehst, weil du noch keinen eigenen ›husrochi‹, keinen eigenen Hausstand, hast. Hätte *ich* dich zur Kaufmannschaft gezwungen, so wären wir vielleicht entzweit worden. Das hast du verhindert, daher nochmals mein Dank. Darauf müssen wir anstoßen. Meinen besten Wein will ich holen gehen.« Mit schnellen Schritten verließ er die Stube.

»Wann hat es das zuletzt gegeben, dass der Herr Lienhart höchstpersönlich seinen Wein holt? Ich vermute, dass er nicht will, dass wir die Tränen in seinen Augen sehen. So ist er halt, der Zwingenstein«, meinte Barbara und löste mit diesen Worten die innere Spannung von Mutter und Sohn.

Sie tranken einander mit einem köstlichen Muskateller zu, alle nunmehr seelisch befreit. Da zwinkerte der Äni seinem Enkel zu: »Jacob, eines hat mir bei deinen Ausführungen nicht ganz gefallen: Du sagtest, ich hätte gewonnen. Bei unserem Gespräch ging es doch nicht darum, Gewinner zu küren und Verlierer in den Sand zu strecken. Wir alle wollen doch nur eine gute Zukunft für dich.«

»Das sehe ich ein«, entgegnete der Junge, »da habe ich dann wohl einen falschen Ausdruck gewählt. Aber wenn wir schon dabei sind, unsere ernsthafte Unterredung nachträglich zu analysieren, so musst auch du dir einen Vorwurf gefallen lassen, denn du hast dich nicht an deine eigenen Regeln gehalten. Du sagtest nämlich, dass wir unser Gespräch innerhalb der Familie mit einfachen Worten führen sollten, so ganz ohne Rhetorik. Mit deinen Sachargumenten und mit deiner Logik hast du mich nicht überzeugen können. Du hast aber stark auf meine Gefühle eingewirkt. Dies ist jedoch ein bedeutsames Instrument der Rhetorik!«

»Barbara«, lachte Lienhart, »dein Sohn ist erwachsen geworden, sehr erwachsen sogar. Der Pater Urban hatte recht getan, ihn aus der Schule zu entlassen. Und ab morgen früh, Jacob Zwingenstein, bist du mein Lehrknecht!«

Der Zwingenstein saß noch lange Zeit allein in der Stube, starrte in das flackernde Licht der Kerzen und Öllämpchen, bis der Krug leer war. Lienhart war glücklich und empfand große Freude.

Kapitel 4

Am nächsten Morgen nach dem Frühmahl, das bei den Zwingensteins selten üppig ausfiel, und in der Regel aus einer Brotsuppe oder Mus, meist einem dicken Haferbrei, manchmal auch aus einem Eintopf aus Grüngemüse oder aus Brot und Milch bestand, stieg der Großvater mit seinem Enkel zum Erdgeschoss hinab, an den dort in übersichtlichen Reihen gestapelten Waren vorbei in die große *Schreibstube* im hinteren Teil des Hauses. Diese war funktionsgerecht eingerichtet mit massiven, mit schweren Eisen beschlagenen und mit mehreren starken Schlössern bewehrten Holzschränken. Regale an den Wänden waren voll mit Geschäftsbüchern und sonstigen schriftlichen Unterlagen. Ein ABAKUS, ein Rechentisch, in der Ecke sowie ein Lesepult, Setzpulte für die Setzer, also die Schreiber, und zwei kleinere Tische mit jeweils zwei Holzstühlen bildeten das weitere notwendige Mobiliar der Kaufmannsstube. Dieser Raum war der Mittelpunkt der innerbetrieblichen Arbeitsabwicklung. Der Äni forderte den Jungen auf, an einem Tisch Platz zu nehmen, ging dann zu der robusten Schreibstubentür und verschloss diese mit einem mächtigen Schlüssel, denn sie sollten nicht gestört werden, auch nicht von Johann.

Sich etwas schwerfällig Jacob gegenüber niederlassend, nickte Lienhart diesem lächelnd zu: »Ab jetzt bist du mein *Lehrknecht!* Weißt du, was es heißt, ein Lehrknecht zu sein? Ich will die Antwort gleich selbst geben und dir sagen, was dies in den Zünften normalerweise bedeutet: Härteste Arbeit jedweder Art, geistige und körperliche, und dies täglich so lange, wie der Meister es anordnet. Gemacht wird, was befohlen ist, gleichgültig was. Auch wenn die Arbeit dem Lehrknecht unpassend, unzumutbar, sinnlos oder gar entwürdigend vorkommt, sie ist dennoch nach Anweisung durchzuführen. Selbst wenn ein Meister den Jungen auffordern würde, in den See zu springen, so müsste er dies tun. Bei unpünktlicher und fehlerhafter Arbeit bezieht der Lehrknecht Schläge, mitunter sogar dann, wenn gar kein triftiger Grund dafür besteht. Der Meister hat nun einmal das Recht der *Prügelstrafe*. Nur ›wunden‹ darf er den Lehrknecht nicht, also keine Verletzungen zufügen. Zu Beginn der Lehrzeit hat der Lehrling für seine Ausbildung Lehrgeld an den Meister und Nadelgeld für Verköstigung und Bekleidung an die Frau des Lehrherrn zu zahlen. Diese häufig bittere Lehrzeit beträgt in der Regel etwa sieben Jahre, teilweise sogar mehr. Es gibt aber auch Lehrherrn, die diese Zeit hinausschieben, weil Lehrknechte die billigsten Arbeitskräfte sind. Die meisten Lehrknechte können es daher kaum erwarten, bis diese Leidenszeit vorbei ist und sie in den Gesellenstand erhoben werden.

Aber du bist ein Glückspilz und kannst dich freuen. Viele dieser Belastungen kommen auf dich nicht zu. Ich werde dich nicht prügeln. Das habe ich bisher nicht getan und werde es auch in Zukunft nicht machen. Allerdings muss ich hier Ausnahmen erwähnen: Ich werde dich schlagen *lassen* – natürlich nur nach Absprache mit deiner Mutter –, wenn du malefizisch handelst, etwa wenn du stiehlst oder Geheimnisse unseres Geschäftes verrätst. Ich weiß, dass du ein ehrlicher Junge bist und so etwas nie tun würdest. Trotzdem, als Lehrherr muss ich dich darauf hinweisen.

Was die Dauer deiner Lehrzeit angeht, so will ich diese im Gegensatz zu den sonstigen Gepflogenheiten so kurz wie möglich halten. Wie du wohl weißt, bin ich über 57 Jahre alt, also bereits ein ALTER MANN. Meine Tage sind gezählt, und auch der Johann ist alt. Ich habe wirklich einen großen Fehler gemacht, dass ich vor Jahren keinen tüchtigen Nachfolger für ihn eingearbeitet habe. Aber er hat immer betont, dass dies noch verfrüht sei, und da wollte ich ihn nicht verletzen, denn ich verdanke ihm viel. Und so stecken wir nun möglicherweise in Schwierigkeiten in Bezug auf die kontinuierliche Weiterführung des zwingensteinschen Geschäftes. Daher wirst du verstehen, dass du so schnell wie möglich alles erlernen musst, um bald selbstständig arbeiten zu können. Also werden wir gleich sehr intensiv mit der Ausbildung beginnen, so dass sich für dich als wichtigster Grundsatz ergibt: Du musst *alles*, was dir erklärt wird und was du gemacht hast bereits beim ersten Mal in deinem GEDÄCHNIS festhalten. Wir haben keine Zeit für mehrfache Erklärungen und vielfache Wiederholungen, wie das sonst bei den Lehrknechten üblich ist, vor allem bei den handwerklichen, wo in der Tat ständiges Üben den Gesellen und später dann den Meister macht. Damit du das einigermaßen auf die Reihe bringen kannst, möchte ich dir einen Rat geben, der auf meiner eigenen Erfahrung beruht. Ich war schließlich auch erst achtzehn Jahre alt, als der Große Zwingenstein starb und ich das Geschäft übernehmen musste. Damals habe ich ein Buch angelegt und alle wichtigen geschäftlichen Vorgänge dort vermerkt. Oft habe ich später dann in diesem Merkbuch, wie ich es genannt habe, nachgeschaut; das hat mir häufig sehr geholfen. Also handhaben wir das doch genauso, machen auch wir gleich Nägel mit Köpfen: Ich beschaffe dir ein Buch, und du schreibst täglich deine Erkenntnisse hinein. Hierfür gebe ich dir eine halbe Stunde frei, und zwar nach jedem Mittagsmahl. Ich werde dann die Einträge in deinem ›Merkbuch Jacob‹ in bestimmten Zeitabständen kontrollieren. Pass also gut auf, dass du immer auf dem Laufenden bist, denn ich werde keine Nachlässigkeit dulden.

Aber vielleicht sieht das mit der Fortführung der zwingensteinschen Kaufmannschaft gar nicht so problematisch aus, wie ich es dir gerade dargestellt habe. Vielleicht hast du ja Glück, und ich lebe noch ein paar Jährchen – oder auch der Johann. Glück hatte ich in meinen jungen Jahren bei meiner Geschäftsübernahme auch: Damals stand mir noch zwei Jahre lang der kompetente Kaufmann und liebe Mensch Albrecht Näglin zur Seite, der jahrzehntelang die rechte Hand meines Vaters und sein stiller Teilhaber war und sich in allem bestens auskannte.

Doch genug der Vorbemerkungen, nun zur Gegenwart und ad rem, zur Sache. Jetzt wollen wir zusammen beginnen!

Das Wichtigste in der Kaufmannschaft ist – das ist ja jedermann klar – das *Geld*, dessen Einnahme und Aufbewahrung. Da kommen recht häufig, Gott sei's gedankt, Schuldner und wollen eine Summe Geldes bezahlen, sei es für Waren, sei es auf Schuldverschreibungen. Auch wenn ich nicht anwesend bin und der Johann ebenfalls nicht, darfst du diese Leute niemals wegschicken. Es wäre das Dümmste der Welt, Zahlungswillige abzuweisen. Für solche Fälle räume ich dir bereits ab heute die Berechtigung ein, diese Gelder zu kassieren. Gib den Bezahlenden eine Empfangsbestätigung und verwahre das Geld hier in diesem Schrank.« Er ging zu einem versteckten Plätzchen, kramte dort einen Schlüssel hervor, öffnete eine der schweren, eisenbeschlagenen Schranktüren und zeigte Jacob ein zunächst überhaupt nicht wahrnehmbares Fach. »Dieses Geheimfach hatte bereits der Große Zwingenstein nach eigenen Angaben anfertigen lassen; ›Secretum‹ hatte er es genannt. Schließe aber stets gut ab und verwahre den Schlüssel dort, wo du es eben gesehen hast. Abends nehme ich das Geld immer aus dem ›Secretum‹ und verwahre es in einer Truhe in meiner Kammer; diese werde ich dir später zeigen. Die Einnahmen aus Warenlieferungen schreibe«, und er wies mit seiner Sigillenhand auf das mittlere Regal, »dort in das rote Buch und die aus Schuldverschreibungen in das schwarze. Vergiss dabei aber nie, die Namen der Bezahlenden zu notieren. Schau dir nachher gleich einmal an, wie Johann und ich diese Bücher geführt haben. Und genauso machst du es auch. Diese Arbeit hast du ab sofort zu beherrschen, davon gehe ich aus.

Nach dem Geld nun zu den *Handelswaren*.« Der alte Zwingenstein machte eine längere Pause und überlegte, wie er die Erzeugnisse, mit denen er Handel trieb, zum besseren Verständnis für seinen Enkel in einer geordneten kaufmännischen Konzeption oder in einem bestimmten System vorstellen könnte. Er kam jedoch zu dem Ergebnis, dass er dazu wegen der Vielfalt seiner Produkte gar nicht in der Lage wäre. Daher, so sagte er sich, *muss ich die Decke bei einem anderen Zipfel packen*: »Viele unserer Waren kennst du ja, ich brauche sie daher jetzt im Einzelnen nicht aufzuzählen. Im Mittelpunkt unserer Handelstätigkeit stand und steht zu jeder Zeit der Verkauf von Leinwand. Damit hatte bereits mein Großvater begonnen. Unsere Lieferanten von Garn und Leinwand kamen und kommen aus der näheren Umgebung, aus dem Rheintal, dem Thurgau und dem Bregenzerwald, andere sind in unserer Stadt nicht zugelassen. Wo die gekauften Waren jeweils gelagert sind, wird dir Johann zeigen. Er wird dich herumführen, hier im ›Schwarzen Horn‹ im Untergeschoss und auf dem Speicher sowie im ›Gelben Horn‹ bei meiner Schwester. Die mit Lastenseglern, meist den LÄDINEN, über den See angelieferten Waren befinden sich nur kurzfristig im Kaufhaus, kommen dann in unsere Läger oder werden zum weiteren Versand vorbereitet. Das Gleiche gilt für Erzeugnisse, die durch die Tore unserer Stadt gelangen. Viele Waren werden auch im Wirtschaftsgebäude hinten im Hof aufbewahrt, die sperrigen Güter in den großen Räumen, die lichtempfindlichen, kleineren Erzeugnisse im kleinen, fensterlosen, dunklen Raum, den wir, wie du ja weißt, ›finsteres oder auch dunkles Loch‹ nennen. Dort hinten im Hof wurden in früheren Zeiten Kühe gehalten und nachts die Schweine eingesperrt, die tagsüber durch die Gassen unserer Stadt streunten. Zu meines Vaters Zeiten waren in diesem Gebäude seine Pferde untergestellt. Übrigens, wenn wir schon bei den Pferden sind, dann solltest du gleich Folgendes wissen: Ich hatte großes Glück, dass sich vor vielen Jahren rein zufällig eine Gelegenheit ergeben hatte, meine Tiere im städtischen Marstall unterzubringen. Das war für mich recht günstig, da dieser Pferdestall ja nur wenige Häuser von uns entfernt ist. Dort werden meine Pferde von einem Stadtknecht mitversorgt. Hierfür hatte ich der Stadt einen Schuldbrief zu geben, in dem ich mich verpflichtete, eine bestimmte Summe Geldes zu zahlen, die jährlich neu festgelegt wird, was aber bisher nie übersteuert war. Weiterhin, so wurde vereinbart, darf die Stadt auch über meine

Pferde verfügen, aber nur in Ausnahmefällen, wenn extremer Bedarf vorhanden ist, etwa bei kriegerischen Auseinandersetzungen. Aber darin sehe ich kein größeres Problem, denn ich stelle mich kaum schlechter als die Handelsherren, die ihre Tiere in eigenen Ställen haben. Was könnten denn diese dagegen tun, wenn ihnen der Rat befiehlt, ihre Pferde in Krisenfällen der Stadt zur Verfügung zu stellen? Doch wohl letztendlich nichts! Diese Abmachung mit der Stadt gilt immer noch, und ich rate dir sehr, diese Gepflogenheit auch nach meinem Tod fortzuführen. Durch diese Vereinbarung habe ich viel Lagerraum für meine Waren gewonnen. Darüber hinaus habe ich mit dem leider bereits verstorbenen alten Winterberg, mit dem ich nicht nur als Handelsherr, sondern auch privat freundschaftlich verbunden war, ausgemacht, dass wir uns mit Lagerraum gegenseitig aushelfen. Wenn bei dem einen einmal ein Lagerengpass entsteht, so stellt ihm der andere, soweit es möglich ist, seine Läger zur Verfügung. Und das hat immer bestens geklappt. Von seinem Sohn, dem Christoffel, zu dem ich auch ein sehr gutes Verhältnis habe, wurde diese Abmachung übernommen. Behalte auch du sie bei.

In alle diese Läger werde ich dich zuerst schicken, dort wirst du zunächst arbeiten, und erst zum Schluss geht's dann ins Kaufhaus. Dort muss man sehr aufpassen, wenn es um die Versteuerung eingehender Lieferungen geht. Mit den ›Zollern‹, den Zollbeamten, sollte man ein gutes Verhältnis pflegen; als ehemaliger Säckelmeister der Stadt Konstanz weiß ich da natürlich besonders gut Bescheid.

Zum meinen *Kunden* rund um den See werde ich dich mitnehmen und dich als meinen Nachfolger vorstellen – natürlich auch denen, die zu uns ins ›Schwarze Horn‹ kommen. Ich werde dich recht schnell in die Verhandlungen einbeziehen und dich bald schon kleinere Geschäfte selbstständig machen lassen.

Nach *Weinfelden*, wohin ich auch gute geschäftliche Beziehungen habe, werde ich dich allerdings nicht begleiten. Der Grund hierfür ist für dich nicht von Interesse.« Dies betonte der Äni so unwirsch, dass Jacob sich wunderte. »Bei meinen Weinfelder Geschäftsfreunden wird dich der Johann einführen«, so der Alte, nun wieder in sachlicher Erklärung. »Schon bald wirst du dann die notwendigen Besuche allein und in eigener Verantwortung durchführen.

Was die *Geldleihe* angeht, so ist es später natürlich dir überlassen, ob du diesen Geschäftszweig auf Dauer weiterführen willst. Aber zumindest für eine Übergangszeit nach meinem Tod wird dir nichts anderes übrig bleiben. Ich würde dir sehr raten, meine Geschäftsgrundsätze zu übernehmen: Vereinbare in den Schuldbriefen immer nur die in Konstanz üblichen Zinsen von vier bis fünf Prozent, und das auch nur mit Städten, Klöstern, Landadligen, Kaufleuten und reichen Handwerkern, niemals jedoch mit armen Zünftern und mit Bauern. Häufig werden an diese armen, risikoreichen Gruppen Gelder zu höheren Zinsen verliehen und dafür Wiesen, Weingärten, Häuser, Getreide, Wein und Arbeitsgeräte als Pfand eingesetzt. Mach das nie! Was sollen denn die armen Schlucker von Bauern bei einer Missernte machen? Die können dann doch wirklich nicht zahlen. Und gerade du wärest nicht der Richtige, gegen solche armen Leute hart vorzugehen. Das würde doch der, von deiner Mutter geerbten Mentalität, armen und schwachen Menschen zu helfen, vollkommen widersprechen.

In diesem Zusammenhang habe ich eine große Bitte, die zu befolgen ich dir besonders ans Herz legen möchte: Wenn die Näglins, denen ich mein Gut am Badstubenweg in Weinfelden verpachtet habe, in Not kommen sollten, dann sei stets großzügig. Stunde ihre Pachtschulden, mache ihnen Schuldverschreibungen zu niedrigen Zinsen und bedränge sie niemals, wenn sie nicht zurückzahlen können. Das musst du mir in die Hand versprechen, denn zu denen stehe ich nämlich in einem ganz speziellen Verhältnis.

Natürlich musst du auch lernen, die *Bücher* richtig zu führen. Da hatte schon mein Vater eine bestimmte Ordnung eingeführt, die auch ich beibehalten habe. Für sehr häufig gehandelte Waren, etwa Leinwand und bestimmte Gewürze, ist jeweils ein Handlungsbuch angelegt. Weitere Bücher gibt es für bestimmte Warengruppen und für seltener gehandelte Produkte. Johann wird dich in alles einführen. All diese Bücher stehen hier in der Schreibstube in Schränken und auf Wandborden. Die wichtigsten Unterlagen, vor allem Verträge, bewahre ich in meiner Kammer auf, und zwar im Schrank, in Kästen unter meinem Bett oder in der Truhe. Die Schlüssel dazu wirst du erhalten, wenn einst meine Stunde schlägt. – Es werden, du hast vielleicht schon davon gehört, zurzeit neue Formen der Buchführung modern. Diese kommen aus Italien und werden als Buchführung »a la Veneziana« oder doppelte Buchführung bezeichnet. Auch wir Zwingensteins müssen diesen Neuerungen gegenüber aufgeschlossen sein, denn sie sollen, wie es heißt, die Rationalität mehren und den Geschäftsverkehr steigern. Ich persönlich werde hiermit allerdings keine großen Sprünge mehr machen, das musst dann schon du später tun. Daher werde ich dich eines Tages für einige Zeit zu einem Handelsfreund schicken, von dem ich weiß, dass er mit dieser neuen Art der

Buchführung bereits vertraut ist. Aber zuerst einmal musst du dir alles in der bisherigen Buchführung erarbeiten.

Das wichtigste Instrument für einen Kaufmann ist das *Rechnen*. Wollen wir doch mal sehen, wie das bei dir so läuft, was du bei den Dominikanern gelernt hast. Geh doch mal hinüber zum Abakus und rechne dort ›auf den Linien‹. Ich werde dir einige Aufgaben stellen.«

Jacob ging zu dem Rechenbrett in der Ecke der Schreibstube. Dort löste er die vom Großvater gestellten Aufgaben, zunächst in den Grundrechenarten und dann sogar in Dreisätzen, richtig und in kürzester Zeit durch geschicktes Verschieben der »Rechenpfennige.«

»Äni«, sagte Jacob, »das war recht einfach, gib mir doch schwierigere Aufgaben. Die möchte ich dann aber mit arabischen Ziffern auf dem Papier lösen. Das mag ich viel lieber als die Arbeit am Abakus, wo das Rechnen doch etwas eingeschränkt und umständlich ist.«

Und so geschah es, und der Zwingenstein war über die ausgezeichneten mathematischen Fähigkeiten seines Enkels sehr erstaunt.

»Ich muss dir ein großes Lob aussprechen: Du kannst hervorragend rechnen. Das gibt mir die volle Zuversicht, dass mein Wunsch nach einer sehr kurzen Lehrzeit erfüllbar ist. Von nun an wirst du mein oberster ›Rechenmeister‹ sein.

Jetzt will ich aber meine Arbeit als Lehrmeister unterbrechen, denn ich muss nämlich ganz schnell runter an den See zum Kaufhaus, da werde ich wohl schon erwartet. Johann wird sich weiter mit dir beschäftigen. Ich habe ihn bereits instruiert, was mit dir zu tun ist.«

Johann begann mit seinen Erläuterungen auf dem Speicher. Er zeigte Jacob die dort eingelagerten Handelswaren, erklärte deren Eigenschaften und Verwendung, nannte wichtige Kunden und Preise und erzählte ihm auch sonst noch vieles, was er für wichtig hielt.

Und schließlich war der erste Tag des Jacob Zwingenstein als Lehrknecht beendet.

Kapitel 5

Schon seit dem frühen Morgen stellte sich Barbara immer wieder die gleiche Frage: *Wie wird es meinem Sohn an seinem ersten Tag als Lehrknecht ergehen?* Und dabei war sie recht aufgeregt. Um sich etwas abzulenken, ging sie zunächst mehrere Stunden ihrer karitativen Tätigkeit im Heilig-Geist-Spital nach. Am späten Nachmittag begab sie sich dann, nachdem sie ein langes braunes Hausgewand angezogen hatte, in die »Kuchenmeysterei«. Dies geschah aber nicht nur zur Besänftigung ihrer inneren Unruhe, sondern auch in Erfüllung der ihr von Lienhart übertragenen Pflichten der Haussorge, der sie stets sehr gewissenhaft nachkam. Da die vierwöchigen Fastenstage vor Weihnachten unmittelbar vor der Tür standen, wollte sie mit Maria Murer die entsprechenden Mahlzeiten planen.

Die Küche – zusammen mit Diele und Stube die einzigen Räume im ersten Obergeschoss – war das Zentrum des häuslichen Lebens und dementsprechend groß dimensioniert angelegt. Beim Betreten der Küche schlug Barbara große Hitze entgegen, gleichzeitig schmeichelten würzige Gerüche ihrer Nase. Da wurde gebrutzelt und gebraten, schwitzende Helfer waren am Werk, und inmitten aller Geschäftigkeit stand die Murer. Hier trug sie eine kleine grüne Haube auf dem Kopf und gab in ihrer »Kuchenmeisterey« Anweisungen wie ein Feldherr. Den einen Helfer schickte sie nach weiterem Holz, einen anderen mit zwei Eimern zum Brunnen, und dem Mädchen am Spieß gebot sie, diesen schneller über dem Rost zu drehen und den eisernen Fettfänger zu benutzen.

Die Ulmerin wollte im Augenblick nicht stören und nutzte die Zeit, ihr kontrollierendes Auge durch den Raum schweifen zu lassen. Blickfang und Herzstück der Küche waren der große, gemauerte, etwas über kniehohe Herd mit dem nie verlöschenden Feuer, die breite Abstellfläche und darüber der weit ausladende Rauchabzug. Erst dann fiel der Blick auf das riesige Arsenal von Küchengeräten und die große Menge an Vorräten.

Zunächst ging Barbara zu dem Regal nahe dem Herd, wo mehrere »Murselsteine« aus Bronze, also Mörser mit Stößel, standen, die hauptsächlich zum Zerkleinern von Gewürzen und Salz, aber auch von Fleisch und Fisch Verwendung fanden, nahm eine wertvolle Gewürzdose aus Spanholz, reich verziert, teilweise vergoldet und mit Ölfarben bemalt, und schaute nach, ob in den zwölf Innenfächern die wichtigsten Gewürze noch in ausreichender Menge vorhanden waren. Zufrieden stellte sie fest, dass dies der Fall war, sowohl bezüglich der einheimischen als auch der kostspieligen Importgewürze, wie vor allem Pfeffer, Muskat, Kardamom, Ingwer oder Safran, der so teuer wie Gold war. Sie stellte die Dose zurück und öffnete eine Anzahl von Gefäßen, die Salz enthielten. Sie alle waren randvoll, was auch der Anordnung von Barbara entsprach, denn Salz war ja nicht nur zum Zubereiten von Speisen erforderlich, sondern – und das war zumindest genau so wichtig – auch zum Haltbarmachen von Vorräten. Schließlich wandte sich die Ulmerin dem umfangreichen Kücheninventar zu, das mehrere Borde besetzte: den Grapen, den Dreifußgeräten aus Keramik oder Metall in verschiedenen Größen, den Kupferkesseln, Kannen, Töpfen, Pfannen und Schüsseln, dann den teilweise gefüllten Vorratsgefäßen in allen Formen und Größen, meist hochschultrige, schlanke Tongefäße mit enger Mündung, kleine und große, birnenförmige und bauchige Flaschen und Henkelflaschen sowie schließlich der großen Zahl von grün getönten Bindegläsern, in denen die verschiedensten Substanzen aufbewahrt wurden und die unter dem fast waagerechten, nach außen umknickenden Rand mit Pergament, Stoff oder Papier zugebunden waren. Schließlich wanderte ihr prüfender Blick über die vielen Kannen, Kännchen und Krüge mit und ohne Glasur, verzierte und einfache, und auf die Regale, wo sich das Tischgeschirr für den alltäglichen Gebrauch befand: Teller aus Holz, Schüsseln, Schalen, Krüge, Becher und Gläser. Mit Genugtuung stellte sie fest, dass alles sauber und blitzblank war.

Am Herd nahm die Ulmerin große Betriebsamkeit wahr. Über mehreren Feuerstellen garten Speisen, die laufend bearbeitet werden mussten. Auf eiserne Bratenböcke gelegt, wurde Fleisch am Grillspieß gedreht, darunter befanden sich längliche Fettfänger. Fischspeisen wurden auf eisernen Bratrosten bereitet. An starker eiserner Kette hängend, bewegte sich ganz leicht ein großer dampfender Kupferkessel über der Glut. Viele Würste waren über dem Herd aufgehängt. Neben der Feuerstelle lagerte Holz, und etwas davon entfernt standen zwei große Körbe, einer mit Zwiebeln und einer mit Gemüse.

Auch mit dem Inhalt des großen Holzschrankes war sie zufrieden: Die vielen geräucherten Würste, das getrocknete Ochsenfleisch und die Brote lagen geordnet in den Fächern. Die Menge der sonst noch dort aufbewahrten

Lebensmittel hielt sich in Grenzen. Töpfe mit Milch, Sauermilch und Quark standen recht spärlich herum, ebenso nur wenige Steintöpfe mit eingesalzener Butter und Schmalz sowie einige Eier. Dies hatte Barbara schon vor langer Zeit so angeordnet, da wegen der großen Hitze die Gefahr des Verderbens dieser frischen Lebensmittel recht groß war.

Die Ulmerin setzte sich an den riesigen quadratischen Holztisch, an dem üblicherweise die Murer, Anna Brosemli und Johann die Speisen einnahmen, häufig zusammen mit den aushäusigen Dienstboten, die sich für »Zerung«, also für Essen, und einen geringen Lohn verdingt hatten. Dort wartete sie, bis Maria sich Zeit nehmen konnte.

Ein wenig später besprachen die beiden in groben Zügen die Fastenspeisen vor Weihnachten. Dabei ordnete Barbara besonders an, dass die in der Küche essenden Dienstboten nicht nur mit Brot und Mus abgespeist werden dürften, sondern mindestens zweimal in der Woche mit Fischspeisen zu versorgen seien. Schließlich verließ sie schwitzend und mit hochrotem Kopf die Küche, machte sich frisch und wartete auf das Abendessen.

*

Bei der Abendmahlzeit bemerkte Barbara sofort, dass Lienhart und sein Enkel hochzufrieden wirkten, und fragte daher etwas süffisant: »Wie war denn der erste gemeinsame Tag der beiden Handelsherrn?«

»Von wegen zwei Handelsherren!«, polterte der Zwingenstein. »Sag zu deinem Sohn besser Lehrknecht! Weißt du nicht, wie es so einem armen Kerl am ersten Tag seiner Lehre zu ergehen pflegt? Er erhält zunächst mehrmals Prügel, damit ihm gleich von vornherein klar ist, was auf ihn zukommt und wie das in Zukunft alles läuft und ...«

»Du übertreibst, Lienhart, das sehe ich dir an. Und im Übrigen: Du wirst dich nicht unterstehen, meinen Sohn zu schlagen«, fiel ihm die Ulmerin tadelnd ins Wort, »sonst gibt's Schwierigkeiten mit mir.«

»Aber nein«, so der Alte lachend, »das war doch nur Spaß. Wir hatten keinerlei Probleme. Im Gegenteil: Ich war sehr zufrieden mit ihm, vor allem mit seinen Rechenkünsten. Das kann er wohl besser als ich und alle anderen in meinem Geschäft zusammen. Daher habe ich ihn gleich zu meinem ›Rechenmeister‹ ernannt, und das wird schon ab morgen eine wichtige Aufgabe für ihn sein.«

Barbara insistierte: »Mit dem Reden über das Prügeln macht man keinen Spaß! Selbst wenn dies in unseren Zeiten überall üblich ist, so verstehe *ich* das als Verstoß gegen die Bibel, in der von Nächstenliebe und nicht von Nächstenzüchtigung geschrieben steht. Aber ziehen wir aus deinem sonderbaren Spaß eine Lehre: Wenn Jacob Fehler macht, und das wird ja sicherlich nicht ausbleiben, so sage es bitte *mir*, ich werde dann ernsthaft mit ihm reden.«

»Ja, so werden wir es halten«, erwiderte Großvater, der dieses Thema nicht weiter vertiefen wollte, etwas zerknirscht, »obwohl mir als Lehrherrn nach altem Herkommen die Berechtigung zur Prügelstrafe zusteht.« Um von diesem Thema abzulenken, fragte er den Jacob unvermittelt, ob er nachher mit ihm Schachzabel spielen wolle.

»Ja, Äni, das werde ich gern machen, wenn auch du mir einen Gefallen tust, indem du mir etwas über den Kaiser Sigismund erzählst. Peter Sunnentag, mit dem ich mich vor einiger Zeit angefreundet habe, hat mich nämlich einiges über diesen Konzilkaiser gefragt. Ich konnte ihm kaum etwas Vernünftiges antworten, habe ihm allerdings versprochen, dies nachzuholen, nachdem ich mich bei dir informiert habe. Du kennst dich doch in diesen historischen Dingen hervorragend aus, hast den Kaiser zu Konzilszeiten ja sogar selbst gesehen und beobachten können.«

Recht schnell hatte Großvater, und das war völlig untypisch, das Schachspiel verloren, denn er war nicht richtig bei der Sache. Dementsprechend betreten meinte er, dass er nun an sich zu gar nichts mehr große Lust verspürte, auch nicht zum Erzählen. »Doch versprochen ist versprochen«, rang er sich schließlich durch, »dann erzähle ich euch eben – ich nehme an, Barbara möchte auch zuhören – über diesen König, wie *ich* seine Person erlebt und was ich über ihn gehört habe. Aber nur über seine *Person*. Über das Konzil, mit dem er ja eng verbunden ist, erzähle ich nichts, das ginge heute Abend viel zu weit.«

Bedächtig, mit dem Blick auf seine Sigillen, begann Lienhart: »Zunächst muss ich einen Fehler, der bereits in der Fragestellung von Jacob liegt, richtigstellen: Sigismund war zur Zeit des Konzils in Konstanz noch nicht Kaiser.

Aber nach dieser Randbemerkung gleich zur Sache selbst: Ja, diesen Luxemburger, diesen deutschen König Sigismund hatte ich wirklich kennengelernt. Einmal wurde ich ihm sogar vorgestellt, zusammen mit einigen anderen erfolgreichen Konstanzer Handelsherren. Huldvoll hatte er mir dabei die Hand gereicht, mich angelächelt und gefragt, welcherlei Geschäfte ich betreibe und wie sie sich lohnten. Ich muss zugeben, dass ich damals recht stolz war, auch als er mich bei späteren Begegnungen immer mit einem freundlichen Nicken bedachte. Sogar Geld borgen wollte ein königlicher Vertreter bei mir. Da ich jedoch bereits zuvor von den ständigen Geldnöten Sigismunds gehört hatte, lehnte ich die Anfrage mit vorgeschützten Argumenten und mich entschuldigend ab – ganz im Gegensatz zu einigen anderen reichen Mitbürgern, die sich hochgeehrt gefühlt hatten, einem König Geld leihen zu dürfen. Aber dazu später noch ...

Noch heute sehe ich ihn vor mir, den stolzen Sigismund. Sein Äußeres strahlte Vornehmheit und Anmut aus. Er war groß von Gestalt und sein langes, gekräuseltes Haar und sein Bart gaben ihm ein majestätisches Aussehen. Überall rühmte man ihn als einen der schönsten Fürsten weit und breit. Er war ritterlichen Sinnes und großzügig, redete in sechs Sprachen, hatte liebreiche Manieren, war leutselig und beredsam, so dass er überall als eine angenehme Persönlichkeit galt.

Sigismund war ein kluger, wendiger, politisch in großen Dimensionen denkender Mensch mit edlem Schwung und hohen Zielen. Er war ein versierter Politiker, ein ehrgeiziger, tatkräftiger und fähiger Fürst, der mit viel Verständnis seine Aufgaben anpackte. Sein Kopf war voll mit kühnen Plänen, hinter denen seine Friedensliebe und seine guten Absichten für Kirche und Reich steckten. So lud er unter großen Anstrengungen und Mühen zum Konzil nach Konstanz ein, um die Notlage der Kirche durch Reformen zu beseitigen und das Schisma zu beenden.

Das Konzil schien Sigismund zudem als ein geeignetes Forum, um neben der Kirchenreform eine Reichsreform durchzuführen. Auch den Streit zwischen England und Frankreich wollte er schlichten, ebenso die polnisch-preußischen Auseinandersetzungen beilegen. Außerdem dachte er noch daran, auf dem Konzil einen erneuten Kreuzzug unter der Leitung des englischen Königs vorzubereiten, was ihm als König von Ungarn natürlich auch eigene Vorteile gebracht hätte, in dem man auf diese Weise auch die Türken bekämpft hätte, mit deren Einfall in Ungarn stets zu rechnen war.

Doch von alledem konnte der König nur weniges realisieren. Seinen Plänen standen vielfach Machtinteressen von Fürsten und kirchlichen Würdenträgern entgegen, denen gegenüber ihm häufig die Durchsetzungskraft und die notwendige Beharrlichkeit fehlten.

Doch dort, wo er die Macht hatte und sich stark fühlte, konnte Sigismund durchaus auch ein energischer Herr sein, der hart durchzugreifen wusste. Dies mussten die Konstanzer Zünfte im Jahre 1430 schmerzlich erfahren:

Die alten Geschlechter und ihre Gesellschaft ›zur Katz‹ genossen zu allen Zeiten hohes Ansehen und übten daher große Anziehungskraft auf die Bürger aus. Es war eine Ehre für die Reichen dieser Stadt – andere kamen ohnehin nicht infrage – bei Trinkgelagen, Tanzfesten oder anderen Feierlichkeiten von den Patriziern eingeladen zu werden, engere Verbindungen mit diesen einzugehen oder gar als Mitglied in diese vornehme Gesellschaft aufgenommen zu werden.

Das betraf auch meine Person, und daher möchte ich dir an dieser Stelle meine damalige Haltung schildern: Auch ich war ernsthaft angegangen worden, ›Geselle bei der Katz‹ zu werden. Nach gründlicher Überlegung habe ich dies jedoch abgelehnt. Was brachte mir denn schon das bloße Ansehen, Mitglied der Patrizier zu sein? Mein Vater war schon in der Kaufleutezunft, warum sollte ich nicht bei diesem Herkommen bleiben? Vor allem aber hielt ich mir stets vor Augen: Die Zunft ist nicht nur eine Zwangsvereinigung zur Ausschaltung außerzünftischer Konkurrenten und zur Festsetzung von Preisen, von Beschäftigtenzahlen, des zulässigen Umfangs des zu bearbeitenden Rohmaterials – kurzum zur generellen Regelung der Ausübung des Handwerks oder der Kaufmannschaft – Zunft ist viel mehr. Zunft bedeutet Ehrlichkeit, das heißt: Wer Zunftmitglied werden will, muss ehrlicher Herkunft und ehelicher Geburt sein. Zünfter liefern ehrliche Arbeit, Ehrlichkeit geht über Gewinn. Und Zunft heißt auch Ordentlichkeit und Disziplin. Das Wichtigste von allem ist aber: Die Zunft gibt Sicherheit, sie bietet kollektive Selbsthilfe, denn nicht nur die Meister und Gesellen gehören ihr an, sondern ebenso die Frauen und Kinder, auch die der verstorbenen Zünfter. Sie alle werden bei Bedarf durch die Zunft versorgt. Zunft bedeutet also Solidarität unter Gleichgesinnten. In der Zunft teilt man Freud und Leid, feiert Feste, trinkt gemeinsam in der Zunftstube und hilft einander in Notzeiten, etwa bei der Verteidigung der Stadt, die, wie du ja weißt, durch die Zünfte organisiert wird. Die Zunft ist also Heimat, ist Familie. Verlässt man eine solche Heimat, eine solche Familie ohne Not? Meine Geschäfte wären durch einen Wechsel zum Patriziat keinen Deut besser gelaufen, und ich wäre auch kein besserer Kaufherr geworden. Den Ausschlag für den Verbleib in meiner Zunft gab letztlich, dass ich mich in der Zunft der Kaufleute immer wohlgefühlt und als deren Vertreter manches Amt in der Stadt übernommen hatte. Dass diese Entscheidung richtig war, sollte sich später noch herausstellen.

Doch nach diesem kleinen Exkurs zu meinen Gedanken über meine persönliche Zunftzugehörigkeit wieder zurück zum damaligen Geschehen:

Verbindungen von wohlhabenden Zunftmitgliedern mit denen von der ›Katz‹ waren den Zunftmeistern ein Dorn im Auge, denn sie wollten ihre Reichen in den eigenen Reihen behalten. Das war ja auch nur allzu verständlich, denn diese Wohlhabenden waren es schließlich, die die maßgeblichen Beiträge für die Versorgung der bedürftigen Zunftmitglieder leisteten. Da die Zünfte damals im Rat der Stadt die Mehrheit hatten, wurde dort eine alte Ordnung erneuert, wonach ein jeder in seiner Zunft verbleiben musste, sogar die Kinder waren an die ›ererbte Zunft‹ gefesselt. Der Streit über die auf diese Weise wieder verschärften Standesschranken eskalierte, und es kam zu einem ›Kampf der Stände‹. Dieser wurde so erbittert geführt, teilweise sogar innerhalb der eigenen Familie, dass schlussendlich ein Teil der Patrizier das Bürgerrecht aufkündigte und sich nach Schaffhausen absetzte. Das bedeutete natürlich eine enorme Schwächung der Wirtschaftskraft in unserer Stadt.

In dieser Situation griff der König in seiner Reichsstadt ein und ging hart gegen die Zünfte vor: Ihre Zahl wurde von zwanzig auf zehn beschränkt, im Rat verloren sie ihre bisherige Mehrheit und durften dieses Entscheidungsgremium nur noch hälftig mit den Geschlechtern besetzen. Das waren damals schlimme Machtworte des Königs! Daraufhin kehrten die ausgewanderten Patrizier nach Konstanz zurück und nahmen das Bürgerrecht wieder an. Ihr seht also in der Geschichte unserer Stadt das bestätigt, was ich zuvor bereits sagte: Dort, wo Sigismund echte Macht besaß, da setzte er sie auch durch – und das zum Teil recht brutal.

Sigismund war ein unruhiger Geist, laufend auf Reisen. Allein während der vier Konzilsjahre war er, um Frieden zu stiften und dem Konzil Erfolg zu bescheren, eineinhalb Jahre unterwegs: in England, Holland sowie in Frankreich in Calais, Paris und Narbonne.

Ständige Geldnöte drückten den König. Häufig lebte er auf Kosten anderer und verschmähte selbst niedrigste Tricks und Mittel nicht, um sich seiner Schulden zu entziehen oder seine Kasse zu füllen. Diese Erfahrungen machten vor allem die Städte, in denen er sich aufhielt. Dort ließ er sich und seinen Hofstaat verköstigen, erwarb Kleidung und mehr für all die Seinigen, auch borgte er, wie schon angedeutet, oft Geld bei reichen Bürgern. Dies alles haben auch wir in Konstanz am Ende des Konzils im Jahre 1418 erlebt. Da VERHANDELTE er mit dem Rat über seine hohen Schulden in Konstanz, was aber in Wirklichkeit einem königlichen Diktat gleichkam, um mit seinem Gefolge die Stadt verlassen zu können, ohne seine Schulden begleichen zu müssen. Dabei ließ er großzügig alle seine Schulden in ein Register eintragen und übergab der Stadt einen gesiegelten Schuldbrief. Als Pfand hinterließ er wertvolle Tücher, die aber wegen des eingestickten königlichen Wappens unverkäuflich waren. Die gesamte Schuldsumme war so riesig, dass man – so wurde einmal verglichen – mit diesem Geld hätte Städte, Dörfer und Herrschaften kaufen können. Daher ist es verständlich, dass der Rat in den Folgejahren immer wieder an den König mit dem Ersuchen herantrat, doch wenigstens einen Teil der Schulden gegen Rückgabe der Pfänder zu bezahlen. Die Konstanzer Vertreter wurden bei Sigismund jedoch gar nicht erst vorgelassen und ihr Begehren abgelehnt. Umgekehrt wurde von königlicher Seite ein aberwitziger Vorschlag gemacht: Alle Konstanzer Gläubiger von Sigismund sollten diesem *weitere* 800 Gulden zahlen, und dafür würde der König ihnen 10.200 Gulden von den *Juden* überweisen. Darüber hinaus sollten den Konstanzern die Pfandtücher gänzlich überlassen bleiben. Das wirkte wie ein böser Scherz, auf den sich die geprellten Konstanzer natürlich nicht einließen. Sie wollten schließlich nicht dem schlechten Geld noch gutes nachwerfen. So bezahlten also die Stadt Konstanz und viele Bürger die königliche Zeche. Aber sie werden es, so denke ich, verkraftet haben, denn während des Konzils ist ja schließlich auch großartig verdient worden.

Und zum Schluss noch eines: Dem weiblichen Geschlecht war der schöne Fürst stark zugetan, was aber durchaus auch auf Gegenseitigkeit beruhte. So wurde bekannt, dass Damen in Straßburg ihm, als er noch im Bett lag, früh morgens im Innenhof seiner Herberge ihre Aufwartung machten. Als Sigismund dies bemerkte, stand er auf, warf einen Mantel über und tanzte barfuß mit den Weibern durch die Stadt, worauf diese ihm ein Paar Schuhe kauften. Von derartigen überschwänglichen, spontanen, ja schon nahezu unwürdigen Auftritten hörte man immer wieder.

Ja, ja, so war er halt, unser Sigismund. Doch trotz aller seiner menschlichen Schwächen war er für mich ein großartiger König; er hat mir immer gefallen, und ich denke gern an ihn zurück.«

Jacob bedankte sich für die ausführliche Schilderung, wünschte eine gute Nacht und ging zu seinem Schlaflager. Er war sehr müde, denn sein erster Tag als Lehrknecht war doch recht anstrengend.

Kapitel 6

Das Jahr 1454 war für die Zwingensteins mit Alltäglichem ausgefüllt. Höhepunkte gab es neben den liturgischen Festtagen nur wenige.

Jacob arbeitete als Lehrknecht bei seinem Äni. Alle möglichen Arbeiten waren ihm übertragen, vom Schleppen von Handelsgut, Mitwirken bei der Buchhaltung, beim Kaufen und Verkaufen und bei der Handelskorrespondenz bis hin zu Tätigkeiten, die er schon selbstständig wahrnehmen durfte.

Als »Rechenmeister« des Zwingenstein fühlte sich Jacob besonders wohl. Die reinen Warenberechnungen nach Konstanzer Währung beherrschte er im Handumdrehen. Schwieriger gestalteten sich da schon die Wertumrechnungen der vielen verschiedenen Währungen und MÜNZEN, was bei der Kaufmannschaft zur alltäglichen Arbeit gehörte. Hier musste man sich gut auskennen, sonst wurde man leicht einmal übers Ohr gehauen. Nachdem Jacob aber gelernt hatte, alles in den Rheinischen Gulden umzurechnen, der als durchgehende Rechnungseinheit diente, hatte er auch dieses Währungsproblem bald voll im Griff. Bei den Geldsurrogaten, etwa der Rechnungsbegleichung mit Gold oder gar mit Wechseln, also mit dem »bezalen nach wechsels recht« und mit »Briefen«, musste man ebenfalls besonders auf der Hut sein. Und das war der junge Zwingenstein immer. Gerade mit diesen Geldangelegenheiten hatte er sich am meisten beschäftigt, so dass er schon nach einem halben Jahr Lehrzeit bei schwierigen Zahlungsmodalitäten hinzugezogen wurde. Bald wusste er genau, dass in Konstanz neben der eigenen Heller- und Schilling- Pfennigwährung und dem Rheinischen Gulden nur der böhmische Groschen, die Kreuzer, der alte schweizerische Plappert und der Kreuzplappert zugelassen waren und dass man bei den sonstigen Währungen den fuchsigen Geldwechslern genau auf die Finger schauen musste. Der Äni verfolgte die Entwicklung seines Enkelsohnes mit großer Freude, konnte man doch gerade bei der Umrechnung verschiedener Währungen viel Geld gewinnen oder auch verlieren. Er hätte es sich nicht im Traum vorstellen können, dass der jüngste Zwingenstein in kürzester Zeit derartige Fähigkeiten entwickelte.

Bei der Anlieferung von Handelswaren, sei es zu Wasser mit Frachtschiffen, den Lädinen, oder zu Lande mit Karren durch die Tore der Stadt, war es meist Jacob, der zu den »Zollern« ins Kaufhaus geschickt wurde, wohin diese Waren zunächst zu verbringen waren. Dass mit den Zöllnern ein besonders gutes Verhältnis zu pflegen war und man sie bei guter Laune halten musste, hatte ihm der Äni zur Genüge eingeschärft. Dem schlauen Enkel war schnell klar geworden, was sein Großvater damit gemeint hatte: Man musste diesen Herren einerseits genau auf die Finger schauen, andererseits auch einmal etwas fallen lassen oder vergessen – natürlich ganz zufällig und diskret. Der junge Zwingenstein hatte schon einige kleinere Handelsreisen im Bereich des Bodensees selbstständig durchgeführt, vor allem nach »Arbon, Lindow und Buchhorn«. Dabei hatte ihm sein Äni immer eine schlagkräftige Begleitung mitgegeben. Nach »*Winfelden*« aber, wo er schon einige Male wegen Leinwandgeschäften bei den Näglins war, wollte Jacob auf seinem Planwagen allein fahren, denn es sollte kein zwingensteinscher Knecht Zeuge davon sein, dass er und die *Verena Näglin* sich nach getaner Arbeit trafen. Der Großvater willigte nach einigen Wortgefechten ein, schließlich war ihm bekannt, dass eine Wagenfahrt von Konstanz nach Weinfelden trotz der miserablen Wege nicht mehr als dreieinhalb Stunden dauerte und hier keine besonderen Gefahren lauerten.

*

Jacobs Freundschaft mit *Peter Sunnentag* hatte sich vertieft. Nach einigem Hin und Her hatte Peter den Jacob überredet, ein »Schießgeselle« zu werden. Sunnentag selbst war das schon seit längerer Zeit mit Leib und Seele. Der Äni zeigte hierfür Verständnis, ja, er befürwortete es sogar, dass sein Enkel Büchsenschütze wurde, und beschaffte ihm ein gutes Gewehr. Ganz uneigennützig war der Alte dabei allerdings nicht, denn hierdurch konnte der Kaufleutezunft für den Kriegsfall ein Mitglied der Familie Zwingenstein zur Verfügung gestellt werden. Dadurch, so hoffte der alte Zwingenstein, müsse er selbst nicht mehr antreten, was ansonsten auch bei höherem Alter nicht ausgeschlossen werden konnte. So war Jacob in seiner Freizeit mit seinem Freund Peter oft bei Schießübungen im Schützenhaus der Büchsenschützen anzutreffen, das sich auf dem ›Bruel‹ befand, einer großen Wiesenfläche im Westen vor den Mauern der Stadt. Jacob mauserte sich im Laufe der Monate zu einem recht guten Schützen.

Schon kurze Zeit nach seinem Eintritt bei den Büchsenschützen wurde es für Jacob ernst. Durch seine Zunft einberufen, musste er sich mit seinem Gewehr auf dem *Obermarkt* einfinden. Dies war damals der zentrale Versammlungsort der Konstanzer Bürger, zum Teil auch Platz gerichtlicher Handlungen. Jacob war recht aufgeregt, denn er hatte so etwas noch nie erlebt, und fragte sich nach dem Grund: Standen etwa Feinde vor der Stadt? – Aber schon bald konnte er sich beruhigen, denn nichts dergleichen war der Fall. Es handelte sich nur um eine jener Übungen, die die Zunftmeister zu Zwecken der Stadtverteidigung immer wieder einmal anordneten.

Dem Schießsport hatte Jacob eine weitere Bekanntschaft zu verdanken, die sich im Laufe der Zeit zu einer intensiven Freundschaft entwickelte: Wieder einmal übte er mit seinem Gewehr auf dem Brühl, als er plötzlich einen Schmerzensschrei hörte. Er rannte augenblicklich zur Unfallstelle und wollte helfen, wozu er auch ein wenig in der Lage war, da er sich mit medizinischen Dingen schon immer etwas beschäftigt hatte. Da sah er dann einen Mann in mittleren Jahren mit einem Pfeil im Oberarm blutend auf der Erde liegen – und je stärker er blutete, desto mehr schrie er. Jacob vermutete, dass es sich hier um einen verirrten Schuss von den Bogenschützen handelte, die, genauso wie die Büchsenschützen, ihren Übungsplatz auch auf dem Brühl hatten. Er kniete sich neben dem Verletzten nieder, legte die Hand auf seine Stirn und beruhigte ihn. Dann rief er nach einem Lederriemen, zurrte diesen oberhalb der Wunde fest und zog den Pfeil mit einem Ruck heraus. Mit dem Nachlassen der Blutung verebbte auch das Geschrei des Getroffenen. Nach einiger Zeit erschien, durch andere Schützen herbeigerufen, der noch recht junge Medicus civitatis, ein bei der Stadt Konstanz angestellter Arzt. Dieser versorgte den Kranken und veranlasste den Transport zum »Heilig-Geist-Spital«, wobei er den jungen Zwingenstein bat, ihn dorthin zu begleiten. Unterwegs befragte er ihn, wie er dazu gekommen sei, dem Verletzten eine so gute vorläufige Hilfe angedeihen zu lassen. Da erzählte ihm Jacob von seinem fehlgeschlagenen Wunsch, Arzt zu werden, und von seiner Beschäftigung mit Dingen der Medizin, woraufhin ihm der Arzt die Hand reichte: »Ich bin *Wolffgang Gasser*, doctor medicinae, und würde mich freuen, mich mit dir wieder einmal zu treffen.« Und dies geschah dann auch, und zwar recht häufig. Meist traf man sich im »HAUS ZUM WOLF« IN DER MORDERGASSE, dem Domizil des Arztes, in der gemütlichen holzgetäfelten Stube.

Häufig ging es bei ihren Gesprächen um das Phänomen von Krankheit und Tod. Beide kämen immer von Gott – so war Jacobs Meinung, denn so hatte er es bei den Dominikanern gelernt und dies entsprach auch der allgemeinen Auffassung jener Zeit – und seien nach Gottes Heilsplan Strafen, verbunden mit der Aufforderung, Buße zu tun. Gleiches würde auch für die Naturkatastrophen gelten, etwa für Überschwemmungen, Erdbeben oder Tierplagen, auch für Hagel und Blitz, die unweigerlich zu Hungersnöten und damit zu Krankheit und Tod führten. Als weitere göttliche Strafgerichte sah Jacob Brände an, aber auch Epidemien, vor allem die PEST. Diesen Strafen Gottes, so der junge Zwingenstein, könne nur durch ein gottgefälliges Leben entgangen werden. Und nur dies sei die Wahrheit, die einzige Wahrheit, und alles andere sei dumm, gotteslästerlich und daher ketzerisch. Diese Thesen der endgültigen Wahrheit, die Jacob vertrat, entsprachen der ontologischen Betrachtungsweise jener Zeit. Der studierte Gasser, der sich in Paris nicht nur mit Medizin, sondern auch mit Philosophie beschäftigt hatte, trat dieser Meinung entgegen, allerdings, um die Gedankenwelt Jacobs nicht allzu sehr zu erschüttern, in vielen Gesprächen, recht vorsichtig und behutsam dosiert. Er erklärte ihm, dass die Auffassung, »es sei etwas wahr oder es sei unwahr, und Anderes gebe es nicht« oder »es sei etwas für alle Zeiten existent oder es sei nicht existent« durchaus dem bisherigen Denken der Gelehrten und auch der Ansicht der Kirche entspreche. Nach moderner und auch nach seiner, Gassers, eigenen Ansicht könne aber diese Absolutheit keinen Bestand haben. Zu der bisherigen und immer noch vertretenen Bewertungs- und Betrachtungsweise müsse noch etwas hinzutreten, nämlich eine subjektive Komponente. Diese Gedankenwelt – reine Ontologie versus subjekttheoretische Betrachtungsweise – beschäftigte die beiden immer wieder stundenlang. Jacob war geradezu gefangen von den Gedanken dieser verschiedenen Weltsichten. Und eines Tages fiel es ihm wie Schuppen von den Augen: *Elemente dessen, worüber und wie Wolffgang und ich streiten, widersprechen doch dem nicht wirklich, was schon vom Pater Urban angedacht worden war. Das ist doch schließlich auch ein Gegenstand der Rhetorik.* Und als er dem Gasser seine Erkenntnis mitteilte, freute sich dieser sehr und konstatierte lächelnd: »Ab jetzt können wir unter bewusstem Einsatz von Verstand *und* Gefühl in Streitgesprächen wesentliche Erkenntnisse gewinnen.« Und so geschah es für die Zukunft – unter Freunden. Jacob wollte diese Gespräche nicht mehr missen; sie brachten ihn in seiner persönlichen Entwicklung weiter und machten ihn freier.

Kapitel 7

Anfang des Herbstmonats, also im September, hatte der Äni gekränkelt; Barbara sah es mit Sorge. Er hatte weder das FRAUENHAUS »Im süßen Winkel« noch das zur »Vorderen Jungfrau« aufgesucht, um der »Unkeuschheit zu pflegen«. Auch ins Gasthaus »Kemli« am Obermarkt, das heutige Hotel »Barbarossa«, war er nicht mehr zum Würfeln und Kartenspielen gegangen, ebenso nicht in das noble Gasthaus »Hecht« am Fischmarkt, wo man sich als reicher Konstanzer Bürger immer wieder einmal sehen lassen musste. Selbst zu den Wirtshäusern der unmittelbaren Nachbarschaft, zum »Weißen Kreuz«, zur »Krone« und zum »Adler« waren ihm die Wege zu weit, und auch der Wein zuhause, selbst der von ihm sonst so geliebte »Elsässer«, schmeckte ihm nicht mehr. Dies alles wertete Barbara als schlechte Zeichen, zumal er über geschwollene Beine klagte, recht kurzatmig war, sich häufig ins Bett verkroch und kaum noch im Handelsgeschäft tätig war.

Noch größere Bedenken hegte Barbara, als es ihn fröstelte, und er heiße, in Tücher gewickelte große Bodenseekiesel zum Erwärmen in sein Bett legen ließ.

Richtige Angst überkam die Ulmerin schließlich, als Lienhart sie darum bat, Jacob an seine Bettstatt zu rufen. Da sie bisher die Einzige war, die seine Kammer betreten durfte, erkannte sie unschwer die außergewöhnliche Situation. Sie dachte an das Schlimmste: Rechnete er mit seinem Tod? Wollte er etwa seinem Enkel schon jetzt das Geschäft übergeben? Das wäre doch noch viel zu früh für Jacob. Tränen traten in ihre Augen.

»Barbara, du brauchst nicht zu heulen«, grummelte Lienhart, »und ich sage dir vorweg: Du sollst auch nicht vom Arzt reden, wie du das immer tust, wenn ich mich nicht ganz wohlfühle. Ich will keinen, denn ich halte nicht viel von den ewigen Aderlässen und dem Urinprüfen, und etwas anderes tun die nur mit ihrer Säftelehre beschäftigten Herren ja doch nicht. Habe keine Befürchtungen, ich verspreche dir, dass ich jetzt noch nicht von ›Todes wegen abgehen‹ werde, dagegen wehre ich mich vehement, denn die Aufgabe mit meinem Enkel ist noch nicht erfüllt. Ich fühle, dass es bald schon wieder aufwärtsgehen wird, habe noch einige Tage Geduld mit mir. Nun trockne deine Tränen ab, ich will deine schönen blauen Augen leuchten und nicht tränenverschwommen sehen. – Und jetzt nochmals: Hol mir bitte den Bub!«

Betreten schlich Jacob die Treppen hinauf zum zweiten Obergeschoss, wo er sich in der Diele zunächst auf die große Truhe setzte, in der die Bettlaken verwahrt wurden, um noch schnell seine Gedanken etwas zu ordnen. *Was hat der Äni mit mir vor? Es muss doch ein ganz besonderer Anlass vorliegen, wenn ich erstmals in seine Kammer treten darf*, fragte er sich. Viel lieber als zum Äni wäre er jetzt in einen der anderen anliegenden Räume gegangen – in seine eigene Kammer, in das Zimmer seiner Mutter oder ins ›Turbulentum‹. Ungewissheit und Unsicherheit lasteten auf ihm, als er schließlich zaghaft an die Türe klopfte.

»Komm herein, Jacob! Soeben habe ich deine Mutter in Angst versetzt, das will ich bei dir nicht wiederholen. Daher sage ich dir gleich, dass ich mich im Augenblick gar nicht so übel fühle und eigentlich gar nichts Besonderes von dir will.

Aber bevor wir miteinander sprechen, darfst du dich in meinem Reich hier ein wenig umsehen, denn dies ist ja der einzige Raum im ›Schwarzen Horn‹, den du nicht kennst.«

Erleichtert atmete Jacob auf und blieb zunächst schüchtern am Eingang der Kammer stehen, die direkt über der Stube zur Marktstätte hin lag. Zwei große Glasfenster spendeten dem geräumigen, aber niedrigen Zimmer mit Holzvertäfelungen an Decke und Wänden ausreichend Tageslicht.

Der junge Zwingenstein kam der Aufforderung seines Großvaters nach und sah sich um. Geradeaus schauend, fiel sein Blick zunächst auf das den Raum beherrschende Möbel: die Bettstatt. Sie war breit und relativ kurz, denn der Zwingenstein war, wie die meisten Menschen jener Zeit, nicht besonders groß. Die Bettstelle stand auf wuchtigen, hohen gedrechselten Pfosten, die an ihren Enden in geschnitzte Kreuzblumen ausliefen. Die Auflage war mehr als hüfthoch, weshalb neben der Schlafstätte eine Einstiegshilfe stand. Das massive hölzerne Bettgestell war von schweren, kostbaren, mit Goldfäden durchwirkten Vorhängen in mattem Rot umgeben, die zu diesem Zeitpunkt aufgezogen waren. Darüber spannte sich ein Betthimmel von gleichem Material und gleicher Farbe, alles mittels Stangen und Eisenhaken an der Decke aufgehängt. Über der Matratze war ein weißes Leinenlaken sichtbar, darüber lag eine blaue Decke aus Seide. Die mit »Plumfedera«, also mit Flaumfedern, gefüllten Deckbetten, die Jacob vermisste, waren der kälteren Jahreszeit vorbehalten. Der Äni, der recht blässlich wirkte, saß nahezu im Bett. In seinem Rückenbereich fand sich eine ganze Anzahl von mehr oder weniger breiten Polstern, alle mit der Bettdecke farb- und materialgleich, so dass alles als gelungene Kombination wirkte. Auf den Polstern lagen mehrere verzierte Kissen unterschiedlicher Größe mit Daunenfüllung; das kleinste davon, das sogenannte Wangen- oder Kopfkissen, hatte der alte Zwingenstein unter den Nacken geschoben.

In der Ecke zwischen dem Bett und dem linken Fenster stand das »Kriegsgerät« des Großvaters: Panzer, Armbrust, Hellebarde, Schwert und Lanze. Dies war nicht weiter verwunderlich, denn jeder Bürger führte Waffen, war in seiner Zunft organisiert und somit Mitglied der Verteidigungsgemeinschaft der Stadt. Wehrhaftigkeit war schließlich Voraussetzung für die Ausübung politischer und privater Rechte. Jacob konnte sich aber nicht gut vorstellen, dass der Alte diese Waffen oft und erfolgreich benutzt hatte, denn schließlich hatte dieser immer wieder betont, dass der Umgang mit Schwert und Lanze gar nicht so seine Sache sei und dass er nie als ein großer Kämpfer gegolten habe. Dementsprechend kam es dem Jungen so vor, als stünden diese Wehrgeräte recht verloren und nutzlos an der Wand, denn als reine Dekorationsstücke waren sie ja wohl reichlich ungeeignet.

Jacobs Blick schweifte weiter zum rechten Kammerfenster, wo sich ein Tisch mit hochklappbarer Tischplatte befand, die gleichzeitig Deckel eines breiten, aber wenig tiefen abschließbaren Kastens war, dessen Seitenteile fein geschnitztes Dekor mit Weintrauben und Weinblättern aufwiesen. Neben dem Tisch standen zwei zusammenklappbare Scherensessel mit schmalen, mit Rosetten verzierten Armlehnen und einer breiten, geschweift ausgeschnittenen Rückenlehne, auf der sich eingeritzte konzentrische Halbkreise befanden.

Nun trat Jacob weiter in den Raum ein, fast bis zur Bettstatt heran. Dieser gegenüber sah er ein großes, auf Holz gemaltes Wandgemälde. Sofort erkannte er den Schutzheiligen Antonius von Padua, der unter einem dunklen, mit drohenden Wolken verhangenem Himmel als junger Mann in der braunen Franziskanerkutte mit Schulterkragen und Kapuze auf einem Schemel saß. In seinen Armen trug er das Jesuskind, und vor ihm auf einem Tischchen lagen eine Lilie und ein Buch als Symbole der Weisheit. Am Rande des Bildes waren seine weiteren Attribute zu erkennen: Fisch, Esel und Pferd. »Die Kirche hat diesem Heiligen als dem ›Doctor evangelicus‹ die Würde eines Kirchenlehrers erteilt«, sagte der Alte zur Erklärung dieses Gemäldes, »seine Patronate sind vielseitig: Er ist der Schutzheilige für Reisende, für eine gute Ehe und für Liebende; er hilft gegen Fieber, Viehseuchen, teuflische Mächte und Katastrophen und ist ebenfalls der Patron der Haustiere. Das ganze Volk hat ein unbegrenztes Vertrauen auf seine Fürbitte – auch ich als häufig reisender Kaufherr. Ich bin in der glücklichen Lage, nur geradeaus schauen zu müssen, um den Antonius zu sehen und ihm meine Wünsche vortragen zu können. So ist mir der Heilige stets gegenwärtig und greifbar. Dieses Wandgemälde ist ein Zeichen für meinen Glauben.«

Unter dem Heiligengemälde stand eine kleine Truhe. Als Jacob diese neugierig betrachtete, fragte ihn der Äni: »Kannst du dir vorstellen, was da drin ist? Nein? ... Dann klapp mal den Deckel hoch und schau hinein!« Schnell war das Geheimnis gelüftet: Es handelte sich um eine Büchertruhe mit zwölf handgeschriebenen Büchern, sozusagen eine kleine Bücherei und das war nichts Alltägliches! »In diesen ›Buochen‹ habe ich allerdings schon längere Zeit nicht mehr gelesen, denn ich habe keine Zeit und keine Lust dazu gehabt«, meinte der Alte. »Das wird sich aber bald ändern, denn das Buch über die ars moriendi, also die Kunst, sterben zu lernen, muss ich demnächst lesen, schließlich ist für einen Christenmenschen nichts furchtbarer als ein plötzliches, unvorbereitetes Ende.«

Neben dem Heiligenbild befand sich eine Truhe aus Eichenholz, auf Stollen stehend, die Außenseiten rot bemalt. Alle Seitenteile waren mit einem engen Netz von Beschlägen verstärkt, durch welche Eisenbänder liefen, die Rechtecke bildeten, in denen wiederum Zierbeschläge angebracht waren. Zwei gewaltige Schlösser sicherten den Inhalt. *Was sich in dieser gepanzerten Stollentruhe verbirgt, muss doch wohl etwas ganz Besonderes sein*, sagte sich Jacob.

Auf der den Fenstern gegenüberliegenden Seite stand ein gewaltiger Eichenschrank mit Maßwerkschnitzerei am Sockel und zwei großflächigen bemalten Flügeltüren. Auf der einen war ein weißer Widder dargestellt, mit braunem Gehörn auf saftig grüner Wiese vor einem Berg, die andere zeigte das Bildnis eines jungen Mädchens mit langen blonden Haaren und bodenlangem blauen Gewand und im Hintergrund eine Burg. Als dem Großvater auffiel, dass sein Enkel den Schrank besonders intensiv betrachtete, bemerkte er kurz: »Das sind Widder und Jungfrau, die Tierkreiszeichen meiner Eltern. Beide hatten sich mit Sterndeutung beschäftigt.«

Nachdem Jacobs Augen den Rundgang durch Großvaters Zimmer beendet hatten und wieder zum Ausgangspunkt, der prunkvollen Bettstatt, zurückgekehrt waren, richtete sich der Äni auf und lächelte seinem Enkel zu: »Nun hast du wohl meine Kammer ausreichend inspiziert, da kann es dann ja nun an die Arbeit gehen: Weißt du, ob während meiner Abwesenheit Gelder im ›Secretum‹ eingegangen sind? Dann bringe sie bitte hierher.«

Nachdem Jacob das Geld aus dem Geheimfach geholt hatte, legte er alles auf die blaue Seidendecke in Änis Bett.

»Das ist ja durchaus beachtlich«, stellte der Alte anerkennend fest, »jetzt müssen die Gelder versorgt werden. Knie doch mal vor dem Bett nieder und hole die drei Truhen heraus, die dort unten verstaut sind.«

Der junge Zwingenstein förderte zwei Holztruhen zutage. »In diesen befinden sich«, so fuhr Großvater fort, »die wichtigsten Unterlagen unseres Handelsgeschäftes: Urkunden des Rates und des Amanngerichts, vor allem in Bezug auf mein liegendes Gut, und auch bedeutsame Kontrakte sowie Schuldbriefe und Renten auf Grundstücke. Aber die wichtigste Truhe fehlt noch. Kriech ruhig noch einmal richtig unters Bett und suche tüchtig.«

Jacob folgte der Aufforderung und schob er als erstes Hindernis das Nachtgeschirr beiseite, ein Zinngefäß in bauchiger Topfform. Schließlich wurde er im letzten Winkel unter der Bettstatt fündig und wuchtete eine schwere mit drei massiven Schlössern versehene Metalltruhe hervor. »Darin ist mein Geld, mein Junge, und das ist nicht wenig«, nickte der Äni stolz, »doch hole zuerst mal die Schlüssel. Die Einstiegshilfe vor meinem Bett sieht aus wie ein Schemel, hat aber einen kaum sichtbaren aufklappbaren Deckel und einen flachen Boden; dort sieh mal nach.«

Jacob entnahm die Schlüssel, öffnete die Truhe und staunte über die immense Ansammlung von Münzen, die meisten natürlich in Konstanzer oder in einer hier anerkannten Währung, aber auch vielerlei andere Zahlungsmittel. Sogar Gold war in beträchtlicher Menge vorhanden.

Nachdem alles wieder sorgsam verschlossen und unter der Bettstelle verstaut war, sagte der Kaufherr nachdenklich: »Nun hast du das Herz meines Handelsgeschäfts kennengelernt. Das musst du jetzt alles in deinem Kopf festhalten, denn in dein Merkbuch wird davon nichts geschrieben, mein lieber Enkel und Lehrknecht.«

*

Nach einigen Tagen ging es mit dem alten Zwingenstein gesundheitlich langsam wieder bergauf. Essen und Trinken schmeckten besser, und auch zum

»Weißen Kreuz« in der Nachbarschaft hatte er sich schon gewagt, wo ihm die ersten Becher Wein bereits wieder mundeten. Den entscheidenden Schub zur Genesung gab die frohe Botschaft, in der sein guter Handelspartner und langjähriger Handelsfreund Berthold Swarzenburg sein baldiges Kommen anmeldete.

.

Kapitel 8

In der Mitte des Weinmonats, genau am 14. Oktober, traf er endlich im »Schwarzen Horn« ein, der Berthold Swarzenburg aus Kempten, von Lienhart Zwingenstein sehnlichst erwartet und nunmehr freundlichst begrüßt. Es war allen klar, dass umfangreiche Geschäfte abgewickelt und die Abendstunden lang würden. Und so war es dann auch. Den ganzen Nachmittag lang hatten beide über verschiedene Warenlieferungen gehandelt und gefeilscht. Da war von großer Freundschaft nicht viel zu spüren – Handel ist Handel. Jacob war als Lehrknecht natürlich auch dabei und verfolgte aufmerksam die Verhandlungen. Häufig wurde er vom Äni hin und her gescheucht, musste aus den Lägern diese und jene Erzeugnisse herbeiholen, vorzeigen und vor allem als vom Großvater ernannter »Rechenmeister« die jeweiligen Preise errechnen. Doch irgendwann wurde allen dreien der Magen lang, und so hatten sie nichts gegen die Ankündigung der Maria Murer einzuwenden, dass in einer halben Stunde das Abendmahl anrichtet sei.

Daraufhin gingen alle in ihre Gemächer, um sich herzurichten, denn jedem war klar, dass Köstliches auf sie wartete.

Als Erster betrat Jacob die durch den mächtigen Deckenleuchter, Kerzenleuchter und eine Menge einzelner Kerzen und Öllämpchen lichtdurchflutete Stube. Er war festlich gekleidet mit einer mit weißem Leinen gefütterten, fast knielangen, eng anliegenden, dunkelgrünen Jacke aus ENGLISCHER SCHURWOLLE. Sie war vorn genestelt und wies auf der Seite Schlitze auf, um größere Bewegungsfreiheit zu geben. Der Stehkragen war recht hoch und die Ärmel auffallend weit.

Der junge Mann braucht nicht lange zu warten, bis der Zwingenstein mit seinem Gast erschien. Der Kemptener trug ein »türkisch-gelbrotes«, also ockerfarbenes, Wams aus Samt nach italienischem Stil mit einem v-förmigen Ausschnitt und Zick-Zack-Schnürung, die das darunter getragene weiße Hemd gut erkennen ließ. An dem engen, die Figur betonenden Gürtel hingen eine Gürteltasche und ein Dolchmesser mit großer Schneide und reich dekoriertem Griff aus Hirschgeweih. Lienhart hatte ein kurzes, auch an den

Ärmeln eng anliegendes Oberkleid angezogen. Sein Wams war schwarz und nach Burgunder Mode vorn geschlossen. Dem Brauch der Zeit entsprechend, waren die Hosen der beiden Kaufherrn an dem über die Taille reichenden Wamsschoß angenestelt. Die Schnabelschuhe mit kleinem offenen Stulp aus weichem Leder kamen durch die ausgestopften langen Spitzen stark zur Geltung.

Barbara, die soeben noch einen Blick in die »Küchenmeisterei« geworfen hatte, um sich zu vergewissern, dass alles in Ordnung sei, was ihr durch ein Kopfnicken der Maria Murer bestätigt wurde, begrüßte den Swarzenburg in ausgesucht freundlicher Weise. Sie hatte ihn seit seinem Eintreffen noch nicht gesehen, weil sie den ganzen Tag im Spital verbracht hatte. Bewundernd ruhten seine Augen auf ihrer anmutigen Gestalt und auf ihren über die Schultern fallenden, offen getragenen, gekräuselten, schwarzen Haaren. Sie trug ein dunkelrotes, durch ein Band unter der Brust zusammengegürtetes Hängekleid aus Samt mit engen Ärmeln und einem mit goldener Zierborde eingefassten kleinen Ausschnitt.

Lienhart Zwingenstein forderte auf, sich zu der auf seidenem Tischtuch eingedeckten Tafel zu begeben. Zu Ehren des Gastes waren die reich mit Ornamenten und figürlichen Darstellungen gravierten konischen Häufebecher aus Silber, die Zinnteller, die silbernen Löffel und die Messer mit reich verzierten Griffen aufgelegt. In der Mitte des Tisches stand als edelste Zierde des Hauses auf einem Standteller mit hohem Fuß und Kugelbauch eine »Enghalskanne«, eine »Gießkand« mit einem gewölbten Klappdeckel mit Kreuzblume als Knauf, mit geschwungenem Henkel in Form eines flachen Drachenleibes und mit einem Ausguss in Form eines hockenden Löwen. Diese aus Kupfer gearbeitete Schenkkanne war der Stolz des alten Zwingenstein. Sie stammte aus den Niederlanden und war sehr wertvoll.

Swarzenburg wurde auf den Platz des Gastes rechts neben den Äni gebeten, Jacob saß wie immer auf der Wandbank links von seinem Großvater und Barbara setzte sich neben den Kemptener auf ihren üblichen Platz. Agnes war nicht erschienen; sie kam nur selten zu Mahlzeiten, wenn Gäste anwesend waren, und pflegte in diesen Fällen immer, halb beleidigt, zu sagen, dass sie nicht stören wollte. Der wirkliche Grund aber war der, dass sie es nur schwer ertragen konnte, dass es ihr Bruder war, der als guter Erzähler immer im Mittelpunkt stand.

Dann erschien Maria Murer, angetan mit ihrer mächtigsten grünen Haube, die sie nur an Festtagen und bei besonderen Anlässen trug. Hinter ihr kam

Anna Brosemli, wegen ihrer quirligen Art »Wirbelwind« genannt. Auch sie trug stolz eine grüne Haube auf dem Haupt, die das Ebenbild der Haube ihrer Meisterin war – natürlich in Miniaturfertigung.

Feierlich verkündete die Murer: »Heute gibt es auf besondere Anordnung des Herrn Lienhart Zwingenstein zu Ehren unseres werten Gastes fünf Trachten, so wie es sonst nur an den sechs großen kirchlichen Feiertagen der Fall ist.

Erstens: Pastete mit Rindermark, Hechtklößchensuppe, Fleisch vom Schwein, gesottener Aal und Sülze.

Zweitens: Geflügelsuppe, Aalpastete, gebratene Tauben, Karpfen mit Eigelb, Safran und Mehl überbacken sowie Mandeltörtchen.

Drittens: mit Senf gegartes Kalbfleisch, Fasan, Kaninchen, Lauchmus sowie Weinbeer- und Feigenküchlein.

Viertens: Wildsuppe, Erbsenmus, Schaffleisch mit Brennnesseln, junges Rebhuhn mit Dill und Eierkuchen mit Honig und Weinbeeren.

Fünftens: Specksuppe, Otter mit Fenchel, kleine Vögel, in Schmalz hart gebacken, mit Rettich, Rinderfleisch vom Grillspieß mit Zwiebeln sowie feines Backwerk, kunstvoll zu Figürchen geformt und mit farbigem Zucker glasiert.

Wenn der Gast Bier wünscht, so wird dieses sofort von Anna Wirbelwind in der ›Krone‹ nebenan geholt. Die Anna macht ihrem Spitznamen alle Ehre und wird im Handumdrehen das schäumende Getränk auf den Tisch stellen.

Wenn der Herr Wein zu trinken gedenkt, so sei betont, dass dieser vom heimischen Bodensee kommt und vom Hausherrn persönlich mit Kräutern und exotischen Gewürzen behandelt wurde.«

»Ich weiß nicht«, so der Swarzenburg bewundernd, »welchem Umstand ich jetzt schon vor dem Essen mehr Bewunderung zollen soll: Ist es das großartige Gedächtnis der Maria Murer, die alle Köstlichkeiten, fast ohne Atem zu holen, aufzählen kann? Oder ist es die Vielzahl und Großzügigkeit der Gerichte dieser ›Tafeley‹, die sich ja bald der Grenze des verbotenen Lasters der GULA, der Völlerei, nähert.

Und was das Getränk angeht: Ich mag jetzt kein Bier, freue mich vielmehr auf den sicher köstlichen Wein aus diesem herrlichen Gefäß.« Dabei zeigte er auf die kostbare »Enghalskanne«, griff danach zum Gürtel und holte sein DolchMESSER heraus und legte es vor sich auf den Tisch.

Nachdem sie alle lange und reichlich getafelt hatten und der Swarzenburg die führwahr köstliche Abendmahlzeit und das wohlschmeckende Tröpfchen gebührend gelobt hatte, wechselte er unvermittelt das Thema: »Da war doch vor etwa vierzig Jahren in euerem Konstanz das Konzil. Ich weiß nicht viel darüber, bin aber sehr daran interessiert. Ihr, Lienhart Zwingenstein, habt damals doch alles selbst miterlebt. Erzählt mir doch bitte davon.«

Da lachte Jacob in sich hinein und dachte: *Das wird ein interessanter Abend. Da ist der Äni wieder in seinem Element. Lebt er doch vollen Herzens bei bestem Erinnerungsvermögen für sein Konstanz und das dort Geschehene.*

»Ja, nachdem wir heute mit unseren Geschäften gut vorangekommen sind, können wir uns noch etwas Gutes gönnen. Bei einem Schlückchen Wein will ich euch berichten, wie ihr begehrt.«

Oh, sagte sich Jacob, *wenn der Äni von einem Schlückchen Wein redet, dann wird es heftig und die Nacht lang.*

»Zu meiner Schilderung wollen wir jedoch ins ›Turbulentum‹ gehen, denn dort sind wir auf jeden Fall unter uns und werden nicht gestört – und kalt ist es dort auch noch nicht. Barbara und Jacob, ihr kommt doch wohl auch mit?«

Barbara und der junge Zwingenstein nickten schon aus dem Grunde zustimmend, weil sie wussten, dass Lienhart beleidigt gewesen wäre, hätten sie seine Einladung abgelehnt. Aber ganz unabhängig davon, schlossen sie sich schon deswegen den beiden Kaufherren freudig an, weil sie stets gern den lebhaften und fundierten Erzählungen Änis lauschten. Er verstand es nämlich meisterlich und kenntnisreich, von Vergangenem zu berichten, vor allem wenn es um Konstanz ging.

Als sie das ›Turbulentum‹ betraten, war der quadratische Eichentisch bereits hübsch eingedeckt. Vorausplanend hatte der alte Zwingenstein die Murer frühzeitig dazu veranlasst. So fanden sich dort mehrere Schalen mit in Honig ausgebackenen Küchlein, Marzipan, kandiertem Obst und raffiniertem Konfekt, dazu zwei große Silberteller, prall voll mit Datteln, Feigen und Granatäpfeln, und für die Herren das Wichtigste: eine Schenkkanne mit Tiroler Veltliner. Eine kleine Keramikkaraffe mit Likör und eine bauchige Glasflasche mit süßem Kirschwein waren wohl Barbara zugedacht. Auffallend war ein eingeschliffenes, schmales Glasgefäß mit Branntwein. Diesen empfahl Lienhart als etwas ganz Besonderes und merkte dabei an, dass dieses Aqua Vitae im Kloster destilliert worden sei.

»Also«, hub Lienhart an, nachdem sie alle auf dem schweren, gut gepolsterten Eichenholzgestühl Platz genommen und sich zugetrunken hatten, »unser Konzil war die größte und bedeutendste Versammlung seit Jahrhunderten, der größte Kongress von Fürsten, geistlichen Würdenträgern, Gelehrten und

Gebildeten. Was wollt ihr nun über dieses Concilium erfahren? Weltliches, so wie wir Konstanzer Bürger es erlebt haben? Oder Kirchliches? Dazu bin ich natürlich nur in dem Rahmen in der Lage, wie ich das als Nichtkleriker überhaupt verstehen konnte. Der Gast möge bestimmen!«

Dieser kam der Aufforderung gern nach: »Ich meine, ihr berichtet zunächst über Klerikales. Für uns als gute Christenmenschen gebührt es sich doch, dass Kirchliches allem anderen vorgeht.«

Lienhart begann zunächst zögerlich: »Wir Konstanzer Bürger, seien es die patrizischen Geschlechter oder wir Zünfter, von Knechten und Mägden ganz zu schweigen, erfuhren und verstanden kaum etwas von dem, was es da alles an politischen und kirchenpolitischen Problemen, an theologischen und kirchenrechtlichen Auseinandersetzungen gab. Allerdings darf ich doch in aller Bescheidenheit sagen: Ich war wohl etwas mehr an diesen Dingen interessiert als viele andere. Daher hatte ich mich damals sehr häufig bei befreundeten Pfaffen erkundigt und Etliches für mich zusammengetragen, um mir so mein eigenes Bild machen zu können. Und davon will ich euch jetzt kundtun.«

Und so erzählte Lienhart Zwingenstein, der seine Worte durch kräftige Schlucke recht häufig kurz unterbrach, aus seiner Sicht der Dinge:

»Beginnen wir doch mit der Befindlichkeit unserer lieben Kirche zum Ende der ersten Dekade unseres Saeculums, etwa um das Jahr 1410. Da war der Zustand der Kirche verheerend: Die gesamte Christenheit, zumindest die etwas Gebildeteren, empfanden dies so. Der Klerus war vielfach sittenlos und verderbt. Häufig war er von der Gier auf Geld und andere irdische Güter mehr beherrscht als von den Diensten in Demut im Namen des Herrn, so wie es dieser und die großen Kirchenlehrer vorschreiben. Dass hier geistige Gegenbewegungen und Reformgedanken aufkamen, lag doch auf der Hand. Solche hatten sich vor allem in England und in Böhmen verbreitet. Im Sinne der Kirche war dies natürlich Ketzerei. Das Allerschlimmste war jedoch das *Schisma*, die Spaltung der Kirche. Es gab drei Päpste. Zur Obedienz von Johannes XXIII. gehörten im Wesentlichen die italienischen, die deutschen und die östlichen Gebiete sowie England und die nordischen Länder. Der avignonsche Gehorsamsbezirk von Benedikt XIII. erstreckte sich auf Frankreich, Spanien und Schottland. Der Riss ging oft mitten durch Territorien und Gemeinschaften, so etwa auch durch unser Bistum Konstanz. Schließlich fungierte noch Gregor XII. als Papst mit sehr kleiner Obedienz. Jeder von diesen dreien hielt sich für den allein Rechtmäßigen in der Nachfolge Petri und verdammte die jeweils anderen Päpste und deren Anhänger.

Als deutschem König und Anwärter auf die Kaiserwürde war es tiefstes Anliegen von *König Sigismund* als ›advocatus et defensor ecclesiae‹, also als Anwalt und Verteidiger der Kirche, diese aus ihrer Notlage zu befreien und das Schisma zu beenden. Dies sollte mithilfe der in Krisenfällen obersten kirchlichen Instanz, dem allgemeinen Kirchenkonzil, geschehen. Für den König erwies sich dies jedoch als ein dornenreicher Weg, der viel politisches Geschick erforderte.

Die Probleme von Sigismund begannen bereits bei der Einberufung einer allgemeinen Kirchenversammlung. Diese Konvocation eines Konzils war nach kanonischem Recht primär Sache des Papstes, was aber bei der Zerstrittenheit und Unnachgiebigkeit der drei Päpste nicht möglich war. Da auch das in zweiter Linie für die Einberufung zuständige Kardinalskollegium gespalten war, sah sich König Sigismund als Schutzvogt der Kirche berufen, die Konvocation selbst zu betreiben. Dabei wollte er aus politischen Gründen einen neutralen Ort nördlich der Alpen bestimmen, und zwar auf deutschem Boden. Die Wahl fiel nach einigem Hin und Her auf unser *Konstanz*, eine angesehene Reichs- und Bischofsstadt, die auch schon zu Zeiten der Staufer Gastgeber von Reichstagen war. Allein diese Einberufung des Konzils nach Ort und Zeit war ein großer Erfolg von König Sigismund.

Lediglich *Papst Johannes XXIII.* erschien persönlich. Er war der Auffassung, dass man hier das Konzil von Pisa von 1409 bestätigen würde und damit auch ihn als alleinigen Papst und dass der König demzufolge die beiden anderen Päpste absetzen würde.

Die Päpste Benedikt XIII. und Gregor XII. ließen sich vertreten, und zwar durch mächtige und, wie sich später herausstellen sollte, sehr effiziente Fürsprecher.

Von der riesigen Zahl der geistlichen und weltlichen Würdenträger waren nicht alle während der gesamten Dauer der Kirchenversammlung in Konstanz anwesend. So war auch König Sigismund aus politischen Gründen etwa anderthalb Jahre abwesend, in England und vor allem in Frankreich, um dort wichtige Gespräche zum Zwecke der Beendigung des Schismas zu führen. Trotz wechselnder Abwesenheit der Großen war unsere Konstanz in jener Zeit Mittelpunkt der Welt.«

Der Zwingenstein legte eine längere Pause ein und schaute, Fragen erwartend, dabei vom einen zum anderen. Doch alle nickten nur beifällig. Da benetzte er seine trockenen Lippen durch mehrere kleine Schlucke und fuhr fort:

»Die feierlichen Sitzungen des Konzils wurden im Mittelschiff der ›Ecclesia Sanctae Mariae Urbis Constantiae‹, unserer dreischiffigen, romanischen Säulenbasilika, der *Bischofskirche*, abgehalten. Dort waren in drei Reihen hölzerne Tribünen aufgebaut worden. Auf der obersten Reihe saßen die Kardinäle, Erzbischöfe und Großfürsten, in der mittleren die Bischöfe und Äbte und darunter Pröpste, päpstliche Auditoren, Sekretäre sowie Vertreter der übrigen Geistlichkeit und der Universitäten. In dem frei gebliebenen Gang in der Mitte standen Stühle für Prokuratoren und Schreiber. Den repräsentativen Generalsessionen wohnte auch König Sigismund bei, auf erhöhtem Sitz ›in habitu imperali‹, in vollem Herrscherornat.

Weitere bedeutsame Örtlichkeiten des Konzilgeschehens waren die Bischofspfalz, die Residenz des Papstes, und die Stephanskirche, wo das päpstliche Gericht mit seinen zwölf Richtern tagte.

Vom Beginn bis zum Ende des Konzils, also vom 16. November 1414 bis zum 22. April 1418, fanden im Münster insgesamt fünfundvierzig Sessionen statt.

Die Entscheidungen der Kirchenversammlung wurden nicht nach Köpfen der Konzilsteilnehmer getroffen, es wurde vielmehr nach *Nationen* abgestimmt. Daher standen diese absolut im Vordergrund. So erklärt es sich, dass die eigentlichen Entscheidungen nicht in den Generalsitzungen im Münster getroffen wurden, sondern in Sondersitzungen und den Gremien der *fünf* Nationen. In zahllosen Konferenzen und Debatten berieten und beschlossen: im *Franziskanerkloster* die Nation der Deutschen im Kapitelbau und die Engländer im Speisesaal – im *Dominikanerkloster* im Speisesaal die Nation der Italiener und im Kapitelhaus die der Franzosen – im *Augustinerkloster* die Spanier, die allerdings erst ab 1417 anwesend waren.«

»Aber was wurde denn dort alles beraten? Und was kommt uns Christen denn heute zugute?«, fragte Barbara, eine kleine Trinkpause von Lienhart nutzend.

»Drei Aufgaben waren es, die das Konzil bewältigen sollte«, antwortete dieser belehrend: »Zunächst die ›causa unionis‹, also die Einheit der Kirche, dann die ›causa fidei‹, die Fragen des Glaubens, und schließlich die ›causa reformationis‹, die Reform der Kirche.

Zum ersten Problem, der *Einheit der Kirche*: Hier war es die erklärte Absicht des Königs, die drei Obedizien durch Rücktritt aller drei Päpste wieder zusammenzuführen und einen einzigen Papst wählen zu lassen. Denkschriften, Flugblätter und Predigten forderten Entsprechendes. Dies lief aber genau gegen die Absichten von Johannes XXIII., der sich als einzig anwesender Papst und Herr des Konzils als alleiniger rechtmäßiger Herr der Kirche bestätigen lassen wollte. Da der Druck seiner Gegner immer größer und er vor allem wegen seiner miserablen Lebensführung stark angegriffen wurde, suchte er sein Heil in der Flucht. Diese Möglichkeit hatte er, wie man später erfuhr, bereits von vornherein ins Kalkül gezogen, denn seine Fluchthelfer waren schon lange vorher bestellt worden. Ich kann mich noch genau an die große Aufregung erinnern, die in ganz Konstanz in frühester Morgenstunde des 21. März 1415 herrschte. ›Der Bobest ist weg!‹, schrien Menschen immer wieder, und einer berichtete: ›Ich habe gesehen wie er, seinen feisten Leib als Knappe verkleidet, begleitet von Herzog Friedrich von Österreich und weiteren noblen Herren, durchs Kreuzlinger Tor rannte.‹

Johannes XXIII. wurde verfolgt und schließlich in Schaffhausen gefangen genommen. Ihm wurde der Prozess gemacht. In siebzig Anklageartikeln wurden ihm vor allem unsittliche Lebensführung schlimmster Art, Vergiftung seines Amtsvorgängers Alexander V., Verschleuderung kirchenstaatlichen und kirchlichen Eigentums und simonistische Praktiken, also der Verkauf geistlicher Ämter, vorgeworfen. Vor allem diese letzte Anschuldigung wog sehr schwer. Der oberste Seelenhirte musste es wohl hervorragend verstanden haben, aus allem Geld zu machen. Als bezeichnend hierfür galt eine dahingehende Aussage, die dem seit vielen Jahren an der Kurie tätigen Prokurator des Deutschen Ordens zugeschrieben wurde, dass dieser Papst selbst den Herrgott verkauft hätte, wenn ihn nur jemand hätte erwerben wollen. Nun — machen wir es kurz: Nach der Vernehmung von hohen Prälaten der Kurie, von Bischöfen und Kardinälen als Zeugen wurde Johannes XXIII. durch das Konzil am 29. Mai 1415 abgesetzt und weiterhin gefangen gehalten.

Papst Gregor XII. wurde im Juli 1415 zum freiwilligen Rücktritt bewegt.

Die Absetzung von Papst Benedikt XIII. konnte erst aufgrund geschickt geführter königlicher Verhandlungen im Juli 1417 durch die Kirchenversammlung durchgesetzt werden.

Diese Papstabsetzungen konnten nur vorgenommen werden, nachdem ein erbittert geführter, dogmatischer Grundsatzstreit auf Antrag des Kanzlers der Pariser Universität zugunsten der Kirchenversammlung in dem Sinne entschieden worden war, dass das Konzil über dem Papst steht. Sonst hätte die Kirchenversammlung die Päpste ja nicht absetzen können.

Nun war der Weg frei, den Plan des Königs zu realisieren: Die drei Obedizien werden zusammengeführt und *ein* neuer Papst wird gewählt.

Aber *wer* sollte den Papst wählen? Allein die Kardinäle? Oder allein die fünf Nationen, nach deren Mehrheit bisher auf dem Konzil entschieden worden war? Eindeutige Verfahrensregeln gab das kanonische Recht für einen derartigen Papstwahlstreit nicht. Heiße Dispute wurden hierüber geführt. Schließlich einigte man sich auf einen *Kombinationsmodus*: Wahlberechtigt waren die sechsundzwanzig anwesenden Kardinäle und je sechs Vertreter der fünf Nationen.

So kam es endlich zum Konklave, welches aber nicht im Münster, sondern im *Kaufhaus* stattfand. Sechsundfünfzig von der Umwelt abgeschlossene Zellen waren dort für die Wähler hergerichtet worden. Fenster wurden zugemauert oder mit Brettern verschalt, alles unter strenger Aufsicht. Nach dreitägiger Klausur, genau am Sankt-Martinstag, also am 11. Novembris 1417, ›schry man ... uss dem Conclavi: habemus papam, wir habent einen Babst, Dominus Ottoness de Colonna‹. Der gewählte Kardinal Colonna nahm den Namen des Tages seiner Wahl an, wie wir alle wissen: Martin V. Damit war das erste Postulat des Konzils, die Einheit der Kirche, erfüllt.«

Ohne größere Pause wandte sich Äni dem zweiten Aufgabenkomplex des Konzils zu:

»Bei den *Fragen des Glaubens* ging es um die Klärung wichtiger theologischer Streitfragen. Am spektakulärsten waren hier die Auseinandersetzungen mit den Lehren der Prager Reformtheologen Johannes Hus und Hieronymus von Prag.

Soweit ich damals verstanden habe, ging es bei Jan Hus darum, dass er die Lehren des Oxforder Theologieprofessors Wyclif, der heftige Kritik an Kirche und Papsttum geübt und die Lebensführung des Klerus angeprangert hatte, aufnahm und zum Bestandteil seiner Lehren machte. So entstand in Böhmen unter Hus' Führung eine stark national und sozial ausgeprägte Bewegung, die die traditionelle Kirche in ihren Grundfesten angriff.

Auch dieses Problems hatte sich König Sigismund angenommen. Er bot Jan Hus freies Geleit an. Im Vertrauen darauf erschien dieser, trotz großer Bedenken und entgegen dem Rat vieler Freunde und Anhänger, hier in Konstanz am 11. November 1414, begleitet von böhmischen Rittern und Vertretern der Prager Universität. Er wohnte in der St. Paulsgasse und lebte zunächst unbehelligt und in Freiheit. Nach ungefähr zwei Wochen wurde er durch Täuschung zur bischöflichen Pfalz, der Residenz des Papstes, gebracht. Dort galt die königliche Geleitzusage nicht mehr, und der Reformator wurde eingesperrt.

Im Juni 1415 wurde Hus zum öffentlichen Verhör im Franziskanerkloster vorgeführt, kam dort aber kaum zu Wort und wurde niedergeschrien. Weitere Verhöre folgten. Hus widerrief seine Lehren nicht. Seine Thesen wurden als ›Errores Iohanni Hus‹, also als Irrlehren, verdammt. In der 15. Gesamtsitzung des Konzils wurde das Urteil gesprochen. Den Vorsitz hatte der ranghöchste Kardinal, der Papst war, wie ja schon gesagt, zu dieser Zeit wegen seiner Flucht gefangen gehalten. Bei dieser Sitzung waren auch König Sigismund in vollem königlichen Habitus und viele hohe Fürsten anwesend.

Da Hus zum Priester geweiht war, musste er als solcher zunächst abgesetzt und ihm seine Weihe entzogen werden. Dazu stellte man ihn auf einen hohen Stuhl, damit jedermann ihn sehen konnte. Der Erzbischof zu Mainz, zwei Kardinäle und zwei Weihbischöfe kleideten ihn als Priester an. Unter Verwendung der entsprechenden degradierenden Formeln des kanonischen Rechts zogen sie ihm dann das priesterliche Gewand wieder aus und wuschen ihm seine Weihe ab. Hus wurde mittels der rechten göttlichen Lehre aus der heiligen göttlichen Schrift dahingehend überführt, dass seine Lehren, die er gepredigt und an der Universität verbreitet hatte, falsch, unrecht und ketzerisch waren. Daher verurteilte ihn die Kirche als Ketzer.

Dann wurde Hus dem weltlichen Recht übergeben, dessen Repräsentant der König war. Sigismund seinerseits wandte sich an seinen Erztruchsess, den Kurfürsten Herzog Ludwig von Bayern, mit den Worten ›und tund ihm als ainem Ketzer‹. Der wiederum übergab Hus dem Reichsvogt von Konstanz, dem Hans Hagen, mit dem nunmehr weltlichen Urteil: ›So verbrenn in als ain Ketzer.‹ Diese beiden schrecklichen Sätze, die mir von Teilnehmern jener Session mitgeteilt wurden, haben sich in mein Gedächtnis fest eingegraben.

Das Urteil wurde sogleich vollstreckt. Eine vorn und hinten mit der Gestalt des Teufels bemalte Mütze auf dem Haupt, wurde Hus am 6. Juli 1415 auf dem Bruel vor den Mauern unserer Stadt Konstanz verbrannt. Seine Asche wurde in den Rhein gestreut, wodurch dokumentiert war, dass seine Existenz auf dieser Welt ausgelöscht ist.

Das gleiche Schicksal erlitt Hus' Freund und Schüler, der weniger bekannte Magister Hieronymus von Prag, etwa ein Jahr später.

Mit diesen beiden Ketzerverbrennungen glaubten die Konzilteilnehmer, die bedeutsamsten Fragen des Glaubens weitgehend beantwortet zu haben.

Ich selbst kann und will zu dieser schlimmen Geschichte gar keine großen Erklärungen abgeben, nur so viel sei gesagt: Ich fand damals, wie auch heute noch, diese beiden Verbrennungen ungeheuer traurig. Nein, mehr als traurig:

ungerecht. Natürlich kann ich die Kirche verstehen, dass sie sich wehrt, wenn sie in ihren Grundfesten angegangen wird. Aber war dieser Angriff in der Sache selbst so falsch, fragte ich mich immer wieder. Und selbst wenn man hier anderer Ansicht sein sollte, so waren doch auf jeden Fall die Mittel und Wege, die zu diesen Ketzerverbrennungen führten, äußerst zweifelhaft. Da gab es das Versprechen des freien Geleites, welches König Sigismund bereits im Frühjahr 1414 dem Jan Hus gegeben hatte. Zunächst ist es bemerkenswert, ich möchte es beinahe arglistig nennen, dass dem Hus – er reiste trotz Warnung vieler Anhänger allein im guten Glauben auf das Wort des Königs – erst *hier* in Konstanz der königliche Geleitbrief ausgehändigt wurde. So konnte er bei seiner Abreise in Prag dessen Inhalt noch gar nicht kennen, also nicht wissen, dass darin *keine Garantie für sichere Rückkehr* ausgesprochen war. Und wenn sich der König, den ich sonst immer sehr schätzte, später auf den genauen Wortlaut dieses Geleitschreibens berief, dann war das in meiner Bewertung, ganz zurückhaltend ausgedrückt, schlichtweg hinterhältig.

Bei der dritten Aufgabe des Konzils, der *Reform der Kirche*, kam man nicht sehr weit. Nach vier Jahren Konzil war man, das ist wohl verständlich, des Tagens müde. Von wenigen Reformdekreten abgesehen, war man von einer grundlegenden Kirchenreform weit entfernt. Diese sollte später einem weiteren Konzil vorbehalten werden.

Ich habe bisher nur von der Kirchenversammlung geredet. Zeitgleich fand aber auch, und das ist weit weniger bekannt, eine Versammlung von weltlichen Fürsten und Städten sowie von Gelehrten statt. Dazu nur wenige Worte: Im Zusammenhang mit der Kirchenversammlung initiierte Sigismund auch eine weltliche Versammlung. Eine beachtliche Zahl von weltlichen und geistlichen Fürsten und von Vertretern großer Städte war erschienen. Angestrebt war eine Reformierung des Reiches. Hier gab es jedoch keine nennenswerten Ergebnisse; die Interessen waren einfach zu unterschiedlich.

Schließlich erlebten wir hier in Konstanz auch noch den seit Jahrhunderten größten *Kongress von Gelehrten* und Gebildeten aller Nationen und Fakultäten, mit den Eliten vieler Universitäten. Bei ihnen ging es nicht nur um abstrakt theologische Abhandlungen. Auch Predigten und Reden scharfen Angriffsgeistes, öffentliche Diskussionen, Disputationen und Vorlesungen, auch aufrüttelnde Denkschriften, Flugblätter und Pamphlete, verschafften dem Konzil kulturgeschichtliche Bedeutung.

Mehr will ich heute nicht mehr erzählen, denn mein Glas ist leer, der Krug ist leer, und auch mein Kopf ist leer.«

»Ja, wie war aber«, meldete sich Swarzenburg zu Wort, der die ganze Zeit, ohne ein Sterbenswörtchen zu sagen, gebannt und höchst interessiert gelauscht und dabei dem Wein gut zugesprochen hatte, »das Leben und Treiben in Konstanz in der Zeit des Conciliums? Wie habt ihr Konstanzer Bürger dies alles erlebt. Was habt ihr persönlich gesehen und gehört? Dies dürft ihr mir nicht vorenthalten, denn das ist für mich zumindest genauso interessant wie die geistlichen Sachen. Versteht mich bitte nicht falsch, Zwingenstein: Mit diesem Hinweis wollte ich eure bisherige Erzählung nicht herabsetzen. Sie war für mich höchst informativ und für meine persönliche Sicht der Dinge ausgesprochen bedeutsam. Ich möchte vielmehr damit nur zum Ausdruck bringen, dass ich noch mehr von euch zu wissen begehre.«

»Nein, nein«, erwiderte der Äni scherzhaft und winkte mit seiner Sigillenhand ab, »wir sind mit unseren Geschäften ja noch nicht fertig. Wollt ihr mich da morgen über den Tisch ziehen, wenn ich jetzt noch weiter trinken und reden soll? Ihr seid ja um einiges jünger und steht daher eine lange Nacht, so nehme ich doch an, besser durch als ich.«

»Natürlich habt ihr recht, es ist schon spät und daher Zeit fürs Nachtlager«, lachte Swarzenburg, »womit ich aber nicht sagen will, dass ich auf euere weitere Erzählung verzichten möchte.«

»Das braucht ihr auch nicht, lieber Berthold, so darf ich euch doch wohl nennen, zumindest zu dieser vorgerückten Stunde«, so der Zwingenstein. »Aber das liegt jetzt allein an euch, ob ihr folgenden Vorschlag annehmt: Ihr macht euch nicht morgen nach dem Mittagsmahl auf den Weg, wie ihr es an sich geplant hattet, sondern erst übermorgen. Dann kann ich euch morgen Abend euren Wunsch erfüllen. Vielleicht kann ich euer Einverständnis hierzu noch durch ein Weiteres kitzeln: Ich werde dann meinen besten Elsässer Wein aus dem Keller holen oder, wenn ihr das lieber wollt, einen Welschen oder Tiroler oder einen von Rhein oder Mosel. Diese halte ich nur für ganz besondere Anlässe bereit. Und wenn wir morgen besonders gute Geschäfte miteinander gemacht haben, dann wäre das sicherlich so ein besonderer Anlass. Im Übrigen: Ob ich Gefahr laufe, einmal oder zweimal mit einer alten städtischen Ordnung in Konflikt zu kommen, wenn ich euch hier beherberge, ist mir völlig gleichgültig. Für mich seid ihr ja kein Fremder, und für euch würde ich jederzeit geradestehen.«

»Euer Vertrauen ist für mich eine große Ehre – und dennoch: Ihr seid ein Fuchs, Zwingenstein«, grinste der Kemptener. »Ja, ich bin einverstanden, ich bleibe morgen noch. Dann muss ich aber übermorgen sehr früh aufbrechen und meine Pferdlein etwas schneller laufen lassen, damit meine Leute daheim während meiner Abwesenheit nicht mein ganzes Geschäft ruinieren.«

Alle vier erhoben sich, der Äni etwas mühsam, wünschten sich gegenseitig eine gute Nachtruhe und gingen in ihre Schlafkammern, Swarzenburg in die Gästekammer, die ihm Maria Murer bereits bei seiner Ankunft zugewiesen hatte.

Am nächsten Abend saßen sie wieder an gleicher Stelle zusammen. Nach dem wiederum köstlichen Abendessen waren alle gut gelaunt und die beiden Handelsherren dank ihrer guten Geschäftsabschlüsse höchst zufrieden. Mutter und Sohn freuten sich bereits auf die weitere Erzählung von Lienhart, doch besonders der Swarzenburg wartete höchst interessiert. Alle Becher waren gefüllt mit wertvollem Elsässer Wein, für den sich der Kemptener entschieden hatte.

»Wie *wir Konstanzer Bürger* das Concilium erlebt haben, also das Geschehen rund um das große kirchen- und weltpolitische Ereignis, das wollt ihr wissen, lieber Swarzenburg«, begann Lienhart. »Das kann ich euch so pauschal und allgemein gar nicht sagen. Jeder hat andere Dinge erlebt. Für den einen war dies wichtig, für den anderen jenes. Bei meiner Schilderung kann ich nur von mir ausgehen, von dem, was mich besonders interessierte und bewegte und mir in Erinnerung blieb. Aber auch hier muss ich mich auf Wesentliches beschränken, ich kann nicht alles im Einzelnen erzählen, so zum Beispiel nicht über die zahlreichen prunkvollen Kirchenfeste und die vielen Prozessionen. Auch über die weltlichen Festlichkeiten und die vielen Turniere, die zum Teil so hitzig ausgetragen wurden, dass dabei sogar ein Haus einstürzte, möchte ich wenig berichten. Ich werde mich auf einige Höhepunkte beschränken, sonst säßen wir in drei Tagen noch hier, und mein Weinkeller wäre dann zu meinem großen Bedauern leer. Und ihr, Swarzenburg, müsst morgen ja sehr früh aufbrechen, denn sonst wäre euer Geschäft wohl ruiniert, wenn ich euch gestern Abend richtig verstanden habe. Dann müsste ich es vielleicht gar noch aufkaufen! Ein Gedanke, der mich allerdings nicht allzu sehr schrecken würde; eine Niederlassung in Kempten wäre vielleicht gar nicht so schlecht. Was meinst du, Bub?«, schmunzelte der Zwingenstein süffisant. »Nun, Spaß beiseite, ad rem, ich komme jetzt zur Sache:

Als bekannt wurde, dass die große Kirchenversammlung in den Mauern unserer Stadt durchgeführt werden sollte, gab es hier zunächst recht zwiespältige Reaktionen:

Zum einen waren es Stolz und Vorfreude darauf, dass die eigene Stadt Gastgeber einer so bedeutenden Veranstaltung wird, dass man die Großen dieser Welt sehen und erleben kann, die höchsten Vertreter der geistlichen und weltlichen Macht, einen Papst, Kardinäle und Bischöfe, den König, hohe Fürsten und viele sonstige edle Herrn, auch Gelehrte von vielen Universitäten und hohe Vertreter von Städten – alle zum Greifen nahe. Fühlt man sich doch, wenn man auf die Großen dieser Erde trifft, einen Blick von ihnen erhascht, vielleicht sogar mit ihnen zu reden die Ehre hat, selbst ein Stück weit erhaben. Kann man da doch später erzählen, wie ich euch ja jetzt auch, dass man selbst Augenzeuge eines Ereignisses war, das Konstanzer Bürger, ja die Bürger der meisten deutschen Städte, Hunderte von Jahren vorher nicht erlebt haben und wohl auch nicht in den folgenden Jahrhunderten erleben werden.

Gewisse unbehagliche Gefühle, ja sogar Befürchtungen beschlichen diejenigen Mitbürger, die an die praktische Durchführung eines solchen Großereignisses dachten, vor allem die Mitglieder unseres Rates. Mit einigen von ihnen war ich sehr befreundet und wusste daher von ihren Sorgen. Von Beginn an standen vor allem zwei grundlegende Probleme im Vordergrund: Wie soll man in einer Stadt von etwa 6000 bis 8000 Einwohnern die vielen Tausend zu erwartenden Gäste unterbringen? Wie können diese Massen von Besuchern verpflegt und ihren sonstigen Wünschen gemäß versorgt werden? Diese beiden schwierigen Aufgabengebiete galt es zur Zufriedenheit der Teilnehmer zu bewältigen, denn die Stadt Konstanz wollte doch als ein guter Gastgeber dastehen. So kam einiges auf unseren Rat zu, der ja für alle diese Angelegenheiten verantwortlich war, natürlich im Einvernehmen mit den zuständigen Vertretern des Königs und der Kirche.

Ich will es gleich vorweg sagen: Der Rat war seinen Aufgaben gewachsen; ihm ist es gelungen, diese Probleme weitgehend zu lösen. Auch die Sicherheit der Gäste war, vor allem durch gezielte Ratsverordnungen, durch personelle Verstärkung der Ratsknechte und durch besondere Sicherheitsmaßnahmen, gewährleistet. So gab es recht wenig Übergriffe. Und das ist doch bemerkenswert bei so vielen, auf engstem Raum lebenden Menschen, die sich häufig gar nicht verständigen konnten und unterschiedlichste Lebensgewohnheiten hatten. Die Teilnehmer kamen ja aus den verschiedensten Ländern der Welt, nicht nur aus den uns durch Handel und Verkehr bekannten, nahe gelegenen Ländern Europas, sondern auch aus Litauen, Russland, Armenien, der Türkei, Arabien und Indien. Am Ende des Konzils war von den Fremden meist LOB zu hören, welches die Kritik, die sich vor allem auf die hohen Preise bezog, überwog. Doch nun zu den beiden besagten Problemen:

Damit ihr euch ein ungefähres Bild über die personellen Dimensionen des Konzils machen könnt, möchte ich einige ZAHLEN nennen, die ich nach den vielen Jahren noch im Kopf habe:

Weit über 72.000 Menschen sollen sich während der Konzilszeit insgesamt in unserer Stadt, die doch fürwahr keine großen Ausmaße hat, aufgehalten haben. Natürlich waren diese Gäste nicht alle ständig hier, denn die Fluktuation war stark. Zur gleichen Zeit waren wohl bis zu 20.000 Menschen hier, bei besonders bedeutsamen Ereignissen könnten es auch 30.000 gewesen sein.

Um diese kaum vorstellbaren Menschenmengen etwas zu verifizieren, möchte ich einige Zahlen nennen, zunächst in Bezug auf die Geistlichkeit: Papst Johannes XXIII. kam mit 600 Personen, die 33 Kardinäle mit über 3000, die 47 Erzbischöfe mit 4700, die 150 Bischöfe mit 6000, die 500 geistlichen Fürsten mit 4000, dazu noch 100 Äbte, 50 Pröpste, jeweils mit Gefolge, und schließlich noch 5300 einfache Priester und Schüler. Dass die weltlichen Würdenträger, nämlich der König, 39 Herzöge, 180 Grafen und 1500 Ritter mit ähnlich großem Anhang auftraten, versteht sich; man konnte ja hinter der Geistlichkeit nicht zurückstehen. Die Bedeutung eines hohen Herrn fand schließlich vor allem im Umfang seines Gefolges sichtbaren Ausdruck. So könnt ihr wohl verstehen, wie unendlich viel dienendes Personal hier weilte. Nicht nur Berater, Schreiber, persönliche Diener, andere Dienstboten, bewaffnete Reiter, Botenreiter, Stall-, Pferde- und sonstige Knechte und Kutscher hatten die vornehmen Herrn mitgebracht, sondern auch Musikanten, speziell Pfeifer und Posauner. Über 1700 Pfeifer, Fiedler und sonstige Spielleute waren es, die uns mit ihren Klängen erfreuten.

Auch die große Zahl der Vertreter der Städte und der Abordnungen der europäischen Universitäten dürfen wir nicht außer Acht lassen, vor allem aber nicht die vielen Handwerker und Händler, zu denen ich nachher noch einige Worte sagen werde.

Bisher habe ich nur die Personen genannt, deren Anwesenheit mit dem Konzil und seinen Aufgaben in einem sachlichen Zusammenhang stand. Ich möchte diese einmal als die Erwünschten bezeichnen. Hinzu kam aber noch die große Zahl derer, auf die man schlechthin keinen Wert legte, die aber trotzdem immer da sind. Diese Personen verweilen auch über längere Zeit, wenn an irgendeinem Ort Außergewöhnliches stattfindet, sie werden wie die Motten durch das Licht angezogen: fahrendes Volk und lichtscheues Gesindel. Um die 500 Gaukler sollen sich hier aufgehalten haben, dazu noch eine große Zahl von Spielleuten. Die unerfreulichsten Erscheinungen waren jedoch die vielen, vielen Bettler. Natürlich darf ich die Liebesdienerinnen nicht vergessen: Siebenhundert ›Hübscherinnen‹ sollen es gewesen sein. Und auch alle diese unerwünschten Personen brauchten ein Plätzchen.

Die Unterbringung von so vielen Menschen bereitete höchste Schwierigkeiten. So wurden schon einige Monate vor Konzilsbeginn *Quartiere* für die allerhöchsten Herrn zugeteilt. Doch darauf wurde dann, als es so weit war, keine große Rücksicht genommen. Häufig wurde nach dem Grundsatz gehandelt ›wer zu aim guten herberg kommen mocht, der nam sy uff.‹ Das bedeutete, bei Licht besehen, ja nichts anderes, als dass man sich einfach nahm, was sich Gutes bot. So residierte der Papst bei unserem Bischof, die Kardinäle, Bischöfe und Prälaten meist in den Klöstern. Der König nahm an verschiedenen Orten Herberge, zunächst im Kloster Petershausen, wo auch seine rauflustigen, wilden ungarischen Reiter hausten, die man aus gutem Grunde außerhalb der Stadtmauern hielt. Nach eineinhalbjähriger Rückkehr von seinen politischen Reisen nach Frankreich und England im Januar 1417 wohnte Sigismund bis zum Konzilsende im AUGUSTINERKLOSTER, wo man ihm ein eigenes Wohnhaus zur Verfügung gestellt hatte. Seine Ehefrau, die Königin Barbara, eine recht unternehmungslustige und betriebsame Dame, allerdings nicht von bestem Rufe, hatte die ganze Zeit im Bündrichshof residiert. Die Fürsten und sonstigen hohen adeligen Herren, auch die Vertreter der Städte und der Universitäten, nahmen ihren Sitz vorwiegend in den vornehmen Häusern der Geschlechter und der reichen Zünfter. Auch in unseren Häusern ›zum Gelben und zum Schwarzen Horn‹ wohnten viele adlige Herren in häufigem Wechsel. Die Unterkünfte des niedrigen Gefolges waren sehr bescheiden. Diese Menschen drängelten sich in überfüllten Quartieren, in Herbergen, auf Höfen und in Zeltlagern, hausten oft in engsten Kammern, Verschlägen, Holzhütten, in Ställen, auf Treppen oder gar in alten Fässern. In manchen Häusern waren über zwanzig Knechte untergebracht. Zu diesen Massen von Menschen kamen noch die vielen Pferde. So könnt ihr wohl verstehen, dass sich hier in engen Mauern buntes Gewimmel in qualvoller Fülle drängte.

Dass man bei solch extremer Raumnot versucht war, überhöhte Mietpreise zu fordern, liegt fast auf der Hand. Daher legten königliche und päpstliche Vertreter zusammen mit dem Rat Preisordnungen fest. An ein Factum kann ich mich noch ganz genau erinnern: Für eine zweischläfrige Schlafstelle durften monatlich höchstens zwei Gulden gefordert werden; die Bettbezüge mussten alle zwei Monate gewechselt werden.

Die zweite große Aufgabe bestand darin, für diese vielen Menschen *Verpflegung* und Gegenstände des täglichen Bedarfs heranzuschaffen. Dieses Problem hat der Rat, so meine ich, in ausgesprochen kluger Weise gelöst. Man räumte auswärtigen Kaufleuten und Handwerkern die gleichen Rechte ein wie ihren hiesigen Kollegen. Ihr könnt euch da wohl vorstellen, dass angesichts solcher Freiheiten Scharen auswärtiger Geschäftsleute hierher eilten. Sie alle witterten bei einem solchen Großereignis fette Gewinne. So sollen, ich will nur wenige Beispiele nennen, etwa 250 Brotbäcker, 70 Wirte, 235 Schneider und 310 Scherer hierher gekommen sein. Ob diese Zahlen stimmen, kann ich nicht sagen, ich habe schließlich nicht nachgezählt. Im Übrigen haben diese auswärtigen Anbieter ja auch häufig gewechselt. Auf Märkten, Straßen und Höfen, meist in hölzernen Buden, hielten sie ihre Erzeugnisse feil – auch kulinarische Besonderheiten, die man hier vorher nicht gekannt hatte. Die Anbieter kamen nämlich nicht nur aus unserem wirtschaftlichen Hinterland, dem Thurgau, oder sonstigen näheren Regionen, sondern auch aus Italien, Frankreich, Spanien, England und Polen, ja sogar aus Armenien. Aus weiter Ferne kamen 73 Geldwechsler und Bankiers angereist, die wegen der Vielzahl der verschiedensten Währungen durchaus notwendig waren. Von diesen Herren des Geldes, das möchte ich nur am Rande bemerken, wurde der eine oder andere vom Rat wegen unsauberer Geschäfte gründlich abgestraft. Da auch andere Geschäftsleute mit ihren Preisen nicht zimperlich waren und Konzilteilnehmer häufig über Wucherpreise Klage führten, setzte der Rat bereits wenige Wochen nach Konzilsbeginn *Höchstpreise* fest, vor allem für Nahrungsmittel wie Brot, Getreide, Fleisch, Wild und Wein, aber auch für Fisch, gleichgültig, ob vom Bodensee oder vom Gardasee angeliefert. Auch für andere Waren wurden Preise festgesetzt, so etwa für Heu, Stroh und Holz. Aus allen Gegenden in großen Mengen mit Karren oder Schiff angeliefert, konnten die Besucher des Konzils mit Essen, Trinken und sonstigen Waren des täglichen Bedarfs, aber auch mit luxuriösen Dingen gut versorgt werden. Letztlich konnte also jeder haben, was er begehrte.

Was ich euch bisher über Leben und Treiben während der Konzilzeit erzählt habe, ist natürlich an keinem Konstanzer Bürger spurlos vorbeigegangen. Jeder hatte seine ganz persönlichen Eindrücke und Bewertungen, die von absoluter Ablehnung wegen dieser Unruhe, dieses Rummels und dieser

Unbequemlichkeiten bis hin zu völliger Verzückung über die täglich neuen, ungewöhnlichen Erlebnisse reichten. Meine eigenen Empfindungen würde ich, wenn ihr mich danach fragen würdet, mit einem Wort zusammenfassen: *Übermaß!*

Ein Übermaß von Menschen in einer Stadt mit einer Länge von zwei guten Bogenschüssen und einer Breite von nur einem Bogenschuss. Wo man ging, wo man stand, auf jedem Platz, in jeder Straße und Gasse, jedem Hof, jedem Wirtshaus, überall drängten sich Menschen.

Ein Übermaß an Tieren, vor allem an Pferden, in vielen Winkeln.

Ein Übermaß von Händlern und deren Warenangeboten, vom Brot bis zu größtem Luxus, vom Heu bis zum Holz.

Aus dem Übermaß von Menschen, Tieren und Waren resultierte naturgemäß auch ein Übermaß an Unrat und Dreck. Um nicht in Schmutz waten und im Gestank ersticken zu müssen, waren besonders der zuständige Henker und seine Knechte gefragt, die vom Oberbaumeister der Stadt laufend neue Aufträge zur Reinigung von Gassen und Wegen erhielten.

Ein Übermaß an Ereignissen. Dabei meine ich jetzt nicht die vielen Beratungen der kirchlichen Würdenträger in verschiedenen Gremien und die fünfundvierzig Sessionen, die im Münster stattfanden und jeweils mit mächtigem Glockengeläut ihren Anfang nahmen. Auch spreche ich hier nicht die mannigfachen Zusammenkünfte der weltlichen Fürsten an, auch nicht die vielen wissenschaftlichen Dispute der weltlichen Herren, der Professoren und Doktoren. Nein, dies alles war ja Sinn und Zweck des Konzils, und davon nahmen wir Konstanzer kaum etwas wahr. Vielmehr denke ich an die vielen sonstigen Ereignisse, die für die Bürger meist ein *großes Spectaculum* darstellten, also genau das, was das Volk doch so sehr liebt.

Das erste unvergessliche Schauspiel begann mit der *Ankunft des Papstes* Johannes XXIII. Mit seinem großen Gefolge – er hatte eine beschwerliche Reise durch das bereits verschneite Tirol und den Arlberg, sein Reisewagen war umgekippt, und sein massiger Körper wurde im tiefen Schnee begraben – erreichte er am späten Abend des 27.Oktober 1414 das Kloster Kreuzlingen vor den Mauern unserer Stadt. Den Ermüdeten erwartete dort ein festlicher Empfang. Am nächsten Morgen wurde er dann mit großen Ehren zum Kreuzlinger Tor geführt. Er war in weißem Kleid gewandt, trug eine weiße Inful auf dem Haupt und saß auf weißem Rosse, das mit einem roten, goldverzierten Tuch bedeckt war. Dort wurde der Heilige Vater von Vertretern unseres Rates begrüßt, an der Spitze Bürgermeister, Reichsvogt und Stadtammann. Sie trugen ein goldenes Tuch, an vier Stangen befestigt, über dem hoch zu Rosse sitzenden Papst. Sodann erlebten wir eine prunkvolle Prozession zur Einführung des Papstes in unsere Stadt, die Beteiligten zum Teil reitend, zum Teil würdevoll schreitend.«

Der alte Zwingenstein hielt kurze Zeit inne, atmete zweimal tief durch und zählte nun die Teilnehmer des imponierenden Zuges mit der ihm eigenen Genauigkeit, aber ohne jeglichen Umschweif, auf, wobei er nach jeder Gruppierung eine kurze Pause einlegte:

»Die Prozession wurde eröffnet durch einen Priester zu Pferd mit Chorkappe und einer Stange mit goldenem Kreuz. Dem folgten neun weiße Pferde, alle mit roten Tüchern bedeckt, acht davon mit dem päpstlichen Reisegepäck. Auf dem neunten Ross war eine Truhe aus vergoldetem Silber mit einer Monstranz, die das heilige Sakrament enthielt.

Dann kamen alle Orden unserer Stadt und der unmittelbaren Umgebung: die Franziskaner in ihren graubraunen Kutten mit Schulterkragen und großer Kapuze, den weißen Strick mit drei Knoten um den Leib, die Dominikaner, unter deren schwarzen Kapuzenmantel die weiße gegürtete Tunika zum Vorschein kam, die Augustiner und die Benediktiner in ihrem jeweils völlig schwarzen Habit und schließlich die Schottenmönche und die Brüder des Pflegeordens der Antoniter. Sie alle führten die Reliquienschreine und Heiligtümer ihrer Klöster mit sich.

Nun folgten alle Kapläne und Chorherren, die Domherren in ihren Chorkappen und mit ihnen die Äbte der umliegenden Klöster Reichenau, Kreuzlingen und Petershausen.

Zu Pferde ritten neun Kardinäle, alle im roten Purpur mit fast bis auf den Boden reichenden Mänteln und breiten roten Hüten mit langen seidenen Schnüren. Hinter jedem Pferd ging ein Knecht, der dem Tier den Schwanz festhielt, damit das Festgewand nicht beschmutzt wurde.

Und schließlich unser Herr Papst unter dem goldenen Traghimmel. Neben ihm ritt ein Diener, der Pfennige unter die Menschen warf, wohl um das Gedränge vom Heiligen Vater fernzuhalten.

Danach kamen die Repräsentanten der Stadt Konstanz, und schließlich drängte viel Volk nach.

Unter dem Gesang des ›Te Deum laudamus‹ und bei Glockengeläut von allen Kirchen führte der Weg durch die St. Paulsgasse und die BLATTEN zunächst in das Münster und dann in die Bischofspfalz, wo Johannes der XXIII. von nun an residierte.

Tausende von Menschen säumten den Weg des Papstes, viele jubelten ihm zu und winkten, er grüßte gnädig zurück. Andere standen stumm, Frauen häufig mit Tränen in den Augen, Männer mit steinernen Blicken. So verarbeitete jeder das größte Erlebnis seines Lebens, den Anblick unseres Heiligen Vaters, auf seine Weise. Und was mich angeht, muss ich eingestehen: Ich war sehr bewegt.«

Eine ganze Weile schwieg Lienhart, saß unbeweglich da, und seine großen, braunen Augen starrten an die Holzdecke. Da war allen dreien klar, dass dies auch für ihn ein gewaltiges Erlebnis gewesen sein muss, das bis heute noch nachwirkte.

Wie um sich in die Wirklichkeit zurückzuholen, nickte Zwingenstein kräftig mit dem Kopf, presste die Hände zusammen, griff nach seinem Becher, nahm einen ordentlichen Zug vom Elsässer und forderte die anderen auf, es ihm gleichzutun.

So gestärkt, fuhr der Äni fort: »In ähnlich feierlicher Weise erlebte der Konstanzer Bürger viele *Prozessionen* aus verschiedensten festlichen Anlässen durch unsere Straßen, Gassen und Plätze hin zu den einzelnen Kirchen. Besonders beeindruckend waren für uns auch die feierlichen Hochämter der hohen Geistlichkeit an den Festtagen.

Außergewöhnlich waren auch die häufigen *musikalischen Darbietungen,* vor allem der päpstlichen Sänger, aber auch der Fiedler, Pfeifer und Trompeter. Bisher habe ich euch nur von spektakulären kirchlichen Ereignissen erzählt, doch Ähnliches ist natürlich auch in Bezug auf die weltliche Macht zu berichten:

Da war zunächst die *Ankunft des Königs.* Mit großer Hofgesellschaft, an der Spitze Königin Barbara und deren Schwester, Königin Anna von Bosnien, und die Gräfin Elisabeth von Wirtemberg sowie Kurfürst Rudolf von Sachsen, jeder mit großem Gefolge, war Sigismund am Heiligabend im Jahre 1414 spät abends in Überlingen eingetroffen. Dorthin hatten die Konstanzer bereits alle ihre Schiffe geschickt, die dann die königliche Gesellschaft nach dreistündiger Schifffahrt über den Bodensee nachts um zwei Uhr hier in Konstanz an Land brachten. Zunächst ging es in die vorgeheizte Ratsstube des RATHAUSES am Fischmarkt, wo die Begrüßung durch den Rat erfolgte und wo man sich aufwärmte, vor allem mit Wein. Natürlich wussten wir Konstanzer von der Ankunft unseres Königs, so dass die Nacht für uns lang und unsere Füße durch das Warten auf den Gassen kalt wurden. Die Nachtwächter waren in dieser Nacht ausnahmsweise großzügig. Recht gespenstisch, zugleich aber auch feierlich mutete es uns an, als dann endlich die königliche Gesellschaft bei Kerzenlicht zum Münster schritt. Dort hatten Papst, Kardinäle, Bischof und Klerus elf Stunden lang ausgeharrt. Sigismund hatte nämlich verlangt, auf ihn zu warten, um ihm Gelegenheit zu geben, an der ersten Weihnachtsmesse teilzunehmen.

Großen Anklang bei vielen Bürgern fanden die sehr häufig stattfindenden *Turniere* von Fürsten und adeligen Herrn. Meist wurden sie auf dem Brühl außerhalb der Stadtmauern durchgeführt, zum Teil aber auch auf größeren Plätzen innerhalb der Stadt. Ich selbst war jedoch nicht Augenzeuge davon, denn ich war nie ein Freund derartiger ›Gesteche‹.

Besonderer Beliebtheit bei der Bevölkerung erfreuten sich, da stets mit großem Zeremoniell und besonderer Feierlichkeit vorgenommen, die *Belehnungen*. Verschiedentlich kam es nämlich vor, dass der König dem einen oder anderen Fürsten Besitzungen oder Rechte zu Lehen übertrug. Die spektakulärste Belehnung war die von Friedrich VI. von Hohenzollern, Burggraf von Nürnberg, mit der MARK BRANDENBURG, was zugleich mit der Würde eines Kurfürsten und Erzkämmerers verbunden war. Dass der Hohenzoller dem König, der laufend in Geldnot war, hierfür eine hohe Pfandsumme zu bezahlen hatte, versteht sich von selbst. Von dieser Belehnung könnte ich euch jetzt zum Schluss noch berichten, wenn ihr nicht zu müde seid. Doch zunächst mal eine kleine Pause zur Erholung. Lasst uns den Elsässer genießen!«

Nachdem die Becher geleert und wieder nachgefüllt waren, meldete sich Swarzenburg zu Wort, hellwach, funkelnden Auges und noch recht frischen Geistes, obwohl er dem Elsässer bereits tüchtig zugesprochen hatte: »Aber Zwingenstein, wie könnt ihr denn fragen, ob wir müde sind. Das Spectaculum der Belehnung des Burggrafen dürft ihr uns nicht vorenthalten. Bitte fahrt fort!«

Da auch Barbara und Jacob zustimmend nickten, nahm der Äni den Faden wieder auf:

»Die Belehnung Friedrichs mit dem Kurfürstentum der Markgrafschaft von Brandenburg war das farbenprächtigste, großartigste und an Menschenmengen reichste Ereignis, das ich je erlebt habe.

Am 8. April des Jahres 1417 ging es schon sehr früh morgens los. Da waren zu Pferde und zu Fuß alle ›Posauner und Pfeifer‹, die sich in Konstanz aufhielten, zusammen mit den Dienern des Burggrafen, dabei auch Ritter, Freie, Herren und Knechte und viel sonstiges Volk. Jeder trug in seiner Hand einen Stecken, etwa eine Elle lang, an dem oben ein rotes, etwa handflächengroßes Fähnchen aus wollenem Tuch befestigt war. Der Zug wurde von zwei schmucken Reitern angeführt. Der eine trug das Schild der Burggrafschaft Nürnberg, der andere an einem Reitspieß ein Banner mit dem Wappen der Markgrafschaft Brandenburg. So ritten und marschierten sie mehrmals durch die Gassen unserer Stadt, posaunend, pfeifend, singend, Fähnchen schwingend, alle in bester Stimmung. Etwa zur neunten Stunde holte dieser Zug, zusammen mit den Kurfürsten, Fürsten, Herzögen, Grafen, Rittern, Freien und Knechten, die sich zwischenzeitlich versammelt hatten, Friedrich von Hohenzollern von seiner Herberge im ›Hohen Haus‹ ab. Jeder, ob großer Herr oder Knecht, hatte besagtes Stecklein in der Hand. So ritten nun die beiden Bannerträger vor dem Hohenzollern, den ihn eskortierenden Fürsten und sonstigen hohen Herren, gefolgt von den vielen Begleitern und Musikanten, die schon seit Stunden auf den Beinen waren, durch die engen Gassen von Konstanz. Dabei war das Gedränge so groß, dass viele Reiter in die Nebengassen ausweichen mussten, und selbst zu Fuß war kaum noch ein Durchkommen. Schließlich gelangte Burggraf Friedrich mit seinen Bannerträgern und Begleitern nach beschwerlichem Weg ans Ziel – den Obermarkt.

Dort waren am Haus zum ›Hohen Hafen‹ ein breiter Steg und ein großes Podest gezimmert worden, das wohl vierzig Mann Platz bot. Große goldene Tücher bedeckten dessen Boden und umgaben alle drei Seiten. Auf dem Podest stand ein hoher Sessel mit einem goldenen Kissen und einem kleinen goldenen Tuch darauf. Die Rückenlehne war mit einem herrlichen lasurblauen Stoff mit goldenen Verzierungen bedeckt. Von unten her gesehen, wirkte es so, als brenne alles vor lauter Gold.

Von den anliegenden Gassen aus, vom Obermarkt selbst und von allen Dächern und Fenstern rund um den Marktplatz herum erwarteten unzählige Menschen das bevorstehende Schauspiel. Ich persönlich hatte irgendwie das Gefühl: Hier wird gerade Geschichte geschrieben.

Bei meinem Freund, dem Apotheker, erhielt ich für dieses Spectaculum einen hervorragenden Platz an einem Fenster im Malhaus, direkt am Obermarkt, dem goldenen Podest genau gegenüber.

So, nun habe ich euch den äußeren Rahmen geschildert, und bevor ich mit dem eigentlichen Belehnungsakt beginne, muss ich meine Stimme etwas ölen. Sonst krächze ich wie ein Rabe, und ihr habt keine Freude an der Erzählung von diesem einmaligen Schauspiel.«

Dies gesagt, tat der Zwingenstein etwas mehr für seine Kehle, als diese nur zu befeuchten. Die anderen drei brauchte er nicht mehr gesondert zum Trinken aufzufordern, denn es war ihm nicht entgangen, dass diese den Elsässer laufend geschlotzt hatten.

»Als sich der Hohenzoller, Burggraf Friedrich von Nürnberg, mit seinen beiden Bannerträgern und seinem Gefolge zum goldenen Podest durch die Menschenmenge hindurchgekämpft hatte«, so berichtete der Äni weiter, »betrat, aus dem Haus zum ›Hohen Hafen‹ kommend, König Sigismund die Bühne. Auf seinem Haupt trug er eine goldene Krone, die sich von seinem langen, gekräuselten Haar und seinem Bart stark abhob; bekleidet war er ansonsten wie ein Evangelist. Er nahm auf dem goldenen Sessel Platz und bot den zwei Kardinälen und drei Bischöfen, die ihm gefolgt waren, das niedrigere Gestühl rechts und links von ihm an. Diese hatten, darauf möchte ich besonders hinweisen, mit dem Belehnungsakt rein rechtlich gesehen überhaupt nichts zu tun. Es war reine Höflichkeit des Königs, dass diese fünf kirchlichen Würdenträger als bloße Zuschauer ihre Neugierde an dieser herausgehobenen Stelle befriedigen konnten.

Nun erschien der Kanzler, der eine Urkunde mit zwei anhängenden Siegeln in der Hand hielt, und stellte sich hinter einen Kardinal.

Danach wurden die Mächtigen des Reiches aufgerufen, zunächst Herzog Ludwig von Bayern und Pfalzgraf bei Rhein, der Erztruchsess; er war wie ein Geistlicher gekleidet, Lilie und Zepter in seiner Hand tragend. Dann betrat Herzog Rudolf von Sachsen, der Erzmarschall, das goldene Podium, gleichfalls wie ein Geistlicher gewandet, ein blankes Schwert in seiner Rechten; dieses legte er dem König zunächst auf den Schoß.

Nunmehr bestieg Friedrich, Burggraf von Nürnberg, das Podium, gefolgt von den beiden Rittern, welche die Banner trugen. Sie knieten vor Sigismund nieder. Als Nächstes nahm der Herzog von Sachsen das Schwert vom Schoß des Königs und steckte es mit der Spitze in die Krone unseres Herrschers. Dieser gebot dem Kanzler, die Urkunde zu verlesen, deren Inhalt war: Belehnung des Burggrafen mit dem Kurfürstentum Brandenburg und dessen Verpflichtungen gegenüber dem Römischen Reich. Nach der Verlesung fragte der König, ob Friedrich dies schwören wolle. Der antwortete mit ›Ja‹.

Nunmehr nahm Sigismund die zwei Banner aus der Hand der beiden Ritter und übergab sie dem Hohenzoller, desgleichen das Zepter aus der Hand des Pfalzgrafen sowie den Reichsapfel mit Kreuz. Danach nahm der Herzog von Sachsen das Schwert von der Krone des Königs.

Damit war die Belehnung abgeschlossen. Die ›Pfeifer pfiffen und die Posauner posaunten‹, die Menschen schwenkten ihre roten Fähnchen, jubelten und schrien, und es war so laut, dass man nicht mal sein eigenes Wort verstehen konnte. Und für das Volk sehr wichtig: Aus städtischen Brunnen floss freier Wein. Es war wirklich ein einmaliges, farbenprächtiges und großartiges Spectaculum, das ich nie vergessen werde.«

Zunächst schwiegen alle vier. Ein Kerzenlicht, das zwischen ihnen stand, flackerte bläulich auf, kurz vor dem Erlöschen. Dies nahm Barbara zum Anlass, um sich zu verabschieden: »Wenn nun schon das Licht ausgeht, möchte auch ich Gute Nacht sagen. Lienhart, vielen Dank für deine treffliche Schilderung. Ich musste nicht viel Fantasie aufbringen, um dieses Schauspiel vor meinem geistigen Auge ablaufen zu lassen; schon die bloße Erzählung war für mich ein Erlebnis. Und euch, Swarzenburg, wünsche ich eine gute Heimreise nach Kempten. Ihr brecht ja sehr zeitig auf, so dass wir uns morgen früh wohl nicht mehr sehen werden. Aber ich habe die Maria Murer angewiesen, alles bereitzumachen. Nochmals: Schlaft gut! Und du, Jacob, kommst wohl jetzt auch mit.«

Als beide das »Turbulentum« verlassen hatten, nickte Lienhart seinem Freund Berthold verschmitzt zu, »es ist ja nur ein Lichtlein ausgegangen, die meisten brennen ja noch, und Elsässer ist noch genügend im Krug. Da ist jetzt gerade noch ein halbes Stündlein Zeit, euch etwas zu erzählen, was für die Ohren der Weiberleut und der jungen Männer nicht unbedingt bestimmt ist, nämlich über die Liebesdienerinnen während der Konzilszeit.

Die sittliche Verwahrlosung ist ein allgemein bekanntes Phänomen unserer Tage und wohl in allen Städten recht ähnlich. Der Lebenswandel unserer Bürger hier ist sicherlich nicht viel besser oder schlechter als in anderen Städten. Doch ich will jetzt nur von unserem Konstanz reden. Gegen die Verwilderung der Sitten, das Dirnenunwesen, Ehebruch, Spiel- und Trunksucht, gegen Kleiderprunk und festliche Ausschweifungen führt der Rat, heute wie auch früher, einen andauernden Kampf. Satzungen in Hülle und Fülle sowie viele Bestrafungen vermochten die sittlichen Missstände nicht zu beseitigen. Zu allen Zeiten war es schwer, gegen ›unzuchtige Burger‹, gegen die ›offene Hurerey und die Kebssitzung‹, also gegen die Konkubinatsverhältnisse, vorzugehen. Kann man gegen den normalen Bürger etwas unternehmen, wo Pfaffen sich doch Metzen halten und auch in Klöstern ›unzuchtiges Treiben‹ herrscht? Bei derartigen Vorbildern sah sich der Rat nicht in der Lage, den ›verlumdeten Frowen‹ den Aufenthalt in der Stadt generell zu verbieten. Nur in besonderen Fällen, also bei schweren sittlichen Verfehlungen, wurden die ›Hübscherinnen‹ bestraft und der Stadt verwiesen. So kann im Normalfall mit ›unzuchtigen Frowen in den Frowenhusern‹ unbehelligt der sinnlichen Vergnügungen gefrönt werden. Solche Frauenhäuser gab und gibt es bei uns einige; besonders süß ist das im ›Süßen Winkel‹.

Dieser Zustand stellte sich vor etwa vierzig Jahren, also vor der Kirchenversammlung, genauso wie heute dar, wurde dann aber mit dem Beginn des Konzils schlagartig noch wesentlich schlechter. Da zog es die ›UNZUCHTIGEN WEIBER‹ in großer Zahl in unsere Stadt. Rund siebenhundert sollen es gewesen sein, aus den verschiedensten Ländern. Man muss sich diese Zahl einmal vor Augen halten: Auf jeden zehnten Konstanzer Bürger kam eine Dirne! Die Zahl der Frauenhäuser wuchs, und darin weilten jeweils dreißig und mehr Liebesdienerinnen. Auch in Badstuben und in Ställen ›trieben sie ihr Werk‹. Leben, Treiben und Geschäftstüchtigkeit der Konzilsdirnen hat der bekannte Dichter Oswald von Wolkenstein in einem Gedicht eindrucksvoll beschrieben. Daraus will ich euch zum Schluss meiner Erzählung einige Verslein zum Besten geben.«

Der Zwingenstein ging an seine große Holztruhe, kramte dort einige Zeit herum, fand das Gesuchte, einige ausgefranste Blätter, und las:

»Willst du im Leid erheitert sein
und ungenetzt beschoren fein,
dann zieh nach Konstanz an den Rhein,
wenn sich die Reise füge.
Darinnen wohnen Fräulein zart,
die grasen einem um den Bart,
ob sich kein Härlein drein verschart,
das man nicht gerne trüge.
Mit einer trieb ich manchen Spott
und holte mir daraus viel Not:
Die rückte mein Gesicht ins Lot,
als ob man mich erschlüge.
Sie ließ die Hand im Bartgekraus
und las die langen Haare raus,
nur ein paar kurze hielten's aus.
Sie trieb es wie im Kriege.
Sie sprach: ›Jetzt horch und überleg,
wer bei uns nascht, der holt sich Schläg.‹
Die andere zeigte mir den Weg

per Faustschlag um die Ohren,
dass mir mein gutes Aug verging,
als ich den Ehrentrunk empfing,
bis mir das Maul am Boden hing.
So wurde ich zum Toren.
Wer leiht, dem fällt der Zins in Schoß,
denn Els und Elli tanzten los
und hüpften Passgang wie ein Ross,
da ging mir nichts verloren.
So hab ich mich dann doch gefreut
und nur mein Bart hat mich gereut,
der lag im Zimmer ausgestreut
wie bei der Saat das Korn.

Denk ich erst an den Bodensee,
dann tut mir gleich der Beutel weh!
Da lernte ich das ABC
per Schilling in der ›Weide‹.
›Los zahl, du musst‹, war ihr Gesang.
Der Steinbrecher von Nesselwang
schrie los, dass mir der Schädel klang,
ich soll zu Hause bleiben!
Er hielt mich wohl für eine Flasch',
nahm mir das Geld, ließ mir die Tasch'.
Was soll man denn so hopp und rasch
das Naschen dort vermeiden?
Ich bin marschiert in manchem Heer,
nach Preußen, Reußen, übers Meer,
doch so massive Gegenwehr
musst ich noch nirgends leiden.

Erst viel Geschrei, dann wenig Glanz,
nur Ziererei und Arroganz,
war gar nicht teuer auf dem Tanz!
Zu Konstanz dort in Schwaben ...
Ja, an dieser Stelle möchte ich mein Rezitieren beenden«, gähnte der Zwingenstein, »und euch auf euer Nachtlager entlassen. Träumt angenehm von meiner Erzählung, vom Konzil und den schönen Liebesdamen.

Eure Ware ist bereits auf eure Karren im Hof verladen. Wir haben alles besprochen, vereinbart und abgewickelt. Ich danke euch für den Besuch, Swarzenburg, und hoffe auch für die Zukunft auf weitere gute Geschäfte.

Übrigens, da fällt mir noch etwas ein. Kann ich euch einmal für einige Wochen den Jacob schicken? Er sollte einmal die Kaufmannschaft in einem anderen Handelsgeschäft kennen lernen, vor allem die moderne Art der Buchhaltung, mit der ihr ja seit einiger Zeit arbeitet.«

»Selbstverständlich, Lienhart, es wird mir eine Freude sein, euren Enkel aufzunehmen. Gebt mir nur rechtzeitig Nachricht.«

»Morgen früh werde ich ausschlafen«, sagte Zwingenstein wiederum gähnend. »Daher wünsche ich euch schon jetzt eine angenehme Reise, keine allzu holprigen und morastigen Wege, keinen Regen und eine sichere Rückkehr nach Kempten.«

Die beiden Handelsfreunde schüttelten einander die Hände, wobei Berthold Swarzenburg erwiderte. »Ihr wisst, ich komme gern nach Konstanz zu euch, und es wird auch so bleiben. Gleich morgen auf meiner Heimreise werde ich mir überlegen, zu welcher Begebenheit ich bei meinem nächsten Geschäftsbesuch eure trefflichen Erzählungen in Anspruch nehmen werde. Ich danke euch, Gott segne euch – ad multos annos, auf viele Jahre!«

Kapitel 9

Winfelden (das heutige Weinfelden in der Schweiz), am Fluss Thur im Zentrum des mittleren THURGAUS gelegen, war in jener Zeit eine kleine Dorfgemeinde mit etwa tausend Einwohnern, Freie und Leibeigene inbegriffen. Im Norden erstreckte sich, den Flecken beherrschend und zugleich beschützend, der Ottenberg, ein lang gezogener Höhenrücken. Seine Zierde war das SCHLOSS Weinfelden mit seinem mächtigen viereckigen Turm auf der halben Höhe des Berges auf einer Erdnase zwischen zwei Tobeln. Die untere Region des Ottenberges bestand aus einer geschlossenen Rebfläche. Im Süden des Dorfes floss die Thur, die mit ihren verschiedenen Armen und Rinnsalen das Thurtal durchzog. In der Ebene rings um die Gemeinde fanden sich Wiesen, Weiden und Äcker – ein fruchtbares Land in sonniger Lage. Der Ort selbst war durch einen Lebhag, also durch dichte Hecken, Büsche und kleine Bäume, geschützt und konnte durch Gatter, jeweils am Ende der wichtigsten Gassen, verlassen werden.

Eigentümer des Schlosses war seit 1435 der Konstanzer Bürger ritterlichen Geschlechts Berthold Vogt. Er war Inhaber der halben Herrschaft von Weinfelden, die andere Hälfte lag in der Hand der Stadt Konstanz. Dem Ritter Vogt war von König Albrecht im Jahre 1439 auch die NIEDRIGE GERICHTSBARKEIT für Weinfelden übertragen worden. Das LANDGERICHT mit Blutbann hatte hingegen die Reichsstadt Konstanz inne, und zwar für den gesamten Thurgau.

Nicht nur wegen dieser rechtlichen Beziehungen bestanden starke Bande zwischen Weinfelden und Konstanz, sondern auch wegen der räumlichen Nähe. Konstanz war die nächstgelegene größere Stadt. Der beschwerliche und äußerst holprige Weg dorthin konnte in etwa dreieinhalb Stunden bewältigt werden. Weinfelder kauften in Konstanz ein und setzten dort ihre Produkte ab. Reiche Konstanzer Bürger besaßen Güter in Weinfelden. Auch gab es mehrere Weinfelder Bewohner, die AUSBÜRGER von Konstanz waren.

So bestanden vielerlei Wechselbeziehungen zwischen Weinfelden und Konstanz: persönliche, gesellschaftliche, vermögensmäßige, wirtschaftliche und rechtliche.

*

Winfelden, A. D. 1454, drei Tage nach Weihnachten: Die ganze Familie Näglin war zur Abendtafel in der sehr großen Küche im »Zwingenstein-Hus« versammelt. Das Anwesen lag an der Badstubengasse, die von der HAUPTGASSE ausgehend, dem Harmoniebach entlang bergan verlief in Richtung Ottenberg.

Für alle Näglins war dies ein angenehmer Tag, so wie überhaupt alle RAUH-TAGE, also die Zeit von Weihnachten bis zum Dreikönigstag. Es war kein Gesinde im Haus, man war also unter sich. Manche freie Zeit gab es an diesen Tagen, da nach altem Brauch viele Arbeiten untersagt waren, und man sich strikt an diese Verbote hielt, weil man sich vor Sanktionen durch böse Geister und Dämonen fürchtete. So beschränkte man sich auch bei den Näglins auf die allernotwendigsten Arbeiten: die Versorgung der Tiere und das Zubereiten von Speisen.

An solchen Ruhetagen sorgte Adalhait, wie Großmutter Näglin – nicht despektierlich, sondern voller Hochachtung – von allen genannt wurde, für ganz besondere Abendmahlzeiten, beinahe schon Festtagsessen. Schließlich hatte sie Zeit und Muße für die Zubereitung der Speisen. Drei Trachten waren von ihr aufgetischt worden, dabei sogar Fleisch und Fisch. Der ganzen Familie hatte es vorzüglich gemundet.

Alle sechs Näglins waren nach dem Essen an dem langen, etwas wackeligen Holztisch, der mitten in der Küche stand, sitzen geblieben, nachdem Großvater Hainrich sie hierzu aufgefordert hatte. Sie boten das typische Bild der damaligen Landbevölkerung: Die drei Männer trugen derbe Stiefel, Beinlinge und recht triste braune oder graue kurze Kittel als Oberbekleidung; ihr Haupthaar war kurz geschoren und wirkte mehr oder weniger borstig und ihre Hände waren zerschunden. Die mit naturfarbenem Leinen gefütterte, durch lange Schürzen geschützte, bequeme und weite Überbekleidung der Frauen war kaum farbenfroher als diejenige der Männer. Lediglich Verena machte mit ihrem kräftig blauen, figurbetonten Gewand, das sich der Bekleidung der Städterinnen annäherte, eine Ausnahme.

Als der alte Näglin dann Wein, Bier, Milch und Wasser auftragen ließ, war allen klar, dass er ihnen etwas zu erzählen hatte. Da er dies recht selten tat, vermuteten sie, dass es um etwas Wichtiges ginge. – Vielleicht eine Rückschau auf das alte Jahr, das ihnen eine gute Flachsernte und auch sonst ordentliche Erträge gebracht hatte? Oder ein Blick ins neue Jahr? Mit dieser Vermutung sollten die Näglins jedoch nur zu einem geringen Teil Recht haben.

Alle schauten erwartungsfroh auf den Alten am oberen Ende des Tisches und wurden dabei ein wenig geblendet durch die stark glimmende Glut auf der kniehohen, weitausladenden Feuerstelle, die in größerem Abstand hinter seinem Rücken loderte. Hainrich räkelte sich auf seinem Holzstuhl, dessen Armlehnen er mit seinen schwieligen Händen umfasste. Dabei schaute er im Licht der flackernden Öllämpchen, die auf dem Tisch standen, auf seine Familie, bedächtig von einem zum anderen, schwieg und machte sich so seine Gedanken:

Rechts neben ihm sitzend, war seine von der Arbeit gebeugte Ehefrau gerade dabei, seinen Becher mit einem guten Tropfen Wein von den Hängen des Ottenberges zu füllen. Hainrich liebte seine Adalhait mit ihren langen weißen Haaren nicht nur innig, er schätzte und verehrte sie auch in höchstem Maße, denn sie war ihm durch ihre Klugheit und ihr handwerkliches Können immer eine entscheidende Stütze. Auf sie hatte er sich stets verlassen können.

Neben Adalhait rutschte seine Enkelin Verena, bei der längeres Schweigen immer Langeweile hervorrief, auf ihrem Holzstuhl unruhig hin und her. Keck wirkte sie mit ihren Sommersprossen auf der Nase, klug und listig schaute sie in die Welt. Sie war freundlich, gehorsam und verrichtete ihre Arbeit bienenfleißig und gut. Allerdings hielt sie sich häufig für etwas Besseres, hatte Ameisen im Bauch und war fast *zu* pfiffig – Eigenschaften, die sie wohl von ihrer Mutter hatte. Es war Hainrich nicht entgangen, dass sich seine Enkelin mit ihren fast achtzehn Jahren zu einer sehr schönen jungen Frau entwickelt hatte, und dies auch noch ausgesprochen rasch. Zu rasch?

Zur Linken des Familienoberhauptes saß, aufrecht wie eine Kerze, sein Sohn Ruedi. Dieser war die Ruhe selbst, auf ihn war Verlass. Groß und kräftig gewachsen war er, ein Mann fürs Zupacken, mehr für das Körperliche und weniger für die Arbeit mit dem Kopf geeignet.

Feuer im Geist hatte hingegen seine neben ihm platzierte Ehefrau Agathe, und vielleicht war sie sogar etwas zu schlau, zu doppelbödig, mit einem Hauch von bösen Gedanken. Bei der Arbeit reihte auch sie sich bei den Fleißigen ein. Ihre körperlichen Reize zu betonen hatte sie stets verstanden.

Neben seiner Mutter Agathe saß Andres, ein lieber Junge. Mit seinen sechzehn Jahren hatte er die große und kräftige Statur seines Vaters schon fast erreicht und ging diesem tatkräftig zur Hand. Von den geistigen Anlagen seiner Mutter hingegen hatte er nicht allzu viel geerbt.

Niemand hatte den alten Näglin bei seinen in die Runde schweifenden Blicken und in seinen Gedanken gestört, alle warteten mehr oder weniger geduldig. Schließlich nahm er einen großen Schluck seines geliebten Ottenbergers und begann mit der Geschichte seines früheren Lebens:

»Für mich persönlich war das abgelaufene Jahr ein an Erinnerungen reiches – Erinnerungen, die mich zutiefst traurig stimmten. Vielleicht hat der eine oder andere von euch das hie und da bemerkt. Immer wieder musste ich an die Zeit vor *vierzig Jahren* zurückdenken.

Ihr wisst alle – davon habe ich dann und wann einmal etwas verlauten lassen, allerdings immer nur in Bruchstücken – , dass ich aus Konstanz komme. Dort habe ich zwar vielerlei gelernt habe, aber niemals den Landbau. Ich bin von Herkunft kein ›Burmann‹, kein Bauer. Über mein früheres Leben will ich euch heute berichten, so wie es ablief, alles im Zusammenhang. Meine Vergangenheit bedrückt mich, lastet auf meiner Seele. Alles muss ich loswerden, euch, meinen Lieben, erzählen, bevor ihr mich unter die Erde bringen müsst. Meine beiden Enkelkinder sind jetzt auch alt genug, um diese Vorgänge verstehen zu können. Da bietet sich die vierzigste Jahreswiederkehr meiner unrühmlichen Geschichte geradezu an.«

Nachdem er seinen Mund mit Wein benetzt und bei einem Blick in die Runde Zustimmung und Interesse festgestellt hatte, begann er zögernd: »Äh ... ihr wisst alle, dass ich nicht sehr mitteilsam und kein großartiger Erzähler bin; ich treibe meine Gedanken viel lieber durch meinen Kopf als über meine Lippen. Wenn ich mich euch im einen oder anderen Punkt nicht ganz verständlich machen kann, dürft ihr mir gern Fragen stellen; ich würde mich darüber freuen. Doch genug der Vorrede. Ich will meine Geschichte ganz von vorn beginnen:

Mein Vater Albrecht Näglin lebte mit mir – an meine sehr früh verstorbene Mutter kann ich mich nur noch ganz vage erinnern – im ›Gelben Horn‹ an der ›Markstad in Costnitz‹. Melchior Zwingenstein, den alle den Großen Zwingenstein nannten, ein sehr erfolgreicher und wohlhabender Handelsherr, der in Deutschland und in vielen fremden Ländern laufend auf Reisen war, hatte meinen Vater zu seinem Stellvertreter gemacht. Da er seine rechte Hand in der Nähe seines Geschäftes wissen wollte, hatte er meine Eltern veranlasst, gleich nach ihrer Hochzeit in sein ›Gelbes Horn‹ einzuziehen, das an das zwingensteinsche ›Schwarze Horn‹ angebaut war; man nannte es deshalb ›halbes Hus‹. Diese räumliche Nähe erwies sich bei den langen Abwesenheitszeiten von Melchior nicht nur für das Handelsgeschäft als günstig, sondern auch für eine immer stärker werdende Freundschaft zwischen den beiden Männern. Vom sich stetig steigernden Reichtum Zwingensteins färbte einiges auch auf meinen Vater ab: Er verdiente viel Geld und erwarb kleinere Anteile am Geschäft.

Meine Kindheit im ›Gelben Horn‹ war für mich eine gute Zeit. Das hatte ich vor allem dem Lienhart zu verdanken, dem Jungen vom ›Schwarzen Horn‹ nebenan, dem einzigen Sohn des Melchior Zwingenstein. Lienhart war ein Jahr älter als ich und teilte mein Schicksal eines mutterlosen Buben. Er hatte einen glänzenden Geist, war immer zu neuen Taten bereit, sehr offen gegenüber anderen Kindern und auch Erwachsenen; er war ein guter Beobachter und Erzähler. Diese Aufgeschlossenheit kam gerade mir zugute, da ich dem Grunde nach ein eher verschlossener Mensch war und wohl bis heute noch bin.

Lienhart hatte eine riesige Menge Spielzeug, das ihm sein reicher Vater von Handelsreisen mitgebracht oder auch in Konstanz für ihn erworben hatte. Ich durfte immer damit spielen, als wären es meine eigenen Sachen. Er war immer sehr großzügig. Sogar seinen geliebtesten und größten Schatz, eine Spielzeugarmbrust aus Hirschgeweihknochen, durfte ich benutzen. Wir vergnügten uns zuhause – je nach Altersstufe – mit den üblichen Kinderspielen, mit Murmeln, Rasseln, Trillerpfeifen, Windrädchen, Stehaufmännchen, Kreiseln, Kugeln, Lederbällen, Reifen, Tonfiguren von Menschen und Tieren, mit Turnierpferdchen und Reiterfiguren aus Metall mit entsprechender Bewaffnung, auch mit kleinen gewappneten Rittern aus Zinn, auf Schaukel- und Räderpferden, mit Stelzen und Drachensteigen. Besonderen Spaß hatten wir an beweglichen Spielzeugen; ich erinnere mich noch gut an einen bunten, flügelschlagenden künstlichen Vogel. Auch einfache Musikinstrumente, wie Pfeifen, Flöten, Trommeln, Schellen und Maultrommeln, bereiteten uns Freude. Später spielten wir dann gern Mühle, SCHACHZABEL und WURFZABEL.

Lienhart hatte eine zwei Jahre ältere Schwester, die Agnes, auch Nes genannt. Mit ihren Puppen, die sogar Kopf, Arme und Beine bewegen konnten, ihrem Puppengeschirr, den Krügen, Kannen, Töpfen und Grapen, den wertvollen Puppenkleidern, die sie in großer Zahl besaß, wollten wir nichts zu tun haben. Wir waren ja schließlich Buben, und mit der älteren Nes wollten wir absolut nicht spielen, obwohl sie uns immer wieder dazu eingeladen hatte. Auch ihre stetigen Hinweise darauf, wie wertvoll ihr Puppengeschirr sei – teilweise war es sogar aus Glas –, so dass wir doch eigentlich hätten froh sein müssen, überhaupt damit spielen zu dürfen, änderte unsere Meinung nicht. Lieber schlichen wir uns dann und wann heimlich zum Fischen an den See oder streunten in der Stadt oder außerhalb der Mauern umher.

Lienhart und ich besuchten zusammen viele Jahre lang den Unterricht bei den Dominikanern auf der Insel. So taten wir alles *gemeinschaftlich*, waren unzertrennliche Freunde und wurden in dieser Freundschaft stets bestärkt durch unsere befreundeten Väter.

Unsere liebste Beschäftigung war das Nachahmen der Tätigkeit unserer Väter: Lienhart ging als Kaufherr auf große Reisen – das heißt, er ritt eine Zeit lang auf seinem Steckenpferd in andere Räume. Dabei trug er ein kleines Säckchen mit ein paar Geldstücken am Gürtel und einen Beutel voller Waren – tatsächlich war dies kleines Spielzeug, meist kleine Klötzchen, Murmeln, Rasseln, Kreisel oder kleine Lederbälle – auf dem Rücken. Ich hingegen arbeitete zuhause in Konstanz, was bedeutete, dass ich in der Stube am großen Tisch blieb und mich dort als sein wichtiger Helfer mit Waren sowie mit Papieren und einigen Münzen aus meiner Spardose zu schaffen machte. Wir beide hatten wohl schon als Kinder eine Vorahnung, dass aus diesen Spielen eines Tages ernst werden sollte. Dass dieser Tag jedoch schon sehr früh eintreten sollte, hatte keiner von uns beiden vorausgesehen.

Melchior Zwingenstein verstarb bereits im Jahre 1413 – viel zu früh. Vielleicht hatten ihn seine weiten Reisen geschwächt. Der Große Zwingenstein war nicht nur ein bedeutender Handelsherr, sondern auch ein lieber und guter Mensch. Gott habe ihn selig.

Zum Zeitpunkt seines Todes hatten Lienhart und ich gerade erst zwei Jahre als Lehrknechte bei unseren Vätern hinter uns, und nun musste mein Freund schon mit achtzehn Jahren das Handelsgeschäft seines Vaters übernehmen, und ich wurde seine rechte Hand. Es war bei uns wie bei unseren Vätern: Lienhart bereiste ferne Gegenden, und ich war im ›Schwarzen Horn‹ in der Schreibstube und besuchte Kunden in der näheren Umgebung, im Thurgau und in einigen Städten am See. Dabei kam uns ein glücklicher Umstand zugute: Mein Vater Albrecht konnte uns beinahe noch ein Jahr lang mit seinen wertvollen Erfahrungen beistehen, dann ist auch er ›von Todes wegen abgegangen‹.

Zwischen Lienharts älterer Schwester Agnes und mir bestanden immer ambivalente Beziehungen. Zum einen schaute ich zu ihr auf wie zu einer größeren Schwester. Sie hatte zum Teil blendende Einfälle und lehrte uns viele Lieder und die heiligen Feste, so dass unsere Lehrer, die Patres auf der Insel, über unser religiöses Wissen immer wieder recht erstaunt waren. Gemeinsame Kinderspiele von Lienhart, Agnes und mir gab es kaum, ich habe das ja schon erzählt. Ausnahmen bildeten lediglich dann und wann einmal gemeinsame Such- und Fangspiele, die jedoch in der Regel damit endeten, dass sie uns tüchtig reingelegt, ja, so richtig hinters Licht geführt hat. Wir Buben kamen uns dann recht verdummt vor, und das bereitete der Nes offensichtlich diebische Freude. Daraus ist bei mir schon recht früh ein gewisses Abwehrempfinden erwachsen. Ich kann dies schwer erklären, es war wie ein Warnsystem, das so etwa in die Richtung ging: *Hainrich, bei der musst du auf der Hut sein*, also ein Gefühl irgendwo zwischen Wachsamkeit und Misstrauen.

Es war um die Zeit, als sich meine Stimme veränderte, noch vor dem Tod des Großen Zwingenstein, da trat eine Wandlung des Verhaltens von Agnes mir gegenüber ein. Sie schien mich nicht mehr als eine Art kleineren Bruder zu betrachten, sondern als Objekt ihrer jungmädchenhaften Neugier. Immer wenn wir allein waren – und ich hatte den Eindruck, sie lauerte geradezu darauf –, lockte sie mich in geheime Winkel, sei es im ›Gelben oder im Schwarzen Horn‹, sei es im Wirtschaftsgebäude im Hof, sogar ins ‹GEHEIME GEMACH›, immer irgendwo anders hin. In Ecken, wo sich normalerweise niemand zu schaffen machte, drängte sie mich an die Wand und versuchte, mit mir absonderliche Spielchen zu treiben, die ich hier natürlich nicht beschreiben möchte. Mein Körper interessierte sie offensichtlich, und sie selbst war dabei recht offenherzig. Mir war das zwar nicht unangenehm, das muss ich schon zugeben, sonderbar zumute war es mir dabei jedoch allemal. Ich empfand so eine Mischung aus Erregung, Neugier und Scham einerseits und von, wie eben schon gesagt, Misstrauen und Wachsamkeit andererseits. Vor allem aber hatte ich dabei ein schlechtes Gewissen und fragte mich immer wieder: *Habe ich hierdurch meine Ehre verloren?*

Diese Spielchen fanden ihr jähes Ende auf dem Speicher des ›Gelben Horns‹, ganz hinten in einer Ecke. Dort stand plötzlich eine Magd von Melchior Zwingenstein vor uns, bedrohte *mich* mit beiden Fäusten und herrschte mich an: ›Schon lange beobachte ich dich. Und endlich habe ich den jungen Herrn Näglin erwischt. Wenn du Bürschchen mit der Nes noch einmal umbzuchtige Dinge machst, werde ich das deinem Vater Albrecht und auch dem Herrn Melchior erzählen. Über euer heutiges Treiben werde ich jedoch noch einmal schweigen. Also, Bub, lass in Zukunft die Agnes in Ruhe!‹ Ich fühlte, wie mir das Blut in den Kopf schoss, und ich schämte mich. Doch gleichzeitig erfasste mich unendlicher Zorn. Alles Ansinnen, jegliche Initiative war doch immer von Agnes ausgegangen. *Nicht ich* war das treibende Subjekt, sondern das Objekt. Und die Nes stand lachend da und ordnete ihr Kleid.

Die Zeit verging, und mit Agnes war fortan Ruhe. Zwar hatte sie zwischenzeitlich immer wieder mal versucht mich, allerdings genauso ihren Bruder, hinters Licht zu führen oder eins auszuwischen, und trotz meiner großen Vorsicht ist es ihr auch manchmal gelungen, mich recht dumm aussehen zu lassen. Sie war halt kein Mädchen des ehrlichen, geraden und offenen Weges. Aber ihre weiblichen Spielchen mit mir hatte sie zumindest zunächst einmal eingestellt.

Ich war noch nicht ganz sechzehn Jahre alt, gerade ein Jahr Lehrknecht im Handelshause Zwingenstein und eines Tages im Gewürzlager beschäftigt, da stürzte sich Agnes, wie aus dem Nichts kommend, plötzlich so heftig auf mich, dass ich auf einem Pfeffersack landete. Sie fiel mir um den Hals und flüsterte mir zu, ich sollte in der folgenden Nacht in ihre Kammer kommen. Meine Überraschung war so groß, dass ich völlig erstarrte, und sie wurde noch größer, als sie mich wild küsste. Ob sie meine fehlende Gegenwehr als Einverständnis verstanden hat, weiß ich nicht.

Ihrer Aufforderung bin ich nicht nachgekommen. Eine Demütigung wie auf dem Speicher im ›Gelben Horn‹ wollte ich nicht noch einmal erleben. Der Hauptgrund war aber der, dass ich dich, geliebte Adalhait«, und dabei strich er mit der Hand liebevoll über die langen weißen Haare seiner neben ihm sitzenden Ehefrau, »gerade kurze Zeit vor dem Fall auf den Pfeffersack kennengelernt hatte. Schon vom ersten Augenblick war ich dir, der überaus hübschen blonden, feingliedrigen Tochter des Zunftmeisters der Leinenweberzunft verfallen. Du warst zu jener Zeit gerade dabei, das Handwerk der Leinenweber zu erlernen und eine der wenigen FRAUEN, die in eine ZUNFT aufgenommen wurden. Mir war damals schon klar: Das ist sie, die wird meine Ehefrau werden. Da hatte ich keinerlei Gedanken und Gefühle für andere Jungfrauen übrig.

Meine abweisende Haltung schien Nesen nicht zu beeindrucken. Immer wieder versuchte sie es, mich in ihren Bann zu schlagen, immer wieder schlich sie mir nach, um mich in dunkle Ecken zu drücken. Dieses Treiben zog sich längere Zeit so hin, bis sie mich eines Tages mit böse funkelnden Augen angiftete, sie habe mich mit einer Jungfrau – das warst du, Adalhait – am See sitzen sehen, lachend und Hände haltend. ›Das ist doch unzüchtig, so Hand in Hand‹, herrschte sie mich an, ›und das ausgerechnet noch mit einem

Mädchen aus der Leinenweberzunft. Du weißt doch ganz genau, Hainrich, dass dieses Handwerk nicht zu den reichen zählt und dazu noch im Ruf eines ANRÜCHIGEN GEWERBES steht. Sieh dagegen mich an! Ich bin die Tochter eines der angesehensten und reichsten Handelsherrn, mit jenem Weib also in keiner Weise vergleichbar. Mir hat mein Vater viele Güter hinterlassen, mir gehört nicht sehr viel weniger als dem Lienhart. Heirate mich, so wirst du reich sein, dann bist du deinem Freund im Handelsgeschäft ein gleichwertiger Partner und musst nicht mehr nach seiner Pfeife tanzen‹. Mit glänzenden Augen flüsterte sie mir ins Ohr und flehte mich an: ›Komm mit mir, bitte, gleich!‹

›Das kann ich nicht‹, erwiderte ich, und noch heute erinnere ich mich an jedes einzelne meiner damaligen Worte: ›Du hast mich aufgefordert, dich anzusehen und mit meiner Adalhait zu vergleichen. Dem komme ich gern nach: Ich sehe dich wirklich an, mein Auge betrachtet dich lange, sehr lange. Und was erblicke ich da? Wenn ich dich mit ihr vergleiche, da komme ich zu dem Ergebnis, dass du Recht hast – wie immer! Du bist mit meiner schönen Adalhait in der Tat in keiner Weise vergleichbar. Und ich kann die Leute verstehen, wenn sie *dich* in ganz Konstanz seit deiner Kindheit *Ente* nennen.‹

Agnes wurde schlohweiß im Gesicht, und ihre Augen schossen vernichtende Blicke, die ich niemals vergessen werde. Mit den Worten: ›Das wirst du mir bitter büßen!‹, wandte sie sich von mir ab und verließ mich, das Hinterteil hinausgestreckt, mit aufgeregten, kleinen, watschelnden Schritten, hob und senkte dabei ihre Schultern, wie sie es immer tat, wenn sie aufgeregt war.

Von diesem Augenblick an hatte ich Ruhe vor ihr. Zunächst einmal sprach sie kein Wörtchen mehr mit mir. Doch nach einiger Zeit fand sie zu ihrem früheren Umgangston zurück, war teilweise sogar übertrieben freundlich. Ich hatte den Eindruck, sie wollte vermeiden, dass man erkennt, dass das Band zwischen uns zerschnitten war. Ich selbst habe versucht, mich ihr gegenüber ganz normal zu verhalten. Mein Ziel, nicht mehr von ihr belästigt zu werden, hatte ich ja erreicht. Aus heutiger Sicht, etwas selbstkritisch betrachtet, muss ich allerdings zugeben, dass meine damalige Reaktion schon recht beleidigend war. Aber vielleicht kann man mir zugutehalten, dass ich noch ein ganz junger Kerl war.

Es war im Herbst 1414, kurz vor dem Beginn des Konzils. Ich kam von einer kleinen Handelsreise aus BUCHHORN zurück, hatte mit meinem Planwagen die große Holzbrücke über den Rhein bereits überquert und wollte durch das Petershauser Tor nach Konstanz hineinfahren. Dieses war jedoch bereits verschlossen, denn es war schon nach neun Uhr. Zum Glück kannte mich der

Wächter gut und gewährte mir Einlass. Im ›Schwarzen Horn‹ angekommen, legte ich sogleich meine eingenommenen Gulden wie üblich ins ›Secretum‹, in ein Geheimfach in der Schreibstube, und ging schlafen – todmüde.

Am nächsten Morgen fragte mich Lienhart, was ich für meine Waren erlöst hätte. Ich nannte ihm den Betrag und erklärte ihm, dass ich das Geld im ›Secretum‹ hinterlegt hätte. ›Da habe ich schon nachgeschaut, das Geheimfach ist leer‹, fauchte mein Freund. Das traf mich wie ein Keulenschlag. ›Was ... leer? Das kann nicht sein, ich schwöre dir, ich habe die gesamte Einnahme wie üblich dort versteckt, glaube mir bitte!‹

›Mit Schwören und Glauben hat das alles nichts zu tun‹, bellte Lienhart, ›gib mir vielmehr eine vernünftige Erklärung für das Fehlen des Geldes!‹

›Das kann ich nicht, ich kann nur wiederholen: Ich habe alles ins ›Secretum‹ gelegt.‹

›Nur der Johann Koller, du und ich kennen das Versteck. Sind wir uns in diesem Punkt einig?‹, fragte der Zwingenstein, und seine Lippen zitterten.

›Ja.‹

›Dann sehe ich nur vier Möglichkeiten, und wenn du, Hainrich, noch weitere siehst, dann sag's gleich‹, wetterte Lienhart: ›Entweder der *Johann* hat das Fach geleert, oder *ich* war es, oder *du* hast das Geld herausgenommen oder, was eher anzunehmen ist, du hast es erst gar nicht hineingetan, oder der *Teufel* war der Täter. Da ich den Bösen hier einmal aus dem Spiel lassen will, dein Einverständnis hierzu unterstelle ich einfach einmal, kommt doch wohl nur der Johann als Dieb in Betracht. Ich werde ihn sofort befragen, und ich verspreche dir: In *einer* Stunde ist der Spuk vorbei, hic et nunc, hier und jetzt wird alles entschlüsselt und dann entschieden.‹

Mir war die Kehle wie zugeschnürt, ich konnte keinen Ton herausbringen. Aber in der Sache selbst wäre ich auch nicht in der Lage gewesen, der Argumentation von Lienhart etwas Vernünftiges entgegenzuhalten. Wie ein geprügelter Hund schlich ich ins ›Gelbe Horn‹ in meine Kammer. Ich war todtraurig und schämte mich, schämte mich vor allem vor dem lieben, getreuen, alten Johann, der nun in Verdacht kam. Ich war absolut niedergeschlagen. Bittere Tränen flossen. Ich war der elendste Mensch auf Erden. *Das ist ein böser Fluch, das Furchtbarste, was man mir antun kann, ich habe wohl meine Ehre verloren*, sagte ich mir. Und diese eine Stunde wurde die schlimmste meines ganzen Lebens, sie wurde mir zur Ewigkeit.

Exakt nach Ablauf dieser Zeit ließ mich Lienhart Zwingenstein in die Schreibstube rufen. Neben ihm stand zitternd, gebeugt, kreidebleich und mit Tränen in den Augen der alte Johann und stammelte: ›Ich habe doch von der Handelsreise nach Buchhorn überhaupt nichts gewusst, also auch nichts von den Einnahmen. Warum wollt ihr mich auf meine letzten Tage noch zum Dieb machen, wo ich doch ein Leben lang den Handelsherren Zwingenstein treu und ehrlich gedient habe?‹

Ohne Emotionen zu zeigen, sprach Lienhart sachlich wie ein Richter sein Urteil: ›Ich glaube dem Johann! Auf Knien hat er mir soeben bei Gott und allen Heiligen geschworen, dass er das Geld nicht genommen hat. Johann ist kein Dieb. Für dich, Hainrich Näglin, und für mich, Lienhart Zwingenstein, hat dies jedoch eine folgenschwere Bedeutung: Unsere Freundschaft ist beendet, unsere gemeinsame Arbeit ist beendet, das Schwarze Horn wirst du nie wieder betreten und das Gelbe Horn wirst du innerhalb einer Woche verlassen.‹

Lienhart machte eine kurze Pause und fuhr dann fort, nunmehr aber in gerührtem Ton, fast schon weinerlich: ›Ich bedaure dies alles zutiefst. Ich habe meinen besten Freund verloren, in mir ist etwas Wertvolles zerbrochen. Ich werde dich niemals wiedersehen, Hainrich!‹ – Und dies hat er bis zum heutigen Tag so gehalten.«

Der alte Näglin machte eine kleine Pause, ließ seinen Blick über die betroffen dreinschauende Familie schweifen, nahm einen großen Schluck Wasser – selbst sein geliebter ›Ottenberger‹ schmeckte ihm bei diesen schweren Gedanken nicht – und spann dann seinen Faden weiter:

»Lienhart brach überstürzt zu einer großen Handelsreise auf, nachdem er Johann alle notwendigen Instruktionen gegeben hatte, wie mit meiner Person zu verfahren sei:

Zwingenstein verzichtete darauf, mich beim Rat der Stadt Konstanz wegen Diebstahls anzuklagen. Einen ehemaligen Freund zeigt man nicht an, hatte der Lienhart dem Johann eingeschärft. Damals hatte ich in meiner Niedergeschlagenheit diese Geste als ›allzu großmütig‹ in meinem Innersten belächelt, doch aus heutiger Sicht beurteile ich dies etwas anders. Diebe werden meistens erhängt. Das hat man mir immerhin erspart und mir so ermöglicht, mit euch ein Leben zu führen, das für uns alle doch durchaus lebenswert war, so meine *ich* wenigstens. Und auch meine Ehre hat man mir nicht genommen.

Johann beglich alle meine Ansprüche gegen das Handelshaus Zwingenstein korrekt, auch die Gelder, die noch von der stillen Beteiligung meines verstorbenen Vaters im Handelsgeschäft steckten. Diese doch recht ansehnliche Summe hätte sich der Zwingenstein sparen können, hätte er mich beim Rat der Stadt Konstanz angeklagt.

Mir war zwar bekannt, dass die Familie Zwingenstein mehrere Besitzungen im Thurgau hatte. Dennoch kam es für mich sehr überraschend, als mir Johann das Angebot unterbreitete, ich könnte das zwingensteinische Haus am Badstubenweg in Weinfelden mit seinen dazugehörigen großen Feldern gegen Zinszahlung übernehmen und sofort dort einziehen.

Was sollte ich in meiner Lage tun? In Konstanz konnte ich mich nicht mehr sehen lassen. Irgendwann und irgendwie spricht sich schließlich doch alles herum. So zog ich das Angebot von Lienhart in Erwägung und schaute mir am nächsten Tag, nachdem der Schock einigermaßen überwunden war, das zwingensteinische Anwesen hier in Weinfelden an, von dessen Existenz ich bisher keine Ahnung hatte. Ich war äußerst positiv überrascht, als ich nicht ein kleines, eingeschossiges, enges Bauernhäuschen vorfand, was ich eigentlich erwartet hatte, sondern dieses große, mit Schindeln gedeckte Holzhaus mit seinen zwei Obergeschossen – wohl eines der respektabelsten Wohngebäude in Weinfelden. Der Nachteil allerdings, und das bemerkte ich sofort, war das Fehlen einer Stube. Aber hier auf dem Land spielt sich nun einmal alles Leben in der Küche ab. Dafür gab es einige Kammern und viel Lagerraum im obersten Stockwerk und im Speicher. Sogar geräumige Kellerräume waren vorhanden, die wir nicht einmal im ›Gelben und Schwarzen Horn‹ hatten, da die Häuser an der Markstad alle auf Auffülllland gebaut waren. Besonders wertvoll erschien mir der große Hof mit seinen vier geräumigen Scheuern, Schöpfen und Ställen für Getreide, Flachs, Vorräte und Vieh. Aber das brauche ich euch nicht im Einzelnen zu erzählen, denn Haus und Hofstatt sehen noch fast genauso aus wie damals. Lediglich geringfügige Veränderungen habe ich vorgenommen, und die wichtigste war für mich, dass ich einen Abort hinter dem Haus habe bauen lassen. Ich wollte nämlich nicht den Stall als Abtritt benutzen, wie das die Landbewohner sonst regelmäßig tun. An ein ›Geheimes Gemach‹ war ich vom ›Gelben und Schwarzen Horn‹ in Konstanz nun einmal gewöhnt, und das wollte ich deshalb auch hier so haben.

Zwei Dinge waren mir bei meiner damaligen Entscheidung fürs Landleben besonders wichtig:

Erstens: Adalhait hatte mir versprochen, mir baldmöglichst nach Weinfelden zu folgen.

Zweitens: Ich war hier auf der zwingensteinischen Besitzung kein Leibeigener, wie sonst viele Landleute, sondern blieb ein freier Mann.

Ich habe das gute Angebot von Lienhart angenommen. Nach vier Tagen war ich nach Weinfelden umgezogen, hatte somit die Wochenfrist zum Verlassen des ›Gelben Horns‹ eingehalten.

Trotz all meiner damaligen seelischen Not hatte ich erkannt, dass ich Glück im Unglück hatte. Es war nämlich ein glücklicher Zufall, dass dieses Anwesen gerade leer stand und *mir* angeboten wurde.

Mit dem Ortswechsel hat sich in meinem Leben sehr vieles geändert, ich möchte sogar sagen das meiste. Nur die elementarsten Veränderungen möchte ich hier kurz erwähnen:

Ich wurde vom Bürger zum ›Burmann‹, zum Landbau treibenden Bauern. Damit hatte ich meinen STAND verlassen und mich außerhalb der ›ordo‹, der Ordnung, begeben, die von Gott so gesetzt und heilig ist und in der alles seine feste Position hat, und jeder seinen Platz in seinem Stand und in seiner Klasse einnimmt, wo er auch bleibt: Adliger bleibt Adliger, Bürger bleibt Bürger, Bauer bleibt Bauer und Ritter bleibt Ritter. Änderungen und Neuerungen gelten als Sünde. Diese Verletzung des herrschenden Ordnungssystems hat mich damals allerdings nicht allzu stark belastet. Zu meiner eigenen Rechtfertigung konnte ich sagen, dass mein Wechsel in den Bauernstand nicht aus freien Stücken, nicht aus eigenem Willen heraus geschah, sondern gezwungenermaßen erfolgte.

Land und Stadt, das sind zwei fundamental verschiedene Lebensformen. Auf dem Land ist starre Ruhe. Das Weltbild ist geprägt durch Überschaubares: Menschen, Felder, Wiesen und Wälder. Das Stadtleben hingegen bedeutet Lärm, Ansammlungen von Menschen, laufende Betriebsamkeit und gieriges Streben nach Geld. Die einförmige und einschichtige Lebensweise auf dem Land und deren ruhigere Art habe ich allerdings nie als negativ empfunden, im Gegenteil.

Die größte Umstellung brachte für mich die Arbeitsweise. Als Handelsherr in der Stadt ist man ein Glied einer arbeitsgeteilten Welt. Die eigene Tätigkeit besteht im Kaufen, Tauschen und Verkaufen von verschiedenen Produkten und der dazugehörigen Buchhaltung. Die Erzeugnisse, die man selbst zum Leben braucht, etwa Lebensmittel oder Bekleidung, kauft man ganz einfach bei den verschiedenen Handwerkern ein. Hier auf dem Land hingegen versorgt man sich selbst, baut das eigene Getreide an, bäckt sein Brot, hält seine Tiere für Milch, Butter, Eier und Fleisch und vieles mehr. Dazu kommen bei mir noch der Anbau von Flachs und die Verarbeitung zu Garnen, zum Teil auch zu Leinwand. So ist meine jetzige Arbeit, die Arbeit eines Landbauern, wesentlich vielfältiger als die eines städtischen Handwerkers oder Kaufmanns.

In diese neue, völlig andersartige Tätigkeit als ›Burmann‹ hatte ich mich hier aber recht schnell eingelebt, und das vor allem deswegen, weil es mit meiner Zeit in Konstanz eine Gemeinsamkeit gab: die Leinwand und ihr Rohstoff Flachs. Leinwand war damals in der Reichsstadt für unser Handelsgeschäft das wichtigste Handelsgut. Heute baue ich den Rohstoff Flachs hier an, bearbeite diesen und verkaufe die Garne, zum Teil auch fertige Produkte. Gerade auf diesem Gebiet kam mir meine liebe Frau Adalhait mit ihren Leinenweberkenntnissen und Fertigkeiten gleich zur Hilfe, denn recht bald nach meinem Einzug hier in Weinfelden haben wir geheiratet.«

Hier machte der alte Näglin eine kurze Pause, gönnte sich einige Schlückchen »Ottenberger« und fuhr dann fort:

»Für eines habe ich allerdings bis heute noch keine Erklärung gefunden: Von einem Menschen, den man angeblich bestohlen hat, ist im normalen Fall nichts Gutes zu erwarten. Bei Lienhart war es aber gerade umgekehrt. Er hat mir, ganz abgesehen von der preisgünstigen Überlassung unseres hiesigen Anwesens, immer geholfen, hat mich wirtschaftlich immer unterstützt. Mehrfach haben große Flutwellen der Thur meine Felder verwüstet. Meine Gelder waren aufgebraucht, ich war manchmal fast am Ende. Da stundete er mir die jährlichen Pachtzinsen, lieh mir Geld, zum Teil ohne Verzinsung und ohne Schuldbriefe zeichnen zu müssen. Natürlich habe ich ihm dann in günstigen Zeiten alles wieder zurückbezahlt. Dennoch – ich fragte mich immer wieder, warum er dies für mich getan hat. Stets hat er mir meine Produkte abgenommen, auch zu Zeiten von Überangeboten. Für die Garne und die Leinwand hat er immer gute Preise bezahlt. Sogar zum Aufkäufer von Garnen und Leinwand bei anderen Produzenten in Weinfelden und Umgebung hat er mich gemacht. So haben wir *keine wirtschaftliche Not* gelitten und waren viel besser dran als die sonstige bäuerliche Bevölkerung, die zumeist am Rande des Existenzminimums lebt.

Aber *seelische Not* habe ich erdulden müssen in all diesen Jahren. Nie hat mich Lienhart hier besucht, obwohl er doch immer wieder einmal geschäftlich in Weinfelden war, was mir natürlich stets zu Ohren gekommen ist. Auch hat er mich nie ins ›Schwarze Horn‹ nach Konstanz eingeladen. Nie mehr haben wir uns wiedergesehen. Diesbezüglich hat er sich hart an seine Worte gehalten.

Ich sehe also Widersprüchlichkeiten im Verhalten Lienharts mir gegenüber und kann sie mir nicht erklären. Die Zusammenhänge kann ich nicht einmal erahnen und werde sie wohl auch nie mehr erfahren.«

Damit beschloss Hainrich seine Lebensgeschichte. Das allseitige nachdenkliche Schweigen unterbrach die stets praktisch handelnde Adalhait mit den Worten: »Morgen könnt ihr alle schlafen, so lange ihr wollt. Ich werde die Tiere versorgen.« Sie verließ ihren Stuhl, gähnte und gab damit das Zeichen zum Aufbruch, woraufhin sich alle zur Ruhe begaben.

Kapitel 10

Nach der bewegenden Erzählung ihres Großvaters wälzte sich Verena auf ihrer Bettstatt, einem einfachen Gestell mit einer Matratze in Gestalt eines mit Stroh gefüllten Leinensackes, darüber ein Unterbett aus grobem, gestreiftem Stoff. Das Wangenkissen und die Schaffelldecke hatte sie beiseitegeschoben. Äußere Einflüsse und innere Unruhe ließen sie keinen Schlaf finden.

Der Wind wehte aus ungünstiger Richtung und trug stoßweise Schwalle unangenehmer Luft aus dem »geheimen Gemach« in ihre Nase. Die Gerüche konnten durch Wandritzen dringen. Die Kammer hinter der Küche, die Vater Ruedi vor wenigen Jahren gebaut hatte, als sich allmählich ihre Fraulichkeit entwickelte, war nämlich etwas provisorisch geblieben. Vorher hatte sie in einem Raum im zweiten Obergeschoss, schräg gegenüber der Schlafkammer ihrer Eltern, mit ihrem zwei Jahre jüngeren Bruder Andres IN EINEM BETT geschlafen, natürlich nackt, wie es dem Brauch der Zeit entsprach. Verena hatte sich damals über den Umzug in ihre neue Kammer gefreut, war sie doch jetzt abseits der übrigen Familie und wurde dadurch weniger beobachtet und kaum gestört. Wenn ihr die Augen, von schwerer Arbeit ermattet, nicht sofort zufielen, ließ sie abends heimlich ihr Talglichtlein brennen. Dabei starrte sie in die flackernde Flamme, die den kleinen Tisch und ihre Kleidertruhe schemenhaft erkennen ließ, und hing ihren Gedanken nach. Das war für sie die schönste Zeit, für die sie die äußeren Unannehmlichkeiten, den Luftzug und die sporadischen unangenehmen Gerüche aus dem »Privathüsli«, durchaus in Kauf nahm.

Ihre innere Unruhe war mit dem Namen Zwingenstein verbunden, der ihr immer wieder durch den Kopf ging, und zwar auf zwei völlig verschiedenen Gefühlsebenen:

Zum einen war es elementare Wut über das, was diese Leute ihrem Großvater, den sie doch sehr schätzte und liebte, angetan hatten. Bei seiner Erzählung hatte sie wahrgenommen, wie stark er selbst nach vierzig Jahren noch an dem ihm zugefügten Unrecht litt. Sie war fest davon überzeugt, dass er nicht malefizisch gehandelt und Geld entwendet hatte. Äni Hainrich, darüber war sie sich absolut im Klaren, war ein außerordentlich ehrlicher Mann, immer redlich, im Geschäftlichen wie im Privaten. Sie würde die Hand für ihn ins Feuer legen. Lieber würde er etwas dazugeben, als etwas wegzunehmen. Sie hatte in mehreren Situationen erlebt, dass er seine eigenen absolut berechtigten Interessen so offensichtlich zurückgestellt hatte, dass selbst sie dies erkennen konnte und sich dabei jeweils gesagt hatte: *Das hätte ich nie so gemacht, ich hätte in diesem Fall meinen eigenen Vorteil wahrgenommen und nicht verzichtet.*

Dieses Unrecht, das die Zwingensteins den Näglins zugefügt hatten, so dachte sie weiter, *müsste unbedingt gerächt werden. Das ist doch nahezu die gleiche Situation wie bei einer Fehde. Doch welcher von uns Näglins sollte dies tun? Ob ich irgendwann einmal die Möglichkeit hierzu bekommen werde?,* fragte sie sich, *denn ich bin schließlich die Einzige, die dazu in der Lage wäre. Meine Großeltern haben resigniert, mein Vater Ruedi und mein Bruder Andres sind zu brav, und Mutter Agathe, die an sich gerissen genug wäre, ist an dieser Sache wohl nicht interessiert. Vielleicht wird für mich einmal der Tag kommen, und dann werde ich ihn nutzen! Da bin ich mir sicher.*

In völlig anderem Licht erschien ihr der Name Zwingenstein im Zusammenhang mit Jacob. Anstelle des alten Johann kam dieser junge Mann in den vergangenen Monaten recht häufig, um Geschäfte abzuschließen, meist ging es dabei um Leinwand. Großvater Hainrich arbeitete offensichtlich gern mit ihm zusammen. Sie erinnerte sich genau, wie sie ihn das erste Mal sah, als er mit seinem GABELFUHRWERK, von drei hintereinandertrabenden Pferden gezogen, vorfuhr und geschmeidig von seinem Planwagen herabsprang. Da kam ihr der Atem ins Stocken und ihr war warm ums Herz geworden, als er so dastand, groß und schlank, mit gekräuselten, schulterlangen schwarzen Haaren und seinen tiefgründigen dunkelbraunen Augen, die so traurig dreinschauten. Im rot gefütterten, bis zu den Knien reichenden, modernen schwarzen Umhang aus schwerem Tuch, an der rechten Schulter geschnürt, hatte er sich schüchtern auf sie zubewegt, seinen grünen Hut aus festem Schurwollfilz verlegen von einer Hand in die andere schiebend. Sie registrierte sofort, dass er bei ihrem Anblick leicht errötete und seine Stimme fast versagte, als er sie nach Hainrich Näglin fragte. Auch bei seinen folgenden Besuchen hatte sie stets ein Auge auf Jacob geworfen und versucht, mit ihm ins Gespräch zu kommen. Ihr war klar: Wollte sie ihm näherkommen – und das wollte sie –, musste schon *sie* etwas tun und die Initiative von ihr ausgehen, denn er war ja so zurückhaltend, so scheu. Zwischenzeitlich waren sie beide immerhin schon so weit, dass sie recht unbefangen miteinander redeten, scherzten und sich sogar schon mal an Händen und Armen berührten. Sonderbar: Immer wenn sie an ihn dachte, überkam sie das gleiche erregende Gefühl wie bei dem Jos Brenner, dem kräftigen Knecht des Baders Gluri von nebenan, wenn der sie fest umschlungen hielt und küsste. Allerdings war da ein großer Unterschied: Der Wasserbader, wie alle den Jos etwas spöttisch nannten, weil er den ganzen Tag Wasser vom Harmoniebach für die Badezuber und den privaten Haushalt anzuschleppen hatte, bedurfte keinerlei auffordernder Blicke ihrerseits, sondern verfolgte sie auf Schritt und Tritt und wusste bestens darüber Bescheid, wie er es anzustellen hatte, um sich Beweise ihrer weiblichen Gunst zu sichern.

Wut und Rachegefühle hier, erregende Empfindungen für Jacob dort – zwei einander widersprechende Gefühlswelten in Bezug auf die Familie Zwingenstein. *Wie geht das zusammen? Wie komme ich da bloß raus? Ist das für mich lösbar?,* fragte sie sich. – Und über diesen Fragen schlief sie ein.

Der Schlaf dauerte aber nicht lange, denn ein deutlich wahrnehmbares, langgezogenes, ächzendes

Knaak ... Knaak ... Knaak

ließ sie aufschrecken: *Was ist das? Woher kommen diese Geräusche? Stammen die nicht aus der Nachbarschaft, drüben von den Badern?,* fragte sie sich, ganz schnell hellwach geworden und auf ihrer Bettstatt sitzend.

Ein kürzeres

Tok ... Tok ... Tok

und schließlich ein ganz helles und schnelles

Tik ... Tik ... Tik

ließen ihre Fragen noch drängender werden, zumal sich diese sonderbaren Geräusche wiederholten. Ihr erster Gedanke war der Paule Wackerlin, ein Baderknecht von nebenan, der vor allem als Barbier arbeitete. Hatte der vielleicht im »Schäfli«, dem Wirtshaus an der Ecke von Feld- und Fröschengasse, wo vor allem das Gesinde verkehrte, wieder einmal zu tief ins Weinglas geschaut? Doch von dieser Idee sagte sie sich bald los. Der Baderknecht gab zwar dann und wann unartikulierte Laute von sich, wenn ihm der »Ottenberger« allzu gut geschmeckt hatte, aber derartig absonderliche Geräusche hatte sie noch nie von ihm gehört.

Plötzlich glaubte sie, die Antwort gefunden zu haben, eine schreckliche Erkenntnis, die sie fast erstarren und ihr den Angstschweiß auf die Stirn treten ließ:

Das ist die Nacht, die immer den Dämonen gehört, und erst recht jetzt, wo wir die Rauhnächte haben. Ja, das ist wohl der »Goast«, flüsterte sie vor sich hin. *Will dieser Geist mir etwas Böses antun? Was ist das Ungeheuerliches? Ein Dämon, ein Diener des Teufels, der durch die Lüfte schwebt und bei uns im Badstubenweg sein Unwesen treiben will?*

Nein, das kann es nicht sein, sprach sie sich Mut zu, *wir haben doch geweihte Kräuterbüschel und Hufeisen an allen Fenstern und Türen hängen, auch einen Hund und dazu noch Messer unter der Türschwelle vergraben. Das alles hält die Bösen ab, da kommen die doch nicht herein.*

Aber der Kamin! Und schon wieder ließ sie dieser Gedanke erschauern: *Der ist durch nichts gesichert, da steht den Bösen keinerlei Abwehr entgegen! Ist der Dämon etwa über den Dachfirst durch den Kamin ins Haus gelangt? Das wäre möglich! – Aber nein, das darf einfach nicht sein,* wehrte sie sich verzweifelt gegen diese Idee.

Oder ist es eine Hexe, die sich da bei uns herumtreibt? Gar unsere Nachbarin, die Baderin Afra Gluri, fragte sie sich voller Bangen. *Das wäre ja noch viel schlimmer als die Dämonen. Denn dieser Gefahr wäre ich dann das ganze Jahr über ausgesetz und nicht nur jetzt während der Rauhtage.*

Die Afra eine HEXE? Auf diese Idee kam Verena nicht von ganz ungefähr, das hatte nämlich so seine Gründe:

In gewissen Zeitabständen flackerten im Dorf immer wieder Gerüchte auf, die Baderin sei eine Unholdin. Dann bedeckten junge Mütter, so ganz verschämt, die Gesichter ihrer Neugeborenen, wenn sich die Baderin näherte, um die Kleinen vor dem Blick der Bösen zu schützen. Immer wieder wurde über die Baderin als Hexe getuschelt – natürlich ganz im Geheimen und hinter vorgehaltener Hand, denn vor der Rache von Hexen fürchtete sich jeder.

Dieser Hexenverdacht war über die Jahre hinaus latent vorhanden. Die Hintergründe hierfür waren vor allem folgende:

Die Afra war nicht einheimisch, sondern war erst als erwachsene Frau nach Weinfelden gekommen. Schon das gab zu Misstrauen Anlass.

Die Baderin hatte es mit ihrem Mann zu ansehnlichem Wohlstand gebracht. Ging das mit rechten Dingen zu, oder hat da nicht eventuell der Teufel mitgeholfen?

Hinter dem Baderhaus standen einige Holunderbüsche. Der Holler galt allgemein als Gewächs des Teufels. Daher galt der Holunderbusch auch als Lieblingsstrauch der Hexen.

Der offensichtlichste Grund waren jedoch Afras Haare. Die waren feuerrot – und Hexen hatten nun mal rote Haare.

Angeheizt wurde das Hexengeschwätz noch durch den Baderknecht Paule, der sich im »Schäfli« immer wieder mit »seiner Wissenschaft über die Unholden« brüstete und stets neue Hexengeschichten über seine Herrin Afra zum Besten gab.

Natürlich waren Verena alle diese Dinge bekannt. Aber sie hatte das niemals für ernst genommen und als dummes Hexengeschwätz abgetan. Aber jetzt, als sich so seltsame Geräusche bei ihr einstellten, da war sie sich doch nicht mehr so sicher. Leichte Furcht beschlich sie.

Trotzdem versuchte sie, einen kühlen Kopf zu bewahren. Mit ihrem wachen und klugen Verstand wollte sie analysieren, ob das allgemeine Hexenbild auf die Bader-Afra zutreffend sei. Daher ließ sie die Hexenmerkmale, wie sie in den weitesten Kreisen der Bevölkerung damals bekannt waren, vor ihrem geistigen Auge vorüberziehen und sagte zu sich im Stillen:

Die Hexe ist ein böses Weib, das aus Neid, Hass oder Rachsucht Mitmenschen Schaden zufügt. Durch Verfluchen oder Zauberei verursacht sie Krankheiten, Missernten, Viehsterben, Trockenstehen von Kühen, Misserfolge beim Buttern, oder sie begeht sogar Diebstähle von Nahrungsvorräten. Aber das alles trifft auf die Afra nicht zu, beruhigte sie sich. *Sie entspricht absolut nicht dem Bild des Weibes, das anderen Menschen Leid zufügt. Im Gegenteil, sie ist eine hilfsbereite Frau, die Schaden von anderen abwendet.*

Bosheit ist das Merkmal aller Hexen. Dies zeigt sich durch eine geschwätzige und lästernde Zunge, Streitsucht, die Neigung zum Fluchen und Verfluchen, vor allem durch ihre Heimlichkeit. – Aber wenn ich es mir so richtig überlege, treffen all diese Merkmale auf die Baderin nicht zu. Sie ist vielmehr zurückhaltend, offen und freundlich.

Die Hexe ist die Feindin Gottes, sie nimmt nach der Kommunion die gesegnete Hostie aus dem Mund und Glockengeläut stört sie. – Aus eigenem Erleben heraus kann ich sagen, dass dies alles bei der Baderin nicht der Fall ist. Oft genug habe ich im Gottesdienst neben ihr gesessen.

Auch hatte bisher noch keiner behauptet, nicht einmal der Bader-Paule, dass man sie an einem Donnerstag, dem Versammlungstag der Hexen, aus dem Kamin herausfahrend beim Hexenflug gesehen hätte – und schon gar nicht beim Hexentanz.

Alle diese wichtigen Merkmale des Hexenstereotyps trafen in der Bewertung von Verena also nicht auf die Baderin zu. Dennoch war die junge Näglin noch nicht ganz beruhigt, denn es gab da noch einige Punkte, bei denen ihre Bedenken noch nicht ganz ausgeräumt waren:

Afra sammelt Kräuter und fertigt daraus Tees und Salben. Sie ist eine heilkundige Frau. Ist sie deswegen der Magie kundig?, fragte sie sich. *Daraus könnte nämlich ein großes Problem entstehen, denn es gilt doch der alte Satz: Wer heilen kann, der kann auch schaden. Und anderen Schaden zufügen, das ist ja wiederum ein Merkmal der Hexen.*

Das Weitere, was Verena bewegte, geht auf den Baderknecht Paule zurück, der so vor ungefähr einem Jahr im »Schäfli-Wirtshaus« folgende Erlebnisse erzählte, die sich im Dorf natürlich in Windeseile verbreitet hatten: Auf dem Zaun bei der Baderei hatte eine große schwarze Katze gesessen und den Paule angefaucht. Daraufhin hatte er, der Paule, einen Stein genommen, hart nach ihr geworfen und sie am rechten hinteren Bein getroffen, so dass sie, entsetzlich schreiend, davonhumpelte. Am nächsten Morgen aber war die Bader-Afra nicht aufgestanden, denn sie hatte sich das rechte Bein gebrochen. In der nächsten Nacht hatte ihn dann die Baderin in seinem Verschlag als Hexe aufgesucht, sich auf seine Brust gesetzt und ihm die Luft abgedrückt, so dass er beinahe erstickt wäre. Dabei hatte sie gefaucht, dass dies die Rache für ihr rechtes Bein sei.

Tierverwandlung ist ein typisches Merkmal für Hexen. Aber darf ich da den Erzählungen vom Paule Wackerlin überhaupt Glauben schenken? Diese Frage und alle anderen über das Afra-Hexengeschwätz bewegten sie sehr. Sorgfältig wog sie alles gegeneinander ab. Schließlich, wohl auch um sich selbst Mut zu machen, kam sie zu dem Ergebnis, dass der Paule Schauermärchen erzähle und dafür sah sie drei Gründe:

Der Paule Wackerlin ist ein Großmaul, wie viele Barbiere. Er will sich im Wirtshaus nur hervortun, sich als großer Hexenkenner brüsten und im ganzen Dorf in aller Munde sein.

Der zweite Grund liegt in der Person des Baders. Der hat den Paule nie entlassen, obwohl natürlich auch er von den Hexenverleumdungen gehört hatte und von seiner Ehefrau darum gebeten worden war. Stets hat er darauf verwiesen, dass dies doch alles Hirngespinste und Kindereien seien und dass der Wackerlin ein ausgezeichneter Barbier sei, auf den er nicht verzichten wolle.

Und wenn der Bader als Ehemann dem Hexengeschwätz seines Baderknechts keine Bedeutung zumisst, dann doch ich erst recht nicht, sagte sich Verena.

Schließlich war für Verena ganz wichtig, dass die Baderin ihr noch nie etwas Böses zugefügt und noch nie in Angst oder Schrecken versetzt hatte, im Gegenteil: Die Afra war immer freundlich und lieb zu ihr, hatte ihr häufig kleine Geschenke gemacht. Die Baderin schätzte alle Näglins; es bestand eine gute Nachbarschaft. Die Afra war sogar mit Verenas Mutter befreundet. Nach diesen und weiteren Überlegungen kam Verena schließlich zu einem Entschluss: *Morgen früh werde ich allen Mut zusammennehmen und die Nachbarn offen darauf ansprechen, ob auch sie die sonderbaren Knaak-Tok-Tik-Geräusche gehört und hierfür eine Erklärung hätten.*

Die seltsamen Töne nahmen immer noch kein Ende, und Verena fand, dass irgendetwas geschehen müsse. Mutig entschloss sie sich zur Selbsthilfe. Da Licht als Kardinalfeind der Finsternis und damit der Dämonen galt, entzündete sie ein Talglämpchen. In der Dunkelheit mit Geistern zusammenzutreffen wäre für sie grauenerregend. Sie wollte dem teuflischen Spuk lieber ins Auge sehen und ihm ein Ende machen. So schlich sie aus dem Haus, ging wenige Schritte zur Badstube, wo für den Badebetrieb immer frisches Reisig gelagert war, und brach dort einige Zweiglein ab. Nachdem sie einen Krug mit Wasser auf ihren kleinen Tisch gestellt hatte – zum Löschen, denn sie wusste um die große Brandgefahr –, hielt sie die Zweiglein in die Flamme, was, knisternd und kleine Fünkchen sprühend, Tannenduft verbreitete. Dazu stieß sie ganz leise – sie wollte ja niemanden aufwecken – mit ihrer an sich schönen und klaren Stimme grässliche Töne und grunzende Laute hervor. – Licht, Gerüche und abstoßende Geräusche vertreiben böse Geister.

Die Knaak-, Tok- und Tik-Töne verstummten allmählich. Das Talglicht wurde daher gelöscht, innere Ruhe machte sich langsam breit, und bald fiel sie in einen unruhigen Schlaf mit einem sonderbaren Traum:

Verena sah sich am Ufer eines großen Gewässers sitzen. Auf ihrer linken Seite kniete der kräftige Baderknecht Jos und auf der anderen der schlanke, große, gut aussehende Jacob. Jedem hatte sie eine Hand gereicht, jeder streichelte sie zärtlich, der Jos mit seinen rauen Händen, groß wie Teller, und Jacob mit seinen schmalgliedrigen Fingern. Aus dem tiefen schwarzen Wasser vor ihnen tauchte plötzlich eine Hand auf, die Finger weit auseinandergestreckt – die Hand eines Ertrinkenden. Zeige- und Ringfinger waren mit einem großen wertvollen Ring geschmückt. *Diesen Traum muss ich mir einprägen, denn Träume in den Rauhnächten sollen vorbestimmend sein und in Erfüllung gehen. Was hat der Traum aber zu bedeuten, welchen Sinn hat er? Betrifft er mich direkt? Wen sonst? Ob ich dies jemals erfahren werde?* Fragen über Fragen, die Verena so im unruhigen Halbschlaf durch den Kopf gingen, die sie ergründen wollte und die auch in späteren Zeiten immer wieder auftauchen sollten.

Aus diesen traumdeuterischen Dämmerschlafgedanken wurde sie durch einen markerschütternden Schrei abrupt herausgerissen. Sie war nicht einmal allzu sehr erschrocken, denn derartige Schreie waren nichts Ungewöhnliches. Aus dem Haus des Nachbarn kamen sie immer wieder einmal, weil dort der Bader Marti Gluri seinen Patienten heftige Schmerzen zufügen musste, wie etwa beim Zähnebrechen, eine Kunst, die Gluri meisterhaft beherrschte. *Da ging er wohl mal wieder,* so sagte sie im Stillen, *nach seiner gerühmten Methode vor: einen Faden richtig eng um den schmerzenden Zahn legen, das andere Fadenende an eine Türfalle binden und dann die Türe zuschlagen. Eine einfache Prozedur, bei der ich schon des Öfteren habe zusehen dürfen.* Sie mutmaßte, dass es dort drüben auch vorhin um einen vereiterten Zahn gegangen sein musste, denn da war nur *ein* Schrei. Beim Einrichten und Schienen von gebrochenen Gliedmaßen oder beim Einrenken dauerte das Geschrei meistens länger.

Verena nahm sich vor, dies in Erfahrung zu bringen. Das war zugleich ein guter Vorwand, um den in der letzten Nacht gefassten Entschluss, sich nach den sonderbaren Geräuschen zu erkundigen, mutig in die Tat umzusetzen.

*

Großmutter Adalhait, die das Hornvieh, die Schweine und Hühner bereits versorgt hatte, fragte, aus dem Stall kommend: »Warum bist du schon auf den Beinen, Verena? Ich habe doch gestern Abend erklärt, dass ihr alle ausschlafen könnt, so lange ihr wollt.« Und sie fügte lächelnd hinzu »du bist doch sonst immer eine Langschläferin.«

»Ein Schrei aus der Nachbarschaft hat mich aufgeweckt«, erwiderte Verena.

»Ja, der war recht durchdringend! Da musste jemand große Schmerzen gehabt haben, dass der Bader schon so früh morgens an die Arbeit ging.«

»Hast du diese Nacht auch so sonderbare Geräusche vernommen, die sich wie ein Knaak …Tok …Tik angehört haben?«, fragte Verena. »Ich habe richtig Angst bekommen, denn wir haben doch gerade die dämonischen Rauhnächte.«

»Nein, ich habe tief geschlafen«, erwiderte Großmutter Näglin. »Bei uns beiden war wohl vergangene Nacht verkehrte Welt. Normalerweise schlafen doch die Alten schlecht und die Jungen gut.«

»Da geh ich mal zu der Baderin oder dem Bader rüber und frage dort nach, ob die etwas von den sonderbaren Geräuschen vernommen haben. Ich hatte nämlich den Eindruck, dass die Töne aus ihrer Richtung kamen. Da kann ich mich gleich auch noch nach dem vorherigen Schrei zu früher Morgenstunde erkundigen.«

»Ach so«, meinte Adalhait süffisant, »meinst du mit Bader und Baderin nicht etwa in Wirklichkeit den Baderknecht Jos, den Wasserbader?«

»Nein, Großmutter... das mit dem Jos... doch nicht am frühen Morgen«, sagte das Mädchen errötend. »Ich möchte mich wirklich bei den alten Badersleuten erkundigen.«

Kapitel 11

Nach diesem kurzen Gespräch mit ihrer Großmutter betrat Verena das angrenzende Grundstück der Baderfamilie.

Mit den Gluris verband die Näglins ein gut nachbarschaftliches, ja, sogar vielmehr ein freundschaftliches Verhältnis und das hatte mehrere Gründe: Die alten Näglins und die Gluris waren fast zur gleichen Zeit nach Weinfelden gezogen und hatten dort als unmittelbare Nachbarn ihren »Husrochi«, ihr eigenes Heim, gegründet. Als Neue waren sie von den Alteingesessenen zunächst argwöhnisch beäugt, teilweise sogar geschnitten worden. Diese gemeinsamen Negativerlebnisse begründeten von vornherein einen gewissen Zusammenhalt, der auch über die späteren Jahre hinweg Bestand haben sollte. Die von den beiden Familien betriebenen Gewerbe, Leineweber und Bader, wurden allgemein als ANRÜCHIG angesehen. Derartige soziale Unterprivilegierung schweißte zusammen. Das Allerwichtigste aber war, dass die Frauen der Näglins und Gluris ein sehr gutes gegenseitiges Einvernehmen hatten.

Das Oberhaupt der Familie Gluri war der Bader Marti, ein hochgewachsener Mann mit kräftigem Körper und riesigem Kopf. Er hatte sandfarbenes, zum Teil ergrautes Haar und eine große Gurkennase. Seine unzähligen Falten im Gesicht liefen in alle Richtungen. Er strahlte gebündelte Kraft aus und vermittelte den Eindruck eines mitten im Leben stehenden Menschen.

Bevor der Bader Marti Gluri vor Jahren den Betrieb der BADESTUBE in Weinfelden aufnahm, hatte er hierzu die Erlaubnis des Grundherrn einzuholen, wofür dann jährlich eine beträchtliche Summe zu entrichten war. Das Geld ging in jener Zeit an die Stadt Konstanz und an den adeligen Berthold Vogt, die jeweils hälftig Grundherrn von Weinfelden waren. Darüber hinaus bezahlte Marti für das Privileg des Weinausschankes einen Zins an den Ritter Vogt.

Woher der Bader und seine Frau gekommen waren, wo er sein Handwerk erlernt und seine Kenntnisse des niedrigen Heilwesens erworben hatte, das wusste keiner. Darüber hatte er keinem Menschen in Weinfelden jemals ein Wort erzählt.

Eines war schon kurze Zeit nach seiner Niederlassung in Weinfelden klar: Gluri verstand sein Handwerk, nämlich das Baden, das Rasieren, Scheren und Frisieren, vorzüglich. Das brachte ihm schon nach kurzer Zeit großen Zulauf ein, auch aus der weiteren Umgebung von Weinfelden.

Vor allem aber hatten sich seine hervorragenden Fähigkeiten im niedrigen Heilwesen schnell herumgesprochen. Diese musste er wohl bei guten Meistern erworben haben. Auch beherrschte er viele lateinischen Begriffe und Sentenzen der Medizin. So bezeichnete er sich meistens nicht als Bader, sondern nannte sich stolz »Balneatur«. Zähnebrechen und Entfernen von Hühneraugen waren für ihn eine Kleinigkeit. Im Schneiden und Heilen von Geschwülsten und Geschwüren und im Versorgen von Wunden war er ein Meister. Verrenkungen und Knochenbrüche kurierte er vorzüglich. Schröpfen war für ihn alltägliche Routine, und beim Aderlass wusste er an den richtigen Stellen anzusetzen. Die Blutmenge, die abgezapft werden musste, um die »Balance der Körpersäfte« wiederherzustellen, vermochte er genau einzuschätzen.

Heilung oder Linderung verschiedenster Leiden waren im Laufe der Jahre immer stärker in den Vordergrund seiner Arbeit getreten. Das Badewesen überließ er weitgehend seinem Sohn Claus und die Barbiertätigkeiten seinem Knecht Paule Wackerlin. Beide hatte er gut eingelernt, so dass sie ihre Arbeiten zu seiner vollsten Zufriedenheit erledigten.

Auch über die Vergangenheit seiner »ehelichen Wirtinne«, der Ehefrau von Marti, war in Weinfelden nichts bekannt geworden. Afra war von kleiner, hagerer Gestalt mit stets leicht nach vorn gebeugtem Oberkörper. Dank ihres schmalen Gesichts mit den stechenden grünlichen Augen und ihrer trotz ihres Alters noch immer feuerroten Haare, war die Baderin eine auffallende, weit über Weinfelden hinaus bekannte Persönlichkeit. Das Lebensmotto der Bader-Afra, wie sie auch genannt wurde, war: »Für jede Krankheit ist ein Kraut gewachsen.« Das verkündete sie jedem, der es hören oder auch nicht hören wollte. Und sie handelte auch danach. Überwiegend war sie in Feld und Wald anzutreffen, wo sie eifrig die verschiedensten Kräuter sammelte. Die Versorgung der Tiere und die Haushaltsführung überließ sie überwiegend ihrer Schwiegertochter Dorothe. Auch die Bader-Afra musste in ihrer Jugend bei einer großartigen Meisterin in die Lehre gegangen sein, denn sie kannte sich bezüglich der Wirkungsweisen der Heilpflanzen bestens aus. Da ihre Kräuterkunst im Geheimen blieb, gab dies im Dorf für verschiedenste Spekulationen Anlass.

Einen Teil der gesammelten Pflanzen überließ sie ihrem Ehemann für wohltuende oder heilende Badezusätze oder zu sonstigen Heilzwecken. Einen anderen Teil ihrer Kräutlein verarbeitete sie zu Tinkturen, Salben, Kräuterölen oder Tees und verkaufte diese. Schließlich hielt sie einen ausgewählten Rest stets auf Vorrat um, ihrem Motto entsprechend, in Krankheitsfällen damit helfen zu können. Auf diese Weise schuf sie eine gute Ergänzung zur Heilertätigkeit ihres Gemahls.

Marti Gluri, seine Frau Afra und die ganze Familie leisteten harte und gute Arbeit. Daher hatten sie, obwohl sie kräftig an die Grundherrn zahlen mussten, ein ordentliches, weit über dem Durchschnitt der Bauern liegendes Einkommen, was den Neid der Habenichtse natürlich schürte.

Sichtbarer Ausdruck des kleinen Reichtums der Gluris war ihr stattliches Anwesen: Haus und Hofstatt mit insgesamt vier Gebäuden. Das zweigeschossige Wohnhaus hatte eine große Küche, in der sich das ganze Leben abspielte: Kochen, Essen, Aufenthalt und Freizeit. Dazu kamen mehrere verschieden große Räume, die als Schlafkammern der Gluris dienten. Die beiden Knechte Jos Brenner und Paule Wackerlin hausten zusammen in einem Kämmerchen. Neben dem Wohngebäude stand das eingeschossige große Badehaus, und im Hintergrund befanden sich noch zwei ansehnliche Holzhütten, eine für das Vieh, die andere für die Vorräte für Mensch und Tier.

*

Vor dem Wohngebäude angekommen, rief Verena mehrmals nach der Baderin. Da öffnete sich ein Fenster des Badehauses, und der Bader erklärte ihr mit ruhiger und sonorer Stimme, dass seine Frau wieder wegen ihrer Kräuter unterwegs sei. »Du kannst dich aber auch ruhig an mich wenden. Vielleicht kann auch *ich* dir helfen.«

»Ja, ich komme«, erwiderte Verena und ging zum *Badehaus*.

Dies war ein lang gestrecktes Holzhaus, das gut verschalt war, so dass schamlose Buben und Ritzengucker nicht ins Innere spähen konnten. Eine einzige kleine, sehr verborgene Stelle gab es allerdings, wo man einen Blick zu den Badefreuden riskieren konnte. Verena war die einzige Fremde, die das Astloch kannte und es auch weidlich nutzte.

Verena betrat das Gebäude durch einen kleinen *Umkleideraum* und kam in die *Vorstube*. Dort wurden Haare geschnitten und frisiert. Die wichtigste Arbeit war das Rasieren. Das Bärtestutzen trat in den Hintergrund, denn die

Tendenz ging in jener Zeit zu einem glatten Männergesicht. In der Vorstube wurden auch Hand- und Fußnägel geschnitten und gepflegt. Das in vielen Badestuben praktizierte Epilieren lehnte der Bader Gluri ab. Viele, zum Teil auf dubiose Art und Weise zubereitete, Haarentfernungspasten, die auf die Haut geschmiert, dort getrocknet und nach einiger Zeit weggerissen wurden, griffen die Haut an, bereiteten Schmerzen und hinterließen hässliche Narben; das wollte der Bader seinen Kunden nicht zumuten. Neben zwei Barbierstühlen mit Haarwaschbecken stand ein großes Regal. Dort befanden sich die für den Barbier notwendigen Utensilien, wie Scheren, Kämme, Bürsten aus Schweinsborsten, Näpfe mit Lauge zum Haarwaschen, Brenneisen für Lockengeringel, Töpfe mit Tinkturen zum Haarfärben, Gefäße mit Tropfbier und mit Mixturen gegen den Haarausfall sowie verschiedene, zum Teil wenig hautfreundliche Rasiermesser, die dem Kunden meist einige Pein zufügten. Schließlich fanden sich dort noch einige raue Steine zum Abschaben der Hornhaut an den Füßen. An der Wand hingen Umhänge für Kunden und Handtücher. Dies war das Reich des Scherers und Rasierers Paule Wackerlin. Sehr schnell arbeitete der schmale, wuselige, kleine Mann in kleinen Tanzschritten seitwärts um die Kunden herum. Dabei unterhielt er sie mit seinem ebenso schnellen und vor allem unermüdlichen Mundwerk und lenkte sie so von den dann und wann auftretenden Schmerzen ab. Seine Lieblingsthemen handelten vom Teufel, von Dämonen und Hexen.
Danach gelangte Verena in den größten Raum, die eigentliche *Badestube*. Gluri betrieb eine Wasserbaderei; Schwitzbäder, wie sie teilweise in städtischen Badeanstalten vorkamen, gab es auf dem Lande selten. An der Rückwand war eine große Feuerstelle mit riesigen Kesseln, in denen das Badewasser erhitzt wurde. Daneben lagerten Keramikgefäße, mit denen das heiße Wasser in die Bottiche geschöpft wurde, sowie Bretter, die dazu bestimmt waren, quer über die Badezuber gelegt zu werden. An den Wänden waren Haken befestigt, an denen die »Vortüchel«, die Schürzen des ansonsten nackten Baders, hingen. Dort befanden sich auch die leichten, kurzen Kleider und tief ausgeschnittenen, ärmellosen Hemden für die Bademagd sowie die Badequasten, alles fein säuberlich aufgereiht. Schließlich standen da noch einige Regale. Auf den einen waren Kästen voller Rosenblätter oder mit verschiedenen Kräuter, die als Badezusätze dienten. Auf den anderen lagen Badelaken, die der Bader oder die Badermagd hinhielten, wenn der Badegast aus dem Bottich stieg. Schließlich standen dort noch Kübel mit Lauge, die der Körperreinigung diente. Das Wichtigste aber waren die hölzernen Bade-

zuber. Da gab es solche für eine oder für zwei Personen. Riesenbottiche für bis zu fünfzehn Personen, wie sie zum Teil in städtischen Badehäusern vorkamen, besaß Gluri nicht, solche waren auf dem Lande nicht notwendig. In den Zubern saßen die Badegäste nicht nur zur körperlichen Reinigung, sondern auch um sich zu entspannen, lustig zu sein und die alltäglichen Anstrengungen zu vergessen. An diesem Ort der BADEFREUDEN war es nicht selten, dass Mann und Frau GEMEINSAM NACKT in einen Bottich stiegen. Um in derartigen Fällen einigermaßen Diskretion zu wahren, ließ Gluri das Badewasser mit Reisigzweigen, Birkenreisern oder Laubbüscheln abdecken. Auf Wunsch wurden den Badenden Wein und kleine Leckereien gereicht; große Mahlzeiten hingegen, wie zum Teil in anderen Bädern üblich, hatte der Bader Gluri immer als zu aufwändig abgelehnt. Brett- und Kartenspiele waren im Bottich gang und gäbe. Vor vielen Jahren hatte es einmal in einem Zuber einen handfesten Krach zwischen zwei Falschspielern gegeben, der sicherlich zu einer Schlägerei ausgeartet wäre, hätte nicht der kräftige Baderknecht die Köpfe beider Streithähne kurz unter Wasser gedrückt. Seither hatte Gluri das Glücksspiel in seiner Badestube verboten.

Das Badewasser wurde meistens für mehrere Bäder verwendet. Wer dem Bader nur wenig bezahlen konnte, war der letzte in der Reihe und musste im verschmutzten Wasser seiner Vorgänger baden; er musste AUSBADEN.

Schließlich erreichte Verena die *Heilkammer*, so nannte der Bader stolz diesen Raum, sein eigentliches Reich, in dem er sich am liebsten aufhielt. Mit Leib und Seele betrieb er die niedrige Wundmedizin, war er Heiler.

Beherrschend und mitten im Raum stand ein großer Holzschragen mit Lederriemen zum Festzurren der Patienten. An den Wänden waren Tische und Regale mit den verschiedensten Utensilien, die ein Balneatur für die niedrige Chirurgia benötigte.

Dort fand sich zunächst sein Handwerkszeug: Sägen verschiedener Größen für Amputationen, eine große Zahl von Messern, Scheren, Zangen und Bohrern.

Besonders fielen die vielen Schüsseln und ziselierten Messingbecher, die für den Aderlass benutzt wurden, in die Augen und auch die Schröpfschnäpper, die mit ihren Lanzetten die Haut einritzten, und die große Anzahl von Schröpfköpfen, kleine Glocken aus Glas, aber auch aus Metall. Letztere hatte der Bader erst kürzlich erworben, und auf sie war er besonders stolz.

Daneben standen mehrere Gefäße mit einer trüben Flüssigkeit, in der einige Blutegel herumschwammen. Die meisten dieser Ringelwürmer hatten sich jedoch unsichtbar im Schlamm am Boden dieser Gläser eingegraben. Der Bader benötigte eine große Zahl dieser Tierchen, denn wenn sie mit Blut vollgesaugt waren, blieben sie für mehrere Monate gesättigt, bissen während dieser Zeit nicht an und waren daher lange unbrauchbar. So beinhalteten die einzelnen Behältnisse Egel in den Stadien verschiedener Saugkraft. Gluri hatte sich das natürlich vermerkt und wusste genau, welche Würmer er zuerst und welche er später zu benutzen hatte.

Blutegel, Aderlass und Schröpfen – all dies diente dazu, das Gleichgewicht der menschlichen Körpersäfte zu erhalten oder wiederherzustellen.

Schließlich gab es noch ein großes Regal, gefüllt mit Salben und Arzneien, die der Bader für die Ausübung seiner niedrigen Wundmedizin und gegen allgemeines Übelsein verwendete.

Auf einem Gestell, ganz abseits, waren die Mixturen untergebracht, die Gluri recht gewinnbringend verkaufte. Vor allem gegen Kopf- und Zahnschmerzen, auch gegen das Reißen, also gegen Rheuma, waren diese Präparate sehr wirksam, was sich weit über Weinfelden hinaus herumgesprochen hatte. Diese Salben und Tinkturen waren vor allem mit Kräutern hergestellt, die die Baderin gesammelt, zubereitet und gemischt hatte.

Die ganze Heilkammer und alle Instrumente waren auffallend sauber. Reinlichkeit war eines der ersten Gebote des Baders.

*

»Oh, welch ein Sonnenschein in meiner Heilkammer, wenn die schöne ›Veraknitz‹ erscheint.« So hatte Gluri sie schon als ganz kleines Mädchen genannt. Ihm war schon damals aufgefallen, dass sie hellen Geistes und sehr pfiffig war. Als gutem Menschenkenner war ihm allerdings auch nicht entgangen, dass Verena stets stark auf den eigenen Vorteil bedacht war und dabei nicht immer gerade Wege benutzte – eine Eigenschaft, die sie aber hinter ihrem angenehmen Wesen zu verstecken wusste. So war sie für ihn eben »knitz«. Und die junge Näglin hatte ihm dieses »knitz« nie übel genommen.

»Was wolltest du von meiner Frau?«, so der Bader.

»Zweierlei wollte ich wissen:

Zunächst: Was war das vorhin für ein fürchterlicher Schrei, der mich aus dem Schlaf gerissen hat? Ist bei *euch* irgendetwas Schlimmes vorgefallen, denn ich hatte den Eindruck, dass der Schrei aus eurer Richtung kam. Was war da los? Können wir euch irgendwie helfen?«

»Ja, das mit dem Schrei, das stimmt schon«, sagte der Bader, mit seinem massigen Kopf nickend, »ich hab einem Knecht mit starkem Ruck einen ausgekugelten Arm eingerenkt. Daher der Urschrei. Sonst war gar nichts. Dass ich dadurch deinen süßen Schlaf gestört habe, tut mir leid. Aber der Mann hatte große Schmerzen. Da wollte ich nicht länger zuwarten. Und allzu früh war es ja wohl auch nicht mehr!«

»Ich hatte Schlimmeres erwartet«, erwiderte Verena, die sogleich zu ihrem größeren Problem überging:

»Letzte Nacht habe ich ganz seltsame Töne vernommen, so wie ein Knaak ... Tok ...Tik – und das immer wieder. Da wollte ich die Bader-Afra fragen, ob auch *sie* das gehört hat. Denn ich fürchte mich vor Dämonen und Hexen, die ja besonders jetzt während der Rauhtage ihr Unwesen treiben.«

»Sicherlich hat meine ›eheliche Wirtinne‹ nichts davon gehört, denn sonst wäre sie wohl aufgestanden, und das hätte ich bemerkt. Ich werde sie aber fragen, ob sie etwas dazu sagen kann. Sie steht ja im Verruf«, spöttelte Marti, der genau spürte, worauf Verena hinauswollte, »sich mit derartigen Dingen auszukennen. Wenn sie eine Erklärung hat, wird sie sich an dich wenden. Du solltest dich aber nicht sorgen, Veraknitz. Ursache dafür war, da bin ich mir ziemlich sicher, der Sturm in der letzten Nacht. Der hat das Holz, mit dem dein Vater deine Kammer baute, wohl zum Knarren gebracht.

Wo du aber schon mal hier bist, möchte auch ich etwas loswerden: Natürlich kann ich dir nicht verbieten, dass du abends mit meinem Wasserknecht losschleichst, an die Thur runter, wie er mir erzählte. Das ist allein deine Sache, und das musst du verantworten, auch vor deinen Eltern. Ich kann dich aber um das *bitten*, was ich dem Jos bereits *befohlen* habe: Kommt nicht so spät heim. Du weißt doch, dass das viele Wasser- und Holzschleppen für den Jos körperlich sehr anstrengend ist. Ich will aber, dass er morgens ausgeruht und frisch zur Arbeit erscheint. In der Zeit um den Neumond herum solltet ihr euch überhaupt nicht treffen. In jenen Tagen kommen nämlich immer die meisten Kunden zum Scheren und anschließenden Bad; das geht dann oft bis spät in die Nacht hinein. Du weißt ja wohl, dass man glaubt, dass das Haar nur bei zunehmendem Licht wieder gut wächst. – Und noch etwas, ein ganz gut gemeinter Rat, meine liebe, schöne Veraknitz: Der Jos ist für mich ein guter und starker Knecht. Ich möchte ihn nicht verlieren und daher auch nichts Schlechtes über ihn verbreiten. Trotzdem, nur eines: Pass gut auf dich auf! Der Jos hat sich schon früher bei anderen Frauen so harmlos eingeschlichen … Mehr will ich gar nicht sagen!«

Verena verstand sofort, lief rot an, meinte schnippisch: »Ist schon klar«, und machte abrupt kehrt.

Der Bader lachte still in sich hinein, als sie schnellen Schrittes sein Grundstück verließ.

Kapitel 12

Nun kam bei Verena alles zusammen: Zuerst die Stichelei ihrer Großmutter über ihr Verhältnis mit dem Wasserbader und kurz darauf der überdeutliche, in die gleiche Richtung zielende Hinweis vom alten Gluri. Das machte sie fuchsteufelswild. *Was ging ihr privates Leben Verwandte und Freunde an? Sie mochte den Wasserbader nun einmal, und zwar so, wie er war. Da sollen die Leute doch nicht ihren Rachen aufreißen, sondern ihren eigenen Unrat kehren.* So redete sich Verena immer stärker in Wut. Keinen Menschen wollte sie jetzt sehen, geschweige denn sprechen. Nur allein sein! Sie wünschte sich schnellstens an den Platz, wo sie bisher immer ihre innere Ruhe gefunden hatte, wo sie sich auch mit dem Jos traf, drunten an der Thur. So rannte sie den Badstubenweg hinab, eilte dann durch die Hauptgasse und die Feldgasse, durch das Dorfgatter über die mittlere Zelg und hatte in kaum zwanzig Minuten ihr Ziel erreicht.

Ihr Plätzchen war etwa einhundert Meter von der erst vor kurzer Zeit erbauten Thurbrücke entfernt: eine kleine Grasfläche zwischen Hecken und Weiden, kaum einsichtig. Dort ließ sie sich auf einem Baumstumpf nieder, schlang den Umhang enger um die Schultern und starrte auf das Wasser.

Die schnell vorbeiziehenden Fluten der Thur beruhigten sie und ließen Verenas Zorn langsam verebben. Ihre Gedanken ordneten sich. *Schließlich trage ich*, so tadelte sie sich selbstkritisch, *auch selbst Schuld, wenn ich so unvorsichtig bin, dass andere meine Beziehung mit Jos bemerken. Der Adalhait und dem Bader darf ich da keine allzu großen Vorwürfe machen. Im Grunde meinen die beiden es doch wohl nur gut mit mir.*

Dem Wasserbader aber verzieh sie nicht. *Warum hat der Kerl dem alten Gluri erzählt, dass wir oft gemeinsam an der Thur sind?*, fragte sie sich, ihren Freund anklagend. *Warum hat er ihm unser geheimes Plätzchen, unser Geheimnis verraten?* Und dieser Stachel saß tief.

Schließlich begann sie zu frösteln. Daher machte sie sich auf den Heimweg. Langsam – viel langsamer als beim Hinweg.

In der Fröschengasse traf sie den Jos, der Zufall wollte es so. Und dieser Zufall gefiel ihr gar nicht.

»Ich komme gerade von Bürglen, vom ›Holzmann‹. Dorthin hatte mich der Bader geschickt. Wir brauchen nämlich dringend Holz für die Badstube. Und der ›Holzman‹ hat mir versprochen, schon morgen zu liefern«, berichtete der Wasserbader stolz über seinen Verhandlungserfolg.

»Dein Holz, dein ›Holzmann‹ und woher du soeben kommst, das alles interessiert mich so viel wie ein Blatt in der Thur«, erwiderte Verena gereizt.

»Was ist denn in dich gefahren ›Verenaschön‹, *meine* ›Verenalieb‹?«

»Von wegen *deine*... Das werde ich mir noch gründlich überlegen. Und im Übrigen bin ich mit Spitznamen für heute ausreichend bedient: ›Veraknitz, Verenaschön, Verenalieb‹. Mein Name ist Verena, und das ist ein ehrbarer Name. Vielleicht kannst auch du dir das mal merken!«

»Das sind doch keine Spitznamen, das sind doch Kosenamen, und ein liebes und schönes Kind hat eben viele Namen«, stotterte Jos erklärend und wollte ihr dabei mit seinen tellergroßen Händen beschwichtigend und liebevoll über die Schulter streicheln.

Wirsch wandte sie sich von ihm ab: »Lass diese Schmeicheleien, die kann ich heute gar nicht hören. Erklär mir lieber, warum du dem Bader von unseren abendlichen Zusammenkünften unten an der Thur erzählt hast! Du hast ihm unser großes Geheimnis verraten. Das kann ich einfach nicht verstehen, und das werde ich dir nie verzeihen!«

Der Baderknecht war zunächst völlig sprachlos. Es war eine jener überraschenden Situationen, bei denen sein Kopf versagte, er nicht zu reagieren vermochte und völlig hilflos war. Wie sollte er sich rechtfertigen? Nach einigem Schweigen machte er das Beste, was er überhaupt in dieser peinlichen Situation tun konnte, und sagte in knappen Worten die volle Wahrheit: »Der schlaue Bader hat mich mit seinen Fragen überlistet, er hat mich in die Enge getrieben, und ich hab keine andere Möglichkeit gesehen, als ihm alles über uns mitzuteilen.«

»*Alles*? Oh, du Elendswurm!«

»Du hast ja recht, ich war zu dumm! Aber dass du das gerade *heute* erfahren musstest und deshalb jetzt so böse auf mich bist, ist für *mich* besonders traurig«, meinte der Wasserbader, sich selbst bemitleidend, »wo doch gerade heute ein großer Glückstag für uns beide sein könnte. Das hängt nämlich mit dem ›Holzmann‹ zusammen. Von dem wollte ich dir doch weiter erzählen, und zwar etwas sehr Erfreuliches, etwas, das uns beide angeht: Er hat mir erklärt, dass er einen starken Holzknecht braucht und dass dieser bei ihm beste ›Zehrung‹ und eine große Kammer für sich allein erhält, dazu noch gute

Plappart. Auch eine weitere Magd würde er beschäftigen, wenn der Holzknecht sich verheiraten sollte. Und bei der einzustellenden Person habe er an mich, den kräftigen Jos, gedacht. Was meinst du? Könntest du dir vorstellen, als meine ›eheliche Wirtinne‹ in Bürglen zu leben?«

»Was heißt hier gute Plappart? Wie viel Geld ist das, was er dir versprochen hat, und wie sieht die Kammer aus?«, fragte sie ihn schnippisch.

»Das hat er mir im Einzelnen nicht erklärt«, erwiderte der Wasserbader enttäuscht. Der hatte sich nämlich die Antwort auf seinen Heiratsantrag völlig anders vorgestellt.

Inzwischen waren sie am Badstubenweg angekommen. Verenas Gefühle und ihr lebhafter Verstand schwirrten in verschiedene Richtungen. Der Jos aber dachte gar nichts. Und so ging jeder schweigend für sich allein nach Hause.

*

Verena eilte, ohne sich umzusehen, in ihre Kammer, denn sie wollte jetzt keinen Menschen treffen. Sie musste zu sich selbst finden, musste die neuen Entwicklungen bedenken, und dazu brauchte sie Ruhe, nichts als Ruhe.

Wie konnte der Jos mich und sich, uns beide, nur so verraten? Was hatte er davon? Warum hat er mir das angetan? Eine Frau steht doch in einer derartigen Situation immer in einem viel schlechteren Licht da als ein Mann. Oder wollte er beim alten Bader gar prahlen? Fragen, die sie sich immer wieder stellte und die sie erneut in maßlose Wut geraten ließen.

Als nach einiger Zeit ihr kluger Verstand wieder Oberhand gewonnen und den nagenden Zorn verdrängt hatte, setzte sich nach langem Hin und Her der Gedanken schlussendlich die Überzeugung durch, dass sie dem Wasserbader nicht auf ewige Zeiten böse sein dürfe und ihm verzeihen werde, natürlich nicht sofort, sondern erst nach einer gewissen Schamfrist – Strafe muss schließlich sein!

Sie sagte sich nämlich: *Der alte Bader Gluri ist schon ein schlauer Fuchs. Der hat dem Jos wohl so zugesetzt und ihn so eingewickelt, dass der gar nicht mehr genau wusste, was er sagte und was dies bedeutete. Die Stärken des Wasserbaders sind nun einmal die seines kräftigen Körpers und nicht die eines feurigen, klugen Geistes. Mir selbst wollte der Jos sicherlich nichts Schlechtes anhängen. Dass er ungeschickt und etwas dümmlich ist, auch kein Fingerspitzengefühl hat, das zeigte sich doch auch darin, dass er seinen Heiratsantrag genau zu einem Zeitpunkt machte, an dem er erkennen musste, dass ich extrem wütend war. Im Grunde ist der Baderknecht ein gutmütiger Mensch, der mich liebt. Beleidigen und verlieren möchte ich ihn deshalb gewiss nicht.*

Aber ob *seine* und *ihre* Zuneigung ausreichend dafür sein sollten, ein ganzes Leben lang mit ihm als Holzknechtsfrau zu verbringen, stellte sich für sie als eine ganz andere Frage dar. Daran hatte sie doch einige Zweifel, und zwar aus mehreren Gründen:

Verena war sich ihrer eigenen Gefühle nicht sicher. Auf der einen Seite mochte sie den Wasserbader mit seiner einfachen Art, in der er es ohne viele Worte verstand, durch Zärtlichkeit und männliche Kraft sie als Frau rein körperlich anzusprechen. Auf der anderen Seite war es gerade jene Schlichtheit und Behäbigkeit, die ihre quirligen Gedanken an ihm abprallen ließen, so dass sie häufig den Eindruck hatte, ihn in seinem Innersten gar nicht wirklich zu erreichen. Dies störte sie sehr, ihn hingegen, wie sie den Eindruck hatte, überhaupt nicht. Und das ärgerte sie wiederum. Vielleicht wäre ihr dies alles gar nicht so klar geworden, wenn sie nicht den Jacob Zwingenstein kennengelernt hätte. Seine Gedanken trafen sich lebhaft mit den ihrigen, ihr geistiger Austausch war fruchtbar und rege, sie fanden mental zueinander. Ihr als Frau gegenüber war der junge Kaufherr allerdings sehr zurückhaltend und scheu aufgetreten. Verena erlebte mit dem jungen Zwingenstein genau das Gegenteil vom Baderknecht.

Als »eheliche Wirtinne« eines Holzknechtes bei einem Holzkaufmann wäre sie wohl auch schwerer körperlicher Arbeit ausgesetzt, so war ihre große Befürchtung. Und dies war gerade nicht das, was ihr für die Zukunft vorschwebte. Zuhause wurde sie zwar auch auf dem Feld und im Stall eingesetzt, aber die wirklich körperlich schweren Arbeiten musste nicht sie erledigen, sondern Vater, Bruder und Tagelöhner. Da wollte sie sich nicht verschlechtern, dazu war sie zu klug. Vor allem hätte sie als Holzknechtsfrau ihre liebste Tätigkeit eingebüßt, bei der sie bereits großes Geschick entwickelt hatte: das Leinenweben, das ihr von ihrer Großmutter Adalhait beigebracht worden war.

Verena hielt sich noch nicht für so alt, dass sie unbedingt schnell HEIRATEN musste. Mit ihren fast achtzehn Jahren war sie zwar in einem Alter, in dem viele Mädchen bereits Ehefrauen waren, was »nach Recht und Gewohnheit« durchaus zulässig war. Aber sie fühlte sich immer noch recht wohl zuhause bei den Näglins und lebte gern dort.

Nachdem sie diese Gedanken mehrfach hin und her gewälzt hatte, kam Verena zu dem Ergebnis, mit dem Jos erst mal einige Zeit nicht zu sprechen, sich danach aber mit ihm auszusöhnen. Dabei würde sie ihm dann mitteilen, dass sie seinen Heiratsantrag zwar nicht generell ablehne, dass sie ihm aber nicht als Ehefrau zum »Holzmann« folgen werde. Sie wolle es bei dem derzeitigen Zustand belassen. Auf diese Weise würden sie es nicht aufgeben müssen, einander nahe zu sein. Diesen Fingerzeig sollte selbst Jos verstehen. Dessen war sich das pfiffige Mädchen recht sicher.

In dieser Lösung sah Verena noch einen zweiten großen Vorteil: Sie konnte sich weiterhin mit Jacob Zwingenstein treffen.

Nachdem sie nun das Wichtigste bedacht und für sich entschieden hatte, war ihr wesentlich leichter ums Herz.

Kapitel 13

Einige Wochen lang sprach *Verena* keine Silbe mit dem Wasserbader und ließ ihn, wie sie es sich vorgenommen hatte, links liegen. Seine tagtäglichen Versuche einer Annäherung fruchteten nicht, selbst Geschenke, denen sie sonst recht zugetan war, lehnte sie ab. Im Hornung, also im Februar, söhnte sie sich schließlich mit ihm aus. Wie geplant, erklärte sie ihm dabei aber gleich, dass sie ihn nicht heiraten werde, zumindest nicht in nächster Zeit, dass sie nicht mit ihm zum »Holzmann« gehe und dass sie beide es doch bei der bisherigen Situation belassen sollten. Das sei doch ganz gut so: Er solle beim Bader bleiben und von den Gästen gutes Badegeld kassieren. Sie selbst wolle ihre Familie noch einige Zeit unterstützen, denn dort gefalle es ihr immer noch sehr gut. Und vor allem könnten sie sich so ja auch täglich sehen. Dabei machte sie aber die Einschränkung, dass allein sie es sei, die den Zeitpunkt der Zusammenkünfte bestimme, sonst sei ganz schnell Schluss mit ihnen beiden.

Der gutmütige Jos erklärte sich aus Freude darüber, dass er wieder mit ihr zusammen sein konnte, mit allem einverstanden, denn in den vergangenen Wochen hatte er Verena doch sehr vermisst.

Auch im Laufe des Jahres 1455 hatte sich Verena häufig mit Jacob Zwingenstein getroffen. Die Handelsreisen des jungen Kaufherrn zu ihrem Großvater waren immer häufiger geworden, und hinzu kamen noch viele Besuche, die allein ihr galten. Sie hatte den eleganten Jungen immer stärker in ihr Herz geschlossen. Seine Schüchternheit hatte er allmählich abgelegt, und ihre Beziehung wurde enger und intensiver. *Das habe vor allem ich gefördert*, sagte sie sich mit einem Gefühl, das zwischen Stolz und Nachdenklichkeit schwankte. Sogar an »ihr Plätzchen« unten an der Thur hatte sie ihn schon mehrmals mitgenommen. Trotz aller Zuneigung hatte sie ihm das Versprechen abgenommen, sie niemals ohne vorherige Vereinbarung privat zu besuchen. Als er sich deswegen überrascht zeigte, begründete sie dies mit ihrer Rücksicht auf die Familie, mit ihrer weiblichen Zurückhaltung und mit ihrem guten Ruf als »Junkfrow«, was ihn nur noch mehr verwunderte. Die Termine für seine geschäftlichen Besuche bei Großvater Hainrich konnte sie natürlich nicht beeinflussen. Das war für sie zwar etwas ärgerlich, denn da musste sie stets auf der Hut sein. Es war ihr vollauf klar, dass sie sich zwischen zwei Mühlsteinen befand.

*

Obwohl *Jacob* als Lehrknecht erst in seinem zweiten Jahr war, hatte er sich in der Kaufmannschaft schon ausgezeichnete Kenntnisse und Fertigkeiten angeeignet. Seine täglichen Eintragungen hatten das von seinem Großvater angeordnete »Merkbuch Jacob« beinahe schon halb gefüllt. Der Äni hatte das Buch nahezu wöchentlich kontrolliert und verbessert. Diese tägliche Schreiberei und laufende Überprüfung waren ihm einerseits eine Belastung, andererseits musste der junge Zwingenstein jedoch einräumen, dass ihm diese Aufzeichnungen wirklich schon zur großen Hilfe geworden sind. Häufig hat ein Blick in sein Merkbuch wichtige Hinweise gegeben. Obwohl der Alte kaum Beurteilungen über seine Arbeit abgab, hatte Jacob den Eindruck, dass er mit ihm zufrieden war. Prügel und böse Worte, wie bei anderen Lehrknechten die Regel, hatte es bei ihm jedenfalls bisher nicht gegeben, auch nicht während seiner kurzen Tätigkeit beim Handelsfreund des Äni in Kempten, dem Berthold Swarzenburg.

Jacob fühlte sich gar nicht so sehr wie ein kleiner Lehrknecht, denn man gab ihm schon entsprechende Freiheiten und übertrug ihm viele Tätigkeiten in eigener Verantwortung. Großvater Lienhart steuerte ihn, so war Jacobs Eindruck, ganz bewusst in Richtung einer frühen Selbstständigkeit. Der Äni betonte nämlich immer wieder, dass er sich noch genau an seine eigenen Schwierigkeiten als junger Kaufmann erinnerte, als sein Vater so früh verstorben war. Das wollte er ihm, dem Jacob, ersparen und ihn daher recht schnell »in den kalten See werfen«. – Diese Metapher war allerdings recht fragwürdig, denn eines hatten alle Zwingensteins gemeinsam: Sie konnten nicht schwimmen.

Jacob arbeitete hart, täglich mindestens zehn Stunden. Das machte ihm aber nichts aus, denn er hatte Freude an seiner Tätigkeit gefunden und fühlte sich wie ein junger Handelsherr. An seine frühere große Liebe, die Medizin, dachte er kaum noch.

Viel Raum für private Aktivitäten, zur Muße und Freizeitgestaltung, blieb ihm allerdings nicht. Nur an Sonn- und Feiertagen nach dem Gottesdienst in der Leutkirche St. Stephan und einem vorzüglichen Mittagsmahl von Maria Murer hatte er einmal längere Zeit frei. Diese verbrachte er dann meist mit seinen beiden Freunden. Mit Peter Sunnentag traf er sich bei den Schießgesellen auf dem Bruel vor den Mauern der Stadt und mit Wolffgang Gasser, dem Doctor medicinae, war er oftmals in heiße Diskussionen über philosophische und metaphysische Probleme verstrickt. Beides brauchte er: die körperliche und die geistige Abwechslung.

Bei gutem Wetter ritt er nach Weinfelden zu Verena, meist fuhr er jedoch mit dem geschlossenen Kutschwagen, aber immer nur, wenn es mit ihr abgestimmt war. So war es ja vereinbart. Nur einmal hatte er versucht, sie mit einem überraschenden Besuch zu erfreuen. Dies war aber gründlich daneben gegangen. Das war ihr sichtlich unangenehm. Sie reagierte recht sonderbar und abweisend, obwohl er ihr ein schönes Geschenk mitgebracht hatte. Er fand dafür keine Erklärung. Danach hielt er sich immer strikt an die von ihr begehrte Voranmeldung.

Kapitel 14

An einem warmen Abend im Heumonat, also im Juli, hatte der alte Zwingenstein die Ulmerin in seine Kammer gebeten. Auf dem Tisch, dessen Beine und Ränder mit feingeschnitzten Trauben- und Weinblättermotiven verziert waren, hatte er bereits einen Krug mit seinem geliebten »Elsässer« bereitgestellt. Als Barbara den Raum betrat, bat er sie, auf einem der beiden Scherensessel Platz zu nehmen und füllte Wein in zwei Zinnbecher. Nachdem er sich auf dem anderen Sessel zurechtgeräkelt hatte, begann er, seinen Becher erhebend: »Wir wollen auf den schönen heutigen Sonnentag trinken.«

»Aber Lienhart, deswegen hast du mich doch nicht zu dir kommen lassen! Ich kenne dich schließlich recht gut. Du willst mir sicher etwas Wichtiges mitteilen. Was hast du auf dem Herzen? Ist etwas mit deinem Handelsgeschäft oder gar mit meinem Sohn? Oder ist etwas mit deiner Gesundheit? Daran muss ich immer denken, weil du im letzten Jahr, im Herbstmonat, doch Probleme hattest«, erkundigte sich Barbara besorgt.

»Nein, über große gesundheitliche Schwierigkeiten kann ich nicht klagen. Das hättest du wohl bemerkt. Ich kann ja jeden Tag aufstehen. Aber ich werde halt alt und dann zwickt's mal hier und einmal da. Das muss man hinnehmen, da darf man nicht jammern. Eines bereitet mir allerdings etwas Sorge: Meine Beine werden immer dicker.«

Als Barbara daraufhin seine dick verschwollenen, unförmigen Fußknöchel und Unterschenkel betrachtete, hatte sie ein äußerst ungutes Gefühl. Da sie aber wusste, dass Lienhart beim Thema Arzt, das sich in dieser Situation an sich angeboten hätte, heftig zu reagieren pflegte, schwieg sie und wiegte mit dem Kopf kritisch hin und her.

»Zu deiner Frage zum Handelsgeschäft«, redete Lienhart weiter, »ja, das hat natürlich auch mit dem Alter zu tun. Zu jeder Arbeit brauche ich längere Zeit als früher, und die Handelsreisen fallen mir immer schwerer. Wenn man sich aber darauf einstellt und andere entsprechend einsetzt, kann man das einigermaßen ausgleichen. Verluste habe ich als Handelsherr jedenfalls bis heute noch keine erlitten. Allerdings fahre ich die fetten Gewinne früherer Jahre nicht mehr ein. Aber da stehe ich nicht allein. St. Gallen läuft Konstanz so langsam den Rang als Leinwandmetrople ab, da führt kein Weg dran vorbei. Grund zum Klagen besteht aber keinesfalls.

Nun fragst du weiter nach deinem Sohn: Mit meinem Enkel bin ich sehr zufrieden. So geschickt, wie er sich schon an seinem ersten Tag als Lehrknecht eingeführt hat, so gut hat er sich weiterentwickelt. Ich bin überrascht, wie schnell sich der Jacob in die Kaufmannschaft einarbeitet. Ich lasse ihn sogar schon Handelsgeschäfte größeren Umfangs selbstständig erledigen. Man hat bei ihm den Eindruck, dass man einen jungen Handelsherrn vor sich hat. Vor allem die wenigen Wochen bei meinem Kemptener Handelsfreund Swarzenburg haben ihn in seiner Ausbildung wesentlich weitergebracht. Dort hat er nicht nur die italienische Buchhaltung gelernt, sondern vor allem auch das würdige Auftreten eines Kaufmanns: die sorgfältige Auswahl seiner Bekleidung, seine Haartracht, seine Gebärden, seine gesamte Erscheinung. – Er ist eben schnell erwachsen geworden, dein lieber Sohn. Ich bin stolz auf meinen Enkel.

Trotz allem, zwei Dinge gibt es, die mich beim Jacob nachdenklich stimmen, besser gesagt, die mir Sorgen bereiten. Und darüber wollte ich mit dir sprechen: Das eine ist seine Gutmütigkeit: Bei Verhandlungen mit Kunden, sei es bei Waren- oder Geldgeschäften, zeigt Jacob dann *Schwächen*, wenn der Handelspartner es versteht, Mitleid zu erregen. Jammert ein Käufer über seine schlechte Geschäftslage, so gibt Jacob im Preis nach. Entsprechendes gilt bei Geldgeschäften. Ein Beispiel: Neulich ging es um ein Darlehen für ein Kloster. Da beklagte der Prior die hohen Handwerkerkosten für Reparaturarbeiten an Klostergebäude und Kirche. Daraufhin nahm Jacob weniger als die üblicherweise von mir geforderten vier Prozent Zinsen. In derartigen Fällen ist er zu weich, zu mitleidsvoll. Da sich so etwas aber schnell herumspricht, wird natürlich jeder jammern. Es ist schließlich kein Problem, irgendwelche Notlagen vorzutäuschen. Was dies auf Dauer bedeutet, das brauche ich dir als Kaufmannstochter wohl nicht zu erklären. Ich habe ihn schon mehrfach auf diese Schwäche hingewiesen, ihm sogar Vorhaltungen gemacht, aber ich fürchte, dass es wenig fruchtet. Im Augenblick kann *ich* da noch gegensteuern und mache dies auch, wenn es um größere Summen geht. Wenn ich aber einmal nicht mehr hier bin, dann *musst du* unbedingt einen Weg finden, dass diese Schwäche nicht zur wirtschaftlichen Katastrophe führt.« Um diesem harten Postulat etwas die Schärfe zu nehmen, fügte er lächelnd, augenzwinkernd und Barbara zunickend hinzu: »Ich bin sicher, dass dein kluger Kopf das schafft.

Das Zweite, was mir Sorgen bereitet, sind seine immer häufigeren Handelsreisen nach Weinfelden. Selbst private Besuche soll er dort machen. So habe ich es zumindest von Johann gehört, der für das Bereitstellen der Pferde und des Reisewagens zuständig ist. Bevor ich mich an Jacob wende, sei es in meiner Eigenschaft als vorgesetzter Handelsherr, sei es als Großvater, will ich mit dir als seiner Mutter über dieses Thema sprechen. Ich möchte ohne großes Drumherumgerede behaupten, dass dahinter eine *Frau* steckt. Wenn diese Vermutung richtig sein sollte, so ist das ein sehr sensibles Thema, bei dem auf jeden Fall die Mutter einbezogen werden muss, auch wenn ich die Gewalt in diesem Hause habe und der Handelsherr über meinen Lehrknecht bin.«

Barbara sagte zunächst kein Wort. Sie kannte den Zwingenstein zu genau und war zu klug, um sich vorschnell zu äußern. Er sollte ruhig voll und ganz mit dem herausrücken, was ihn bewegt. So griff sie lediglich zu ihrem Becher, leerte diesen und blickte den Alten auffordernd an.

»Versteh mich bitte nicht falsch«, fuhr Lienhart fort, »ich habe nichts dagegen, dass der Jacob häufig nach auswärts fährt, dass er meine Pferde nimmt und meine Reisekutsche benutzt. Das ist in Ordnung so. Er arbeitet hart, also soll er auch seine Freiheit und sein Vergnügen haben. Das habe ich in dieser Weise auch immer für mich in Anspruch genommen und so gehandhabt, und das soll auch so für meinen Enkel gelten.

Mir geht es nur um eines, und das will ich verhindern: Jacob darf kein Bauernmädchen aus Weinfelden heiraten; er darf überhaupt keine Frau aus der Landbevölkerung heiraten. Dort besteht doch häufig Leibeigenschaft. Und selbst wenn es die Tochter eines freien Bauern sein sollte, so geht das auch nicht. Eine solche standeswidrige Heirat würde meine Ehre als Handelsherr verletzen. Und wenn ich gestorben bin, würde eine solche Ehe gegen Jacobs eigene Ehre gehen, gegen seine Ehre als Kaufherr und mein Nachfolger, also gegen die Ehre aller Zwingensteins. Die Tochter eines begüterten Handelsherrn soll er heiraten, so wie dies mein Gerwig mit dir, liebe Barbara, getan hat. Zumindest sollte es aber die Tochter eines geachteten Zünfters, eines Zunftmeisters, sein!«

Barbara, die festgestellt hatte, dass der Krug leer war, erwiderte dem Alten mit langsamen und bedächtigen Worten: »Von den häufigen Besuchen in Weinfelden weiß ich wirklich nichts. Ich muss meine Gedanken etwas ordnen. Lass mich zuerst einmal den Wein nachfüllen.«

Barbara verließ die Kammer, kehrte erst nach geraumer Zeit zurück, füllte beide Becher mit »Elsässer« und sagte: »Eines hast du sicherlich richtig erkannt: Dies ist eine sehr heikle Sache. Dementsprechend müssen wir vorsichtig vorgehen. Jacob ist leicht verletzbar – und wir sollten ihn nicht verletzen.«

»Darin sind wir uns einig.«

Nach kleiner Denkpause sprach die Ulmerin weiter: »Zweierlei wissen wir letztlich de facto nicht. Steckt wirklich eine Frau dahinter? Wenn du mit deiner Vermutung recht hast, und ich neige auch dazu dies zu glauben, dann ist doch die zweite Frage: Will Jacob diese überhaupt heiraten? Schüren wir da nicht ein Feuer, das überhaupt nicht brennt, wenn wir ihn darauf ansprechen?«

»Willst du damit sagen, dass wir gar nichts tun sollen? Dass wir sehenden Auges unterlassen sollen, Schaden von ihm und uns abzuwenden?«, grantelte der Zwingenstein.

»Lienhart, du dramatisierst! Du redest bereits von einem Schaden, obwohl eine Ursache für einen solchen noch gar nicht zu erkennen ist. Du bist doch sonst ein realistischer Mensch. Warum siehst du gerade hier Gespenster?«

»Das mag so sein«, knurrte der Alte, »aber wie heißt es doch überall: Man muss den Anfängen wehren.«

So gingen Ansichten und Argumente noch einige Zeit hin und her, bis man sich schließlich einigte: Man spricht Jacob auf seine häufigen Weinfelden-Fahrten nicht an und lässt ihn weiterhin gewähren. Wenn aber jemals von einer Heirat mit einer Frau aus der Landbevölkerung die Rede sein sollte, so ist ihm dies strikt zu untersagen. Das Verbot sollte sowohl von der Ulmerin als Mutter als auch vom Äni kraft seiner Gewalt und als Geschäftsherr ausgesprochen werden. Falls Lienhart nicht mehr leben sollte, muss Barbara das Verbot allein durchsetzen.

So beschlossen die beiden den Abend einmütig.

*

Gegen Ende des Wintermonats, kurz vor der vierwöchigen Fastenzeit vor Weihnachten, saßen die *Näglins* auf ihren angestammten Plätzen am großen Tisch in der Küche und hatten sich an einer ausgezeichneten Abendmahlzeit mit drei Trachten – es gab sogar Fleisch und Fisch – gelabt. Adalhait, Agathe und Verena hatten alles gemeinschaftlich zubereitet, was sonst recht selten vorkam. Der Wein hatte die Zungen bereits etwas gelockert, da ergriff Großvater Hainrich das Wort: »So, gegen das Ende dieses Jahres, in einer

Zeit, in der wir noch tüchtig essen und trinken dürfen, haben wir uns wieder gemütlich im familiären Kreis zusammengefunden. Dabei kann ich heute freudiger in die Runde blicken als im letzten Jahr, als ich euch meine traurige Geschichte erzählte. Heute will ich lediglich einen kurzen Rückblick auf unsere bisherige Jahresarbeit geben, und die war ja recht erfolgreich:

Das letzte Jahr war für uns alle ein gutes Jahr. Der Herr hat uns ein Füllhorn von Früchten des Feldes beschert; wir werden in der nächsten Zeit immer reichlich satt werden. Besonders gut war die Flachsernte.

Noch habe ich unsere blühenden Flachsfelder vor Augen, die zu Beginn des Heumondes, Anfang Juli, wie ein blauer Teppich eine ungemeine Pracht verbreiteten. Das entschädigte mich für die Mühsal der bisherigen harten Arbeiten am Flachs, vor allem des Jätens der Felder, das mir beträchtlich in den Rücken gefahren war. Als es dann so weit war, dass der untere Teil der Stängel des Leins gelb wurde und die Blätter abfielen, da hatten wir großes Glück mit dem Wetter. Es war trocken, als wir den Flachs aus dem Boden herausrissen, ihn rauften, dann nach Größe und Stärke sortierten und bündelten. Freudig denke ich an diese Erntezeit zurück, als wir uns zusammen mit unseren Tagelöhnern, Nachbarn und Freunden abendlich bei gutem Essen und Trinken, manchmal bei Musik und einem Tänzchen, von des Tages Mühe erholten.

Diese Erntezeit war für alle eine frohe Zeit, ein großes Fest des Jahres. Aber dann ging die Arbeit mit dem Lein ja erst so richtig los. Wir legten die Flachsbündel in die ROOSEN, und schon nach zehn Tagen Wässerung war die WASSERROTTE abgeschlossen. Das Trocknen, das BRECHEN und das HECHELN gingen dieses Jahr recht zügig, denn ich hatte ja einige Hände mehr eingestellt als in den früheren Jahren. Und so war dann der spinnfertige Flachs bereit und unsere Frauen und Helferinnen sind ihm schon tüchtig zu Leibe gerückt. Der erste Teil unseres Leins ist bereits versponnen; der Jacob Zwingenstein hat schon eine Fuhre Garn abgeholt. Der Rest wird in den verbleibenden Wintermonaten versponnen werden. Meine Adalhait wird einen gewissen Anteil davon erhalten, den sie wieder zu schöner ›Linwat‹ weben will. An sich brauchst du dir diese Arbeit nicht mehr zumuten«, wandte er sich an seine ›eheliche Wirtinne‹, ihr liebevoll auf die Schulter klopfend, «denn wir könnten doch die gesamte Ernte als Garn verkaufen. Aber du kannst dich ja nicht von deinem geliebten Trittwebstuhl trennen, also fertigen wir weiterhin Leinwand.

Für die gute Arbeit in diesem Jahr möchte ich euch allen meinen Dank aussprechen. Mein besonderer Dank geht jedoch an Agathe, denn sie hat unsere gute Ernte gerettet. Da sie wieder einmal die Wolken richtig gelesen hatte und schlimme Unwetter kommen sah, hatte sie mich hart bedrängt, die Ernte vorzeitig einzubringen. Gott sei Dank habe ich auf sie gehört, aber das war kein großer Verdienst meinerseits, denn ihre vortreffliche Wetterkunde ist uns ja allen bekannt. So hatten wir unsere Früchte gerade eingefahren, als schwere Unwetter die Felder verwüsteten und viele benachbarte Landbauern große Schäden erlitten.«

Bei diesen besonderen Dankesworten setzte sich Agathe in Positur, nickte gnädig mit schräg gestelltem Kopf und hochgezogenen Mundwinkeln.

»Mit diesem Dankeschön möchte ich meine kurzen Worte beenden und mit einem Schluck von unserem guten ›Ottenberger‹ bekräftigen.«

»Ja, wir hatten wirklich ein gutes Jahr. Mensch und Tier waren gesund, alles gedieh prächtig, sehr viel Arbeit am Leinen liegt schon hinter uns; da wollen wir dem da oben doch wohl auch noch danken«, fügte Adalhait schüchtern hinzu und richtete dabei ihren Blick hoch zur Decke.

Und so konnten sich die Näglins auf die bevorstehende schöne Weihnachtszeit und ein gutes Jahr 1456 freuen.

Kapitel 15

Costnitz im Wintermonat, im Jahre des Herrn 1455: Seit etwa zwei Monaten fühlte sich Lienhart Zwingenstein unwohl. Er hatte keine Kaufmannsreisen mehr unternommen, auch nicht zu seinen Geschäftspartnern in der näheren Umgebung. Fernhandelsreisen hatte er ohnehin schon seit einiger Zeit nicht mehr angetreten, die Strapazen waren ihm zu groß. Handels- und Kreditgeschäfte im »Schwarzen Horn« hatte er zwar noch getätigt, aber nur in kleinerem Umfang. So lag die Hauptlast der Arbeit bei Jacob und Johann, der immer noch bewundernswert aktiv war.

Es war am 13. November, also zwei Tage nach Jacobs Geburtstag an St. Martin. Nach ausgedehnter Mittagsruhe ging Lienhart nicht wie gewöhnlich in die Schreibstube, sondern gewandete sich so festlich, wie er es sonst nur an kirchlichen Feiertagen tat: Er zwängte sich in sein eng anliegendes dunkelrotes Wams aus Samt, zog schwarze Beinlinge und Schnabelschuhe aus dünnem, weichem Leder an. Seinen innen komplett mit Panterfell gefütterten, fast bis zum Boden reichenden schwarzen »Tapp« legte er sich über die Schultern und fixierte den Prachtmantel mit einer Spange. Die am Kragen des Tapperts befestigte schwarze, mit Leinen gefütterte Gugel zog er sich tief ins Gesicht. Unter dieser Kapuze wollte er möglichst unerkannt bleiben.

Der Zwingenstein hatte sich vorgenommen, noch einmal durch Straßen und Gassen seines geliebten Costnitz zu gehen, den Kirchen und Klöstern seine letzte Referenz zu erweisen, noch einmal einen Blick auf die Mauern und Türme seiner Stadt zu werfen, noch einmal den Gebäuden, in denen er seiner Arbeit nachgegangen war, zuzunicken, noch einmal jenen Häusern zuzuwinken, in denen er Feste gefeiert und viele frohe und angenehme Stunden verbracht hatte. Langsam schritt er die Markstad hinunter in Richtung See, vorbei an den Gasthäusern »Krone« und »Weißes Kreuz«, in denen er, ein Nachbar, so manchen Schluck Wein genossen hatte, vorbei am Kornhaus und am Heilig-Geist-Spital, hin zum stolzen Kaufhaus, wo er vielerlei und riesige Mengen von Waren gelagert, gekauft und veräußert und viel Geld für Zölle und Abgaben bezahlt hatte. Schweren Schrittes schlurfte er

zum Gasthaus »Hecht«, in dem er häufig mit Honoratioren zusammengetroffen und manches gute Geschäft eingeleitet hatte. Von dort warf er einen langen Blick zum Rathaus, wo er viele Jahre lang ein und aus gegangen war und als Inhaber wichtiger städtischer Ämter viele Stunden zugebracht hatte. Der Stadtbefestigung folgend, ging er weiter zum Trompetertürmle, dann zum Predigertor, das er als Junge tausendfach durchschritten hatte, um auf der Insel im Dominikanerkloster bei den Mönchen zur Schule zu gehen, genauso wie bis vor kurzer Zeit auch noch sein Enkel Jacob. Nach kurzer Verschnaufpause wandte er seine Schritte, am Dominikanerinnenkloster Zoffingen vorbeigehend, zum Rheintor. Von dort glitt sein Blick auf die hölzerne Rheinbrücke mit der auf Pfählen erbauten Rheinmühle und über den Rhein in Richtung Norden zum Benediktinerkloster Petershausen. Schließlich quälte er sich die Rheingasse hoch zur Pfarrkirche St. Johann, zur Bischofskirche St. Marien, zur Pfarrkirche St. Stephan und schließlich über die Blatten zum Obermarkt, dem wichtigsten Platz der Stadt. Dort hatte er nicht nur die vielen Märkte und die wichtigen Versammlungen der Bürger vor seinem geistigen Auge, sondern auch Urteile, die dort zum Teil gesprochen und vollstreckt wurden, sowie viele folgenreiche politische Aktionen. Mit einem Blick durch die Paradiesgasse zum Paradieser Tor mit dem Gefängnis schritt er dann durch die St. Paulsgasse. Dort blieb er lange vor dem Gebäude der Thurgauzunft stehen, in dem seine Kaufleutezunft ihre Heimat hatte und in dessen Zunftstube er viele frohe Stunden erleben durfte. Nach einem Blick aufs Schnetztor machte er sich auf den Rückweg zu seinem »Schwarzen Horn« durch die Neugasse, mit Blick aufs Augustiner-Kloster, durch die MORDERGASSE zur Marktstätte – dort vorbei an der »Großen Metzig«, der Verkaufsstätte der Metzger.
Zuhause angekommen, stieß er auf Barbara. »Du siehst ja völlig erschöpft aus, Lienhart. Was hast du gemacht?«, fragte sie besorgt. »Warum bist du so feiertäglich gewandet?«
»Ich habe von meinem geliebten Costnitz Abschied genommen«, erwiderte er kurz angebunden und ging schlurfenden Schrittes zu seiner Schlafkammer. Er fühlte sich im Augenblick nicht in der Lage, längere Gespräche zu führen, nicht einmal mit Barbara. Nur eines wollte er schleunigst: mit seinem aufgeschwollenen Leib raus aus dem engen Wams.

*

Am nächsten Morgen hatte sich Lienhart nicht aus seiner Bettstatt erhoben. Er fühlte sich elend, Beine und Leib waren noch stärker angeschwollen, sein Atem ging schwer. Als ihn Barbara in seiner Schlafkammer aufsuchte, um ihm das Essen zu bringen, nahm er nur wenige Bissen und einige Schlucke Milch zu sich. Obwohl Barbara ihm gut zuredete, lehnte er jede weitere Nahrungsaufnahme ab. Die Kehle war ihm wie zugeschnürt.

»Meine liebe Barbara, schick mir bitte meinen Enkel. Jacob soll seine Arbeit unterbrechen und so bald wie möglich zu mir kommen. Ich muss mit ihm wichtige Dinge besprechen.«

Die Ulmerin verabschiedete sich, mit der rechten Hand leicht über sein Haupthaar streichelnd. Mit Tränen in den Augen verließ sie den Raum, denn sie hatte unschwer erkannt, wie es um den alten Zwingenstein stand.

Als Barbara ihrem Sohn mitteilte, dass der Äni in seinem Schlafgemach auf ihn warte, war Jacob sofort klar, dass Wichtiges auf ihn zukam.

Recht beunruhigt schlich der junge Zwingenstein in den zweiten Stock hinauf und betrat auf Zehenspitzen den Raum. »Setz dich, Bub«, sagte der Äni und zeigte auf einen der Scherensessel. »Pass gut auf, was ich dir sage, schreibe es in dein Gedächtnis, verwahre es dort und spreche mit *keinem* Menschen darüber. Wenn du etwas nicht verstehst, dann frage mich jetzt. Später hast du wohl keine Gelegenheit mehr dazu. Heute geht es nicht um Geschäftliches, sondern um viel Wichtigeres, um Persönliches, um Familiäres, um Enkel und Großvater.«

Schwer erhob er sich aus seiner Bettstatt, bekleidete sich spärlich und ging schleppenden Schrittes zu seiner rot bemalten, eisenbeschlagenen und geheimnisumwitterten Stollentruhe aus Eichenholz; niemand hatte hier jemals einen Blick hineinwerfen dürfen. Geschickt öffnete Äni die schweren Schlösser und kramte schließlich einen roten Lederbeutel an einem roten Band hervor. Dieser war etwa eine Hand lang, eine Hand breit und ziemlich dick. Schwerfällig kniete sich der Alte nieder, öffnete den Beutel, nestelte ganz vorsichtig ein Pergament heraus und breitete es großflächig auf dem Boden aus. »Da muss man sehr behutsam sein, darf nichts beschädigen, das ist nämlich sehr alt«, meinte er und betrachtete den vor ihm liegenden *Schutzbrief* mit entrücktem Blick – sehr lang. »Den hat mir mein Vater gegeben, kurz bevor er starb. Ich musste ihm versprechen, das Amulett niemandem zu zeigen, keinem Menschen davon zu erzählen, denn sonst verliert der innewohnende Zauber seine Kraft. Erst zu der Zeit, wo ich mein Ende kommen sehe, so befahl er mir, soll ich den Schutzbrief meinem ältesten Sohn geben.

Weil kein Vorname darinsteht, sondern nur der Name Zwingenstein, wirkt das Heil für alle Träger dieses Namens, die diesen Amulettbrief besitzen. Da dein Vater ›von Todes wegen abgegangen‹ ist, bist du nun der nächste Zwingenstein. Der Brief soll daher jetzt auf *dich* übergehen. Mich hat er beschützt gegen das Böse und gegen all die zahlreichen Gefahren über die vielen, vielen Jahre hinweg. Auch dir soll er allseitiger Schutz und Schirm sein. Mein Vater hat mir den Brief in Liebe geschenkt, und ich schenke ihn dir auch in Liebe, denn das verstärkt noch seine Schutz- und Abwehrkraft«, sagte der alte Zwingenstein mit schwerer, belegter Stimme und betete, über das Pergament gebeugt, ein »Vaterunser«.

»Und nun, Bub, knie auch du nieder, beuge dich über den Amulettbrief und bete auch du, damit der Schutz für dich beginnen kann, bete drei ›Vaterunser‹ und drei ›Ave-Maria‹. Das muss sein, nur so tritt eine dauerhafte Wirkung für deine Person ein.«

Dies tat Jacob.

»Jetzt, nachdem alle Formen gewahrt sind und der Brief dir gehört, kann ich dir alles erzählen«, sagte der Großvater und deutete auf den vor ihnen liegenden überdimensionalen Brief – nach heutigem Maß etwa zwölf Zentimeter breit und dreieinhalb Meter lang. »Wie du siehst, brachte fünfmaliges Kleben den Streifen auf diese Maße; achtunddreißig Faltungen waren notwendig, damit man das Pergament in die rote Tasche schieben kann. Diese habe ich in meinem Leben nur dreimal geöffnet, jeweils in ganz schwieriger Zeit. Dann habe ich den Brief lange und genau betrachtet, studiert und überlegt, was alles bedeuten könnte, und dabei sehr viel gebetet. Du wirst es, so hoffe ich, genauso machen.«

Die vor ihnen ausgebreitete Oberseite des Pergamentstreifens war eine reine *Textseite*. Diese war der Breite nach beschrieben und in dreizehn durch große Kreuze getrennte Spalten aufgeteilt. Mit seiner Sigillenhand mehrfach auf die Texte tippend, sagte der Alte: »Alles will ich dir nicht vorlesen und erklären. Nur wenige wichtige Stellen will ich hervorheben, die dir zeigen sollen, worum es hier geht und was dieses Amulett bedeutet.« Und er las:

»Das ist der Brief, den unser Herr mit eigener Hand geschrieben, weil er noch auf Erden in seiner Menschheit ging, und sandte solchen dem König Agabar: für alle böse Ding, die sonst einem Menschen schaden mögen.

– Die Länge des Bundes unseres *Herrn Jesu Christi*, welche der Kaiser Ludwig von Constantinopel bei sich in einem goldenen Kreuz getragen. Der dies bei ihm tragt, liset oder lesen höret, auch dies verehret und täglich zu Ehren des ganzen Leiden Christi drei Vaterunser und drei Ave-Maria samt einem Glauben betet, dem kann kein Leid widerfahren. Es mag ihm nichts misslingen. Er kann nicht erschlagen werden noch eines GÄHEN TODES sterben. Er mag nicht verzaubert werden, auch an keinem Gericht überwunden werden ... Sabaoth – Eli – Eloa – Thetragramaton – Adonay – beschütze deinen Diener nach der größten und unermesslichen Allmacht deiner unendlichen Barmherzigkeit. Amen.

– Durch die Wort des Heiligen Evangelii beschütze mich, *Zwingenstein*, unser lieber Herr Jesus Christus an Seel, und Leib, Ehr und Gut und Blut. Amen.

– Welcher Mensch die Wort bei sich tragt, wird von Gott und den Heiligen geführt und geliebt und mag in keinem Wasser ertrinken, in keinem Feuer verbrennen, wird auch vor Gericht im Streit nicht überwunden; also befehle ich, Zwingenstein, mich in den Schutz Gott des Vaters, Sohnes und Heiligen Geistes. Amen – Amen – Amen.

– Weiter enthält das Amulett die sieben Worte Jesu am Kreuz, den Anfang des Johannesevangeliums und den 91. Psalm.

Die Einzelheiten dieser Texte kannst du dir dann ansehen, wenn du nach meinem Tod diesen Schutzbrief für dich allein studieren wirst. Tu es aber auch, das befehle ich dir als dein Äni!«

Der Großvater drehte den langen Streifen umständlich um. »Dies ist die *Bilderseite* des Schutzbriefes. Da siehst du nun die echten *Sigillen*. Diese Geheimzeichen sind, wie du erkennen kannst, kreisrunde Gebilde, jeweils mit Kreisen in den drei Farben Rot, Gelb und Grün. Bub, du weißt doch sicher, was die Überschrift auf dieser Sigillenseite bedeutet, denn du hast ja viel Latein gelernt bei den Patres auf der Insel, genau wie ich damals auch.«

»Vinculum Seu Claves Salomonis«, las Jacob laut vor und übersetzte, ohne zu zögern, »heißt: Band oder Schlüssel Salomos«.

»Das ist richtig, Jacob! Du weißt ja, Salomon galt biblisch als der weise König. Er soll, so die Überlieferung, viele Schriften verfasst haben, auch über Krankheiten und böse Geister. Diesen Übeln soll man mit den salomonischen Zauberformeln zu Leibe rücken können. Es soll ein Buch geben, ich habe davon gehört, mit dem Titel Clavicula Salomonis. Dieses gilt als Führer zu aller Weisheit Salomos. Es ist eine Darstellung von magischen Künsten und magischen Zeichen. Darauf bezieht sich wohl der Titel unserer Sigillenseite.«

Schweigend betrachteten Großvater und Enkel die farbliche Gestaltung der vielen kreisrunden Gebilde.

»Du, Äni, ich habe neunundvierzig Sigillen gezählt. Aber was sind dies denn im Einzelnen für sonderbare Zeichen? Einige kann ich selbst deuten.« Dabei zeigte Jacob auf geometrische Figuren und auf Zeichen, die auf Sonne, Mond, Planeten, Tierkreisbilder und figürliche Darstellungen von Herz, Waffen und zwei menschliche Augen hinwiesen. »Aber die Übrigen?«

Der Großvater überlegte längere Zeit, bevor er mit seiner Aufzählung begann:

»Das sind zum Teil christliche Symbole, vor allem Kreuzformen mit Abwandlungen, aber auch Bezeichnungen aus dem orientalen und antiken Zauberbrauch. Besonderes Unheil verheißen verkehrt stehende oder verstümmelte Buchstaben und Figuren, auch geschlängelte Linien.

Vom Inhalt her gesehen«, so fuhr der Äni fort, »haben die einzelnen Sigillen verschiedene Schutzwirkungen:

– Schutz gegen Gefahren, die von der Natur ausgehen, wie Sturm, Blitz, Feuer, Wasser, aber auch Tier- und Schlangenbisse.

– Schutz gegen Schäden, die von Menschen verursacht werden, etwa durch Hass, Neid, Falschheit oder durch das Unterliegen im Streit und das Erschlagenwerden.

– Schutz gegen Pest, Aussatz, Gicht, Seuchen oder sonstige Krankheiten oder gar gegen den gähen Tod.

– Schutz gegen Plagen, Übel, Armut.

– Schutz gegen Dämonen, böse Geister, Teufelsgespenster, Feinde und Zauberei.

Es gibt aber auch Sigillen, die persönliche Vorteile bringen sollen, wie etwa

– Ehre und Reichtum, Kunst und Tugend,

– von anderen Menschen geliebt werden,

– glückliches Gelingen in allen Sachen.

Schließlich sind da noch Zeichen, die eine gute seelische Verfassung garantieren sollen, etwa

– keine Angst, keine Verzweiflung, kein Leid, weder Trübsal noch Kleinmütigkeit.

Nun, Bub, viel mehr kann ich dir nicht erklären. Vieles ist auch mir verborgen geblieben. Aber auf *zwei bestimmte Sigillen* will ich deine Aufmerksamkeit im Besonderen lenken. Warum? Das wirst du bald selbst erkennen.«

Der Äni starrte seinem Enkel so lange in die Augen und nickte dabei vielsagend vor sich hin, bis dieser unruhig wurde und die große Bedeutung dieses Augenblicks erkannte.

Dann begann der Alte mit feierlicher Stimme: »Ich wende mich jetzt an dich als einen Zwingenstein, als den vorerst letzten männlichen Träger dieses in weiten Landen bekannten Namens, und offenbare dir nun etwas, was ich bisher noch keinem Menschen anvertraut habe, nicht einmal deiner Mutter Barbara:

Es war im Oktober 1415, ich war damals zwanzig Jahre alt. Im Gegensatz zu meinem Vater reiste ich nicht nur mit Handelszügen durch die Lande, sondern machte auch abseits der großen Handelswege meine Handelsreisen, meist ohne die Begleitung fremder Kaufleute. GELEITSBRIEFE der jeweiligen Landesherrn hatte ich mir allerdings immer gegen Bezahlung von Geleitsgeld ausstellen lassen. Damals war ich nämlich der Auffassung, dass das Reisen in kleiner Zahl – also lediglich mit wenigen, allerdings kräftigen eigenen Begleitern – keine so große Aufmerksamkeit von Räubern oder anderem Straßengesindel auf sich zieht, wie es bei Handelskarawanen der Fall ist. Vor allem nahm ich an, dass sich das lauernde räuberische Pack beim Auftauchen eines einzelnen Gefährts oder von nur wenigen Frachtwagen sagte, dass sich da ein Überfall wohl kaum lohnen würde. Das war aber ein schwerer Fehler – vielleicht aus jugendlicher Selbstüberschätzung. Doch nun schön der Reihe nach:

Ich kam von erfolgreichen Geschäften aus Brabant. Viel Leinwand hatte ich dort verkauft und vom Erlös wertvolle Gewänder eingekauft, trotzdem verblieben noch etliche Gulden in meinem Beutel. Es hatte stark geregnet, die holprigen Straßen waren noch morastiger und steiniger als sonst, ein fürwahr schlechtes Vorankommen. Die Pferde schafften es manchmal kaum, den Wagen vorwärts zu bringen, so dass meine beiden kräftigen Begleiter des Öfteren selbst in die Speichen greifen mussten.

Der eine von ihnen war Johann Keller, der uns ja heute immer noch treu dient, der andere der gewaltige Oswald Vökli, ein Koloss von Mensch. Den kennst du nicht mehr, denn er ist schon lange tot – er hat sich zu Tode getrunken. An sich mochte ich den Kerl nicht leiden: Er war ein gefährlicher Schläger und suchte laufend Streit, vor allem in den Wirtsstuben. Nicht nur seine Fäuste ließ er gern sprechen, auch sein großes Messer saß ihm locker. Er war sogar einmal wegen ›Messerzucken‹ vom Rat unserer Stadt ein Jahr lang aus Konstanz verwiesen worden, kehrte aber nach Ablauf seiner Verbannung zurück. Diesen Riesen habe ich für meine Handelsfahrten häufig in Dienst genommen. Gegen gutes Geld war er zuverlässig und zu meinem Schutz höchst wertvoll. Er war unermesslich stark, trotz seiner Körpermassen blitzschnell und nahm es ohne Weiteres mit mehreren Angreifern auf.

Wir waren schon im Hegau unterhalb des Hohenkrähen, hatten unser Konstanz also schon fast vor Augen. Die beiden kutschierten die zwei großen Planwagen, ich selbst war zu Pferde, denn es bereitete mir immer Qualen, auf den holprigen, meist kaum befahrbaren Straßen auf einem KARREN zu sitzen. Da trabten fünf harmlos anmutende Reiter ganz friedlich auf uns zu und stellten uns – höchst freundlich – Fragen über bestimmte Wege und deren Beschaffenheit. Plötzlich hob einer von ihnen die Hand. Großes Geschrei setzte ein, Waffen wurden unter den langen Mänteln hervorgezogen, die Räuber drangen auf uns ein. Da war unser Oswald in seinem Element. Bevor ich mich versah, blitzte sein langes Messer auf, und ein Angreifer fiel vom Pferd. Zwei weitere wurden von ihm auf einmal angegangen. Auch unser Johann kämpfte wacker. Der Anführer, der das Zeichen zum Ansturm gegeben hatte, stieß mich vom Pferd und fiel über mich her. Er griff nach dem roten Lederband an meinem Hals, glaubte wohl, dort sei ein Geldsäckchen, und riss und riss. Ich war noch nie ein großer Kämpfer, ich verdiente meine Gulden nicht mit starkem Arm, sondern mit rechnendem Kopf. Daher konnte ich keine starke Gegenwehr leisten. Ich hielt vielmehr mit beiden Händen den Lederbeutel mit meinen Amulettbrief krampfhaft fest und warf mich bäuchlings auf die Erde. Der Räuber schlug auf mich ein, ich verlor das Bewusstsein – bis ich mit Wasser wieder zum Leben erweckt wurde. Triumphierend stand Oswald über mir, streckte sein blutiges Messer gen Himmel, und unser Johann erzählte mir von den Heldentaten des großen Messerstechers: Zwei Räuber habe er getötet, zwei verletzt und zusammen mit dem Räuberhauptmann in die Flucht geschlagen.

Da ich die Rückkehr des Gesindels – möglicherweise mit Verstärkung versehen – befürchtete, ließ ich die beiden ihre Siege nicht lange feiern, sondern trieb sie an, die Karren wieder in Gang zu bringen. Unsere Pferde waren, Gott sei gedankt, unverletzt geblieben. Die Toten überließen wir den Krähen.

Nach einigen Stunden zügiger Fahrt – jetzt glaubte ich uns sicher – machten wir an einem Bach Rast, um uns zu erholen und zu reinigen. Man sollte uns die Spuren des Kampfes nicht ansehen.

Da ich im Hinblick auf zukünftige Handelsfahrten zuhause niemanden in Angst versetzen wollte, wies ich meine beiden Begleiter an, auf die Dreieinigkeit und alle Heiligen zu schwören, keinem Menschen ein Sterbenswörtchen über den Raubversuch zu erzählen. Sie beschworen dies und verhielten sich stets dementsprechend. Oswald hatte den Schwur natürlich sofort zum Anlass genommen, um nochmals Kasse zu machen. Das hat mich aber nicht sonderlich gestört, denn schließlich war es allein seiner Kampfesstärke zu verdanken, dass wir so glimpflich davongekommen waren.

Schlussendlich sind wir wohlbehalten ins ›Schwarze Horn‹ zurückgekehrt. Dass wir alle sehr erleichtert waren, versteht sich wohl von selbst.

Der Überfall im Hegau hatte bei mir Nachwirkungen. Immer wieder kreisten meine Gedanken in den folgenden Wochen um die Fragen: Warum kam ich mit meinem Leben davon? Wie soll ich meine Handelsfahrten in Zukunft gestalten? Wie soll ich mich in Zukunft schützen? Die Problematik von Abwehr und Schutz stand im Mittelpunkt meiner Gedanken, bis ich schließlich zu folgenden Erkenntnissen kam:

– Mein Amulettbrief mit seinen Sigillen hatte mich vor Unheil bewahrt. Er sollte dies auch in Zukunft tun, durfte aber nie mehr so in Gefahr gebracht werden wie bei meiner letzten Handelsreise.

– Ich musste also den Lederbeutel in Zukunft an absolut sicherer Stelle aufbewahren. Meine Brust war dies nicht, das hat sich bei dem Überfall gezeigt.

Nun stand ich vor einem Problem: Meinem Vater, dem ›Großen Zwingenstein‹, hatte ich versprechen müssen, die Sigillen stets bei mir zu tragen, da sie sonst keine Wirkung hätten; überdies ergab sich das auch zwingend aus dem Wortlaut des Amuletts.

Schließlich kam mir die erleuchtende Idee: Ich wählte von den neunundvierzig Sigillen zwei aus. Diese beiden sollten stellvertretend für alle stehen. Natürlich suchte ich diejenigen aus, die für mich persönlich am wichtigsten waren, und das waren *diese*.« Dabei deutete der Äni auf zwei Geheimzeichen. Beide waren dreifarbig umrandet, so wie die meisten anderen auch.

Zum inneren grünen Kreis erklärte er: »Grün ist die Farbe der Natur und damit auch der Kobolde, Baum- und Wassergeister, auch der Hexen und des Teufels; grün wehrt somit deren Zauber ab. Auch das Gelb schützt gegen das unheilvolle Treiben von Hexen und bösen Geistern. Das Rot des intensivsten äußeren Kreises ist die Farbe des Blutes und damit des Lebens, auch des Feuers und der Gestirne. Diese Blutfarbe ist von entscheidender Bedeutung in der Magie.«

Mehrfach tippte der Alte mit seinem rechten Zeigefinger auf die erste Sigille seiner Wahl. Unter dieser stand das Wort ›*Unverletzt*‹. Dabei erklärte er: »Nachdem ich dir meine Erlebnisse im Hegau erzählt habe, kannst du sicher verstehen, dass ich die Sigille genommen habe, die Unverletzlichkeit verheißt.«

Danach verwies er auf ein zweites Geheimzeichen. »Dieses Sigillenzeichen habe ich deswegen ausgewählt, weil es sich auf den gesamten Lebensweg bezieht und ›*Glücklichen Fortgang in allen Sachen*‹ prophezeit.

Nunmehr erhob sich Großvater mühsam, ging wiederum zur rot bemalten Eichenholztruhe und stöberte längere Zeit darin herum. Schließlich förderte er ein dickes Glas ans Tageslicht, tappte zum Tisch, nahm seine beiden Ringe ab und sprach feierlich: »Bub, schau dir das genau an. Ich meine nicht die äußere Fassung, nicht die Meeresungeheuer, die du ja zur Genüge kennst und die du als Kind gefürchtet hast, sondern den Mittelteil, das flache Rund.«

»Ich kann da nichts Bestimmtes erkennen, höchstens kleine Einkerbungen, wie Kratzerchen sieht's aus, und am Rande ganz feine Kreise.«

»So ist es«, sagte Äni, gab Jacob die Lupe und forderte ihn auf, diese Kratzerchen vergrößert zu betrachten.

Da fiel es Jacob wie Schuppen von den Augen: »Das ist doch die Darstellung der beiden Geheimzeichen, die du mir gerade gezeigt hast! Das hier ist die Sigille ›Unverletzt‹ und die andere ›Glücklicher Fortgang in allen Sachen‹.«

»Das siehst du richtig, und die Erklärung ist jetzt ganz einfach zu verstehen«, fuhr der Äni fort:

»Damals bin ich mit meinem Amulettbrief zu einem Goldschmied gegangen, habe viel Geld bezahlt für das Material, für seine künstlerische Arbeit und vor allem für seinen Schwur, alles geheim zu halten. Das Ergebnis seiner Arbeit siehst du hier.

Auf diese Weise hatte ich damals sowohl meinen Erkenntnissen nach dem Hegau-Überfall als auch dem Willen meines Vaters Rechnung getragen: Den Schutzbrief verwahre ich an sicherem Ort, nämlich hier in meiner Eichentruhe. Die für mich wichtigsten Sigillen trage ich – stellvertretend für alle anderen – an meinem Körper, und kein Mensch kann sie erkennen.«

Seine Stimme wurde noch getragener, noch eindringlicher: »Nun komme ich zum Schluss. Diese zwei Ringe, meine geliebten Sigillen, übertrage ich jetzt auf dich, förmlich, zu allen deinen Rechten. Sie sollen dir alles Glück dieser Welt bringen, genauso wie mir. Die Sigillenringe hätten die Gabe, so sagte einst der Goldschmied, sich jedem Finger anpassen zu können. Schauen wir mal, ob das stimmt.«

Der Äni steckte die Ringe an Zeige- und Ringfinger der linken Hand seines Enkels, genau so, wie er sie auch selbst getragen hatte, und stellte dabei freudig fest: «Der Goldschmied hatte recht! Siehst du, Jacob Zwingenstein, die Sigillen passen. Behalte die Ringe immer an, nimm sie nie wieder ab. Hiermit bist du ein echter Zwingenstein. Ich werde dich nie mehr Bub nennen, mein lieber Enkel Jacob, und die anderen sollen es auch nicht mehr tun.

Dein Urgroßvater war der ›Große Zwingenstein‹, ich, dein Äni, wurde ›Der Zwingenstein‹ genannt, und du bist ab jetzt ›Zwingenstein der Jüngere‹. Bald wirst du das Haupt des Handelsgeschäftes der Zwingensteins sein.«

Er drückte seinen Enkel an sich und sprach mit erstickter Stimme: »Wenn du mich jetzt fragen würdest, warum ich dies alles gerade jetzt ›kund tue‹ – meine Tage gehen bald zu Ende, ich spüre das genau.«

Um Jacob von den Tränen in seinen Augen abzulenken, bückte er sich über seine Eichentruhe und bemerkte: »Amulettbrief und Sigillenringe gehören zusammen. Daher ist jetzt auch der Amulettbrief dein Eigentum. Ich werde ihn aber weiter in der Truhe verwahren, die dir auch bald gehören wird. Und nun geh wieder an deine Arbeit!«

Jacobs Gefühle waren sehr gemischt, als er die *grausigen* Sigillen, die er früher doch so sehr hasste, nun selbst an seiner Hand trug. War es Trauer darüber, dass Äni mit Blick auf seinen Tod seine *geliebten* Ringe abgegeben hatte, oder war es Freude über diesen Vorschuss für seine Zukunft?

*

Am Abend ging »Zwingenstein der Jüngere« in die Mordergasse zum »Haus zum Wolf« zu seinem Freund Wolffgang Gasser, dem Medicus. Sogleich kam er zum Grund seines Besuches: »Mein Großvater fühlt sich unwohl, schon seit längerer Zeit, und es wird immer schlimmer. Vielleicht kann ich von dir etwas Nützliches in Bezug auf seine Krankheit erfahren. Ich will alles versuchen, um Großvater wieder auf die Beine zu helfen – schon deswegen, weil ich ihn sehr liebe, aber auch aus eigennützigen Interessen. Die gesamte Verantwortung für die zwingensteinsche Kaufmannschaft schon in allernächster Zeit übernehmen zu müssen, wäre mir einfach zu früh. Ich bin noch zu jung und zu unerfahren, obwohl mein Großvater mir schon sehr viel beigebracht hat. Es wäre für alle im ›Schwarzen Horn‹ sehr wünschenswert, dass ›der Zwingenstein‹ noch ein paar Jährchen die Zügel in der Hand halten könnte, auch wenn er nur noch vom Hintergrund aus wirken sollte.

Natürlich bin ich mir darüber im Klaren«, fuhr Jacob sogleich fort, ohne dem Mediziner die Möglichkeit eines Einwandes zu geben, »dass du als Erstes sagen wirst, dass ihn ein Arzt ansehen muss. Aber gerade das ist ja das Problem. Äni ist kein Freund von Ärzten, er würde einem Arztbesuch strikt widersprechen. Seit Jahren hören wir von ihm immer wieder den stereotypen

Satz: ›Ich hab mein ganzes Leben lang keine Lust und Liebe zu Doctores, Erzten und zu der Artzney.‹

In dieser Lage ist die einzige Möglichkeit, die ich sehe, dir die Symptome zu beschreiben.«

Da der Doctor medicinae kurz nickte, erklärte Jacob alle Krankheitsanzeichen, wie er sie zum Teil selbst beobachtet, zum Teil von seiner Mutter erfahren hatte.

»Habe ich dich richtig verstanden, dass der Alte immer kurzatmiger und der Bauch immer dicker wird und dass er sich nicht mehr von seiner Bettstatt erhebt?«, wollte sich Wolffgang rückversichern.

Jacob nickte.

Nach einiger Überlegung meinte Gasser: »Du bist dir doch sicher im Klaren darüber, dass ich keine Ferndiagnosen stellen kann und will. Genau diese Antwort wird dir jeder andere Arzt in dieser Situation auch geben, und dafür solltest auch du Verständnis aufbringen, zumal du ja selbst auch über einige medizinische Kenntnisse verfügst.«

»Aber gerade diese Antwort ist für mich unbefriedigend. Es ist, wie du selbst zugibst, die Allerweltsantwort eines jeden Arztes für jedermann«, erwiderte Jacob in erkennbar vorwurfsvollem Ton.

»Ich weiß«, lenkte der Doctor ein, »du bist nicht ein Jedermann, du bist mein *Freund*. Und diesem sage ich jetzt: Es sieht nicht gut aus mit deinem Großvater. Alle Symptome, die du mir genannt hast, sprechen dafür, dass er eine schwere Herzkrankheit hat, und das Wasser in seinem Körper steigt und steigt. Sein baldiges Ende ist zu befürchten.«

Da nahm Wolffgang Gasser den Jacob in die Arme und drückte den mit Tränen kämpfenden Freund wortlos eine längere Zeit fest an sich.

»Zwei Ratschläge möchte ich meinem Freund in dieser Situation geben: Versuche nicht, deinen Großvater in seinen letzten Stunden von seiner ablehnenden Haltung gegenüber den Ärzten abzubringen. Wenn dies sein ganzes Leben lang seine Meinung war – und damit ist er schließlich recht alt geworden –, so sollte man auch jetzt nicht versuchen, ihn umzustimmen. Respektiere auch *du* seine Auffassung, insistiere nicht. Sprche mit niemandem über dieses Thema. Zumal – die ärztliche Kunst wäre in einem solchen Fall wohl ohnehin hilflos, so meine ich zumindest.

Mein zweiter Rat ist der: Du selbst solltest dich ab sofort in deinem Inneren auf die Übernahme der zwingensteinschen Kaufmannschaft vorbereiten.«

Jacob bedankte sich bei seinem Freund Wolffgang und lenkte seine Schritte schweren Herzens heimwärts zum »Schwarzen Horn.«

Kapitel 16

Zwei Tage später rief der Zwingenstein die Ulmerin in sein Gemach und bat sie, auf seiner Bettstatt bei ihm Platz zu nehmen. Er nahm ihre Hand in die seine und begann: »Meine liebe Barbara, wir müssen uns auf meine letzten Stunden einrichten. Meine Beine werden immer dicker, mein Bauch schwillt mehr und mehr an, und ich kann mich kaum noch aus dem Bett erheben. Mein Atem wird immer kürzer, manchmal kann ich nur noch röcheln.«

»Aber lass mich doch nach einem Arzt schicken, sagte sie mit zitternder Stimme, »der wird dir sicher ...«

Er schob ihre Hand weg, fuhr hoch und unterbrach sie mit gebieterischer Bewegung, so wie er es immer getan hatte, wenn ihm etwas nicht passte, mit einem schroffen »Nein, das wirst du nicht tun. Schon wieder kommst du mir mit dem Arzt, obwohl du doch genau weißt, dass ich keinen Arzt sehen will. Das habe ich in meinem Leben wohl oft genug betont. Die Mediziner wollen mir doch nur Blut abzapfen, mich mit Schröpfköpfen und Blutegeln traktieren, mich klistieren und mir bittere Mixturen reinpumpen, sonst machen die doch sowieso nichts. Und ich soll nur gehorchen wie ein artiges Kind. Nein! Ich weiß doch, wie es um mich steht. Nein, ein Physikus kommt mir jetzt nicht ins Haus. Auch an meinem Sterbebett will ich keinen sehen. Das sage ich dir heute schon. Kein Arzt gibt mir das Sterbegeleit, sondern ein Priester.«

Dann schwieg er eine Weile und fuhr fort – immer noch mit fester, aber doch etwas verhaltenerer Stimme: »Die meisten Menschen unserer Zeit empfinden das Leben auf Erden nur als Jammertal, allein auf das Jenseits ausgerichtet, auf das Himmelreich. Sicherlich, das Leben ist eine Pilgerfahrt zu Gott. Aber dennoch hat Gott uns auf Erden auch Dinge gegeben, um uns daran zu erfreuen und zu ergötzen. So zumindest habe ich es immer gesehen. In diesem Sinne bin ich sehr alt geworden und habe mein Hiersein, mein Diesseits genossen. Wenn nun die letzten Körnchen Sand aus meiner Lebensuhr verrinnen, so will ich das nicht aufhalten. Niemand kann das aufhalten, auch du nicht, Barbara! Auch kein ›Arzat und keine Arzney‹. Und wenn ich das jetzt so betone, dann solltest gerade du nach jahrelanger Erfahrung mit mir wissen, dass dies so unumstößlich feststeht, wie ich es sage.«

Nach längerem Schweigen, das sie aber nicht zu unterbrechen wagte, obwohl es ihr wie eine Unendlichkeit vorkam, sprach er mit nunmehr ungewohnt sanfter Stimme weiter: »Ich habe das Leben geliebt, habe die Menschen geliebt – besonders dich. Ein Glückskind könnte man mich nennen. Schon mein Vater, der ›Große Zwingenstein‹, gab mir Liebe, eine gute Ausbildung und machte mich zu einem Erfolgreichen meiner Zunft. Er fertigte ein Gemächte, ein Testament, in dem er mir – neben meiner Schwester Nes – viel Hab und Gut vermachte, liegendes Gut, nicht nur hier in Konstanz, auch eine große Menge fahrendes Gut und dazu zahlreiche Pfandbriefe. Vor allem aber überließ er mir in Liebe einen Amulettbrief, der mir Schutz und Schirm gab und mir ›Glücklichen Fortgang in allen Sachen‹ verlieh, so wie eine von mir ausgewählte Sigille es verspricht. Deshalb konnte ich fast alles haben was ich wollte. Ich bin hier in Konstanz und vielen anderen Orten ein bekannter Mann, geachtet, beliebt oder auch gehasst. Und, ehrlich gesagt, ich brauchte das auch so. Und jetzt soll alles seinen Gang nehmen.«

Barbara sah den Zwingenstein mit ihren leuchtend blauen Augen, in denen Tränen standen, unverwandt an und schwieg weiter.

»Aber was rede ich denn so herum? Das alles wollte ich dir doch gar nicht erzählen. Darauf bin ich nur wegen deiner dummen Idee, nach einem Arzt zu schicken, gekommen. Ich will jetzt endlich zu meinen eigentlichen Anliegen kommen:

Es gibt mehrere Gründe dafür, dass ich dich, meine liebe Barbara, zu mir gerufen habe.« Er zögerte kurz und sprach dann stockend weiter: »Ich muss dir einige Dinge offenbaren, die mir auf der Seele lasten – vielleicht könnte man es auch beichten nennen. Des Weiteren möchte ich dich um Verschiedenes bitten.« Dabei griff er nach einem mit krakeliger Schrift vollgeschriebenen Zettel, warf einen Blick darauf und begann:

»So vieles wollte und sollte ich noch mit dir bereden, aber ich will mich auf s*ieben* Dinge beschränken. Diese Zahl SIEBEN ist eine heilige Zahl, und daher werden alle diese sieben Dinge ihren guten Lauf nehmen, daran glaube ich fest.

Als *Erstes* zu meinem einzigen Enkel: Ich bin mit seinen Leistungen bei mir in der Kaufmannschaft sehr zufrieden. Er ist mit seinen geschäftlichen Fertigkeiten und Kenntnissen weiter, als ich es war, als mein lieber Vater Melchior verschied. Von da aus betrachtet, könnte ich jetzt gehen. Trotz alledem: Pass gut auf den Jacob auf! Eigentlich müsste ich dir das nicht sagen, denn das tust du als Mutter sowieso. Aber ich erwähne es trotzdem, denn du warst in all den Jahren bei Entscheidungen, die deinen Sohn betrafen, meistens sehr zurückhaltend. Du hast nur, wenn es gar nicht anders ging, ausgleichend eingegriffen. Vielleicht hast du so gehandelt, weil ich da war und wichtige Entscheidungen getroffen habe, obwohl ich immer auf deinen Rat gehört habe. Auch dir ist bekannt, dass Jacob dann und wann unentschlossen und weich ist; da kommt er nach seinem Vater. Und das gute Herz hat er von dir, seiner lieben Mutter. Vielleicht hätte ich doch nicht bestimmen sollen, dass er ein zwingensteinscher Handelsherr werden muss, was nun mal eine gewisse Härte voraussetzt. Immer wieder plagen mich da Selbstzweifel. Aber das ist nun einmal factum. Du musst ihm in schwierigen Situationen helfen, und das hoffentlich noch sehr lange. Du musst stärker entscheidend eingreifen als bisher. Wenn du dabei allein nicht weiterkommst, wenn du einen Mann als Beistand brauchst, dann wende dich an meinen damals noch sehr jungen Ratsfreund Christoffel Winterberg. Als wildem jungen Mann habe ich ihm als väterlicher Freund in kniffligen Situationen immer wieder einmal aus der Patsche geholfen, war ihm häufig eine Stütze. Heute ist er abgeklärt, erfahren und ein guter, geachteter Ratgeber. Ich habe mit ihm geredet, und er hat mir versprochen, dass er dir und Jacob mit Rat und Tat beistehen und euch immer ein guter Fürsprecher sein wird.

Wenn ich gerade beim Thema Ratgeber bin, hier noch ein wichtiger Hinweis: Bedenke immer«, sagte er mit beschwörender Geste, »hole niemals Rat bei meiner Schwester Agnes. In unwichtigen Dingen kannst du sie ja pro forma befragen, schließlich musst du mit ihr, ohne meine schützende Hand, zusammenleben. Bei Essenziellem darfst du dich aber nie auf sie verlassen. Die Nes ist fuchsschlau, gibt sich häufig zugänglich, freundlich und hilfsbereit, in Wirklichkeit aber ist sie falsch und hinterhältig. In ihrem Wesen liegt etwas Zerstörerisches. Sie kann Glück, Wohlergehen und Zufriedenheit anderer nicht ertragen – wohl deswegen, weil sie es selbst niemals verspürte. Vielleicht sollte ich es noch anders ausdrücken: Es bereitet ihr höchste Erfüllung, gute Beziehungen anderer Menschen, seien es persönliche oder geschäftliche, zu vernichten. Häufig geschieht dies, um eigenen Nutzen zu ziehen, aber auch zum reinen Selbstzweck. Das habe ich selbst leider erst viel zu spät erkannt. Aber darüber später.

Übrigens, dem Jacob habe ich meinen Amulettbrief und meine beiden Sigillenringe vermacht«, dabei zeigte er ihr seine linke, jetzt ringfreie Hand. »Diese Ringe werden ihm Schutz und Schirm geben. Damit ist er jetzt ein echter Zwingenstein und von nun an nicht mehr der Bub; das hat er ja auch nie gern gehört. Trage auch du bitte Sorge dafür, dass die anderen in unserem Haus und auch außerhalb ihn nicht mehr so nennen. Wie man meinen Vater als den ›Grossen Zwingenstein‹ und mich als ›den Zwingenstein‹ bezeichnet hat, so ist Jacob jetzt ›Zwingenstein der Jüngere‹. Denke bitte immer daran, dass er vorerst der letzte männliche Träger unseres guten Namens ist.«

Er blickte kurz auf seine Notizen, dann schaute er Barbara durchdringend an und sprach weiter:

»Der zweite Punkt betrifft Gerwig Zwingenstein, deinen toten Gemahl, meinen geliebten Sohn. Er war mein erster und einziger, seine Mutter Margreth ist bei seiner Geburt gestorben. Darüber brauche ich dir nichts weiter zu erzählen, das weißt du alles. Geheiratet habe ich nicht mehr, denn nach meiner Ehe wollte ich frei sein. Ich hatte vor, aus Gerwig einen großen Kaufmann zu machen, so ganz nach dem Vorbild meines Vaters. Aber zumindest so erfolgreich wie ich sollte er werden. Das war jedoch ein schwerer Fehler: Gerwig war zu schwach, zu weich, zu wenig tatkräftig und hatte vor allem nicht das notwendige Durchsetzungsvermögen. Aber er war immer darauf bedacht, nach außen hin genau das Gegenteil darzustellen, er wollte sich stets allen beweisen. Vor allem bei mir suchte er sich dadurch hervorzutun, dass er wie sein Großvater und Vater große Handelsreisen unternehmen wollte. Das habe ich damals leider nicht so klar erkannt. Mein zweiter Fehler war, dass ich als Herr des Handelsunternehmens nicht darauf bestanden hatte, dass er nur in großen Handelszügen zusammen mit anderen Kaufleuten und unter dem Schutz von landesherrlichen Begleitmannschaften reiste. Zwar hatte ich für ihn die erforderlichen Geleitsbriefe immer beschafft, aber was nützt eine Urkunde gegen bewaffnete Räuber? Ich selbst hätte ihm starke und zuverlässige Kerle als Begleitpersonal bereitstellen müssen. Stattdessen ließ ich ihn seine Knechte auswählen – und dies bei seiner ersten großen Handelsfahrt! Und er nahm schwächliche Feiglinge mit, die ihn ganz schnell verlassen haben. Dabei war mir doch aus eigener Erfahrung klar, wie wichtig eine schlagkräftige Begleitung ist. Wegen meiner Fehler wurde er ausgeraubt und erschlagen. Und das Ende dieser schlimmen Geschichte kennst du genauso gut wie ich. Und mein drittes Versäumnis, und das war wohl das schlimmste: Ich hätte ihm unbedingt meine Sigille ›Unverletzt‹ mitgeben müssen.«

»Aber«, meldete sich Barbara nach langer Zeit wieder einmal zu Wort, »du irrst in allen Punkten. Deine Selbstanklage und Selbstvorwürfe sind nicht berechtigt. Kaufmannsreisen sind in unseren Zeiten immer mit Gefahren verbunden, das weiß jeder. Du hast den Gerwig doch nicht bewusst den Räubern ausgeliefert. Wenn du ihn nicht auf große Handelsreise geschickt oder ihm deine Begleitknechte aufgezwungen hättest, wäre er doch in seiner Ehre verletzt gewesen. Er wollte doch Anerkennung finden und als fähiger Mensch und tüchtiger Kaufmann von seinem Vater und seiner Gemahlin geschätzt werden. Sehr dankbar war er dir – glaube mir Lienhart, das weiß ich ganz genau, weil er es mir gegenüber mehrfach betont hat – , dass du ihm die Freiheiten gabst, derentwegen du dich jetzt selbst anklagst. Denn hierdurch hast du ihm zu erkennen gegeben, dass du ihn als selbstständigen und gleichwertigen Partner betrachtest. Du hast eben nicht deine Gewalt als Vater und Kaufherr herausgekehrt. Und was mich als Ehefrau Gerwigs angeht, möchte ich auch noch etwas klarstellen: Ich habe dir, mein lieber Lienhart, niemals den geringsten Vorwurf wegen des Todes meines Ehegemahls gemacht und werde das auch in Zukunft nie tun.«

»Barbara«, sagte der Zwingenstein nachdenklich, »du bist zu großmütig und willst mich schonen. Selbst wenn es so gewesen sein sollte, wie du sagst, so war es doch ein Fehler von mir, nicht früher mit dir darüber geredet zu haben. Für dich wäre es besser gewesen, und auch ich hätte mir viele Selbstvorwürfe ersparen können. Aber immerhin, die Aussprache über diese schlimme Sache war jetzt noch nicht zu spät.

Wenn wir schon beim Thema meiner Verfehlungen sind, so komme ich jetzt zu einer *dritten* Sache.« Dabei hielt er kurz inne und schaute wiederum auf seinen Zettel. »Diese ist für mich besonders heikel, weil sie *deine* Person betrifft – ja du hörst recht – dich, liebe Barbara, angeht. Was ich dir jetzt sage, ist keinem Menschen der Welt bekannt. Der einzige Mitwisser, mein lieber Freund Ulrich Denzin von Ulm, dein lieber Vater, ist schon seit Jahren verstorben, daher bräuchte ich dir dies an sich gar nicht zu erzählen, denn es bestünde keinerlei Gefahr, dass du von dieser Sache erfahren könntest. Ich muss mich aber von dieser Last befreien, denn ich will das nicht mit ins Grab nehmen. Ich werde es dir aber auch deswegen sagen, weil gerade unsere Beziehung immer von großer Offenheit und Ehrlichkeit geprägt war.«

Lienhart machte eine längere Pause, als wolle er sich die Worte besonders gut zurechtlegen, und fuhr dann fort, während Barbara ihn gespannt ansah, da sie jetzt offensichtlich selbst die Betroffene war: »Dein Vater Ulrich Denzin und ich hatten vielerlei geschäftliche Beziehungen. Es war ein gewinnbringender Handel für beide Seiten. Wir fühlten uns immer gegenseitig gut bedient, keiner sah sich vom anderen übervorteilt. Ulrich kam häufig nach Konstanz, ich des Öfteren nach Ulm. Nach abgeschlossenen Geschäften saßen wir gesellig beieinander, wobei ein guter Tropfen Wein keine geringe Rolle spielte, sei es daheim oder im Wirtshaus. Dann und wann ging's auch ins Frauenhaus; sei mir bitte nicht böse, wenn ich so offen rede, aber das war eben so. Immer mehr freuten wir uns auf die gegenseitigen Besuche. Die persönliche Beziehung stand eines Tages über der geschäftlichen. So wurden wir, dein Vater Uli und ich, im Laufe der Jahre gute Freunde. Und das brachte natürlich noch intensivere Handelsbeziehungen mit sich. Es gab hier in Konstanz sogar schon aufgeregte Stimmen von Konkurrenten, die von einer heimlichen Ulm-Konstanzer Handelsgesellschaft sprachen.

Dann kam ein einschneidendes Ereignis, ich erinnere mich so genau daran, als sei es vorgestern geschehen. Ich war in Ulm, es war im Frühjahr 1434. Die Geschäfte waren abgewickelt, ein herrliches Abendessen mit vielen Trachten und köstlichem Wein war genossen, da standest du vor mir: lachend, mit strahlend blauen Augen, dein ebenholzschwarzes Haar mit Drahtgold durchflochten, angetan mit einem langen blauen Hängekleid mit silbernen Zierborden und sagtest keck: ›So, habt ihr heute genügend Handel betrieben? Habt ihr euch gegenseitig tüchtig über den Tisch gezogen? Oh, ihr größten aller Handelsherren! Aber das Sonderbarste ist wohl bei euch beiden: Jeder glaubt, er sei der große Gewinner. Seid ihr auf dieser Basis Freunde geworden? Vielleicht sogar echte?‹ Jeder dieser Sätze hat sich bei mir genau eingeprägt, so wie auch später viele deiner Worte.

Dein Vater Uli hatte dies alles mitangehört, und es war ihm so schrecklich peinlich. Weißt du noch, wie er dich mit nicht ganz freundlichen Worten verscheucht hat? Dann sagte er entschuldigend zu mir: ›Merkwürdig, so ist sie selten, meine älteste Tochter Barbara. Sie ist wohlerzogen und benimmt sich normalerweise zurückhaltend und ehrerbietig, so wie es sich für eine Jungfrau geziemt. Nimm daran keinen Anstoß, mach dir nichts daraus und lass bitte deswegen unser beiderseitiges gutes, freundschaftliches und geschäftliches Verhältnis nicht leiden‹!«

Bei dieser Erzählung saß Barbara mit hochrotem Kopf da und flüsterte: »Ja, Lienhart, das stimmt alles. Irgendwie war ich damals völlig verdreht, ich war nicht ich selbst. Damals wusste ich auch nicht, warum. Heute glaube ich den Grund zu kennen!«

»In der folgenden Zeit trat«, so fuhr Lienhart mit seinen Ausführungen fort, »das Gegenteil von dem ein, was Uli aufgrund deiner damaligen sonderbaren Worte befürchtet hatte: Meine Besuche in Ulm wurden nicht seltener, sondern immer häufiger. Laufend hatte ich einen Vorwand für weitere geschäftliche Unternehmungen in eurer schönen Stadt an der Donau. Ich musste *dich* sehen – immer wieder. Und du selbst, so hatte ich damals den Eindruck, sahst mein Kommen auch nicht ganz ungern.«

Und wiederum errötete Barbara leicht.

»Ich war wieder einmal in eurem Hause. Nach getaner Arbeit und einem köstlichen, langen und ausgiebigen Abendessen saßen Uli und ich in euerer gemütlichen Stube. Einige Krüglein Esslinger Weins, den trinkt ihr Ulmer doch besonders gern, waren geflossen. Die Zungen waren etwas behäbiger geworden, die Offenheit aber dafür umso größer. Da sagte dein Vater in seiner direkten Art: ›Ich weiß, warum du seit dem großen Auftritt meiner Tochter so häufig nach Ulm kommst. Der Grund heißt nicht Handel, auch nicht Ulrich, sondern Barbara. Und die ist immer ganz durcheinander, rennt in ihre Kammer und wirft sich in ein hübsches Gewand, wenn dein Pferdewagen vorfährt.

Und jetzt, Lienhart, sag ich dir etwas ganz offen und ohne Umschweife, auch wenn es für dich recht unvermittelt kommen mag: Gern gebe ich dir meine Tochter Barbara zur Frau, obwohl ich mich schwer von ihr trenne. Sie ist nämlich, ich weiß, so etwas sollte man nicht sagen, mein Lieblingskind. Die materiellen Fragen, die bei den meisten Heiraten die größte Rolle spielen, sollten uns beiden nicht ganz armen Freunden keine Probleme bereiten. Nur eines: Ich würde ihr sehr viel mitgeben, und du müsstest Entsprechendes widerlegen, so dass die junge Frau vermögensmäßig absolut abgesichert ist.‹ Wenige Worte, aber bedeutsamer Inhalt. Dies traf mich völlig unvorbereitet, ich war total verwirrt. Bei mir war bisher alles, was die Person Barbara betraf, reines Gefühl. Und der Uli hatte das jetzt rational umgesetzt.

Es floss weiterer Wein. Wir versicherten uns ewiger Treue und Freundschaft. Wie ein plötzlicher Strahl kalten Wassers machte mich die *Erinnerung* nüchtern, brachte mir Klarheit, und es entfuhr meinen Lippen: ›Uli, ich kann Barbara nicht heiraten. Ich liebe sie zwar, das siehst du richtig, aber ich kann trotzdem nicht. Vielleicht wirst du mich ein wenig verstehen, wenn ich dir Folgendes aus meiner Ehe erzähle:

Ich war mit Margreth nur etwas über ein Jahr verheiratet. Sie war die Tochter eines reichen mehrfachen Zunftmeisters der Konstanzer Goldschmiede-

zunft. Sie dachte, wohl ihrer Herkunft entsprechend, immer nur an Gold und Geld. Aber das war noch das geringere Übel. Viel schlimmer war es, dass sie immer nur herrschen und die Hosen anhaben wollte. Und davor wird ja schon in dem bekannten Sprüchlein gewarnt:
›Wiss und trait dein weib die pruoch (Hose)
Si wird dein hagel und dein fluoch (Fluch)
Wider gott und sein gebot‹.

Schon mit ihrer Herrschsucht hätte sie auf Dauer mich und mein Haus zugrunde gerichtet. Hinzu kam noch, dass sie ›ein zornig wib‹ war, das laufend Streit mit mir suchte. Nicht nur zuhause, sogar in der Öffentlichkeit hatte sie mich angegriffen und beleidigt. Wir waren zu einer Tanzveranstaltung in der ›Katz‹ eingeladen, dem Gesellschaftshaus der patrizischen Geschlechter. Dort hat sie mich vor all den vornehmen Stadtadligen lautstark angegriffen und verächtlich gemacht. Sie hat erklärt, dass doch wohl noch allgemein bekannt sei, dass mein verstorbener Vater Melchior ein großer Handelsherr gewesen sei, dass er durch seine Fernreisen großen Reichtum erlangt und man ihn daher zurecht überall den *Großen Zwingenstein* genannt habe. Im Vergleich zu ihm bezeichnete sie mich – ich hatte auf Reisen in fremde Länder weitgehend verzichtet und seit seinem Tod noch nicht so großen Reichtum angehäuft – als den *tumben Zwingenstein*. In der Öffentlichkeit dumm genannt zu werden, hat mich natürlich zutiefst verletzt, zumal auch ich allgemein als angesehener Kaufmann galt. Ich war in meiner Ehre getroffen. Du weißt ja, ein Ehemann, der von seiner Frau verspottet und beleidigt wird, gilt als Esel. Ich habe sie damals nicht gezüchtigt, wie es mir in diesem Fall kraft meiner Gewalt zugekommen und an sich erforderlich gewesen wäre. Damals habe ich mir aber geschworen, dass ich nie mehr heiraten werde, wenn ich dieses *zornige Eheweib* jemals los sein sollte. – Und Eide darf man nicht brechen.

Aber auch ganz abgesehen davon: Ich will mich nicht mehr binden, ich bin frei und will das auch bleiben.‹

Wiederum reagierte dein Vater recht emotionslos: ›Ich bin dir nicht böse, wenn du meine geliebte Tochter ablehnst. Du bist seit siebzehn Jahren Witwer. Das ist immerhin so lange, wie Barbara gerade einmal alt ist. Und da hast du deine goldenen Freiheiten genossen. Da gewöhnt man sich ganz schlecht an einen Käfig, auch dann nicht, wenn die Frau sehr jung und hübsch ist.‹

Gespräche und Wein flossen weiter und irgendwie kam man auf Gerwig zu sprechen. Und plötzlich war die Lösung gefunden: Gerwig könnte Barbara heiraten. Das Alter stimmt, die Vermögen stimmen und die Väter sind beste Freunde. Und das größte Glück für mich: Ich könnte dich immer sehen.

Aber wie war das mit den Betroffenen selbst? Mit dir und mit Gerwig?

Die Ausgangslage war klar: Die meisten Heiraten wurden allein durch die Väter bestimmt, nicht nur in den Kreisen des Adels. Das war absolut nichts Ehrenrühriges, im Gegenteil, es entsprach damals wie heute Recht und Gewohnheit. Liebe und Zuneigung der zukünftigen Eheleute war bei der Partnerwahl nicht das Thema. Dennoch schien uns dieser übliche Weg für unsere Kinder nicht der richtige zu sein. Wir wollten keinen direkten Zwang ausüben, wir wollten nicht bestimmen, dass unsere Kinder einen bestimmten Partner ehelichen. Da waren Uli und ich uns völlig einig. Also, was tun?

Es war mittlerweile bald Morgengrauen, ich wollte schon lange zu Bett gehen, aber der rationale Uli meinte: ›Das wird jetzt noch durchgestanden, und wenn der Weinkeller leer wird.‹ Nach langem Hin und Her kam einer von uns beiden, ich weiß nicht mehr wer, auf die erlösende Idee: Ich würde Gerwig für kürzere Zeit zu Ulrich Denzin nach Ulm schicken. Dort sollte er in einem fremden Handelsbetrieb arbeiten, um auch andere kaufmännische Gepflogenheiten kennenzulernen. Vielleicht klappte es dann ja mit ihm und Barbara.

Schweren Schrittes schleppten wir uns schließlich auf unsere Lager.

Und wie es weiterging, brauche ich dir, liebe Barbara, wohl nicht mehr zu erzählen ...

Meine Last, an der ich bis heute immer getragen habe, besteht nicht darin, dass ich dich immer geliebt habe, auch nicht, dass ich dich nicht geheiratet habe und auch nicht, dass mein Gerwig dich geheiratet hat. Da wart ihr euch schließlich auch ohne massives und ernsthaftes Drängen eurer Väter einig. Was mich allein belastet, ist der Weg, die Art und Weise, *wie* es zu euerer Vermählung kam: eine Vorbereitung und Abmachung im Suff und alles Weitere völlig hinter eurem Rücken. Ihr glaubtet, ihr hättet euch aus freien Stücken gefunden, aber in Wirklichkeit war dies durch uns gesteuert. Das ist mein Vergehen an dir, meine geliebte Barbara, und auch an meinem Gerwig. Den kann ich leider nicht mehr um Vergebung bitten, aber dich, Barbara: Verzeih mir bitte.«

Unter Tränen nahm sie seine Worte auf und schluchzte: »Auch hier irrst du, mein geliebter Lienhart. Mir war vom ersten Tage an und auch später stets alles klar. Du brauchst mich daher nicht um Verzeihung zu bitten, denn ihr konntet mich nicht hinters Licht führen. Ich *wollte* in deine Nähe und in dein

Haus. Dort habe ich mich immer sehr wohlgefühlt. Deutlicher will ich nicht werden, und mehr muss ich dazu jetzt auch nicht sagen, denn das Weitere wissen nur du und ich!«

»Barbara, hab Dank, vielfachen Dank!« Zärtlich nahm er ihre Hand, zögerte kurz und fuhr fort. »Barbara, Barbara … ein wunderschöner Name, er kommt aus dem Griechischen und heißt Fremde. Nun, ich freue mich, dass du, wie du ja selbst betonst, in meinem Hause keine Fremde geblieben bist, und ich wünsche, dass dies nach meinem Tod auch so bleiben wird.«

Wiederum schaute der Zwingenstein auf seinen Zettel und sagte: »Der *vierte* Punkt ist für mich etwas einfacher zu erklären, weil er mit deiner Person nichts zu tun hat. Die Sache selbst aber ist viel schwerwiegender, weil malefizisch – verbrecherisch. Ich will dabei auch nicht allzu sehr ins Einzelne gehen, sondern dir nur so viel erzählen, wie für dein Verhalten nach meinem Tod unbedingt notwendig ist:

Beginnen muss ich die Geschichte mit meinem Vater Melchior. Der machte als Fernhandelskaufmann blendende Geschäfte. Er war länger unterwegs, als er in Konstanz weilte, kam dabei in viele Gegenden Deutschlands und in mancherlei fremde Länder. Während seiner Abwesenheit führte Albrecht Näglin hier den Betrieb, zuverlässigst und zur vollsten Zufriedenheit aller, nicht nur der Handelspartner, sondern auch von Melchior. Ohne den Näglin wäre mein Vater kein so großer Handelsherr geworden. Beide waren zudem gute Freunde. Albrecht wohnte im ›Gelben Horn‹ nebenan und war stiller Teilhaber bei Melchior, war bei Weitem aber nicht so vermögend wie der ›Große Zwingenstein‹.

Albrecht Näglin hatte einen Sohn, den Hainrich. Dieser war ein Jahr jünger als ich. Wir waren Freunde, nein, sogar noch mehr: Wir waren wie Brüder, die sich liebten und zusammen aufwuchsen. Zu ihm hatte ich ein wesentlich besseres und engeres Verhältnis als zu meiner eigenen älteren Schwester Agnes. Schon als kleine Buben spielten wir Handelsherrn. Wir imitierten unsere Väter. Ich ritt mit dem Steckenpferd aus, und er machte sich zuhause zu schaffen mit kleinen Kugeln als Handelswaren. Dies war für unsere Väter und auch für uns junge Burschen das Modell der Zukunft.

Und so geschah es dann auch, als ich mit achtzehn Jahren nach dem Tod meines Vaters unser Handelsgeschäft übernahm. Neben den innerbetrieblichen Arbeiten machte Hainrich auch kleinere Handelsreisen, vor allem zu einigen Bodenseestädten, so auch nach Buchhorn im Jahre 1414. Als ich am nächsten Morgen das von ihm eingenommene Geld aus dem Geheimfach nehmen wollte, wo es von alters her immer hinterlegt werden musste, war nichts dort. Nach intensiver Überprüfung musste ich zu dem Ergebnis kommen, dass Hainrich die eingenommenen Gulden für sich behalten hatte. Daher habe ich ihm die Freundschaft aufgekündigt und ihn aus Geschäft und Haus hinausgeworfen. Das alles fiel mir unendlich schwer, denn ich hatte damit meinen liebsten Menschen verloren.

Einige Wochen später saß ich allein im ›Turbulentum‹ und war in elender Stimmung, denn ich trauerte meinem früheren Freund Hainrich noch immer nach. Zum wiederholten Male stellte ich mir die Frage, warum er mein Vertrauen so schändlich missbraucht hatte. Ich konnte mir das einfach nicht erklären. Bereits einen halben Krug ›Elsässer‹ hatte ich wohl schon geleert, da erschien meine Schwester, festtäglich gewandt, mit einem Krug Wein, von dem sie erklärte, es sei ihr bester. Sie fragte mich, ob ich für sie etwas Zeit habe, denn es gäbe etwas zu feiern. Erfreut lud ich sie ein, Platz zu nehmen. Heute noch, nach all den vielen Jahren, sehe ich sie vor meinem geistigen Auge dort sitzen, erinnere mich an jedes unserer Worte und an den vollen Beutel, den sie vor mir auf den Tisch legte.

›Alle diese Gulden gehören dir‹, bemerkte sie, süffisant lächelnd.

›Das verstehe ich nicht! Ich wüsste nicht, dass du mir Geld schuldest‹, entgegnete ich, hellhörig geworden und kurz angebunden.

›Ja, mein liebes kleines Brüderlein, das ist eine längere Geschichte. Die musst du dir jetzt voll und ganz anhören, auch wenn ich schon wieder deine Ungeduld erkennen kann. Aber so warst du ja schon immer, wenn du für *mich* einige Minuten erübrigen solltest:

Ich muss anfangen, als wir noch Kinder waren. Da warst du immer mit deinem Freund Hainrich Näglin zusammen, hast stets mit ihm gespielt. Und ich, deine Schwester, war allein. Höchst selten habt ihr mich mitspielen lassen. Schon damals habe ich in meinem Inneren beschlossen, dass ihr mir eines Tages dafür bezahlen werdet.

Schon seit langer Zeit war mir klar, dass ich ein wenig verwachsen bin, dass mit meinem Rücken etwas nicht in Ordnung ist. Ich hörte einmal, eine Magd hätte mich als Kleinstkind aus den Händen fallen lassen. Und was habt ihr beide gemacht? Ihr habt mich wegen meines Aussehens Ente genannt, sogar vor anderen Leuten. Da habe ich mir wiederum gesagt, dass ihr dafür bezahlen werdet.

Als Hainrich und du Lehrknechte wart, da habe ich euch immer heimlich beobachtet und gesehen, wie alles zu machen ist bei der Kaufmannschaft.

Ich wusste alles über die Waren, über die Buchhaltung, über die verschiedensten Währungen und deren Umrechnung. Immer hatte ich mir gewünscht, ein Junge zu sein und ein großer Kaufherr zu werden. Ich wäre bestimmt ein besserer Handelsherr geworden als du und dein Hainrich zusammen. So einer wie Vater Melchior wäre ich geworden, hätte fremde Länder bereist und weiteren Wohlstand erworben. Und nun war ich eine Frau, und ihr habt mich von der Kaufmannschaft ausgeschlossen. Dafür solltet ihr mir zahlen.

Kein Vertrauen wurde mir entgegengebracht, schon von meinem Vater Melchior nicht, und dann von dir erst recht nicht. Das hat mich immer sehr gekränkt. Warum habt ihr mich nicht in das Geheimnis des versteckten Faches, des *Secretums*, eingeweiht? Fremde, wie die Näglins oder der Johann, die durften das wissen, und ich, eine Zwingenstein, dagegen nicht. Und dann habt ihr mich alle noch für so dumm gehalten, dass ihr annahmt, ich könnte das Versteck nicht entdecken. Das hat mich erst recht gefuchst. Daher war ich unserem Vater – schon vor langer, langer Zeit – nachgeschlichen und habe ihn heimlich beobachtet, sah, woher er den Schlüssel nahm und wie er sich an dem Geheimfach zu schaffen machte. Und wenn man das einmal gesehen hat, ist es wirklich keine Kunst, dem verborgenen Mechanismus beizukommen. Ich habe in all den Jahren dort öfter Nachschau gehalten. Hab aber keine Angst, Lienhart, ich habe keine nennenswerten Beträge aus dem Versteck entnommen. Nur so viel, dass man mir nicht auf die Schliche kam, wobei ich glaubte, dass mir das ohnehin zusteht – quasi als Badegeld‹, fügte sie höhnisch hinzu.

›Als ich zur Frau wurde, habe ich mich an Hainrich herangemacht, ihn wollte ich haben, denn über ihn wollte ich Einfluss auf die Kaufmannschaft erlangen. Mit allen Mitteln habe ich es versucht. Aber da kam diese blöde Ziege von Leinenweberin mit ihrem hübschen Lärvchen dazwischen.

Und jetzt kann ich es ja kurz machen: Den Hainrich habe ich belauert, als er das Geld spät abends ins *Secretum* legte. Später, mitten in der Nacht, bin ich dann in die Schreibstube hinuntergeschlichen und habe den Beutel voller Gulden aus dem Versteck geholt und bei mir im Gelben Horn verwahrt. Da ist er nun, und ich schwöre dir: Keinen einzigen Haller habe ich herausgenommen.‹

Der Hals war mir wie zugeschnürt, die Brust eng. Schweiß trat mir auf die Stirn, und da ich keinen Ton herausbrachte, fuhr sie fort:

›Die Frage, warum ich das getan habe, ist bereits zum Teil beantwortet: Du und Hainrich, ihr musstet mir für vieles *bezahlen*. Die offenen Rechnungen habe ich dir ja soeben vorgelegt.

Hinzu kam aber noch ein ganz schwerwiegender Punkt: Ich wollte mich an Hainrich besonders für das rächen, was er mir angetan hat. Er hat mich *als Frau* zutiefst verletzt und als Mensch beleidigt. Einzelheiten hierzu erspare ich dir wegen deiner Ungeduld.

Aber auch für *uns beide* habe ich es getan, für uns als Bruder und Schwester. Für jeden von uns ist Hainrichs Verschwinden ein Segen. Da unser Vater uns die Häuser zum Gelben und zum Schwarzen Horn gemeinsam vermacht hat, und da du im Schwarzen Horn sitzt, kann ich mich jetzt im Gelben breitmachen. Das hat es *mir* gebracht. Und auch *du* kannst froh sein, dass du ihn los hast. Du warst ja gar nicht mehr alleiniger Herr deiner Geschäfte, zu allem hat er ... ‹

Weiter kam sie nicht. Die ohnmächtige Wut, die sich in mir angestaut hatte, entlud sich: Ich habe den Krug mit ihrem ›besten Wein‹ genommen und vor ihr auf den Tisch geschleudert. Nur ein einziges Wort brachte ich über die Lippen: ›Hinaus!‹ Meine Gebärden waren wohl so bedrohlich, dass sich Agnes blitzartig erhob und, nass von oben bis unten, fluchtartig das ›Turbulentum‹ verließ. Ich war völlig außer mir und konnte mich kaum noch kontrollieren. Noch heute bin ich Gott dafür dankbar, dass er mich davor bewahrt hat, sie zu erschlagen.

In dieser Nacht habe ich kein Auge zugetan, es war die schwerste Nacht meines Lebens. Tausend Dinge schossen mir durch den Kopf, meist nur Gedankenfragmente, nicht konsequent zu Ende gedacht. Und immer wieder die Frage: War es *meine Schuld,* dass ich den Hainrich unberechtigterweise hinausgeworfen habe? Nein, sagte ich mir immer wieder, schuldig ist die Ente. Aber dann schlichen sich wiederum Bedenken ein, ob ich nicht besser und tiefer hätte nachprüfen müssen, ob Hainrich wirklich der Malifikant war. Nein, sagte ich mir dagegen: Nach damaliger Erkenntnis war die Lage absolut klar: Alles sprach lückenlos gegen Hainrich. Ich befand mich wohl in einer Situation wie ein Richter, der nachträglich erkennt, dass sein Urteil falsch war – nur mit dem großen Unterschied: Der Verurteilte war der Mensch, der mir am nächsten stand. Das verschlimmerte meine seelische Not gewaltig. Ich hatte die Axt an eine echte Freundschaft gelegt.

Aber noch schwieriger als die Frage nach Schuld oder Unschuld war die nach den Konsequenzen, die ich in dieser Situation zu ziehen hatte: Was sollte ich in meiner jetzigen Lage tun? Wäre ich imstande, mich zu dem Gang nach Weinfelden durchzuringen, um Hainrich reuig Abbitte zu tun? Sollte ich ihn ins ›Gelbe Horn‹ zurückholen und ihn ersuchen, wieder mit mir zusammen-zuarbeiten? Sollte ich gegen meine Schwester vor dem Rat unserer Stadt Klage erheben? Das hätte sie verdient!

Gedanken über Gedanken, gutgeheißen und wieder verworfen, dann neu überdacht et cetera.

Gegen Morgengrauen hatten sich die Nebel in meinem Kopf gelichtet, hatte sich das Wichtigste sortiert und waren die Prioritäten gesetzt:

– Agnes ist immerhin meine Schwester, so sagte ich mir, so bösartig und hinterhältig sie auch sein mochte. Das eigene Blut ist immer am nächsten. Wenn ich sie zur Anklage vor den Rat bringe, wird der Ruf der ehrenhaften Familie Zwingenstein beschädigt und damit wird auch das Ansehen unseres Geschäftes verletzt und schließlich auch meine eigene Ehre. Das darf nie-mals eintreten! Dem ist alles andere unterzuordnen.

– Wenn Hainrich zu uns zurückkehrte, würden die Misshelligkeiten zwi-schen Agnes und ihm fortgesetzt werden. Damit war nach den charakterlichen Eigenschaften der Ente zu rechnen. Und eines Tages käme möglicherweise alles ans Tageslicht und an die Öffentlichkeit. Auch in diesem Falle würde ein Makel auf unsere Familie fallen.

– Da also eine öffentliche Rehabilitierung für Hainrich ausschied, musste der Schaden für das ihm zugefügte Unrecht durch die Familie Zwingenstein im *Geheimen* ersetzt werden, sozusagen im Sinne eines stillen Helfers, jetzt und in aller Zukunft.

Von diesen Grundpositionen ausgehend, rang ich mich zu folgenden Ent-scheidungen durch: Der Status quo bleibt zwar erhalten, wird aber unter zwei Bedingungen gestellt:

– Meiner Schwester Agnes werde ich Zügel anlegen.

– Den Näglins in Weinfelden werde ich steter Helfer im Stillen sein, vor allem in Notzeiten.

Als ich *Agnes* am nächsten Nachmittag rufen ließ, kam sie hochnäsig daher-gewatschelt und setzte sich in der Stube neben mich. Ohne Vorrede und Erklärungen eröffnete ich ihr: ›Du hast malefizisch gehandelt und gegen göttliche und weltliche Verbote verstoßen. Du hast mir meinen besten Freund und liebsten Menschen genommen. Angemessen wäre es, dich aus dem ›Gel-ben und dem Schwarzen Horn‹ hinauszujagen. Leider ist dies nicht mög-lich, weil unser Vater uns die beiden Häuser gemeinschaftlich vererbt hat. Allerdings werde ich deine Rechte in den beiden Häusern beschränken: Im ›Schwarzen Horn‹ magst du die Stube betreten und die Mahlzeiten mit uns einnehmen, falls du es wünschen solltest. Dazu auffordern werde ich dich allerdings nie wieder. In allen übrigen Räumen dieses Hauses hast du nichts zu suchen. Betrete vor allem niemals mehr das ›Turbulentum‹. Dort möchte ich durch den Anblick deiner Person nie mehr an den gestrigen Abend erinnert werden. Im ›Gelben Horn‹ sind Küche und Stube sowie die Kammern im zweiten Obergeschoss dein Reich, das ich nicht betreten werde. Alle übrigen Räume werde ich zur Lagerung meiner Handelswaren oder, falls erforderlich, als Kammern für meine Dienstboten in Anspruch nehmen. Nach außen hin soll auf unser beider Zusammenleben kein Schatten fallen; es soll so normal wie früher erscheinen. Es ist nicht erforderlich, dass ganz Konstanz sich das Maul über den Bruch zwischen Bruder und Schwester Zwingenstein zerreißt. Das wäre gegen die Ehre unserer Familie.‹

Nachdem meine Schwester hiergegen Einwände erhoben hatte – für ihre Verhältnisse allerdings relativ kleinlaut –, machte ich ihr klar, dass ihr nur zwei Wege offenstünden: ›Entweder du nimmst meine Entscheidung an oder du reichst wegen der Beschränkung deiner Befugnisse Klage vor dem Rat ein und trägst dort dein Begehr vor. Allerdings würde ich dann Gegenklage erheben und dabei dein malefizisches Verhalten vorbringen. Ich würde alle meine Kräfte aufwenden, dass du bestraft und aus der Stadt verbannt wirst. Vielleicht käme es aber auch gar nicht zu einem Stadtverweis, denn es ist schon häufig genug vorgekommen, dass man Diebinnen erhängt oder gar ertränkt hat.‹

Daraufhin erklärte Agnes zögernd, sie wolle keine Klage vor dem Konstanzer Rat und habe wohl keine andere Wahl, als sich meinem Diktat zu beugen, allerdings nur schweren Herzens. Sie hat sich stets strikt an meine Bedingungen gehalten. Später habe ich die Zügel etwas gelockert und ihr die Hausbesorgung im ›Schwarzen Horn‹ übertragen, bis dann du kamst. Aber das ist dir ja selbst hinreichend bekannt.

Was den *Hainrich Näglin* betraf, so habe ich an meinem Verdikt festgehalten – leider. Heute bereue ich das. Ich habe ihn nie mehr gesehen, habe ihn nie besucht, ihn auch nie darum gebeten, zu mir zu kommen. Alle Handelsgeschäfte mit den Näglins habe ich über Johann abgewickelt, in jüngerer Zeit über Jacob. Aber ich konnte einfach nicht anders. War es mein übersteigerter Stolz? War es die übertriebene Beachtung von Ehre und gutem Ruf der Familie Zwingenstein und meines Handelsgeschäftes? Oder was war es sonst? Ich habe das oft hinterfragt, fand jedoch keine Antwort – bis heute nicht. Und mit jedem weiteren Tag, an dem es lediglich bei meinen Selbstzweifeln blieb und ich mich nicht zu einem versöhnenden Handeln durchringen konnte, wurde es für mich schwieriger, mich mit Hainrich auszusöhnen, bis dies letztendlich überhaupt unterblieb.

Den Entschluss, den Näglins im Stillen zu helfen, den ich in jenen Morgenstunden gefasst hatte, habe ich in die Tat umgesetzt. Zunächst war und bin ich heilfroh darüber, dass ich Hainrich damals bei unserer Trennung mein großes Haus mit Hofstatt im Badstubenweg in Weinfelden zu günstigen Bedingungen überlassen habe. In Notsituationen, vor allem bei Missernten, habe ich den Näglins immer geholfen, habe ihnen fällige Schuldzinsen gestundet und ihnen niedrigst verzinste Gelder ohne Schuldbriefe zur Verfügung gestellt

Ja, liebe Barbara, so war das damals. Es war für mich eine schwere Zeit. Und nun habe ich dir doch mehr zu diesem Thema erzählt, als ich mir anfangs vorgenommen hatte. Sei mir bitte nicht böse, aber diese schlimme Sache rumort noch heute in mir. Mit keinem Menschen habe ich bisher darüber gesprochen, nicht einmal in der Beichte.«

»Es ist gut, Lienhart, dass du mir das alles mitgeteilt hast:

Es ist gut für *dich*, denn du kannst jetzt, nachdem du dich einem Menschen offenbart hast, diese Last fallen lassen. Mach dir hierüber keine Sorgen mehr. Ich sage dir: Du trägst in dieser Sache keine Schuld mit ins Grab.

Es ist aber auch gut für *mich*, denn jetzt kann ich deine Schwester *noch* besser einschätzen. Und sei dir sicher: Ich werde keinem *unbeteiligten* Dritten von dieser Sache erzählen, auch nicht dem Jacob.«

»Liebe Barbara, deine einfühlsamen Worte haben mich getröstet und erleichtert, ähnlich wie eine Absolution in der Beichte. Dank dafür.«

Nach einer kleinen Pause setzte der alte Zwingenstein seine Ausführungen fort: »Die schwierigsten Punkte haben wir nun hinter uns. Den Rest können wir jetzt schnell abwickeln.

Als *Fünftes* habe ich zwei Bitten, die zum Teil im Zusammenhang mit dem stehen, was ich dir gerade erzählt habe:

Ich übergebe dir den Schlüssel«, dabei zeigte er auf die rot bemalte Stollentruhe, »zu meiner Eichentruhe, wo ich meine wichtigsten Unterlagen verschlossen halte. Dort findest du Aufzeichnungen, die ich in Bezug auf Hainrich Näglin gemacht habe. Auch in weiteren Angelegenheiten gibt es wohl noch einige Dokumente, die nicht in die Hände anderer gehören, auch nicht in die von Jacob. Bitte sichte den gesamten Inhalt der Truhe, entferne alle inkriminierenden Papiere und verbrenne sie oder nehme sie an dich. Ich habe die Kraft nicht mehr und auch nicht mehr den Willen, dies noch selbst zu machen. Wenn du nach meinem Tod diesen Auftrag erfüllt hast, gib bitte Jacob den Schlüssel zu dieser Truhe.

Meine zweite Bitte: Wenn die Familie Näglin in Weinfelden Probleme hat, sei es der Hainrich selbst, seine Kinder oder Enkel, wenn es ihnen irgendwie schlecht geht, dann sorge dafür, dass ihnen geholfen wird, sei es mit Geld oder mit anderen Dingen, so wie es eben im Einzelnen notwendig ist. Lass sie nie in Not geraten. Dabei meine ich nicht nur materielle Not, sondern auch Angriffe auf ihre Ehre. Ich bin es ihnen schuldig. Bitte mach dies so, wie auch ich es immer getan habe, gegen jeglichen Widerstand, auch gegen den Willen meiner Schwester. Halte die gesamte Familie Näglin stets in *Ehren*.

Damit will ich dir, liebe Barbara, nun aber nicht das Amt eines TESTAMEN-TIERERS aufbürden, das ja ohnehin in der Regel nur Männern zukommt. Dies sind nur zwei spezielle Aufgaben in Bezug auf die Stollentruhe und die Näglins.

Die *sechste* Sache betrifft meinen Letzten Willen: Vor dem Rat der Stadt Konstanz habe ich ein GEMÄCHTE gemacht. An sich wollte ich es dir vorlesen«, dabei zeigte er ihr eine große mit Konstanzer Stadtsiegel versehene Urkunde, »aber es ist sehr lang, und ich fühle mich nach dem vielen Sprechen langsam müde. Daher nur das Wichtigste daraus: Mein Erbe wird Jacob sein. – Dir, liebe Barbara, habe ich vier Häuser mit Hofstatt verschrieben, darunter das Gut der Näglins in Weinfelden, sowie eine Anzahl von Pfandbriefen. Ich weiß, dass dies für dich gar nicht so wichtig ist. Du bist unabhängig und reich durch dein Heiratsgut, die Widerlegung und das große Erbe von deinem Vater Uli Denzlin. Doch mein Herz kann einfach nicht anders, als auch dich, meine geliebte Barbera, angemessen zu bedenken – als Dank dafür, dass du mich über weite Strecken meines Lebens in Liebe und Güte und in der dir eigenen lebensspendenden Weise begleitet hast.

Und nun noch einmal zum leidigen Thema Agnes Zwingenstein: Unser Vater Melchior hat seinen beiden Kindern, also der Nes und mir, das ›Schwarze und das Gelbe Horn‹ an der Markstad jeweils zu gemeinschaftlichem Eigentum vermacht. Das kann nach meinem Tod zu Problemen führen. Ich könnte mir vorstellen, dass meine Schwester dann im ›Schwarzen Horn‹ auftaucht und sich dort als große Herrin aufspielen möchte, obwohl Jacob dann an meiner Stelle die Hälfte gehört. Daher habe ich in meinem Gemächte vorgeschlagen – verfügen kann ich es bei dieser Eigentumslage leider nicht –, dass die Nes das ›Gelbe Horn‹ allein erhält und dazu den stolzen Betrag von zweihundert Rheinischen Gulden. Als Gegenleistung dafür soll dem Jacob das ›Schwarze Horn‹ zu vollem Eigentum überlassen werden. Ansonsten hat meine Schwester nichts von mir zu erwarten. Sollte sie meinem Vorschlag über die Häuserverteilung nicht zustimmen, musst du wohl List oder Druckmittel anwenden. Lies ihr dann meine Aufzeichnungen über ihren Diebstahl aus dem ›Secretum‹ vor – nur vorlesen, aber nicht aushändigen! Darauf kannst du dann deine Argumente aufbauen. Ich bin sicher, dass sie daraufhin keine Schwierigkeiten mehr machen wird, denn ein Bekanntwerden ihrer unseligen Tat oder gar eine Klage vor dem Rat wird sie unter allen Umständen vermeiden wollen. Wenn die Häuserverteilung erledigt ist, kannst du, das habe ich bereits gesagt, diese Aufzeichnungen verbrennen.

Schließlich muss ich noch ein Weiteres erwähnen, weil es mir besonders am Herzen liegt. Es betrifft meinen qualifizierten, von mir immer hoch geschätzten, lieben Johann Keller und die umsichtige, zuverlässige Maria Murer, die mir ein ganzes Leben lang treu und ergeben gedient haben. Für beide habe ich eine gute Pfründe im SPITAL ZUM HEILIGEN GEIST gekauft. Sie sollen ordentlich versorgt sein und keine Not haben, wenn sie eines Tages unser Haus Zwingenstein verlassen werden.

Und nun zum Schluss: Auch wenn du kein Testamentierer bist, so kannst du dennoch ein Auge darauf werfen, dass alles in meinem Gemächte nach meinem Willen vollführt wird, auch die vielen SEELGERÄTE.

Schließlich mein *siebter* und damit letzter Wunsch, der mit meinem Sterben zusammenhängt.

Die Heilige Barbara ist die Patronin aller von einem schnellen Tod Bedrohter. Sie hilft beim Sterben, und das nicht nur, wie man sagt, den Kriegern und Bergleuten. Du trägst ihren Namen. Daher möchte ich nicht nur die Heilige anrufen, sondern auch dich bitten: Barbara, begleite mich beim Sterben. Ich weiß, dass du im Spital zum Heiligen Geist vielen Menschen den Weg vom Diesseits ins Jenseits erleichtert hast. Tu dies bitte auch bei mir. Nimm meine Hand und halte sie fest, bis ich ›von Todes wegen abgegangen bin‹.

Auch der Jacob darf an meinem Sterbebett sitzen. Darüber hinaus soll bei meinem letzten Stündlein jedoch niemand zugegen sei, vor allem nicht meine Schwester Agnes. Sag zu gegebener Zeit dem Johann, dass er vor meiner Kammer darüber wacht. Ich möchte nicht, dass Verwandte, Freunde und Dienstboten am Sterbebett stehen, wie es bei Sterbenden in unseren Kreisen üblich ist, und auf meinen Tod warten müssen, und das vielleicht sogar viele Stunden.

Zuallerletzt, und das hat nichts mit meinen sieben Anliegen zu tun, noch ein Wort an dich, meine liebe Barbara. Du hast viele, viele Jahre zusammen mit mir gelebt, hast Freud und Leid mit mir geteilt. Dafür habe ich mich schon zuvor bedankt. Aber dieser Dank war zu wenig für unsere Beziehung. Daher möchte ich diesen jetzt noch mit wenigen weiteren Worten verstärken: Zu keinem Menschen auf der Welt hatte ich eine engere innere Bindung als zu dir, niemanden habe ich mehr geliebt als dich.«

Kapitel 17

Lienhart Zwingenstein kam nicht mehr auf die Beine. Sein schwerer Leib konnte sich nicht mehr von der Bettstatt erheben. Nahrung nahm er kaum noch zu sich. Barbara hatte einen Priester gerufen, der ihm die Heiligen Sakramente spendete.

Drei Tage nach dem langen Siebenpunktegespräch saß Barbara auf der Bettstatt, dem Zwingenstein ganz nahe, und hielt seine rechte Hand in ihren beiden Händen. Auf der anderen Seite des breiten Bettes kauerte Jacob, in sich zusammengesunken. Er stierte auf seinen Großvater, dann auf die Sigillen an seiner eigenen Hand, dann wieder auf den Großvater, und so ging es immer weiter hin und her. Er überlegte, ob er dem Äni die beiden Ringe an seine Hand stecken solle, damit dieser wieder gesunde, doch diesen Gedanken verwarf er sogleich wieder, denn er befürchtete, dass der sterbende Großvater furchtbar böse würde, wenn man ihm sein Geschenk zurückgäbe.

Der alte Zwingenstein hielt seine Lider meist geschlossen, sein stoßweiser Atem klang rasselnd. Dann und wann öffnete er seine braunen Augen, schaute Barbara an, drehte auch einmal den Kopf geringfügig in die Richtung seines Enkels, wobei sich ein starres Lächeln auf seinen dünnen Lippen abzeichnete.

Schweigen lag im Raum, im Halbdunkel des nebligen Novembernachmittags. Barbara betete halblaut ein »Vaterunser«. Lienhart lag regungslos und röchelte.

»Lasst mich zu meinem Bruder, zu meinem geliebten Bruder«, erscholl vor der Kammertür eine schrille, fordernde Stimme, die unschwer als die von Agnes Zwingenstein zu erkennen war.

Der Sterbende zuckte zusammen.

»Ein Leben lang haben Lienhart und ich vorbildlich zusammengelebt und gewohnt. Wir haben uns so sehr lieb gehabt, wie das sonst selten bei Geschwistern vorkommt. Ein Leben lang habe ich meinem Bruder nur Gutes getan! Und *ich* als seine Schwester sollte nicht an seinem Sterbebett stehen, darf ihm nicht das letzte Geleit geben. Das ist doch gegen jede Gewohnheit und jeden Brauch, das ist ›wider Got, Ere und Recht!‹ An meiner Stelle sitzt eine Fremde an seinem Lager, das ist doch ...«

Abrupt trat Schweigen ein. Das war der letzte Dienst, den der getreue Johann seinem Herrn leistete.

Nach längerer Zeit absoluter Stille riss Lienhart plötzlich seine Augen weit auf, die mit letztem Feuer starr auf Barbara blitzten. Dabei atmete er ganz flach ein, atmete nochmals ein und das mehrmals – er atmete aber nicht mehr aus. Dann atmete er überhaupt nicht mehr, und seine Hand erschlaffte in Barbaras Händen. Seine Seele hatte den Körper verlassen.

Seine Augenlider zu schließen war für Barbara gar nicht einfach. Es war so, als ob seine starren braunen Augen sie ewig ansehen wollten.

Die Ulmerin war wie versteinert, ihr Herz war kalt, ihre Gefühle tot. Erleichternde Tränen blieben ihr versagt.

Schließlich legte sie die Hände des Verstorbenen ineinander.

Dann ging sie um das Bett herum zu ihrem völlig verstörten Sohn Jacob. Mit ihrem Arm um seine Schultern verließen Mutter und Sohn die Kammer des toten Zwingenstein.

*

Unter bleicher Spätherbstsonne wurde »*der Zwingenstein*« mit großem Geleit zu Grabe getragen, es war am 21. Tag des Novembris 1455.

Ratsmitglieder und Stadtknechte bildeten die Spitze des Zuges. Damit bezeugten sie ihre Anerkennung für die wertvollen Dienste, die der Verstorbene für Stadt und Bürger erbracht hatte.

Dominikaner von der Insel waren in beträchtlicher Zahl gekommen und statteten damit dem Zwingenstein Dank ab für seine Verbundenheit, die er immer wieder durch Zuwendungen an ihren Orden unter Beweis gestellt hatte. In ihren schwarzen Mänteln mit den schwarzen Kapuzen verliehen sie dem Totengeleit das gebührende Gepräge.

Viele Stadtadlige waren erschienen, denn Lienhart pflegte mit der »Gesellschaft von der Katz« immer ein gutes Verhältnis. Von den Geschlechtern war der Zwingenstein stets hoch geschätzt, und sie hätten ihn gern in ihren eigenen Reihen gesehen.

Handelsherrn, nicht nur von Konstanz, sondern aus der ganzen Region, waren herbeigeeilt, um dem Toten die letzte Ehre zu erweisen.

Natürlich waren auch viele Zünfter anwesend und dankten ihm stumm dafür, dass er trotz verlockender Angebote der Patrizier seiner Zunft nicht den Rücken gekehrt hatte.

Beim Leichenzug ging alles nach Brauch und Gewohnheit. Lediglich Agnes Zwingenstein durchbrach die festgelegte Ordnung. Sie hatte den Enkel des Verstorbenen, der zunächst direkt hinter dem Leichenwagen den ihm gebührenden Platz eingenommen hatte, einfach beiseitegeschoben und sich dort als Erste aufgestellt. Jacob ließ sie klaglos gewähren und reihte sich mit Abstand hinter ihr ein.

So setzte sich der Leichenzug in Bewegung, vom »Schwarzen Horn« über die Markstad zum Obermarkt, durch die Blattengasse, vorbei an St. Stephan und an der Bischofskirche St. Marien hin zum Schottentor, extra muros, außerhalb der Stadtmauer zum »Gotts Acker zum Schotten«.

Agnes musste ganz Konstanz das Ausmaß der Trauer einer geliebten Schwester drastisch vor Augen führen. Direkt hinter dem Sarg, mit Abstand vor der restlichen Trauergemeinde watschelnd, heulte sie den ganzen langen Weg so laut, dass man sie sicherlich noch zweihundert Schritt entfernt hören konnte. Dabei hatte sie den Oberkörper noch viel weiter als normalerweise vorgebeugt und das Hinterteil noch mehr als üblich hinausgestreckt, so dass sie ihren langen schwarzen Pelzmantel wie eine Schleppe auf dem Boden hinter sich herzog.

Auf dem Friedhof »zum Schotten« wurde Lienhart Zwingenstein zur ewigen Ruhe in geweihter Erde beigesetzt.

Am offenen Grab bemerkte Barbara, dass ihr Sohn die zwei Sigillen von seinen Fingern streifte. Sofort war ihr klar: *Hier droht ein Spontanentschluss. Jacob will dem Äni seine geliebten Ringe mit ins Grab geben und sie auf diese Weise loswerden. Das darf ich aber nicht zulassen, denn der Wille des Verstorbenen ist zu achten.* Daher griff sie rasch nach Jacobs Hand und nahm die beiden Sigillen an sich.

*

Nachdem Lienharts sterbliche Hülle der Erde übergeben war und die große Trauergemeinde sich langsam auflöste, kam ein hochgewachsener, gut aussehender Mann in mittleren Jahren auf Barbara zu. Er hatte sandfarbenes langes Haar und ein schmales Gesicht. Seine grünen Augen funkelten listig, und seine schlanke, scharf geschnittene Nase verlieh ihm eine gewisse Strenge. »Barbara Zwingenstein, Witwe des längst verstorbenen Gerwig und Mutter von Jacob Zwingenstein, ich kenne euch lediglich vom Sehen, leider nicht persönlich. Ich bin Christoffel Winterberg und will euch den anderen Trauergästen auch nicht lange entziehen, daher nur ganz kurz: Der Tod von Lienhart tut mir so unendlich leid«, und bei diesen Worten ergriff er Barbaras Hände. »Ich habe mit ihm einen Mentor und älteren Freund verloren. In den Jahren meines stürmischen jugendlichen Leichtsinns hat er mir in misslichen Situationen mehrfach geholfen, und auch später, als ich Ratsmitglied war, stand er mir mit seinen wertvollen Ratschlägen zur Seite. Ich bin Lienhart Zwingenstein zu großem Dank verpflichtet. Von dem, was er für mich getan hat, möchte ich euch und eurem Sohn Jacob gerne ein Stück zurückgeben. Ich glaube, dass ich dazu legitimiert bin, denn der Verstorbene hat mich vor einigen Monaten gebeten, euer Ratgeber zu sein – natürlich nur, wenn es gewünscht wird. Und das habe ich ihm versprochen. Daher mein Angebot am Grab meines Freundes: Holt mich, wenn ihr meine Hilfe braucht. Ich werde dann sofort zum ›Schwarzen Horn‹ kommen.«

»Vielen Dank, Winterberg. Lienhart hat auch mir gesagt, dass ich Rat bei *euch* einholen soll, wenn es einmal Not tut. Aber seid gewiss: Mit Kleinigkeiten werde ich euch sicherlich nicht belästigen, aber bei Problemen werde ich gern nach euch schicken. In meiner Lage tut es wohl, einen guten, einflussreichen Ratgeber gefunden zu haben.«

Und dabei sagte sie sich im Stillen: *Da hat mir Lienhart schon an seinem Grab einen herzlichen und intelligenten Menschen geschickt.*

*

Am Abend saßen Barbara und Jacob im »Turbulentum«, zunächst wortlos, denn jeder war in Gedanken noch beim Begräbnis. Mutter und Sohn hatten sich in diesen Raum begeben, obwohl es dort recht kalt war, denn hier waren sie abgeschirmt und hatten ihre Ruhe. Hier konnten sie am besten des Verstorbenen gedenken, denn hier hatten sie mit ihm ernste und frohe Stunden verbracht und gemeinsam seinen geliebten »Elsässer« getrunken, den sie – in memoriam – jetzt auch vor sich hatten.

Schließlich brach Barbara das Schweigen: »Jacob, jetzt bist du allein der Kaufherr. Jetzt hast du das Sagen, jetzt bestimmst du, was im Hause Zwingenstein geschieht. Du kannst die Knechte, Mägde und Taglöhner des verstorbenen Lienhart weiter hier arbeiten lassen, kannst sie aber auch entlassen. Mich wirst du ja wohl nicht wegschicken wollen«, sagte sie, gequält lächelnd.

»Aber Mutter, wie kommst du nur auf solche wunderlichen Ideen? Du weißt doch ganz genau, wie sehr ich dich liebe. Du bleibst hier, solange du lebst, auch wenn ich eines Tages verheiratet sein werde. Bis zu meiner Heirat wirst du bei mir das Haus besorgen, so wie du es auch für den Äni getan hast. Und für das Gesinde im Haus sollst auch du maßgebend sein, da werde ich dir nicht reinreden.«

Als seine Mutter ihn fragend ansah, wurde ihm sofort klar, dass er sich im Ton vergriffen hatte: »Entschuldige, ich will und darf dein zukünftiges Leben natürlich nicht bestimmen, ich habe mich wohl zu schroff ausgedrückt und will das nicht im Imperativ verstanden wissen: Ich *bitte* dich darum, die Hausbesorgung zu übernehmen.«

»Ist schon gut, Jacob, ich werde diese Aufgabe so übernehmen wie bisher und das Haus führen wie unter deinem Großvater.«

»Darüber bin ich sehr froh, denn damit ist ein Teil meines neuen Verantwortungsbereiches schon heute geklärt.

Im Rahmen der Kaufmannschaft werde ich zunächst alles so belassen, wie es ist. Ich werde nichts voreilig ändern, auch nicht bei den Schreibern, Knechten und Mägden. Vor allem auf den alten Johann werde ich setzen, denn der weiß über alles im Geschäft Bescheid. Ich hoffe, dass der mir noch sehr lange erhalten bleibt.

Über einige wichtige Fragen werde ich bald mit meinem Freund Wolffgang Gasser reden. Der ist zwar Doctor medicinae, kennt sich aber in den Fragen der allgemeinen menschlichen Verhaltensmuster sehr gut aus. Da diese auch für die Handelstätigkeit zutreffen, braucht er nicht unbedingt ein Handelsherr zu sein, um mir Ratschläge zu geben. Seine Meinung ist mir wichtig.«

»Wie fühlst du dich denn, mein Sohn, wenn du morgen als junger Handelsherr deine Arbeit aufnimmst?«

»Ambivalent«, antwortete Jacob nach einigem Zögern. »Verschiedenste Arten kaufmännischer Tätigkeiten habe ich bereits, zum Teil auch selbstständig, durchgeführt. Insoweit kenne ich mich in der Kaufmannschaft recht gut aus, da habe ich an sich keine Bedenken. Aber bisher stand *der* Zwingenstein hinter mir, selbst wenn ich es war, der die Arbeit selbstständig ausführte. Aber jetzt liegt die gesamte Verantwortung bei mir. Das ist ein großer Unterschied, auch wenn die Arbeit die gleiche ist. Da fühle ich mich innerlich doch etwas unsicher, angespannt und verkrampft.«

»Das verstehe ich«, sagte Barbara, »doch häufig ist es gar nicht so schlecht, wenn man plötzlich ins kalte Wasser geworfen wird.«

»Ob diese Metapher auf mich so passend ist?«, murmelte Jacob sauer lächelnd. «Dir ist doch wohl bekannt, dass die zwingensteinschen Männer alle nicht schwimmen können!«

»Dann drücke ich es eben anders aus: Harte Arbeit löst innere Verspannungen. Geh ab morgen mit voller Kraft an dein Werk. Du wirst es schon schaffen!

Der erste Schritt hierzu ist aber, dass wir uns jetzt zur Bettruhe begeben und den heutigen schweren Tag hinter uns lassen. Nur ausgeruhte und hellwache Menschen kommen zum Erfolg.

Doch vorher nur noch eines«, sagte sie sehr leise, aber bestimmend, und drückte ihm dabei die zwei Sigillen in die Hand, die sie ihm am Grab abgenommen hatte: »Die musst du ab morgen tragen – immer – genauso wie dein Großvater an der linken Hand.«

»Diese grausigen Sigillen, muss das wirklich *immer* sein?«, murmelte Jacob vor sich hin.

Barbara, die das vernommen hatte, erwiderte: »Für den einen waren es die geliebten, lebensspendenden, für den anderen die grausigen Sigillen. So verschieden können die Bewertungen von Großvater und Enkel sein. Aber trotz allem solltest du diese beiden Ringe tragen. Das war deines Änis Wunsch, und den hast du zu achten.«

Jacob nickte und befolgte ihre Anordnung für alle Zukunft.

Kapitel 18

Jacob stürzte sich fortan in die Arbeit, vierzehn bis sechzehn Stunden am Tag. Nur den Sonntag hielt er heilig, da ging er, wie es einem Christenmenschen geziemte, zum Gottesdienst in die Kirche, wie immer in St. Stephan.

Die Besuche in Weinfelden intensivierte er, denn nun war er niemandem mehr Rechenschaft schuldig. Jetzt, in der Winterzeit, fuhr er in der geschlossenen Kutsche. Das hatte auch Vorteile für seine Treffen mit Verena, denn so konnte man zu verschwiegenen Plätzchen fahren, wo man unbeobachtet war und zweisam in aller Stille, die nur durch zeitweiliges Wiehern und Scharren der Pferde gestört wurde. Doch dies haben die beiden bei ihren Gesprächen und ihrem »gelüstigen Tun« nicht wahrgenommen.

Mit Peter Sunnentag traf er sich selten. Der Winter setzte dem sportlichen Treiben der beiden befreundeten Schießgesellen natürliche Grenzen, denn der Platz der Schützen auf dem Bruel war entweder mit Eis oder Schnee bedeckt oder es war neblig oder zu kalt.

Zu seinem Freund Doctor Wolffgang Gasser hingegen hat Jacob immer wieder den Kontakt gesucht und manches Gespräch mit ihm geführt. Dabei half der Arzt dem jungen Kaufmann, die seelischen Probleme zu bewältigen, die im Zusammenhang mit dem Tod vom Äni standen. Ihre Gedanken schweiften meist in die Vergangenheit. Grundlegende Fragen über die Zukunft und über die Führung seines Handelsgeschäftes hatte Jacob bisher vermieden. Dazu war er in seinem Inneren noch nicht bereit.

So verging Woche um Woche.

*

Gegen Ende des Christmonats, also um die Jahreswende, war Jacob psychisch schließlich in der Lage, mit seinem Freund Wolffgang Gasser auch über Gegenwart und Zukunft seines Kaufmannsgeschäfts zu sprechen. Er besuchte ihn in seinem »Haus zum Wolf«, schilderte dem Arzt in großer Breite seine verschiedenartigsten Tätigkeiten nach Art und Umfang und

kam erst nach langatmigen Darlegungen, die sich der Mediziner mit großer
Geduld anhörte, zum Kernpunkt:

»Die Alleinverantwortung drückt mich; vielleicht bin ich für dieses Geschäft
doch noch zu jung. Der Äni fehlt mir überall. Und das schafft bei mir innere
Unsicherheit.

Und zu alledem kam noch ein Hinweis eines mir wohlwollenden Menschen,
den ich sehr schätze, der mir weiteren Anlass zu besonderer Besorgnis gegeben hat«, bemerkte der junge Kaufherr selbstkritisch weiter: »Der liebe alte
Johann, der meinem Großvater ein Leben lang treu gedient hatte, kam vor
einigen Tagen auf mich zu und sagte, er wolle mir als jungem Kaufherrn –
aus seiner eigenen jahrelangen Erfahrung und so gegen Ende seiner Tätigkeiten im Hause Zwingenstein – noch etwas Wichtiges mit auf meinen Weg
geben. Er drückte sich dabei überaus deutlich aus, so wie es immer seine Art
war: ›Jacob, du darfst dich von deinen Geschäftspartnern nicht übers Ohr
hauen lassen. Ein Jammerlappen, einer der dir von seinen Schwierigkeiten
und Nöten erzählt, der hat bei dir von vornherein schon gewonnen. Dem
räumst du so günstige Bedingungen ein, dass du keinen Gewinn hast oder für
dich sogar ein Verlustgeschäft herauskommt. So etwas spricht sich schnell
herum, und bald wirst du das Siechenhaus angeblich notleidender Geschäftspartner sein. Ich hoffe, du hast mir genau zugehört, ich sagte *angeblich*. Die
lügen dir doch den Sack voll, zumindest die meisten. So ruinierst du dein
Handelshaus! Natürlich nicht gleich, dafür seid ihr Zwingensteins viel zu
reich, sicher aber im Laufe der Jahre‹.

In dieser Lage möchte ich dich als Freund befragen und dich um deinen Rat
bitten.«

Der Doctor schwieg lang und sein Blick bohrte sich in Jacob, bis er schließlich zögernd und mit leiser Stimme antwortete: »Zu deiner Arbeit kann ich
mich nicht äußern, ich bin Medicus, nicht Kaufmann. Das klingt zwar hart,
aber ich muss das so klar und deutlich sagen, obwohl ich dein Freund bin.«

Als Gasser wiederum schwieg, fragte sich Jacob im Stillen desillusioniert:
*Ist das wirklich alles, was dieser Mensch einem Freund in seiner seelischen
Bedrängnis zu sagen hat?* In Worte fasste er seine Enttäuschung sogar noch
schärfer: »Dann kann ich mich ja jetzt gleich verabschieden und dem ›Haus
zum Wolf‹ den Rücken kehren. Etwas mehr hätte ich von dir allerdings schon
erwartet, mein Freund!«

»Gemach, gemach, mein junger Freund, natürlich versuche ich dir zu helfen.
Geduld musst du noch lernen. Ich habe doch nur gesagt, dass ich zu deiner

Arbeit als solcher mich nicht äußern kann. Aber vielleicht in anderer Weise. Lass mich doch zunächst einmal überlegen und dann meine Gedanken in Ruhe ordnen, wir sind doch nicht auf der Flucht«, erwiderte der Mediziner etwas spitz.

Jacob schwieg betreten und nahm einige Schlückchen von dem ihm angebotenen Wein.

Nach einiger Zeit kam der Doctor etwas deutlicher zur Sache: »Nach dem, was du mir soeben über dich selbst und deine Kaufmannschaft geschildert und was du mir schon früher als Lehrknecht erzählt hast, kann ich mir ein ungefähres Gesamtbild über deine persönlichen und geschäftlichen Befindlichkeiten machen. Ich vergleiche deine Situation gedanklich mit der, in der ich mich als junger Medicus, als Berufsanfänger befunden habe.

Von der *Art der Tätigkeit* her gesehen, verbietet sich allerdings ein solcher Vergleich. Medizin und Kaufmannschaft sind etwas völlig Verschiedenes. So hättest du an sich meine erste Reaktion verstehen sollen, über die du so sehr enttäuscht warst, als ich dir sagte, dass ich Arzt bin und du Kaufmann.«

Nach kurzer Überlegung spann Gasser den Gesprächsfaden weiter. »Es ist eine Binsenweisheit, dass man nur Gleiches mit Gleichem vergleichen darf. Aber was ist gleich, was ist ungleich? Das ist doch bei den verschiedenen Lebenssachverhalten häufig das Problem. Selbst innerhalb einer gleichen Kategorie, eines gleichen Begriffes gibt es häufig Gleichheitsprobleme: Ist Medicus gleich Medicus oder Kaufmann gleich Kaufmann? Da muss man doch wohl weiter differenzieren, um dem Gleichheitsprinzip näherzukommen, und ich sagte bewusst *näherkommen*. Das Ziel, absolute Gleichheit zu erreichen, ist nach meiner Meinung genau der gleiche Wunschtraum, wie das etwa beim hehren Postulat der Gerechtigkeit der Fall ist. Ich bin mir dessen bewusst, dass diese Gedanken nicht unbedingt der allgemeinen Sichtweise unserer Zeit entsprechen. Erst bei meinen Studien in Paris bin ich auf derartige Denkweisen gestoßen, die ich allerdings für richtig halte.

Vergleichbar hingegen ist nach meiner Auffassung die *innere Verfassung* von Menschen, die neue Verantwortungsbereiche zu übernehmen haben. Da kommt es auf die Profession gar nicht so sehr an. Daher ist es zulässig, so meine ich zumindest, Schlüsse daraus zu ziehen, wie es mir damals innerlich erging, als ich meine Arbeit als Arzt aufnahm. Dabei muss ich allerdings berücksichtigen, dass ich in jener Zeit um einiges älter war, als du es jetzt bist.

Hiervon ausgehend, werde ich nun versuchen, deine Situation etwas zu analysieren und einige praktische Ratschläge daraus abzuleiten, denn mit philosophischen Gedanken allein ist dir ja wohl wenig gedient.« – Dabei legte Wolffgang nach den einzelnen Gedankenkomplexen jeweils größere Pausen ein, die Jacob nunmehr geduldig in Kauf nahm.

»Pro primo – zum Grundsätzlichen:

Dass die Bürde der Alleinverantwortung für so ein beträchtliches Kaufmannsgeschäft dich bedrückt und du innerlich unsicher bist, wundert mich nicht, das ist für mich die natürlichste Sache der Welt. Wenn bisher etwas schieflief, hat das allein deinen Äni getroffen. Jetzt bist es du, der den Kopf hinhalten musst – und das ist belastend.

Ich erinnere mich noch sehr genau, wie mir zumute war, als ich als junger Arzt in eigener Verantwortung meine ersten Patienten behandelte. Fast jede Diagnose, selbst jeden einzelnen Handgriff habe ich mehrfach hinterfragt, obwohl ich dasselbe vorher unter Aufsicht sehr oft durchgeführt hatte. Dies war Ausdruck meiner inneren Unsicherheit, die sich allerdings recht schnell gelegt hat. Die Behandlung jedes weiteren Krankheitsfalles brachte mir mehr Gelassenheit und größere Ruhe.

Und genauso wird es dir gehen! Dazu solltest du noch ein Weiteres bedenken, und das wiegt sehr schwer: Du bist erst neunzehn Jahre alt und warst gerade einmal zwei Jahre lang Lehrknecht. Andere müssen diesen Status einige Jahre länger erdulden, und selbst dann sind sie noch lange keine selbstständigen Handelsherrn oder Zünfter. Aber du wirst alles schaffen, da bin ich mir sicher. Genau wie dein Äni. Der hat, wie du mir erzählt hast, in ähnlich jugendlichem Alter das zwingensteinsche Handelsgeschäft übernommen und hat das auch verkraftet.

Pro secundo:

Da du das Instrumentarium eines Handelsherrn großenteils beherrschst, musst du allein deine innere Unsicherheit bekämpfen. Unter diesem Aspekt würde ich dir raten, zunächst keine neuen größeren und schwierigen Handelstransaktionen durchzuführen. Wickle die Verträge vernünftig ab, die dein Äni bereits eingeleitet hatte, und das sind deiner Schilderung zufolge ja noch viele. Dann pflege die Geschäftsbeziehungen zu alten Handelsfreunden deines Großvaters. So wird längere Zeit vergehen, ohne dass du größeren Schaden nimmst. Dabei wirst du sicherer und innerlich ruhiger, so wie es auch bei mir der Fall war. Danach kannst du dich an größere Geschäfte mit unbekannten Partnern wagen.

Pro tertio:

Dieser dritte Punkt wird problematischer, weil er mit der dir eigenen Persönlichkeitsstruktur im Zusammenhang steht. Ausgangspunkt ist hier das, was du mir von der Warnung des alten Johann erzählt hast.

Ich halte es für falsch – und das möchte ich dir in aller Deutlichkeit und eindringlich vorhalten –, dass du solchen Kunden zu großzügig entgegenkommst, die ihre angeblich schlechte geschäftliche Situation am drastischsten darzustellen vermögen, und halte die Sicht vom Johann für richtig.

Die am lautesten zetern und jammern, sind nicht unbedingt die Bedürftigsten. Schau doch mal die Bettler an: Solche, die den herzzerreißendsten Anblick bieten können, und solche, die die Ärmsten mimen und damit das größte Mitleid erzeugen, sind häufig diejenigen, die abends die höchsten Erträge haben und diese dann versaufen.

Wenn dir diese Metapher nicht gefällt, so nimm doch wieder die Parallele zu meiner Arbeit: Die Kranken, die am lautesten stöhnen und klagen, sind nicht unbedingt diejenigen, die am schlimmsten dran sind, denn ...«

Da fiel ihm Jacob unvermittelt ins Wort: »Aber ich möchte doch gerne den Schwächeren helfen, ihnen entgegenkommen. Das habe ich schon dem Äni und auch dir häufig gesagt!«

»Das will dir doch keiner verbieten. Ich schon gar nicht, denn auch meine Grundhaltung ist, wie du weißt, altruistisch! Du missverstehst mich völlig«, entgegnete der Doctor in beruhigendem Ton. »Du wählst die falsche Reihenfolge. Du musst zunächst das Geld verdienen und Gewinne erzielen, erst dann kannst du verteilen – und nicht umgekehrt, was Johann offensichtlich bei dir befürchtet.

Für mich persönlich ist es sonnenklar, dass der von mir vorgeschlagene Weg zumindest zwei Vorteile hat: Du kannst auf diese Weise die *wirklich* Bedürftigen aus einem *breiteren* Bevölkerungsspektrum auswählen, und du kannst für *alle Zukunft* Bedürftigen helfen. Bei dem von dir intendierten Weg der Armenhilfe wird irgendeines Tages das Ende erreicht sein.«

»Das sehe ich ein«, gab Jacob etwas zerknirscht zu. Mehr konnte er im Augenblick nicht sagen, denn Gegenargumente fehlten ihm.

»Pro quarto:

Wenn du das im Augenblick zumindest rational akzeptieren solltest, so bleibt wohl doch ein Problem: Du kannst dein gutes Herz nicht rausreißen, deine Handlungen werden häufig emotional gesteuert bleiben. Jacob bleibt eben Jacob. Daher musst du für deinen Betrieb einen erfahrenen, gewieften Kaufmann gewinnen, der dir hilft, rein rational-kaufmännisch zu arbeiten. Das muss spätestens dann der Fall sein, wenn Johann bei dir ausscheidet. Und das wird wohl, wie er selbst angedeutet hat, recht bald geschehen. Das Alter dazu hat er längst.«

Nach einigen Worten des Dankes brach Jacob recht schnell auf. Die mahnenden und eindringlichen Worte seines Freundes Gasser musste er erst einmal verarbeiten. Das ging am besten im stillen Kämmerlein im »Schwarzen Horn«.

*

Die Ulmerin hat das, was sie am Abend nach der Beerdigung ihrem Sohn versprochen hatte, konsequent umgesetzt: Sie hat die Aufgaben der Hausbesorgung weiterhin wahrgenommen, sogar noch ernster als zu Lebzeiten des alten Zwingenstein, und mehr Zeit dafür aufgewendet, so dass sie ihre karitativen Tätigkeiten in den Spitälern und im »Seelhaus« zurückstecken musste. Damit wollte sie bewusst ein Zeichen setzen, dass auch unter der Leitung ihres Sohnes alles seinen gewohnten Gang nehmen wird.

Bei der Tischgemeinschaft während der Mahlzeiten hat sich nach Änis Tod lediglich die Sitzordnung geändert: Jacob ist von seiner Bank unter den Fenstern auf den wuchtigen Sessel des Verstorbenen gerückt und Barbara direkt neben ihn auf den bisherigen Platz des Gastes. Agnes ist seit dem Tode Lienharts nicht mehr an der Tafel erschienen.

Abgesehen davon, dass es bei den Mahlzeiten stiller geworden war, weil die interessanten Erzählungen, die Anordnungen und Ermahnungen von Lienhart fehlten – Barbara und ihr Sohn vermissten diese schmerzlich –, liefen die bisherigen Gepflogenheiten weiter. Die kräftige Maria Murer mit ihrer großen grünen Haube, im Geleit die schmale Anna Brosemli mit kleiner grüner Haube, verkündete mit erhobener Stimme die Speisenfolge der üblichen drei Trachten. Diese entsprachen nach Art und Qualität den Speisen, wie sie vom verwöhnten Gaumen des Verblichenen immer gefordert worden waren, daran änderte sich also gar nichts. Die feierliche Ankündigung der vielen verschiedenen Gerichte endete nach wie vor mit den gleichen Worten der Murer, die der Hoffnung Ausdruck verliehen, dass die Herrschaften mit der »Kuchenmeysterey« einverstanden waren.

Bei diesen stereotypen Prozeduren wurde Barbara immer stärker bewusst, dass Rituale Sicherheit und Kraft geben. Auf solche Gedanken war sie zu Lienharts Lebzeiten nie gekommen.

*

Die Abendmahlzeit am zweiten Jänner im Jahre des Herrn 1456, die wie üblich recht wortkarg verlaufen war, wurde gestört, als Agnes Zwingenstein in die Stube stürzte. Es war offensichtlich, dass sie sich bereits Mut angetrunken hatte. Ihre Kleidung war unordentlich. Das war ungewöhnlich, denn auf gute Bekleidung legte sie normalerweise großen Wert. Gruß- und wortlos schnappte sie sich einen Becher, goss sich Wein ein, trank einen großen Schluck und setzte sich ans untere Ende des Tisches, direkt Jacob gegenüber. Sohn und Mutter blickten einander fragend an.

»Wo *ich* sitze ist oben«, bellte sie giftig, mit geballter Faust kräftig auf den Tisch schlagend. »Du *Bub*, brauchst dich nicht auf dem Sessel meines geliebten Bruders breitmachen. *Ich* bin das letzte lebende Kind des ›Großen Zwingenstein‹. Nur *ich* habe Rechte. Ich bin gleich zu Beginn des Jahres gekommen, um dies alles sofort klarzustellen und gleich meine Ansprüche geltend zu machen; da soll jeder Bescheid wissen!«

In einem Zug leerte sie den Becher, wischte sich wie ein Krieger den Mund mit dem Ärmel ab, goss sich erneut Wein ein und wetterte weiter: »Den Anfang mache ich mit der allergnädigsten Frau Barbara, die völlig unberechtigt, allein aus Gnaden meines Bruders, hier geweilt und das Haus geführt hat. Das werde ich mir jetzt nicht mehr gefallen lassen. Ab morgen werde ich die Hausbesorgung hier im ›Schwarzen Horn‹ übernehmen, genauso wie in früheren Zeiten. Gib mir die Schlüssel, *ich* habe Schlüsselgewalt!« Dabei streckte sie ihre geöffnete Hand auffordernd aus.

»Du irrst, der Herr im Hause bin *ich*; der Äni hat das so festgelegt. Und *ich* habe meiner Mutter die Hausbesorgung übertragen. Und dabei bleibt es!«, entgegnete Jacob ruhig und bestimmt.

»Das ist doch gerade das Problem. Das Gemächte meines Bruders ist nicht gültig. Er hat seine geliebte Schwester übergangen. Nicht einmal ein kleines Legat hat er mir gegönnt. Aber so oder so, in jedem Falle gehört dieses ›Schwarze Horn‹ zur Hälfte mir, jetzt wie schon zuvor. Her mit den Schlüsseln!«

»Die Sache mit diesem Haus ist richtig; niemand wird bestreiten, dass dir das ›Schwarze Horn‹ hälftig gehört. Aber gerade darüber muss ich mit dir reden, so war es der ausdrückliche Wunsch von Lienhart kurz vor seinem Tod. Komm bitte morgen Abend zu mir hier in die Stube, da werden wir beide allein, nüchtern und in aller Ruhe über dieses Thema sprechen«, sagte Barbara mit besänftigender Stimme, denn sie wollte dem Gespräch die Schärfe nehmen.

»Nichts da, ich bestehe auf mein Recht und auf die Gewohnheiten«, geiferte Nes weiter, ging auf Barbara zu und hielt die offene Hand gebieterisch hin, den großen Schlüsselbund fordernd.

Unvermittelt stand Jacob auf, goss Wein in einen Becher, stellte diesen in die geöffnete Hand von Nes und sprach mit leiser Stimme: »Trink auch den in einem Zuge aus, denn solange Enten saufen, schnattern sie keinen Unsinn, so sagt es dir der *Bub*, der nach Änis Anordnung nicht mehr so genannt werden darf!«

Da wurde Agnes Zwingenstein bleich, sie sprang auf, schleuderte den Becher auf den Tisch, so dass die Scherben durch die ganze Stube flogen, watschelte, das Hinterteil weit hinausgestreckt, auf unsicheren Beinen aus der Stube und sagte sich dabei im Stillen: *Das wirst du mir büßen, Bübchen, das verspreche ich dir. Diese Beleidigungen werde ich nicht vergessen. Ich werde mich gewaltig rächen. Da werde ich mir etwas ganz Besonderes einfallen lassen.* Diese Gedanken gaben ihr Halt und trösteten sie, als sie in ihr »Gelbes Horn« zurückschwankte.

*

Am nächsten Abend wartete Barbara gespannt darauf, ob Agnes die Einladung annehmen würde.

Und tatsächlich – sie erschien. Aber dies war eine seit dem Vortag völlig verwandelte Person: Sie war klaren Geistes, beherrscht, übertrieben freundlich und sehr ordentlich gewandet.

Dass nun anscheinend eine völlig andere Taktik eingeschlagen wird, war der Ulmerin schon beim ersten äußeren Eindruck klar. Sofort dachte sie daran, dass der Verstorbene sie mehrfach vor dieser Person gewarnt hatte. Um verbalen Attacken von Nes zuvorzukommen, ergriff sie selbst die Initiative und kam gleich zum zentralen Punkt ihres Anliegens: »Es geht um deinen Eigentumsanteil am ›Schwarzen Horn‹. Lienhart hat mich beauftragt ...«

»Nein, das ist für mich zunächst gar nicht das Thema!«, fiel ihr Nes ins Wort. »*Mir* geht es zuerst um das Grundsätzliche, um das Testament von Lienhart; dieses Gemächte ist meiner Meinung nach so nicht gültig. Über die umfangreichen Seelgeräte will ich nicht sprechen, die soll jeder um seiner Seelenheil willen so bestimmen, wie er es für richtig hält, das ist alles gut so. Mir geht es vielmehr um dich und um den Bub. Du hast mehrere Häuser geerbt, und das restliche große Vermögen erhält Jacob. Ich, die geliebte Schwester des Verstorbenen, *ich* gehe leer aus.«

»Da will ich zunächst zu meiner Person etwas sagen«, erwiderte Barbara mit beherrschter, ruhiger Stimme. »Lienhart hat mir das bereits ausgefertigte Testament gezeigt und mich über den wichtigsten Inhalt informiert, auch über die Zuwendungen an mich. Dabei habe ich ihn eindringlich darauf hingewiesen, dass ich auf die mir vermachten Häuser nicht angewiesen bin und diese gar nicht haben will, da ich von Haus aus gut versorgt bin. Obwohl er dies alles wusste, wie jeder von euch auch, bestand er auf diesen Vermächtnissen zu meinen Gunsten. Und wenn Lienhart etwas bestimmt hatte, dann blieb es dabei. Soweit solltest du deinen Bruder doch gekannt haben.

Was Jacob angeht, so entspricht es Recht und Herkommen, dass er Erbe ist. Es ist doch allgemein bekannt – und da braucht man kein Rechtskundiger zu sein –, dass diejenigen zu Erben berufen sind, die ›am nehsten an der Sipp‹ sind, also die ehelichen Kinder. Das wäre der Gerwig gewesen, wenn er noch gelebt hätte. An dessen Stelle tritt nun sein Sohn Jacob, ›Zwingenstein der Jüngere‹. So ist er nämlich jetzt zu nennen – und nicht mehr Bub! Dies hatte Äni vor seinem Tod ausdrücklich angeordnet. Aber auch ohne Testament hätte Jacob alles geerbt. Du kennst doch sicher den alten Rechtssatz: ›Das Gut fließt wie das Blut‹, also vom Großvater auf den Sohn, dann auf den Enkel. Du als Schwester gehörst zu den ›beseythen‹ Erben, und solche erben in dieser Situation nicht.«

»Ob das richtig ist, was du da von dir gibst, soll der Rat nachprüfen«, erwiderte Nes, erstaunlich ruhig, und fuhr fort: »Aber dass mir mein Bruder meinen Anteil am ›Schwarzen Horn‹ abspricht, das ist doch sicherlich nicht rechtens.«

»So wie du dies jetzt darstellst, stimmt das nicht. Dir soll nichts entzogen werden. Lienhart hat in seinem Gemächte lediglich einen Tausch *vorgeschlagen*: Jacob erhält das Alleineigentum am ›Schwarzen Horn‹, du als Gegenleistung am ›Gelben Horn‹ das alleinige Eigentum und als Ausgleich dafür, dass dieses der kleinere Teil vom ›Halben Hus‹ ist, noch zweihundert Rheinische Gulden. Das ist sehr viel Geld. Dafür kannst du dir Häuser dazukaufen.«

»Ich will mir aber gar keine Häuser zukaufen! Ich will nur mein gutes Recht. Aber darüber streite ich mich mit euch beiden nicht mehr herum. Ich werde das Rechtsproblem der Gültigkeit des gesamten Testamentes und die Sache mit den ›beiden Hörnern‹ vor den Rat der Stadt Konstanz bringen. Dort wird man alles überprüfen und mir, da bin ich völlig überzeugt, Recht geben.«

»Diesen Weg zu gehen kann dir keiner bestreiten«, so Barbara, die sich über die sichere, recht sachliche und ruhige Argumentation der Ente wunderte,

»aber du kannst mich auch nicht daran hindern, dem Rat die Hintergründe dafür zu erläutern, die Lienhart veranlasst haben, dieses Gemächte so abzufassen.«

Sie öffnete ein Holzkästchen und entnahm Aufzeichnungen, die, unschwer erkennbar, von Lienhart stammten, zeigte sie Agnes, gab sie aber nicht aus der Hand.

»Ich will es kurzfassen: Dem Rat würde ich diese Unterlagen von Lienhart Zwingenstein übergeben. Diese beweisen, dass du, seine Schwester, in doppelter Weise malefizisch gehandelt hast. Du hast Gelder unterschlagen. Diese Straftat hast du dann dem Albrecht Näglin, dem besten Freund von Lienhart, in die Schuhe geschoben und damit einen Unschuldigen falsch verdächtigt. Hieraus wird klar, warum der Verstorbene seine Schwester in seinem Testament nicht bedacht hat, und das wird auch jedem einleuchten. Da nützt es auch nichts, wenn du dich jetzt laufend als seine geliebte Schwester ausgibst.

Nun kannst du, Agnes Zwingenstein, selbst wählen«, sprach Barbara mit schneidender Stimme weiter: »Entweder du nimmst das Testament und den Vorschlag des Verstorbenen über das ›Schwarze Horn‹ an, oder der Rat der Stadt Konstanz entscheidet über das ganze Testament. Dabei solltest du dir aber im Klaren sein, dass es dann nicht nur um das Erbe von Lienhart geht, sondern auch über dein verbrecherisches Verhalten. Du wirst deine Ehre verlieren und bestraft werden. Das alles hat dein Bruder dir erspart und dafür alle diese vielen Jahre am Verlust seines geliebten Freundes Hainrich gelitten. Wenn du jetzt mit einer Erbschaftsklage an die Öffentlichkeit trittst, bist *allein du* für dein Schicksal verantwortlich; dies ist dann alles allein deine Entscheidung. – Nur am Rande möchte ich dir sagen, dass ich dieses Holzkästchen mit den Aufzeichnungen von Lienharts Beweisen deiner Untaten nicht hier im Haus aufbewahren werde; deine Suche danach wäre also vergeblich, diese Zeit kannst du dir sparen.«

Agnes fand keine Argumente, erhob sich und verließ wortlos die Stube.

Auch ohne fremde Ratschläge einzuholen, war der schlauen Nes natürlich sofort vollkommen klar: Wenn der Diebstahl und die falsche Anschuldigung des Näglin vor den Rat kommen, ist ihre Verurteilung gewiss, denn Beweise sind offensichtlich vorhanden. In einem der Gefängnistürme der Stadt wollte sie nicht enden, auch nicht in der Verbannung außerhalb der Stadt. Also gab es nur eines: stillhalten und schweigen.

Was sie an der ganzen Sache am meisten fuchste, war der Umstand, dass sie der Nötigung der Ulmerin hilflos ausgeliefert war.

Schon am nächsten Tage schnaubte Agnes die Barbara mit böse funkelnden Augen an: »Für heute gebe ich mich geschlagen. Ihr gebt mir die zweihundert Gulden und das ›Schwarze Horn‹ gehört Jacob und das ›Gelbe Horn‹ mir, jedem allein. Gegen Lienharts Gemächte werde ich keine Klage führen, weder vor dem Rat noch vor dem Amanngericht noch an irgendeiner anderen Stelle. Aber eines sage ich euch, Ulmerin: Eines Tages werde ich mich an euch rächen, auch an eurem Sohn, weil ihr mich in dieser Weise unter Druck gesetzt habt. Es kann lange gehen, aber ich werde nichts vergessen. Die Rache wird kommen, genau sowie sie bei Lienhart und bei Hainrich Näglin gekommen ist, und diese Rache wird grausam sein.«

Bald war alles in den Stadtbüchern amtlich vollzogen; damit war Lienharts Willen entsprochen.

Kapitel 19

Durch diese schnelle und erfolgreiche Lösung der Erbschafts- und Hausangelegenheiten ermuntert, beschloss Barbara, sogleich einen weiteren wunden Punkt von Lienharts sieben letzten Wünschen anzugehen: das von ihm nie gelöste Problem Hainrich Näglin.

Als sie ihren Sohn fragte, wann er den nächsten Handelsbesuch in Weinfelden geplant habe, brachte sie ihn richtiggehend in Verlegenheit. Hochroten Kopfes brachte er stotternd hervor: »Aber für meine Reisen dorthin hast du dich bisher doch noch nie interessiert, willst du jetzt in die Kaufmannschaft einsteigen?«

»Wie kommst du denn auf solche Ideen? Nein, natürlich nicht! Ich möchte mich den Näglins lediglich als neue Eigentümerin des Weinfelder Anwesens vorstellen und mit dem Hainrich über die weitere Pacht reden.«

Diese ganze Sache wurmte den jungen Zwingenstein, der sich im Stillen sagte: *Da kann ich mich wohl gar nicht mit meiner Verena treffen. Ich habe mich so nach ihr gesehnt. Schließlich ist sie beinahe die einzige Freude in meinem an Arbeit so reichen Leben.*

»Ich werde übermorgen nach Weinfelden fahren«, grummelte der junge Handelsherr.

»Was ist denn mit dir, Jacob? Du scheinst ja alles andere als begeistert, wenn dich deine Mutter zu den Näglins begleiten will.«

»Ist schon gut«, murmelte er resignierend, »wir werden die geschlossene Reisekutsche nehmen. Für eine kleinere Menge von Waren ist hinten trotzdem immer noch etwas Platz. Abfahrt ist in den Morgenstunden, je nach Wetterlage.«

*

Auf dem winterlichen, teils vermatschten, teils gefrorenen, äußerst miserablen Weg von Konstanz nach Weinfelden hatten die Pferde Schwerstarbeit zu leisten. Mal durch Nebel, dann wieder durch Regen holperte der Reisewagen in

Richtung Süden. Den jungen Kaufherrn kümmerten diese widrigen Verhältnisse wenig, denn dieser kannte sie von seinen vielen Fahrten. Für Barbara
hingegen, in Decken eingehüllt und tüchtig durchgeschüttelt, war dies alles
recht beschwerlich. Sie hielt die über vier Stunden andauernde Reise jedoch
tapfer durch. Da ihr Sohn, ganz entgegen seinen sonstigen Gewohnheiten,
sonderbar schweigsam war, musste sie ihren eigenen Gedanken nachgehen.
Das kam ihr jedoch gar nicht so ungelegen, denn auf diese Weise konnte sie
sich mental auf das Gespräch mit Hainrich Näglin vorbereiten.

Als die Reisekutsche schließlich am Ziel angelangt war, trat der alte Näglin
sofort aus dem Haus, denn er hatte Jacob bereits erwartet. Als Hainrich sah,
wie der junge Zwingenstein einer gepflegten, vornehmen Frau beim Ausstei-
gen half – die lange Fahrt hatte Barbaras Beine doch recht gefühllos werden
lassen –, war ihm sofort klar, dass dies kein normaler Geschäftsbesuch war.
Jacob stellte seine Mutter vor. Hainrich begriff sofort und sagte sich: *Das ist
die Witwe des vor vielen Jahren von Räubern umgebrachten Gerwig Zwingenstein, die im ›Schwarzen Horn‹ lebt.* Bei diesem Gedanken wurde er ausgesprochen unsicher, und besorgt fragte er sich: *Was wird mir diese schöne
Dame bringen? Wird sie uns aus unserem Zwingenstein-Haus vertreiben?
Wird sie uns auf den bevorstehenden Mariä- Lichtmess-Tag kündigen? Dazu
wäre ja gerade jetzt die richtige Zeit. Nach Lienharts Tod ist doch mit allem
zu rechnen.*

Hainrich begrüßte Barbara zurückhaltend freundlich. Als sie zu erkennen
gab, dass sie ihn unter vier Augen sprechen wollte, jubelte Jacobs Herz: *Jetzt
hab ich Zeit für meine Verena.* Seine Miene hellte sich so schlagartig auf, dass
seine Mutter sich im Stillen verwundert nach dem Grund fragte. Sogleich
macht er sich aus dem Staub und eilte zu seiner Geliebten.

Hainrich führte seinen Besuch in die wohlig warme, große Küche, bot heiße
Milch an, die Barbara nach der langen Fahrt durch die winterliche Kälte
gern annahm, und setzte sich neben sie an den ausladenden Holztisch. Die
Magd, die sich an der Feuerstelle zu schaffen gemacht hatte, wurde hinaus-
geschickt.

Spannung hing im Raum. Hainrich sah die Fremde mit fragenden und
zugleich besorgten Augen an. Barbara nestelte nervös an ihrem Gobelinbeutel, hatte sich dann aber schnell gefangen.

Sie hatte sofort bemerkt, dass den Alten etwas bedrückte, dass er unsicher,
sogar ängstlich wirkte. Dem wollte sie durch eine gute, Vertrauen schaffende
Gesprächsatmosphäre schnellstmöglich Abhilfe schaffen. Daher begann sie,

noch bevor sie sich von den Reisestrapazen völlig erholt hatte, mit ausgesprochen freundlichen und einfühlsamen Worten. Sie sprach über den verstorbenen Lienhart und über sein Testament, das sie zur Eigentümerin dieses Anwesens gemacht hat. Mit warmer Stimme nannte sie den Grund ihrer Reise in dieser unwirtlich kalten Jahreszeit: »So schnell wie möglich nach Lienharts Tod will ich mich bei euch persönlich vorstellen, damit ihr wisst, mit wem ihr es in Zukunft zu tun habt. Auch ist es mir ein großes Anliegen, die Näglins baldmöglichst kennenzulernen. Dies schon deswegen, weil mir bekannt ist, dass ihr, Hainrich Näglin, in euerer Jugend der beste und liebste Freund des verstorbenen Lienhart Zwingenstein wart.«

Mit jedem dieser Worte fühlte sich Hainrich innerlich ruhiger und sicherer. Als sie gleich darauf zum Ausdruck brachte, dass die Familie Näglin – soweit diese es so wolle – das Zwingenstein-Anwesen weiter bewohnen und bewirtschaften könne, genauso wie es zu Lienharts Lebzeiten der Fall gewesen war, und dass dies auch seinem Letzten Willen entspreche, war alle Last von Hainrich abgefallen. Beruhigt sah er nun dem weiteren Verlauf des Gesprächs entgegen.

Die umsichtige Ehefrau Adalhait hatte einen kräftigen Imbiss hergerichtet. Diesen trug eine Magd auf, legte Teller und Messer zurecht und stellte dazu einen Krug Wein mit zwei Bechern auf den Tisch. Etwas betreten lächelnd, sagte der Alte entschuldigend: »Ich bin unhöflich, daran habe ich gar nicht gedacht. Ihr seid sicher hungrig nach der stundenlangen Reise. Lasst es euch gut schmecken. Ich bin froh, dass ich eine gute ›eheliche Wirtinne‹ habe, die die Regeln der Gastfreundschaft kennt. Mir verbleibt also nur noch die Rolle des Mundschenks.« Dabei füllte er die beiden Becher und forderte Barbara auf: »Den müsst ihr trinken, der ist wirklich gut, das ist unser ›Ottenberger‹. Zum Wohlergehen.«

Barbara griff kräftig zu, sie war hungrig. Um den Gesprächsfaden aber nicht abreißen zu lassen, sagte sie: »Erzählt mir doch – während ich in Ruhe esse – von euch, von eurer Familie und von eurer Arbeit.«

»Was meine Familie angeht, so möchte ich euch diese, wenn ihr einverstanden seid, nach unseren Gesprächen gern persönlich vorstellen.«

Nach Barbaras zustimmendem Nicken fuhr er, in sich gekehrt, fort: »Was mich selbst betrifft, da sind die vergangenen Zeiten jetzt nicht mehr von Interesse, sondern nur die heutigen.« In diesem Sinne berichtete er über seine Arbeiten als Landmann, insbesondere über den Flachsanbau, der absolut im Vordergrund stand, sprach auch vom Anbau von Getreide, Gemüse und Obst, dies alles aber nur für den Eigenbedarf, und von den wenigen Nutztieren. Detailliert erzählte er von der Verarbeitung des Flachses und von der Leinwandweberei, die seine Ehefrau als ihre Hauptaufgabe ansah, wobei er mit besonderem Stolz darauf hinwies, dass sie dieses Handwerk in der Leinenweberzunft in Konstanz erlernt hatte.

Dass, sobald er über seine Gattin sprach, seine Augen freudig aufleuchteten, war Barbara nicht entgangen.

Nachdem Barbara während der Schilderungen dieses freundlichen Menschen nicht nur dem Essen, sondern auch dem ›Ottenberger‹, der ihr vorzüglich mundete, gut zugesprochen hatte, sagte sie: »Zuerst möchte ich mich mal ein bisschen bei euch umsehen; mich interessiert nämlich, was Lienhart mir hier vererbt hat.«

So nahmen die beiden das gesamte Anwesen mit seinen Gebäuden in Augenschein. Schon bald hatte die neue Eigentümerin erkannt, dass bei den Näglins alles gut in Schuss war, was sie Hainrich gegenüber auch lobend zum Ausdruck brachte. Die zu dem Zwingenstein-Gut gehörenden Äcker und Felder wurden nicht besichtigt, denn das wäre zu zeitaufwändig gewesen, und die Witterung war dazu auch nicht angetan. Daher blieb es bei einer kurzen verbalen Erläuterung.

Nachdem die beiden wieder in der Küche Platz genommen und Hainrich seiner freundlichen Besucherin mit seinem geliebten ›Ottenberger‹ zugetrunken hatte, ergriff sie wiederum das Wort: »Ich habe mich informiert, was ihr dem Lienhart jährlich für dieses Anwesen an Zins bezahlt habt. Könnt ihr damit leben, ist das so in Ordnung?«

»Ja, sicherlich! Das ist ein äußerst günstiger Preis, diesbezüglich hat uns der Verstorbene immer sehr gut behandelt. Und wenn ich einmal in Not war, etwa bei Missernten, hat er mir Moratorien gewährt oder mir in sonstiger Weise geholfen. Ich hatte nie Grund, Klage zu führen – ganz im Gegenteil.«

»All dies soll genauso bleiben, solange ich lebe. Das verspreche ich euch, und wenn ihr es wünscht, werde ich euch ›Urkund darüber geben‹. Auch nach meinem Tod soll für eure Familie gesorgt sein.«

»Vielen Dank, euer Wort genügt mir. Zu euch, gute Frau, habe ich volles Vertrauen.« Und Hainrichs Brust war voll Freude.

Nun trat längeres Schweigen ein, in dessen Verlauf die innere Unsicherheit der Ulmerin wuchs: *Soll ich diesem braven Mann jetzt alles offenbaren, ihm die Hintergründe für den damaligen Hinauswurf nennen? Ich hatte Lienhart zwar versprochen zu schweigen, aber nur, und daran erinnere ich mich sehr genau, in Bezug auf Unbeteiligte. Der Näglin war aber Beteiligter, genauso wie Agnes es war. Näglin war sogar der Geschädigte.*

Wie es in ihrem Inneren kämpfte, wie es in ihr nagte, das verrieten ihre zuckenden Lippen und ihre Finger, die unruhig den Gobelinbeutel bearbeiteten. Der Näglin erkannte dies und stellte sich die Frage: *Was ist denn plötzlich mit ihr los? Wir haben doch alle wichtigen Dinge besprochen. Sie war bisher doch so ruhig und sachlich.*

Plötzlich ging ein Ruck durch Barbaras Körper, ihre Hände umkrallten das Täschchen und fast wie ein Aufschrei brach es aus ihr heraus: »Und jetzt sage ich euch alles!

Als ich euch aufgefordert habe, von euch zu erzählen, da habt ihr die Vergangenheit ausgeklammert und mir nur über eure Zeit als Landmann berichtet. In Wirklichkeit seid ihr im Grunde gar kein Bauer.«

Als Hainrich sie verdutzt ansah, erklärte sie weiter: »Ich kenne eure Vergangenheit, Hainrich Näglin! Lienhart hat mir alles genau erzählt. Ich wiederhole das nur in groben Zügen:

Ich weiß von der engen Beziehung der Näglins mit den Zwingensteins.

Ich weiß, dass bereits euer Vater dem ›Großen Zwingenstein‹ diente und dass er dessen rechte Hand, dessen stiller Teilhaber und Freund war.

Ich weiß, dass ihr im ›Gelben Horn‹ wohntet.

Ich weiß, dass ihr der beste Freund von Lienhart wart, dass er euch wie einen Bruder liebte, als Kind und später auch als Mann.

Ich weiß, dass Lienhart euch wegen eines Diebstahls aus dem Handelsgeschäft und aus dem ›Gelben Horn‹ hinausgeworfen und seine Liebe und Freundschaft aufgekündigt hat.

Ich weiß, dass ihr in Wirklichkeit dem Zwingenstein kein Geld aus dem Buchhorner Geschäft entwendet, sondern dieses ordnungsgemäß ins ›Secretum‹ gelegt habt, so dass der Rauswurf durch Lienhart unberechtigt war.

Das alles wisst ihr natürlich noch viel besser, und darum werde ich auch darüber kein weiteres Wort verlieren.«

Hainrich schaute sie ungläubig an, er atmete schwer, und Schweiß trat auf seine Stirn.

»Aber jetzt passt gut auf, jetzt kommt, was ihr nicht wisst:

Agnes war es, die das Geld aus dem ›Secretum‹ entwendete und dadurch *euch* die Schuld zuschob. Sie hatte das Geheimfach schon vor langer Zeit ausspioniert, und niemand hatte davon auch nur die geringste Ahnung. Das alles hat sie dem Lienhart unmittelbar nach eurem Rauswurf voller Stolz erklärt. Sie wollte sich an euch, Hainrich Näglin, *rächen*. Warum? Das weiß ich nicht, das müsstet ihr selbst am besten wissen.«

Jetzt war alles raus, und Barbara war erleichtert, so erleichtert, dass sie ihren vollen Becher mit gierigen Schlucken in einem Zug leerte. Jetzt war sie in ihrem Inneren frei.

Stille beherrschte den Raum, längere Zeit, bis Hainrich schließlich vor sich hin murmelte: »Ich weiß, ich weiß es. Ihre Begehrlichkeit habe ich damals zurückgewiesen. Das bereue ich jedoch nicht.«

Selbstkritisch fügte er dann noch seufzend hinzu: »Darüber hinaus habe ich sie in ihrer Persönlichkeit schwer verletzt. Das war damals nach Inhalt und Form in dieser Weise nicht richtig, und aus heutiger Sicht tut mir das auch leid.«

Nach wiederum langem Schweigen nahm der aufgewühlte Näglin das Gespräch wieder auf: »Ich bin tief erschüttert. Mir fehlen die Worte. Zunächst nur eines: Größten Dank schulde ich euch dafür, dass ihr mir die jahrzehntelang offengebliebene Schicksalsfrage meines Lebens beantwortet habt.«

Nach längerer Überlegung redete der Alte, nun wieder ruhiger geworden, weiter: »Wenn ich von Schicksal geredet habe, so dürft ihr mich nicht falsch verstehen. Ich habe mich all die Jahre als Landmann nicht unglücklich gefühlt. Mein Leben war kein Leiden, lediglich der Anfang als Landbauer war für mich schwer. Meine Familie, die mein Ein und Alles ist, hat nichts anderes gekannt als den Landbau. Sie waren alle immer zufrieden hier im Zwingenstein-Haus in Weinfelden. Bittere Not, wie viele andere Landbauern, haben wir, Lienhart sei gedankt, nie gelitten.

Aber eines ist mir nicht klar: Warum ist Lienhart, nachdem er seinen Irrtum erkannt hatte, nie zu mir gekommen oder hat mich zu sich rufen lassen? In all den vielen Jahren hat er mich nie sehen wollen! Geschäfte hat er mit mir doch immer gemacht. Warum hat er nur stets den Johann geschickt oder in der letzten Zeit den Jacob? Ich hätte ihm doch unter Tränen gern verziehen, wenn er mir alles erzählt hätte. Mit Liebe hätte ich ihn in meine Arme geschlossen, denn ihn traf letztlich keine Schuld – alle Indizien sprachen damals wirklich gegen mich.«

Barbara, die das Gespräch sehr mitgenommen und die in ihrer Aufregung den Weinkrug völlig geleert hatte, kam erst langsam zur Ruhe und erwiderte schließlich: »Letztlich kann ich eure Fragen nur in Bruchstücken beantworten. Es ging dem Lienhart vor allem um die Ehre der Familie Zwingenstein. Er wollte seine Schwester nicht öffentlich als Malefikantin bloßstellen. Und mit jedem Jahr, das ins Land ging, schien ihm die Hürde, sich bei euch zu entschuldigen, höher. Und schließlich war er wohl auch zu stolz. Eines weiß ich aber sicher: Bis zu seinem Tod hat er an der Last des unberechtigten Rauswurfs seines besten Freundes und an der unterbliebenen Entschuldigung sehr gelitten.«

Hainrich sah Barbara mit feuchten Augen an: »Ja, so war halt der Lienhart. Ich verzeihe ihm post mortem. – Jetzt verstehe ich auch, warum ihm mein Wohlergehen immer so am Herzen lag. Das war seine Art und Weise der Wiedergutmachung. Dass mir das jetzt alles klar geworden ist, verdanke ich euch, liebe Barbara Zwingenstein – ich hoffe, ich darf das so sagen.«

Barbara nahm seine schwieligen Hände in die ihren, drückte sie leicht und flüsterte: »Lienhart hat mich nicht gebeten, diesen Weg zu euch zu gehen, sondern nur darum, euch und eure Familie außer Not und in Ehren zu halten. Nach innerem Kampf habe ich euch nun alles offenbart. Ich konnte nicht anders. Und vor allem eines war mir wichtig: Lienhart soll in Ruhe schlafen können.

Mein Versprechen der Geheimhaltung gegenüber Unbeteiligten möchte ich aber halten, daher meine Bitte: Sprecht mit niemandem über diese Sache.«

Da wurde Hainrich etwas unruhig: »Aber meiner Familie habe ich von meiner Konstanzer Zeit und von meinem Rauswurf berichtet. Was soll ich da jetzt tun? Gar nichts sagen?«

»Doch, sagt ihnen, dass ihr rehabilitiert seid, dass auch den Zwingensteins zwischenzeitlich bekannt sei, dass ihr kein Dieb seid und ihr dies heute bei meinem Besuch erfahren habt. Einzelheiten nennt bitte nicht. Auch der Jacob weiß nichts von dieser schlimmen Sache.«

Damit war das Gespräch über diese malefizische Angelegenheit beendet.

Hainrich stellte nun seine Familie vor, einen nach dem anderen. Barbara begrüßte alle freundlich und schüttelte jedem die Hand. Dabei sagte sie sich, nachdem sie alle intensiv betrachtet hatte: *Das scheinen mir rechtschaffene und arbeitsame Menschen zu sein. Lediglich Agathe und ihre Tochter Verena – die haben beide so etwas füchsisch Flackerndes in ihren Augen.*

Die Kutschfahrt zurück nach Konstanz kam Barbara viel kürzer vor als der Hinweg, obwohl das Gefährt genauso rumpelte. Lag es eventuell daran, dass sie nach dem belastenden Gespräch erleichtert war? Oder daran, dass der Zuverlässigkeit und Menschlichkeit ausstrahlende Hainrich dem Lienhart posthum verziehen hatte? Oder daran, dass ihr Sohn jetzt viel aufgeschlossener und freudiger war und sich lebhaft mit ihr unterhielt? Oder etwa doch daran, dass sie dem »Ottenberger« so gut zugesprochen hatte?

Ins »Schwarze Horn« zurückgekehrt, ging Barbara sofort in ihre Kammer. Sie war müde. Noch bevor sie einschlief sagte sie sich befreit: *Nun habe ich alle zwingensteinschen Probleme gelöst. Jetzt kann ich wieder nur ich selbst sein, so wie früher.* – Doch dies sollte sich als ein gewaltiger Irrtum herausstellen.

*

Schon drei Wochen später, es war an Mariä Lichtmess, am zweiten Tag des Monats Hornung, da sah sich Barbara bereits mit einem weiteren Zwingenstein-Problem konfrontiert. Vor ihr standen Maria Murer und Johann Keller, feierlich gewandet, und baten um eine Unterredung. Beide wirkten verschüchtert und zögerlich, so als sei ihnen dieser Besuch peinlich.
Nachdem Barbara mit den beiden in der Stube Platz genommen hatte, kamen die zwei wichtigsten Stützen des Hauses Zwingenstein recht langsam und umständlich zur Sache. Zunächst betonten sie, dass ihnen klar sei, dass sie dieses Gespräch eigentlich mit dem jungen Handelsherrn, der ja jetzt die Gewalt habe, führen müssten, doch sie hätten zu ihr so großes Vertrauen, dass sie vorab ihren Rat hören wollten. Daraufhin erklärten sie stockend und zaudernd, dass sie ihren Dienst im Hause Zwingenstein beenden und die ihnen von Lienhart eingerichtete großzügige Pfründe im Heilig-Geist-Spital antreten wollten.
»Dass es euch zukommt, dort Pfründner zu werden, darüber können weder Jacob noch ich rechten. Dass dies aber so schnell nach Lienharts Tod auf uns zukommt, damit habe ich nicht gerechnet, und Jacob sicher auch nicht. Das stimmt mich sehr traurig. Was sollen wir denn jetzt machen?«
»Diese Frage haben wir erwartet«, erwiderte Johann, »daher haben wir uns schon vorab einige Gedanken gemacht, denn dies sind wir unserem verehrten, guten toten Geschäftsherrn noch schuldig. Wir werden euch einige Vorschläge unterbreiten. Doch zunächst wollen wir beide versichern, dass wir nicht jetzt gleich im Februar wie die Sau vom Trog davonlaufen wollen, sondern unsere Aufgaben weiter erfüllen werden, bis vernünftiger Ersatz im Hause ist.«
Barbara, die sich durch diese Zusage etwas erleichtert fühlte, heftete ihren Blick durchdringend auf die Murer, die gleich darauf reagierte: »Ich schlage vor, an meine Stelle die Anna Brosemli zu stellen. Sie ist zwar noch recht jung und macht immer noch ihrem Spitznamen Wirbelwind alle Ehre, aber

sie kennt sich in Haus und Küche sehr gut aus. Da schon seit längerer Zeit diese Entwicklung hier vorauszusehen war, habe ich sie in Erwerb, Aufbewahrung und Zubereitung von Nahrungsmitteln, überhaupt in alle wichtigen Dinge des Haushalts, gründlich eingewiesen. Schon vor dem Tod des Zwingenstein sind viele Speisen unter ihrer alleinigen Verantwortung entstanden, und keinem ist daran etwas Negatives aufgefallen. Auch kennt sie alle Gepflogenheiten im Haus. Und wenn man dies alles zusammennimmt, so meine ich, wiegt dies ihre jugendlichen Jahre auf. Sie hat es verdient, dass ihre kleine grüne Haube gegen meine große ausgetauscht wird.«

Nachdem die Ulmerin der Murer mehr Zustimmung als Ablehnung signalisierte, ergriff Johann das Wort: »Bei mir gestaltet sich die Nachfolge wahrscheinlich etwas schwieriger als bei Maria, was sicherlich damit zusammenhängt, dass ich sehr jung ins ›Schwarze Horn‹ kam. Die Zwingensteins ließen mich zunächst schreiben, rechnen und sogar ein kleines bisschen Latein lernen. Im Laufe der Zeit wuchs ich von einer Verantwortung in die andere hinein, von zunächst rein körperlichen Arbeiten zur Lager- und Hausüberwachung bis hin zu allen Kaufmannstätigkeiten, ja sogar Handelsreisen. Schließlich war ich im Handelsgeschäft die rechte Hand von Lienhart, sein anderes Ich, sein ›alter ego‹. Selbst in meinem Alter bin ich heute noch derjenige, der einen Karren ablädt, wenn es notwendig ist. Kurzum: Ich war mindester Knecht und zugleich erster Mann von Lienhart, und das alles in einer Person.

Der Grund, warum ich diese meine Vergangenheit etwas aufrolle, ist der: Meine Stellung im Hause Zwingenstein entspricht der Entwicklung vieler Jahre. Daher glaube ich nicht, dass ihr einen Nachfolger für mich finden werdet, der in gleicher Weise alle diese Funktionen wahrnehmen kann und vor allem wahrnehmen will. Ihr müsst hier Schwerpunkte setzen. Mein Vorschlag wäre: Stellt einen Mann ein, der umfassende und gute Kenntnisse in der Kaufmannschaft hat, quasi als rechte Hand für Jacob; für untergeordnete Arbeiten Leute zu finden, dürfte nicht so schwer sein. Dieser neue Mann müsste über eine bestimmte Konsequenz und Härte beim Abschluss von Kontrakten verfügen, als Ausgleich zur Gutmütigkeit von Jacob.

Ich habe mir lange überlegt, ob ich einen solchen Mann vorschlagen kann, und bin schließlich auf den Diethelm Pfefferhart in Buchhorn gekommen. Sein Vater war dort ein recht bekannter Handelsherr, der seine zwei Söhne die Kaufmannschaft vorzüglich lehrte, sowohl die Arbeit in der Schreibstube als auch die Geschäfte auf Handelsreisen. Nach seinem Tod sollten die beiden das Handelsunternehmen gemeinsam weiterführen. Das ging auch eine Zeit lang gut, bis sich der ältere Bruder immer stärker als Tyrann entpuppte. Aus diesem Grunde fühlt sich Diethelm im elterlichen Betrieb nicht mehr wohl. Einerseits will er nicht immer stärker unter die Fuchtel seines Bruders kommen, andererseits aber auch mit ihm keinen dauernden Streit, der aber vorhersehbar ist, wenn er sich durchzusetzen versucht. Aus diesen Gründen hält der Pfefferhart nach anderen Aufgaben Ausschau. Ich kenne den Diethelm von meinen Handelsreisen: Er ist ein ehrlicher und qualifizierter Mann in mittleren Jahren mit kaufmännischer Erfahrung, Konsequenz und notwendiger Härte. Ich bin der Meinung, dass er zu Jacob passen würde und eine sinnvolle Ergänzung zu ihm wäre. Aber Garantien kann ich natürlich nicht geben, denn man kann sich in jedem Menschen täuschen. Auch darüber habe ich mir den Kopf zerbrochen, und dabei ist mir eingefallen: Mein verstorbener Herr hat euch Christoffel Winterberg als Ratgeber empfohlen. Ich weiß, dass der Winterberg den Pfefferhart kennt, und zwar nicht nur so oberflächlich, wie man ja viele Kaufherrn rund um den See herum häufig kennt, sondern recht profund aus vielen Geschäften, welche die beiden miteinander abgeschlossen haben. Eine Auskunft von Christoffel könnte hier hilfreich sein.«

Barbara bedankte sich bei Maria und Johann für ihre Bereitschaft, die Arbeit bis zur Regelung ihrer Nachfolge weiterzuführen, und vor allem für ihre wertvollen Vorschläge. Als Nächstes werde sie, so sagte sie den beiden, alles mit Jacob besprechen.

*

Jacob bedauerte das baldige Ausscheiden des getreuen Johann sehr. Ansonsten nahm er Barbaras Schilderung des Gesprächs mit Maria und Johann recht gelassen zur Kenntnis.

Was die Nachfolge der Murer betrifft, so verwies er darauf, dass dies eine Sache der Hausbesorgung sei und damit vor allem sie, seine Mutter, anginge. Wenn ihre Wahl dann auf die Anna Brosemli fallen sollte, so wäre er damit durchaus einverstanden.

›Zwingenstein der Jüngere‹ zeigte sich auch sofort mit dem Vorschlag von Johann einverstanden, denn dieser deckte sich ja völlig mit dem, was ihm sein Freund Doctor Gasser vor wenigen Wochen angeraten hatte. Und dessen Ideen hatten ihm damals ja schon eingeleuchtet.

Dementsprechend wurde Christoffel Winterberg ins »Schwarze Horn« eingeladen und um Auskunft über Diethelm Pfefferhart gebeten. Christoffel berichtete Barbara und Jacob nur Gutes über den Buchhorner Kaufherrn und empfahl diesen bestens.

*

Somit war der Weg frei, dem Diethelm Pfefferhart die Dienste eines Kaufherrn als rechte Hand von Jacob Zwingenstein zu offerieren. Der Buchhorner nahm das Angebot gern an und begann seine Arbeit am ersten Tag des Monats Aprilis – und er sollte sich als wahrer Glücksgriff erweisen. Nach kürzester Zeit hatte er sich eingearbeitet und wurde zur wertvollen Stütze von Jacob und wichtigen Säule im Hause Zwingenstein. Es dauerte nicht lange, bis er die Achtung und Wertschätzung der Konstanzer Kaufmannschaft erlangt hatte.

*

Am 1. April schied Johann dann aus den Diensten der Zwingensteins aus und ging in die gut dotierte Pfründe im Heilig-Geist-Spital, die der verstorbene Lienhart Zwingenstein ihm eingerichtet hatte. Maria Murer war schon zwei Wochen früher dort eingezogen. Da Barbara ihren Vorschlag akzeptierte, hatte die Murer dem Wirbelwind Anna Brosemli die Position als Besorgerin im »Schwarzen Horn« und damit auch ihre große grüne Haube übertragen.
So hat sich schon vier Monate nach dem Tod von Lienhart Zwingenstein das personelle Gesicht im »Schwarzen Horn« deutlich gewandelt.

Kapitel 20

»Mutter, ich erwarte ein Kind«, stotterte Verena verzweifelt.

»Das überrascht mich überhaupt nicht, meine liebe Tochter«, erwiderte Agathe Näglin mit so ruhiger und gefasster Stimme, dass Verena sie erstaunt und zugleich dankbar anblickte, denn sie hatte ein fürchterliches Donnerwetter vonseiten ihrer temperamentvollen Mutter erwartet.

»Ich habe in den letzten Tagen starke Veränderungen bei dir wahrgenommen: Früh morgens rennst du ins ›Privathüsli‹ und erbrichst dich. Bei der Arbeit bist du schnell müde und erschöpft, was einem an einer fleißigen Biene, wie du es bist, die doch sonst bis zum Umfallen schaffen kann, fremd vorkommt. Deine Gesichtsfarbe wechselt häufig, und deine kecken Sommersprossen sind viel dunkler geworden. Wenn du in die Küche kommst, läufst du sofort wieder hinaus, sobald du angebratenes Fett riechst, und auf Süß hast du Heißhunger. Das alles waren für mich klare Hinweise auf eine Schwangerschaft.«

Verena war über die scharfen Beobachtungen ihrer Mutter verwundert und wollte etwas erklären, doch diese ließ sie erst gar nicht zu Wort kommen und fuhr fort: »Ich habe dies befürchtet. Mit dem Zwingenstein fährst du in seinem geschlossenen, vornehmen Pferdewagen weg, und abends schleichst du wie eine rollige Katze aus dem Haus zum Wasserbader. Ich habe mich schon seit einiger Zeit immer wieder selbst gefragt, wie *ich* mich als Mutter in dieser Situation verhalten soll. Dir diese Ausflüge verbieten? Diese Idee habe ich schnell verworfen, denn du bist jung und hast Schmetterlinge im Bauch. Mir erging es als junges Mädchen ja nicht viel anders. Daher kann ich Verständnis für dich aufbringen. Und im Übrigen: Ein Verbot hätte bei deinem Dickkopf sicherlich nicht gefruchtet. Auch ich hätte früher keinen Hausarrest ertragen. Da bist du eben meine Tochter. Allerdings besteht da schon ein Unterschied: Mir ist das damals nicht passiert!

Doch in der Vergangenheit zu graben bringt uns nicht weiter. Wir müssen *sofort* Weichen für die Zukunft stellen, damit ihr beide, dein Kind und du, möglichst wenig Schaden nehmen werdet.

Seit wann bist du dir deiner Schwangerschaft sicher? Überlege gut, wir haben heute den sechsten Tag im Hornung.«

»*Sicher* bin ich mir noch gar nicht lange – erst so seit den letzten Jännertagen. Du siehst also, ich bin gleich zu dir gekommen. Nur du kannst mir helfen«, antwortete Verena kleinlaut.

»Das ist auch gut so!

Wer ist der Vater des Kindes, der Kaufherr oder der Wasserbader?«

»Ich bin mir nicht sicher, ich *ahne* lediglich, dass es der ...«

»Halt, schweige«, unterbrach sie die Mutter wirsch und mit kreischender Stimme. »Wenn du auf Ahnungen und Vermutungen angewiesen bist, bringt dies im Augenblick überhaupt nichts. Solange du dir des wirklichen Vaters nicht sicher bist, möchte ich keinen Namen hören. Sonst werde auch ich unsicher. In einer fraglichen Situation aber werde *ich* bestimmen, *ich* als deine Mutter. Und darum sage *ich* dir gleich jetzt, wer der günstigere Vater ist: Das ist der Jacob Zwingenstein. Der ist reich, der andere ist doch ein ganz armer Schlucker. Jacobs Vaterschaft wäre besser für dich – und vor allem für dein Kind.

Diese Entscheidung solltest du, wenn du dir bezüglich Jos' Vaterschaft nicht *sicher* bist, als Befehl deiner Mutter ansehen. Nur wenn du den befolgst, werde ich dir helfen. Überlege dir gut, wer der Vater ist; du hast die ganze Nacht Zeit. Und morgen reden wir weiter. Auch ich muss nachdenken, was jetzt zu tun und zu lassen ist.«

*

Verena begab sich früh auf ihre Schlafstatt. Dabei war sie nicht mehr ganz so unglücklich wie in den Nächten zuvor, denn nun hatte sie ihr Leid jemandem mitgeteilt und damit ihre seelische Not gemildert. Dass sie in ihrem Elend auf eine so verständnisvolle Mutter treffen würde, hätte sie vorher kaum für möglich gehalten. Jetzt konnte sie ihre Hoffnung auf die Schlauheit ihrer Mutter setzen: *Wenn die mir hilft, wird vieles besser gehen!*

Sie dachte an ihre »beiden Männer«: an den schmalgliedrigen, gut aussehenden, vornehmen, sensiblen und intelligenten Kaufherrn und an den grobschlächtigen, kräftigen Wasserbader mit seinen übergroßen Händen. Sie liebte beide, gerade wegen ihrer Gegensätzlichkeit. *Aber wer ist der Vater?*, fragte sie sich im Stillen. *Ich weiß es wirklich nicht genau, habe auch keine konkreten Hinweise. Da habe ich meine Mutter nicht angelogen. Meine Ver-*

mutungen tendieren allerdings in Richtung Wasserbader, dies allein schon deswegen, weil ich mit dem Jos doch viel häufiger zusammen bin, und das auch viel intensiver als mit dem Jacob.

Meine Mutter verlangt von mir, dass ich mich in dieser Nacht auf die Vaterschaft festlege. Diese Entscheidung wird mein ganzes Leben bestimmen. Jede Minute meines Daseins muss ich auf dem Weg weitergehen, den ich jetzt einschlage. Daher muss ich mir jetzt alles nach allen Richtungen genauestens überlegen.

Verena grübelte und grübelte. Zunächst waren es lediglich einzelne Gedankenfetzen, mit denen sie sich herumschlug. Diese verdichteten sich allmählich, allerdings sehr, sehr langsam, zu bestimmten Ergebnissen:

Ich muss den einen als Vater benennen und den anderen völlig verleugnen, so als hätte ich ihn nie gekannt, sagte sie sich. *Wenn ich mit zwei Männern ins Gerede komme, wird man mich »als ein Huor halten«. Als Hure angesehen zu werden wäre das Allerschlimmste. Dann wäre nicht nur ich ehrlos, sondern meine ganze Familie wäre in ihrer Ehre schwer beschädigt. Dies ist unter allen Umständen zu vermeiden.*

Jos oder Jacob? Bei dieser Frage ventilierte sie die beiden kritischen Situationen:

Wenn ich jetzt sage, das ist Jos' Kind, in Wirklichkeit ist es aber das von Jacob, dann hat dies mindestens drei Nachteile: Der arme Schlucker muss für ein untergeschobenes Kind aufkommen. – Das Kind wird stets arm sein. – Meine schlaue Mutter wird mir in meiner jämmerlichen Lage nicht beistehen. Das hat sie unmissverständlich zum Ausdruck gebracht. Sie will den Wasserbader nicht als Vater sehen. Und was sie einmal gesagt hat, das gilt.

Wenn ich aber Jacob als Vater benenne, in Wirklichkeit ist es aber der Wasserbader, so hat das nur einen gravierenden Nachteil: Ich schiebe ihm ein Kind unter. Zugleich habe ich aber den unschätzbaren Vorteil, dass mir meine Mutter hilft. Das hat sie mir zugesagt, also wird sie es auch halten.

Und welche nachteiligen Folgen hätte eine Kindsunterschiebung für den Zwingenstein?, fragte sie sich weiter. *Das wäre die Alimentationspflicht, und diese fällt bei ihm sicherlich nicht sehr ins Gewicht, die kann er als reicher Kaufherr finanziell leicht verkraften. Darauf brauche ich keine weiteren Gedanken verschwenden. – Seine Ehre? Die würde durch seine Vaterschaft nicht beschädigt. Unser Kind wird ein ›rechtes lediges Kind‹ sein, eines von unverheirateten Personen. Es wird kein Ehebruchskind sein, das meist als unehrlich angesehen wird, und schon gar kein Pfaffenkind, das eine noch mindere Stellung hat.*

Plötzlich schoss ihr etwas in den Sinn, was mit ihrem aktuellen Problem der Vaterschaft, vordergründig gesehen, überhaupt nicht im Zusammenhang stand. Sie erinnerte sich an die Rauhnacht vor zwei Jahren, als sie damals auf dieser Bettstatt über Großvaters Konstanzer Schicksal sinnierte und sich jenes Unrecht vor Augen hielt, das ihrem Äni damals zugefügt worden war. Dabei dachte sie vor allem an ihren damaligen Entschluss, sich eines Tages, wenn sich jemals Gelegenheit dazu böte, an der Familie Zwingenstein hierfür zu rächen. *Und dieser Tag ist jetzt für mich gekommen: Sollte Jacob nicht der Vater meines Kindes sein, so mache ich ihn jetzt dazu – aus Rache für das, was die Zwingensteins meinem Großvater angetan haben.*

Damit war ihre Entscheidung endgültig gefallen. Jetzt war sie sich völlig sicher und sagte sich erleichtert: *Morgen werde ich meiner Mutter mitteilen, dass Jacob Zwingenstein der Vater ist.*

Und vielleicht ist er es ja sogar wirklich?, so beruhigte sie ihr doch etwas schlechtes Gewissen und fiel mit diesen Gedanken in einen so ruhigen Schlaf, wie sie ihn schon seit vielen Tagen nicht mehr hatte.

*

Zwischen Mutter und Tochter verlief am nächsten Morgen das Gespräch, das sich allerdings mehr als ein Anweisungsmonolog der Mutter als ein Dialog herausstellen sollte, recht zügig. Agathe Näglin hatte sich in nächtlicher Überlegung alles schon bestens zurechtgelegt. Sie begann mit der Kernfrage:

»Wer ist nun der Vater?«

»Der Vater meines Kindes ist Jacob Zwingenstein.«

»Deine Entscheidung, liebe Tochter, ist klug! In dieser Situation werde ich dir helfen, soweit es in meinen Kräften steht.«

Ab jetzt übernahm Agathe das Kommando in Sachen unehelicher Kindschaft mit folgenden ersten Überlegungen und Anweisungen:

»Den Wasserbader gibt es für dich ab dieser Stunde nicht mehr, weder in Worten noch in Taten. Du wirst dich sofort von ihm zurückziehen. Eine sinnvolle Begründung wirst du wohl selbst finden, das traue ich dir zu. Sei ihm gegenüber bestimmt, aber zugleich einfühlsam. Du solltest ihn nicht verletzen, das könnte nur Schwierigkeiten bringen.«

Verena, die keinen Widerspruch wagte, nickte zustimmend.

»Wir müssen die Zeit für uns arbeiten lassen und werden die Schwangerschaft in unserer Familie zunächst einmal verschweigen.

Vor allem darf Äni Hainrich nichts erfahren. Das wäre ein zu harter Schlag gegen seine Ehre als Oberhaupt der Näglins. Vor dieser Schmach müssen wir ihn unbedingt bewahren, zumindest in den nächsten Wochen. Gerade jetzt darf er nichts davon mitbekommen, wo er doch gerade so aufgeblüht ist, nachdem er von Barbara Zwingenstein von seiner Rehabilitierung erfuhr; dies hat er uns doch erst vor einigen Tagen sehr gerührt erzählt.

Wenn der Äni nichts wissen darf, dann auch nicht Großmutter Adalhait, denn die beiden haben keinerlei Geheimnisse voreinander.

Meinem Mann werde ich auch nichts sagen, denn wenn dein Vater Ruedi etwas weiß, dann wissen es auch bald seine lieben Eltern.

Und deinen Bruder geht dein Zustand auch nichts an.

Deinen Geliebten, den Jacob, musst du allerdings baldmöglichst über seine Vaterschaft in Kenntnis setzen. Von dem hängt alles ab, wie es weitergeht, und dem solltest du schon etwas Dampf machen. Danach werde ich auch ihm gegenüber die Sache in die Hand nehmen.

Und nun zu dir persönlich:

Ich werde dir signalisieren, wenn du deinen Leib einschnüren musst.

Schwere körperliche Arbeit werde ich, soweit es geht, von dir fernhalten. Und wenn deswegen jemand Fragen hat, werde ich dann schon die richtige Antwort zu geben wissen«, lächelte Agathe spöttisch und fügte ermunternd hinzu: »Wir beide werden das schon schaffen, wir beide sind doch nicht ganz dumm, du bist schließlich meine Tochter. – Aber jetzt an die Arbeit.«

Dieser Aufforderung kam Verena freudig nach. Sie war jetzt in ihrem Inneren frei, gelockert und zugleich dankbar.

*

Noch nie zuvor war der junge Zwingenstein so betreten von Weinfelden nach Konstanz zurückgefahren. Die Pferde mussten den Weg allein finden, denn Jacob war nur mit seinen wirren Gedanken beschäftigt und stierte ins Leere. Vor seinem geistigen Auge sah er Verena vor sich, tränenüberströmt. Ihre Worte, dass sie von ihm schwanger sei, lagen noch in seinem Ohr. Wie von einem Keulenschlag war er getroffen, und so fühlte er sich immer noch. Dazu kam das bittere Gefühl des Schmerzes, weil seine Geliebte ihn, als er sie in die Arme schließen und trösten wollte, in so sonderbarer Weise zurückgewiesen hatte. Als sie ihn schließlich ultimativ aufforderte, bei seinem nächsten Besuch Bescheid darüber zu geben, wie es nun weitergehen solle, da war er vollends am Ende. Er hatte nur hilflos mit den Schultern gezuckt und sich wortlos – ihr zuwinkend – verabschiedet. Aber sie hat nicht zurückgegrüßt, sondern ihm den Rücken zugekehrt. Das tat weh!

Ratlosigkeit, absolute Ratlosigkeit machte sich bei Jacob breit!

Der einzige vernünftige Gedanke, der sich im Sturm seiner Gefühle heraus-kristallisierte, war: *Ich muss meine Mutter um Hilfe bitten. Heute noch. Nicht eine Nacht kann ich diese schlimme Sache allein mit mir herumtragen. Mutter Barbara ist die Einzige, die mir helfen kann.*

*

Es war einer der ganz seltenen Fälle, dass Jacob seine Mutter einmal jammern hörte. Aber auch diese tapfere Frau stieß an ihre Grenzen: »Ich habe ange-nommen und mich so sehr gefreut, dass nach der Erledigung der Erbsache mit Agnes, nach meinem Besuch in Weinfelden und der Einstellung von Diethelm Pfefferhart endlich Ruhe bei mir einkehrt – innere Ruhe. Und jetzt dies! Das ist doch das Schlimmste von allem! Ausgerechnet mit der Enkelin des Hain-rich Näglin! Diese Näglins, immer wieder diese Näglins! Ich bin vollkommen verzweifelt.« Und dabei traten ihr Tränen in die Augen, deren Blau jetzt noch heller schien. In diesem Augenblick nahm der Sohn zum ersten Male so richtig wahr, dass seine Mutter älter geworden war, dass silbergraue Fäden ihre präch-tigen schwarzen Haare durchzogen und ihre Haut Falten bekam.

Jacob empfand Mitleid mit ihr. Er war sehr traurig darüber, dass er ihr solchen Kummer bereitete.

Mutter und Sohn saßen längere Zeit schweigsam nebeneinander, Jacob mit leerem, dumpfem Kopf, Barbara angestrengt überlegend.

»Das bedauernswerte Mädchen hat recht: Du musst sie baldmöglichst darü-ber informieren, wie es weitergehen soll. Aber ich sehe im Augenblick kei-nen vernünftigen Weg, ich selbst komme da nicht weiter und brauche Hilfe. Wiederum werde ich nach Christoffel Winterberg schicken, den vom Äni empfohlenen Ratgeber.«

Jacob nickte, in Gedanken verloren.

*

Schon drei Tage später saßen Barbara, der Winterberg und Jacob im ›Turbu-lentum‹.

»Es tut mir wirklich leid, dass ich eueren Rat schon wieder in Anspruch nehmen muss. Es ist ja erst kurze Zeit vergangen, seit ihr uns hier mit der Empfehlung des Diethelm Pfefferhart als Kaufherr und rechte Hand für Jacob geholfen habt«, sagte Barbara entschuldigend. »Aber das heutige Problem ist viel schwieriger und unangenehmer, weil es so persönlicher Natur ist.«

Sie schilderte die Situation von Jacob und vor allem das berechtigte Anliegen der Schwangeren, der Verena Näglin aus Weinfelden, bald zu erfahren, wie es weitergeht. Dabei nannte sie für das künftige Procedere mehrere zwingende Bedingungen:

»Die Näglins in Weinfelden müssen in Ehren gehalten und gefördert werden. Das war Lienharts eindringliches Begehren und dem ist Rechnung zu tragen, darauf werde ich bestehen, denn ich habe es ihm so versprochen. Die Gründe des Verstorbenen für diesen Wunsch kenne ich, sie waren rein persönlicher Natur, von daher wollen wir sie hier nicht vertiefen. Wir müssen einen Weg finden, dass die Ehre der Näglins durch die Vaterschaft Jacobs nicht, oder zumindest so wenig wie möglich, beschädigt wird.

Aber auch die Ehre Jacobs und des zwingensteinschen Handelsgeschäfts darf nicht in Mitleidenschaft gezogen werden.

Und schließlich geht es auch um mein Enkelkind, das ich anständig versorgt und in einer vernünftigen gesellschaftlichen Stellung sehen will.

Was sollen wir in dieser Situation tun?«

Langes meditatives Schweigen.

»Ich meine«, so der Winterberg schließlich nach angestrengter Überlegung, »dass wir einen zweistufigen Plan schmieden müssen: die erste Stufe für die Zeit bis nach der Geburt des Kindes, die zweite für die weiteren Jahre.

Was die erste Stufe angeht, könnte ich persönlich helfen, wenn dies so gewünscht wird. Erst vor Kurzem habe ich ein großes Anwesen ganz in der Nähe von Arbon erworben. Das ist hier in Konstanz und Umgebung kaum bekannt, und von daher für meinen Plan recht günstig. Wenn die Mutterschaft bei Verena sichtbar wird, könnte sie dort wohnen und keine allzu schweren Arbeiten in Haus und Feld übernehmen. Das würde ich alles mit meinem Verwalter regeln. Er ist ein vernünftiger und freundlicher Mann, sie würde dort also sicherlich nicht schlecht gehalten werden. Dafür würde ich schon Sorge tragen. Die Entbindung könnte dann auf meinem dortigen Hofgut erfolgen. Auch ein weiterer Aufenthalt wäre möglich, ein paar Monate hin oder her spielen da keine Rolle. Damit wäre der erste Druck von der jungen Frau und von der ganzen Familie Näglin genommen und ihre Ehre zum Ersten nicht beschädigt. In Ruhe könnte man dann über die nächsten Schritte nachdenken.

Für die Stufe zwei, also die Zeit nach Arbon, müsste eine Regelung gefunden werden, die dem Kind im gesellschaftlichen Leben eine einigermaßen vernünftige Stellung einräumt, so dass dem Wunsch von euch, Frau Barbara, Rechnung getragen wird. Dabei spielen vor allem rechtliche Fragen eine Rolle. Ich bin jedoch kein Rechtskundiger, daher kann ich dazu nur wenig beitragen. Aber eines weiß ich: Ein uneheliches Kind, gezeugt von einem nicht verheirateten Mann und einer nicht verheirateten Frau, muss zu seinem Vater, denn so lebt es weniger in Schande. Aber ist es sinnvoll, dass das Kind zu Jacob kommt? Vorerst mag das ja noch gehen, denn ihr, Frau Barbara, besorgt das zwingensteinsche Haus und sorgt dann auch für das Kind, aber – auch ihr werdet älter. Bei entsprechender Vereinbarung und Bezahlung könnte man das Kind auch zur Mutter nach Weinfelden geben. Aber da würde doch die Ehre der Näglins beschädigt – und das darf ja nicht sein.

Ich kann kreuz und quer denken, ich komme im Augenblick nicht weiter und muss mir daheim in Ruhe alles überlegen. Oder besser noch, ich werde die Sache meinem Freund, dem STADTSCHREIBER Heinrich Krafft, vortragen, den man, wie ihr auch wisst, Marschalk nennt. Der kennt die alten Rechte und Gewohnheiten unserer Stadt wie sonst keiner und hilft mir gern. Er hat sicher eine gute Idee.«

Diese vielen Worte hatten den Christoffel durstig gemacht. In einem Zug leerte er seinen Becher; ihm hätte jetzt auch ein schlechterer Wein geschmeckt als der ihm angebotene.

Da Barbara seinen guten Vorschlag gleich in die Tat umsetzen wollte, fragte sie, wie am besten zu verfahren sei, ob sie mit Jacob zum Stadtschreiber Krafft ins Rathaus am Fischmarkt gehen oder ihn besser zu sich ins »Schwarze Horn« einladen solle.

Nach kurzer Überlegung antwortete Christoffel: »Im Rathaus hat er stets wenig Zeit. Als Leiter der städischen Verwaltung ist er ein viel beschäftigter Mann, daher geht dort alles kurz und zügig. Dies ist aber bei solch einer heiklen Sache nicht gerade vorteilhaft und widerspricht auch dem Wesen vom Marschalk, denn er lässt es lieber ruhig und gemütlich angehen und erzählt gern viel. Daher schlage ich Folgendes vor: Ich spreche mit dem Stadtschreiber und erläutere ihm die Problematik. Krafft wird sich dann alles überlegen und mir Bescheid geben, wann er zu einem Besuch bei euch bereit ist. Ich werde euch dies signalisieren und ihr ladet ihn dann zu euch ins ›Schwarze Horn‹ zu einem guten Wein ein, wie etwa zu diesem vorzüglichen«, wobei er auf seinen Becher deutete. »Dem wird er sicherlich gut zusprechen. Eine Einladung zu einem Nachtmahl wird er ablehnen, da ist er irgendwie eigen. Übrigens: Ein bisschen Krebsfleisch zum Wein nimmt er recht gern zu sich. Im Zusammenhang mit seinem Besuch möchte ich euch auf zwei Dinge hinweisen:

Macht ihm keine Geschenke, da wäre er beleidigt.

Gerne und langatmig erzählt er über die Vergangenheit, von Rechten und alten Rechtsbräuchen, auch über Gottesurteile und Strafen. Für die meisten Menschen sind seine Schilderungen über die Strafen aber keine Strafe, denn er ist ein guter und spannender Erzähler. Hört ihm immer aufmerksam zu, drängelt ihn nicht. Am besten dürfte es sein, wenn ihr *ihm* die Gestaltung des Abends überlasst. Werdet nicht ungeduldig, auch wenn es euch vielleicht nicht so sehr interessieren sollte. Das ist der Preis, den ihr für seinen Besuch bezahlen müsst. Aber ich bin sicher, dieser Preis wird angemessen sein. Keine Angst, am Schluss kommt er immer zur eigentlichen Sache, also zu euerem Anliegen, meistens hat er einen guten Rat.«

»Diese Hinweise sind für uns sehr wertvoll, besten Dank, aber noch innigeren Dank dafür, dass ihr euch bereit erklärt habt, Verena auf euer Gut bei Arbon zu nehmen. Damit gebt ihr der Familie Näglin die Möglichkeit, nicht in Schande zu fallen. Ich persönlich würde euer Angebot gern annehmen – und du, Jacob?«

Der junge Zwingenstein brachte keinen Ton heraus. Er nickte nur schuldbewusst mit hochrotem Kopf. Es tat ihm unendlich leid, dass allein er für all diese Verstrickungen verantwortlich war.

»Damit hätten wir für heute wohl unsere Aufgaben gelöst«, meinte Winterberg lächelnd. »Jacob kann seiner Verena jetzt schnell meine Einladung nach Arbon übermitteln, so dass das Problem, ›wie es in Ehren weitergeht‹, vorerst gelöst ist.

Doch eines wollte ich noch sagen: Nach euerem Gespräch mit dem Stadtschreiber könnt ihr wieder nach mir schicken. Dann sollten wir beraten, wie wir unsere zweite Stufe weiterentwickeln. Vielen Dank, euer Wein war vorzüglich, schon das ist ein Grund, euch bald wieder zu besuchen.« Mit diesen Worten verabschiedete sich der hilfsbereite Ratgeber.

*

Am Tag des Heiligen Bonifatius, also am 19. Februaris 1456, fuhr Jacob im großen geschlossenen Pferdewagen nach Weinfelden. Seine Befindlichkeit war wesentlich besser als bei seiner letzten Fahrt auf dieser ihm so vertrauten Strecke. Er hatte sich zwischenzeitlich mit seinem Schicksal abgefunden. Seine geliebte Mutter und ein guter Berater hatten ihm aus seiner tiefen Niedergeschlagenheit geholfen. Die vorgesehenen Wege aus seiner verfahrenen Situation schienen ihm gangbar und vernünftig.

Der Vorwand für diese Fahrt waren Geschäfte mit Hainrich Näglin, der wahre Grund war jedoch das Zusammentreffen mit seiner geliebten Verena, um ihr die großzügige Einladung des Christoffel Winterberg nach Arbon mitzuteilen. Er hoffte sehr, sie dadurch wieder zugänglicher zu machen und ihr eine Freude zu bereiten. – Doch dies alles sollte misslingen.

Der alte Näglin sei krank, so wurde ihm mitgeteilt.

Anstelle von Verena erschien ihre Mutter, die ihn – zwar nicht freundlich, aber auch nicht böse – befragte, was er als Vater nun zu tun gedenke, worauf Jacob ihr das Angebot des Konstanzer Kaufherrn Winterberg unterbreitete.

Agathe Näglins Überlegungen kamen recht schnell zu dem Ergebnis, dass dies ein guter Vorschlag sei. Sie hatte sich im Stillen gesagt: *Dieser Weg hat zumindest zwei Vorteile:*

Ich selbst habe keine Probleme und Schwierigkeiten mit dem Vertuschen des Zustandes meiner Tochter.

Die Ehre der Familie Näglin wird nicht angetastet, zumindest nicht in den nächsten Monaten. Und was danach kommt, wird nicht mehr so heiß gegessen, wie es gekocht wird. Selbst wenn dann später mal hier in Weinfelden etwas über ein uneheliches Kind von Verena durchsickern sollte, so ist das für die Leute weit weniger interessant, als wenn man ein unverheiratetes Mädchen monatelang mit dickem Bauch herumlaufen sieht. Wenn ein uneheliches Kind dann einige Wochen alt ist, wird man sich das Maul kaum noch zerreißen. Dies gehört dann zu den Dingen, die bereits in der Vergangenheit liegen und daher nicht mehr so interessant sind.

»Junger Kaufherr Zwingenstein, ich nehme euer Angebot an. Wie das Wegziehen meiner Tochter Verena meinem Ehegespons Ruedi und der ganzen Familie Näglin gegenüber zu begründen und zu erklären sein wird und wie alles dann im Einzelnen gehandhabt werden soll, das wird meine Sache sein, da wird mir sicherlich einiges einfallen«, erklärte Frau Agathe mit einem fuchsschlauen Grinsen, das Jacob gar nicht gefiel.

Sie zögerte kurz – und dabei arbeitete ihr Kopf wiederum blitzschnell und mit praktischer Intelligenz – und stellte dann ihre Forderungen:

»Verenas Umzug nach Arbon wird in der ersten Woche des Monats April durchgeführt werden. Ich will sichergehen, dass hier in Weinfelden noch keinerlei Anzeichen ihrer Schwangerschaft sichtbar sind. Lieber also einen Monat zu früh als zu spät.

Der eigentliche Umzug von Weinfelden nach Arbon ist durch die Familie Zwingenstein zu bewerkstelligen. Ihr habt schließlich Wagen und Pferde. Über Einzelheiten des Transports werde ich euch rechtzeitig Botschaft zukommen lassen.

Solange Verena noch hier ist, werdet ihr euere Besuche bei uns einstellen.

Ab Mitte April werdet ihr die Geschäfte mit dem alten Näglin wieder aufnehmen. Es muss alles wie früher sein. Die längere Geschäftspause werdet ihr mit Krankheit begründen.

Ihr, Jacob Zwingenstein, werdet Verena viele Monate nicht mehr zu Gesicht bekommen. Damit müsst ihr euch abfinden. Schlagt euch weitere Vertrautheiten aus dem Kopf.

Aus dieser verfahrenen Situation wurde bislang wohl das Beste gemacht, insoweit bin ich mit der bisherigen Entwicklung durchaus zufrieden. Ich hoffe, es läuft auch in Zukunft in vernünftigen Bahnen so weiter, aber das liegt vor allem an euch, Zwingenstein.

Im Augenblick ist alles Wesentliche besprochen, so dass ich euch eine gute Heimreise wünschen kann.«

Nach diesen Worten kehrte sie dem jungen Kaufherrn den Rücken und ließ ihn stehen.

*

Auf dem Weg zurück nach Konstanz war ihm zwar nicht ganz so elend zumute wie beim letzten Mal, als er gerade von der Schwangerschaft erfahren hatte, aber immer noch elend genug. Einerseits war er zwar darüber erleichtert, dass das Schicksal von Verena für die nächsten Monate vernünftig geklärt war, andererseits nagten in ihm die Sorgen in Bezug auf ihre Zeit nach Arbon. Sehr traurig war er darüber, dass er seine geliebte Verena monatelang nicht sehen durfte und ihm praktisch eine weitere Beziehung mit ihr verboten wurde. Betroffen war er auch wegen der Geschäftsmäßigkeit, mit der Verenas Mutter, ohne Emotionen zu zeigen, das Schicksal ihrer Tochter behandelte. Es schien ihm so, als ob diese Frau Verenas Leben verwaltete und damit verfuhr wie ein Kaufmann mit seiner Ware.

Je länger er auf dem ruckelnden Kutschbock nachdachte, umso klarer wurde ihm, dass Verena und er nur noch Figuren auf dem Schachzabelbrett ihres Lebens waren, und zwar die allergeringsten Bauern. Das Spiel machten andere. Selbstkritisch musste er allerdings einräumen, dass er zu den entscheidenden Gesprächen immerhin noch hinzugezogen und nach seiner Meinung gefragt wurde. Und die Ergebnisse waren bisher ja durchaus vernünftig.

Unter diesen kritischen und recht trübsinnigen Gedanken war sein Fuhrwerk schließlich am »Schwarzen Horn« in Konstanz angelangt.

Kapitel 21

Mehrere Tage im Voraus hatte der Stadtschreiber Heinrich Krafft seinen Besuch im Hause Zwingenstein für den Abend des Heiligen Franz, also für den 2. April, angekündigt. Barbara war recht kribbelig. Als Erstes galt es, große Vorbereitungen zu treffen, denn eine so hochgestellte Persönlichkeit wie Marschalk musste gebührend empfangen werden. Als Leiter der Kanzlei und damit der gesamten städtischen Verwaltung war er schließlich einer der ersten Männer der Stadt Konstanz. Sein Ruf hatte sich noch dadurch gemehrt, dass er, wie jeder Konstanzer Bürger wusste, vor etwa zwanzig Jahren das »Rote Buch« verfasste, eine Sammlung aller städtischen Satzungen, die jährlich öffentlich verlesen wurden und deren Einhaltung die Bürger zu beschwören hatten. Dieser Mann genoss also höchstes Ansehen.

Ihm zu Ehren ließ Barbara das »Schwarze Horn« auf Hochglanz herrichten. Speziell die Stube, wo das Gespräch stattfinden sollte, wurde ins rechte Licht gesetzt. Und dies ist zunächst auch im reinen Wortsinn zu verstehen, denn auf dem Tisch und an den Wänden wurden zusätzliche Leuchter aufgestellt. Alles, was schön und teuer war, und da hatte das reiche Kaufmannshaus Zwingenstein einiges zu bieten, wurde aus verschiedenen Räumen zusammengetragen und überall, wo es auch nur einigermaßen hinpasste, zur Schau gestellt – allerdings durchaus geschmackvoll.

Pünktlich zur angesagten Stunde erschien der hohe Besucher, ein schmächtiger, hagerer Mann, vom Alter etwas gebeugt, seine weißen Haare bis über den Kragen seines vornehmen braunen Pelzmantels reichend – die ersten Aprilabende waren noch recht frisch –, mit einer Laterne in der Hand. Nach freundlicher Begrüßung wurde er in die angenehm erwärmte Stube geleitet.

»Bitte nehmt oben am Kopfende des Tisches in dem Sessel Platz. Das ist der Ehrenplatz des Hauses, denn dort saß immer Lienhart Zwingenstein«, sagte Jacob mit einer entsprechend hinweisenden Handbewegung.

»Ja der Lienhart«, nahm der Stadtschreiber den Faden gleich auf, »das war ein ehrwürdiger Kaufmann. Mit dem hatte ich immer wieder zu tun, vor allem im Zusammenhang mit seinen verschiedenen amtlichen Funktionen im

Dienste für unsere geliebte Stadt, aber auch privat. Den habe ich immer sehr geschätzt. – Seit seinem Tod scheint sich ja schon einiges bei euch getan zu haben. Ich habe gehört, dass der allseits bekannte und beliebte Johann ins ›Spital zum Heiligen Geist‹ in Pfründe gegangen ist. Er wird bei euch sicherlich eine große Lücke hinterlassen haben.«

»Ja, das ist richtig«, erwiderte Barbara, »seit gestern hat Diethelm Pfefferhart, ein Kaufherr aus einer Buchhorner Handelsfamilie, seinen Platz in der Schreibstube eingenommen. Für die Männerarbeiten im Haus, die der alte Johann ja zum Teil auch noch alle gemacht hat, haben wir jetzt einen jungen Knecht eingestellt, der, der Zufall hat es so gewollt, auch auf den Namen Johann hört. Auch die jahrzehntelange Besorgerin des Hauses Zwingenstein musste ich leider ersetzen. So habt ihr wirklich recht, wenn ihr feststellt, dass sich das personelle Gesicht unseres Hauses verändert hat. Aber lasst uns doch zuerst einmal einen Begrüßungsschluck nehmen. Dabei will ich die Freude über eueren Besuch und den Dank dafür zum Ausdruck bringen.«

»Ah, der Wein schmeckt wirklich vorzüglich«, freute sich der hohe Gast, und als er den Blick über den reich dekorierten Tisch schweifen ließ und dabei einige Schälchen mit Krebsschwänzen entdeckte, meinte er schmunzelnd: »Ich habe den Eindruck, mein Freund Winterberg hat meinen Besuch gut vorbereitet.« Und dabei packte er gleich das erste Krebsschwänzchen.

Der schmächtige Mann, nach vorn gebeugt und seine Arme auf die Lehnen gestützt, wirkte in dem mächtigen, mit wertvollen Polstern ausgelegten Eichensessel recht verloren. Doch dies war nur die körperliche Sichtweise, denn sofort war Mutter und Sohn klar, dass ein wacher, brillanter Geist und die Persönlichkeit dieses Mannes die rein körperliche Erscheinung überstrahlten.

»Lasst uns gleich ›in medias res‹ gehen, gleich ran an die Sache«, so der Stadtschreiber. »Der Christoffel hat mir euer Problem erläutert. Dies ist gar nicht so leicht zu lösen, vor allem nicht mit unseren geläufigen, *heutigen* Rechtssätzen und Gepflogenheiten. Da muss man schon die alten Rechte und Gewohnheiten bemühen.« Und schon wieder packte er ein Krebsschwänzchen und nahm einen kräftigen Zug vom Wein.

»Oh, erzählt uns doch bitte davon«, nahm Barbara, die sich an den Hinweis von Winterberg über des Stadtschreibers Vorlieben erinnerte, die Gelegenheit sofort beim Schopf. »Erzählt uns doch über alte Rechte und Gebräuche. Keiner weiß darüber besser Bescheid als ihr. Seid ihr es doch gewesen, der alle die alten Ordnungen im ›Roten Buch‹ sammelte, für uns und für die Zukünftigen. Das interessiert uns sehr.«

»Wenn ihr über die von mir zusammengetragenen Ordnungen schon gehört habt, dann will ich euch über etwas anderes berichten, etwas, was in meiner Sammlung kaum Darstellung fand, nämlich die *Strafen*. Natürlich nur wenn ihr mit diesem Thema einverstanden seid. Dabei dürft ihr allerdings nicht zimperlich sein!«

Nachdem Barbara und Jacob durch kräftiges Kopfnicken ihre Zustimmung kundgetan hatten, begann Heinrich Krafft mit frisch befeuchteter Stimme:

»Nach dem Recht und nach den ›alten, wohlhergebrachten, rechtmäßigen und billigen Gebräuchen‹ gibt es vielerlei Strafarten. Da müssen wir zunächst etwas System und Ordnung hineinbringen und grundsätzlich unterscheiden zwischen Lebensstrafen, Leibesstrafen, Schand- und Ehrenstrafen sowie den Geldstrafen und der Verbannung aus der Stadt.«

Er begann mit den *Lebensstrafen*, nahm nach der Erklärung jeder einzelnen Todesart einen kräftigen Schluck Wein und sprach:

»Hat ein Malefikant sein Leben verwirkt, so ist das ›Richten mit blutiger Hand‹, also die *Enthauptung*, die häufigste Todesart. Es ist dies die gelindeste, die ›ehrlichste‹ aller Todesstrafen. Auf der Richtstätte wird der Verurteilte mit dem Schwert geköpft und das abgetrennte Haupt auf den Galgen gestellt. Enthaupten ist die reguläre Strafe bei ›Dieberey‹, wird aber auch bei Raub, Totschlag, Notzucht und Ehebruch ausgesprochen.

Das *Erhängen* am städtischen Galgen ist eine typische Männerstrafe, vollzogen vor allem bei Totschlag, Mordbrand, Raub und Stehlen. Es ist dies, im Gegensatz zum Enthaupten, ein schimpflicher Tod; der Leib bleibt am Galgen hängen, jedermann zur Schau gestellt, bis er zerfällt.

Altem Herkommen entspringt das *Ertränken*, eine Strafe, zu der in der Regel FRAUEN verurteilt werden, häufig wegen Giftmischerei. In einzelnen Fällen kann diese Strafe auch Männer treffen. So wurden vor nicht allzu langer Zeit zwei Gesellen wegen Falschspielens ertränkt. Die Delinquenten werden an Händen und Füßen zusammengebunden und von der hölzernen Rheinbrücke in den Fluss geworfen. Die Strafe des Ertränkens ist weniger schimpflich als die des Galgens.

Beim *Lebendigbegraben*, meist mit dem *Pfählen* verbunden, muss der Missetäter zunächst sein Grab selbst ausheben. Unter ihm und über ihm werden Dornensträucher gelegt, um seine Wiederkehr zu verhindern. Hände und Füße werden gebunden, sein Körper wird mit einem Pfahl durchstoßen und dann mit Erde zugedeckt. Diese besonders grausame Strafe wird vor allem bei Blutschande, Unzucht und Kindsmord ausgesprochen.

Die schlimmste, schimpflichste und ehrloseste Strafe ist das *Rädern*. Dabei werden Rücken und Glieder mit einem Rad zerstoßen, und der Körper wird anschließend zwischen die Radspeichen geflochten. Dieses Rad mit dem eingeflochtenen menschlichen Körper wird auf einem Pfahl befestigt. Dies ist die Strafe bei Mord, schwerem Raub und Majestätsverbrechen.

Die Strafe für Verräter ist das *Vierteilen*. Hände und Füße werden jeweils an eines Rosses Schwanz befestigt. Dann wird auf die Tiere eingeschlagen, so dass sie davonrennen. Auf diese Weise wird der Körper des Delinquenten auseinandergerissen.

Alle diese grausamen Strafen werden manchmal sogar noch verstärkt, etwa dadurch, dass der Missetäter zur Richtstätte *geschleift* oder mit *glühenden Zangen gerissen* wird.

Selbst der *tote Körper* der Hingerichteten kann noch besondere soziale Ächtung erfahren. Besonders unehrenhaft ist das Begraben unter dem Galgen – oder noch schlimmer: das Verbrennen des toten Körpers.

Wenn ich schon einmal vom Verbrennen rede, so habe ich, aber das habt ihr sicherlich bemerkt, eine Todesart vergessen: den Feuertod. Dieser ist häufig eine Frauenstrafe, vor allem bei Mord, Sodomie, Vergiften und Zauberei. Und da wäre ich auch schon beim Thema Hexen. Das würde heute Abend aber zu weit führen, vielleicht ein anderes Mal ...

Alle diese Strafen werden durch den Nachrichter, den Henker, vollstreckt.«

An dieser Stelle legte der ehrwürdige Heinrich Krafft eine kleine Pause ein. Nach einem kräftigen Schluck aus dem schon mehrfach nachgefüllten Becher erkundigte er sich, ob er auch noch die wichtigsten anderen Strafen erklären solle. Dies wolle er aber nur ganz kurz machen. Nachdem diese Frage pflichtschuldigst bejaht worden war, fuhr der Rechtskundige fort:

»Altem Herkommen entsprechen auch die *Leibesstrafen.*

Die leichteste Strafe am Leib ist die *Züchtigung mit dem Stock.* Sie wird nicht durch den Henker, sondern durch Trögel, durch Stadtknechte, vollstreckt. Diese Prügelstrafe ist nicht unehrenhaft.

Unehrenhaft sind jedoch die Leibesstrafen, die ich jetzt kurz nenne. Sie alle werden durch den unehrenhaften Nachrichter vollstreckt.

Die leichteste Strafe ist das *Auspeitschen mit Ruten.*

Grausam sind die *Verstümmelungsstrafen*, wie das Abhauen von Fingern, Abhacken von Händen und Füßen, Ausstechen der Augen oder das Abschneiden von Zunge, Nase, Ohren. Diese Strafen werden vor allem bei Gotteslästerung, Dieberei, Meineid, Münzfälschung und bei ›Wunden‹

(Körperverletzung) ausgesprochen. Häufig werden diese Leibesstrafen der begangenen Missetat angepasst, so etwa das Abhacken der Diebeshand oder das Ausschneiden der Zunge bei Gotteslästerung.

Betrüger und Falschspieler sollen jedermann erkennbar gemacht werden. Daher brennt der Henker diesen ein Zeichen ein, meist ins Gesicht. Zur *Brandmarkung* werden in der Regel glühende Schlüssel oder Würfel benutzt.

Zu den *Schandstrafen* brauche ich euch nicht viel erzählen, denn deren Vollzug seht ihr oft genug in unserem Konstanz, daher nur die beiden gebräuchlichsten: Stundenlang am städtischen *Pranger* am Obermarkt vor dem Haus zum ›Hohen Hafen‹ zu stehen, von Spott, Hohn und Beleidigungen der Schadenfreudigen überschüttet, trifft die Delinquenten schwer in ihrer Ehre. Körperliche Pein tritt noch hinzu, wenn der Missetäter mit der Zunge an den Pranger geheftet wird. In der Ehre getroffen sind auch diejenigen, die in das *Narrenhäuschen* gesperrt werden, denn in den drehbaren Lattenkäfig hallt manch böses Wort von Mann, Frau und Kind. Die Schandstrafen werden meist wegen Fluchens, Hurerei, Beleidigung von Amtspersonen und Verleumdung ausgesprochen, aber auch bei Ruhestörern, Betrunkenen oder Streitsüchtigen.

Die *Verbannung*, also die Verweisung aus unserer Stadt, sei sie ewig oder zeitlich befristet, ist der billigste und einfachste Weg, einen Malefikanten loszuwerden. So ist es verständlich, dass der Rat diese Strafe sehr häufig ausspricht, oft auch neben einer anderen Strafe, etwa neben dem Brandmarken.«

Mit einem kräftigen Schluck Wein beendete der Stadtschreiber seine Erzählung über die Strafjustiz und nuschelte etwas kleinlaut: »An sich waren die Strafen ja nicht unser heutiges Thema. Aber ihr habt mich ja dazu aufgefordert, so dass ich kein allzu schlechtes Gewissen haben muss, mich wieder an meinem Lieblingsthema festgebissen zu haben.«

»Es war für mich, und sicherlich auch für meinen Sohn, höchst aufschlussreich, aus dem Munde eines so großartigen und erfahrenen Rechtskundigen über Rechtsgewohnheiten und -gebräuche zu hören. Obwohl – ich muss es gestehen – es ist mir bei euerer trefflichen Darstellung der grauenhaften Strafen heiß und kalt über den Rücken gelaufen.«

»Doch nun endlich zu euerem Anliegen: Wie ich von euerem Freund Christoffel Winterberg, der auch mein Freund ist, vertraulich gehört habe, hat der Jacob einer Jungfrau aus Weinfelden, einer Bauerntochter, ein Kind gemacht. Wo ist das Problem? Das ist nicht das erste Mal und wird wohl auch nicht das letzte Mal sein, dass ein Bankert geboren wird und eine Ehe aus Gründen des Standes nicht in Betracht kommt. Das gibt es nicht nur bei hohen Adligen, bei Patriziern, das gibt es sogar bei Klerikern, also im Grunde genommen überall. Ihr habt doch das große Glück, reich zu sein, denn Geld regelt doch vieles. Gebt der Familie eine angemessene, meinetwegen auch eine hohe Summe, und res factum est, die Sache ist erledigt und aus der Welt.«

»Daran haben wir auch schon gedacht«, erwiderte Barbara zögerlich, »das wäre sicherlich am einfachsten, und am Geld würde es bei uns auch nicht scheitern, da wären wir bestimmt nicht geizig. Aber leider liegen die Dinge bei der Familie Näglin, der Familie der Schwangeren, weitaus schwieriger. Es geht hier nämlich gar nicht um Geld, es geht hier vielmehr um Ehre und um Versprechungen. Das ist nämlich so ...«

Sie machte eine kurze Pause, wiegte mit dem Kopf hin und her, bis sie sich schließlich zur Begründung durchrang: »Ich habe dem Lienhart Zwingenstein auf seinem Todbett zugesagt, die Familie Näglin in Weinfelden immer so zu unterstützen, dass sie niemals Not leidet. Darüber hinaus habe ich ihm versprechen müssen, diese Familie stets in Ehren zu halten. Er hat mir die Hintergründe für diesen Letzten Willen erläutert. Es waren wirklich schwerwiegende Gründe, und ich habe ihm versprechen müssen, mit keinem Menschen hierüber zu sprechen, nicht einmal mit meinem Sohn Jacob ...«

»Dann müsst ihr auch mir nichts darüber erzählen. Ich respektiere den Wunsch des Verstorbenen, und auch ihr braucht keine Versprechen zu brechen«, unterbrach sie Krafft. »Also redet bitte weiter, Ulmerin – so nennt man euch doch.«

Ihm zunickend, fuhr Barbara fort: »Nicht in einer Ehe geborene Kinder sind bekanntlich in ihrer Ehre eingeschränkt. Sie haben keinen Zutritt zu Ämtern, meist auch nicht zur Zunft und zudem keine Rechte als Erben, wie es eheliche Kinder gegenüber ihrem Vater haben. Die ganze Familie eines Bankerts kommt in Misskredit. Und das widerspricht doch dem, was ich dem Lienhart versprochen habe. Gebe ich den Näglins nur Geld, sind sie nicht in Ehren gehalten. Und das ist *mein* Problem.«

»Da habt ihr wirklich Recht. Das mit der Unehrenhaftigkeit ›unecht‹ geborener Kinder ist schon so, wie ihr sagt. Probleme ergeben sich häufig bei der Zunftfähigkeit Nichtehelicher, denn ›der satz wys, dass kainer kain uneheliches soll leren‹. An dieser Regel haben bei uns in Konstanz sogar kaiserliche Dekrete vergeblich gerüttelt.

Um euerem Problem Rechnung zu tragen, muss man einen Weg finden, der dem Kind von Jacob den Makel der Nichtehelichkeit nimmt. Nach ›wohlerbrachtem Gebrauch‹ sehe ich da nur eine einzige Möglichkeit: ein *Morgengabskind*. Das bedeutet, dass Jacob seiner jungen Frau am Morgen nach der Brautnacht sein unecht geborenes Kind als Morgengabe gibt.«

»Davon habe ich noch nie gehört«, sagte Barbara zweifelnd.

»Das glaube ich gern, Morgengabskinder sind höchst selten. Als Morgengabe werden ja in der Regel Sachwerte geschenkt. Aber mein Vorschlag entspricht altem Gebrauch.«

»Dann hätten wir das Problem ja gelöst«, fiel ihm Jacob erleichtert ins Wort.

»Aus rein rechtlicher Sicht habt ihr Recht«, bemerkte der Ratschreiber etwas ärgerlich, »aber die rechtliche Seite ist beileibe nicht alles, denn da gibt es auch noch die Emotionen einer Frau. Das alles wird nicht einfach, sicherlich nicht. Welche junge Ehefrau erntet am Morgen nach der Brautnacht gern die Früchte eines Fehltritts ihres soeben geheirateten Mannes? Dies ist wohl auch der Grund dafür, dass es Morgengabskinder so selten gibt!«

Diese Worte trafen den jungen Zwingenstein und taten ihm weh, aber es waren einleuchtende Feststellungen, wie er selbstkritisch einräumen musste. Um nicht in Einzelheiten verstrickt zu werden, die Krebsschwänze waren auch alle aufgegessen, hatte Krafft es plötzlich eilig: »Ich muss jetzt schnell zu Bett, denn morgen wird für mich ein anstrengender Tag, da hat nämlich der große Rat eine wichtige Sitzung. Aber meine Aufgabe, euch in euerer misslichen Situation als Rechtskundiger einen Rat zu geben, ist wohl erfüllt. Einen anderen Weg sehe ich nicht. Vielleicht könnt ihr auf der Idee des Morgengabskindes aufbauen. Der Christoffel Winterberg wird euch sicher dabei helfen.

Wenn ihr meinen Vorschlag in die Tat umsetzen wollt, dann kommt zu mir ins Rathaus. Dort werden wir dann einen ›noddel der ee‹, einen Ehevertrag über Heimsteuer, Widerlegung, Morgengabe, Morgengabskind und alles, was dazugehört, machen und ›Urkund darüber fertigen‹. Ich werde dann alles in die städtischen Bücher eintragen. Damit wäre die Stellung des Kindes als Morgengabskindes anerkannt und dokumentiert und der Makel der Unehre von ihm genommen. Weiteres kann ich dann nicht mehr für euch tun.«

Barbara und Jacob dankten dem Stadtschreiber zutiefst. Dieser machte sich dann auf etwas wackeligen Beinen, der Wein hatte wohl zu gut geschmeckt, auf den Heimweg, seine Laterne in der Hand schwenkend.

Kapitel 22

»Mit dem Gedanken des Morgengabskindes kann ich mich zunächst einmal überhaupt nicht anfreunden. Wir bräuchten dazu ein Eheweib für Jacob als Mutter für dieses Kind. Aber woher nehmen wir eine unbescholtene, einigermaßen standesgemäße Jungfrau, die bereit ist, nach der Eheschließung ein uneheliches Kind aufzunehmen und anzuerkennen?« Mit dieser Frage eröffnete Christoffel Winterberg das Gespräch mit Barbara und Jacob. »Dieses Problem ist viel schwieriger als unser erstes, das mit der Unterbringung der Verena. Die ist ja nun schon seit drei Monaten auf meinem Gut bei Arbon. Erst vor Kurzem habe ich mit meinem dortigen Verwalter gesprochen, der mir über die junge Näglin berichtet hat. Es ist alles bestens mit ihr bestellt. Sie hat sich eingewöhnt, arbeitet fleißig und versteht sich mit Mägden und Knechten, überhaupt mit allen gut und scheint recht zufrieden zu sein. Ihre Schwangerschaft verläuft normal. Da braucht ihr euch keine Sorgen zu machen, Jacob.«

Die drei waren schon nachmittags im »Schwarzen Horn« zusammengekommen, nicht in der Stube, sondern im kühleren »Turbulentum«; zu Beginn des Heumonats, also Anfang Juli, war es recht heiß. Dort war man auch ungestört, weitab von dem geschäftigen Treiben in der Schreibstube, wo die strenge Hand des Pfefferhart seit einem Vierteljahr in kompetenter Weise Regie führte.

Nach dem kurzen Exkurs über Verena kam der Winterberg sogleich wieder zu seinem Problem, das er wiederholte. »Woher soll die Jungfrau für Jacob kommen?

An eine Jungfrau aus den Geschlechtern brauchen wir überhaupt nicht zu denken. Schon der Gedanke eines Morgengabskindes für eine Patriziertochter würde in jenen elitären Kreisen als schwere Beleidigung und Ehrverletzung betrachtet werden.

Ähnliches gilt für die reichen Kaufherrn. Welcher vornehme Handelsherr würde ein solches Ansinnen seiner Tochter zumuten? Diese müsste körperlich so missgestaltet oder bereits so alt sein, dass für sie kein anderer Ehemann aufzutreiben wäre. Aber selbst in einem solchen Falle würde man sie wohl lieber, mit einer hübschen Summe Geldes ausgestattet, in ein Kloster schicken, als die Schmach zu ertragen, Unehelichkeit in die Familie zu bringen.

Also bleibt lediglich die Möglichkeit einer Braut aus einer Zunft. Dabei muss man nach meiner Überzeugung unterscheiden zwischen unseren reichen Zünften, wie etwa den Kaufleuten und den Mertzlern, und den armen Zünften, wie etwa den Schiffsleuten und den Rebleuten, bei denen über die Hälfte ihrer Mitglieder zu den ›Habnits‹, zu den Habenichtsen, gehören, die gar keine Steuern zahlen müssen.

Für eine Jungfrau aus einer der reichen Zünfte halte ich eine mit einem Morgengabskind belastete Heirat für recht unwahrscheinlich. Ich bin überzeugt, dass hier die Situation ähnlich ist wie bei den Kaufherrn.

Was bleibt also übrig? Eine Jungfrau aus einer der armen Zünfte oder aus einer solchen, die eine Mittelstellung zwischen den armen und den reichen einnehmen. Für ein Mädchen, das aus einer solchen Vermögensgruppe stammt, wäre eine Heirat mit einem reichen Handelsherrn ein gesellschaftlicher Aufstieg, auch ein Gewinn an Ansehen für die ganze Familie.«

»Aber Lienharts Wunsch war eine Heirat Jacobs mit der Tochter eines Handelsherrn oder eines Zunftmeisters.«

Auf diese Einwendung von Barbara reagierte Christoffel sichtbar säuerlich: »Dann muss der Vater der Braut eben irgendwann einmal Zunftmeister gewesen sein. Das ist vielleicht gar nicht so schwierig, weil dieses Amt ja jährlich wechselt.«

Dass sie ihn mit ihrer Forderung etwas gereizt hat, war Barbara peinlich. Sie bekam einen roten Kopf, denn es war ihr völlig ferngelegen, ihren hilfsbereiten Ratgeber zu verärgern.

Jacob folgte dem Gespräch schweigend und ohne äußere Anteilnahme.

Nachdem Winterberg den Kreis der in Betracht kommenden Jungfrauen eingeengt hatte, sprach er sofort das nächste Problem an: »Und wer nimmt die Funktion des Heiratsvermittlers wahr?«

»Ich kann das nicht übernehmen«, sagte Barbara kleinlaut. »Das geht schon aus dem Grunde nicht, weil man mich als Frau nicht für voll nimmt. Dazu kommt, dass ich als Mutter viel zu emotional wäre. Schließlich, und das ist wohl der wichtigste Punkt, ich kenne die Leute hier nicht gut genug, habe viel zu wenig Kontakte zu möglicherweise in Betracht kommenden Personen. Jacob scheidet naturgemäß auch aus, er kann ja nicht als sein eigener Heiratsvermittler auftreten.«

Jacob, mit hochroten Ohren daneben sitzend, schwieg; er dachte in diesem Augenblick nur an den unbedeutenden Bauern beim Schachzabel.

»Da bliebe ja wohl nur noch ich übrig«, meinte Christoffel süffisant lächelnd. »Aber jetzt im Ernst: Ich wäre bereit, nach einer Jungfrau für Jacob Ausschau zu halten. Dabei würde ich mich zuerst bei den reicheren Zünften umsehen, auch bei den gegenwärtigen und bisherigen Zunftmeistern, wie von Lienhart gewünscht. Ich würde auch mit dem Vater einer in Betracht kommenden Braut die notwendigen Kontakte herstellen. Dies alles aber nur, wenn ihr es dringlich wünscht. In der gegebenen Situation ist das eine sehr delikate Sache, an die man mit Fingerspitzengefühl herangehen muss. Eine erfreuliche Aufgabe wäre das für mich nicht, ich reiße mich sicherlich nicht darum, das möchte ich an dieser Stelle doch klar zum Ausdruck bringen. Aber für den verstorbenen Lienhart würde ich auch dies noch tun.

Wenn es mir gelingen würde, einen Erfolg versprechenden Kontakt zum Vater einer Jungfrau herzustellen, wäre meine Aufgabe erfüllt. Alle weiteren Einzelheiten müsstet *ihr* mit dem Vater der Braut ausmachen. Vor allem den Ehevertrag müsstet ihr selbst aushandeln. Das ist schließlich euer Geld, da werde ich mich heraushalten.«

Seine Worte waren deutlich genug und wurden auch verstanden. Damit hatte er die Grenzen seiner Hilfsbereitschaft aufgezeigt.

Jacob war von dem ganzen Gespräch peinlich berührt.

»Ihr seid ein guter Ratgeber und ein wahrer Freund, Christoffel Winterberg. Lienhart würde euch posthum danken, und wir beide tun dies natürlich auch. Euer großzügiges Angebot nehmen wir gern an. Ich hoffe, ihr findet für meinen Sohn Jacob eine gute Frau und für meinen Enkel eine gute Mutter.«

Jacob nickte schweigend.

*

Von seiner misslichen Situation aus betrachtet, ist bisher für Jacob alles positiv verlaufen. Seine Mutter steht zu ihm, und Winterberg hat ihm sehr geholfen. Verena ist versorgt, zumindest vorerst, und sein Kind soll als Morgengabskind eine gesellschaftlich geachtete Position erlangen. In seiner Kaufmannschaft laufen die Geschäfte gut; schon nach kurzer Zeit hat sich Pfefferhart als unentbehrliche rechte Hand erwiesen. Dies alles sah Jacob rein objektiv betrachtet ja auch ein. Und dennoch – er fühlte sich nicht wohl, er fühlte sich fremdbestimmt und sah sich als verwaltet an.

In dieser Lage brauchte er wieder einmal den Rat seines Freundes Wolffgang Gasser. Daher verabredete er sich mit diesem, besuchte ihn in seinem »Haus zum Wolf« und schilderte die gesamte Entwicklung.

»Ich fürchte, da kommt eine schlimme Zeit auf dich zu, Jacob. Zumindest sehe ich große Gefahren«, sagte der Doctor. Eine Frau, der man sein uneheliches Kind vorsetzt, ist in ihrem Inneren verletzt und wird dies auch ewig bleiben. Davon solltest du ausgehen. An dieser Situation wirst du immer leiden. Die Liebe zu deinem Kind wird dies kaum ausgleichen können.

Wenn *man* dir eine Frau auswählt, ich möchte auch hier unbarmherzig sagen, wenn man sie dir vorsetzt, wirst du kaum Zuneigung zu ihr empfinden, von Liebe will ich schon gar nicht reden. Andernfalls wäre dies ein reiner Zufall, und der ist, wie schon die Binsenweisheit sagt, selten. Also wirst du auch unter diesem Gesichtspunkt nicht glücklich werden und wahrscheinlich leiden.

Wie kannst du solches Leiden vermeiden? Ich kann dir nur eines empfehlen: Geh von Konstanz weg, genügend weit weg, zieh in eine Stadt und beginne dort ein neues Handelsgeschäft. Es muss ja nicht so groß sein wie euere Kaufmannschaft hier in Konstanz. Da du reich bist und eine Menge Steuern bezahlst, wirst du überall ein willkommener Neubürger sein. Dann kannst du deine geliebte Verena mitnehmen und heiraten, und ihr werdet euer Kind gemeinsam aufziehen – als eheliches Kind. Verena wird, da ihre Herkunft dort unbekannt ist, nicht als Bauernmädchen angesehen, und auch euer Kind wird nicht stigmatisiert sein.

Allerdings«, fügte der Medicus, der die Schwächen seines Freundes ja nur zu gut kannte, belehrend hinzu, »gehört dazu eine gewisse Entscheidungskraft und Durchsetzungsfähigkeit.

Ich möchte deine Alternativen in schlichte vier Worte fassen: Leiden oder Konstanz verlassen.

Ich bin mir durchaus bewusst, dass dich diese Worte hart und gnadenlos treffen, aber ich bin dein Freund, und gerade deswegen sage ich dir dies so brutal.«

*

Jacob wälzte sich ruhelos auf seiner Bettstatt. An Schlaf war für ihn nicht zu denken. *Wie es bisher mit meiner Mutter, dem Stadtschreiber und dem Winterberg gelaufen ist,* so sagte er sich, *das war doch optimal. Warum habe ich dabei nur so ein Selbstunwertgefühl entwickelt und bin damit zum Gasser gegangen, der mir gnaden- und mitleidlos völlig neue Aspekte aufgezeigt hat? Warum hat er mir das angetan?*

Vor lauter Selbstmitleid war er den Tränen nahe.

Aber vielleicht hat der Wolffgang doch Recht? Seine Prognosen haben sich bisher in der Regel als richtig erwiesen. Vielleicht sollte ich mit meiner Verena und unserem Kind irgendwo völlig neu anfangen?

Aber das ist unmöglich. Ich kann das Erbe der Zwingenstein nicht verraten. Und Ich kann doch meine geliebte Mutter und mein geliebtes Konstanz nicht verlassen. Wo sollte ich denn hingehen? Wäre ich überhaupt in der Lage, an einem neuen Ort ein Handelsgewerbe zu eröffnen? Keinen Menschen kennen, keinen einzigen Kunden vorfinden ... Nach dem Tod vom Äni habe ich geglaubt, die Welt bricht über meinem Geschäft und mir zusammen. Und dabei hatte ich doch noch mein bekanntes Umfeld, meine Mutter, den Johann, meine sonstigen Gehilfen und vor allem meine Geschäftspartner. Alles war doch da!

Und schließlich gibt es noch das Problem Verena. Würde die überhaupt mit mir wegziehen? Sie fühlte sich doch immer sehr wohl bei ihrer Familie in Weinfelden. Da habe ich große Bedenken. Liebt sie mich überhaupt wirklich? Manchmal vermittelt sie mir das Gefühl, dass sie mir nur halb gehört. Ich hatte ja sogar schon das Empfinden, dass ihre Liebe mit Hass verbunden ist, dass noch irgendetwas anderes da ist, etwas Fremdes, etwas, von dem ich nichts weiß. Ich bin mir ihrer nicht völlig sicher. Selbst wenn sie meine Frau werden wollte, wäre da immer noch ihre Mutter. Die bestimmt doch das Leben ihrer Tochter vollkommen.

Je länger er sinnierte, desto mehr Probleme sah er auf sich zukommen, wenn er seine Heimatstadt verließe. Und nach vielen Wenn und Aber kam er im Morgengrauen zum Ergebnis: *Ich habe nicht die Kraft, das zwingensteinsche Handelsgeschäft zu verlassen und einen Neubeginn zu wagen. Ich werde in Konstanz bleiben. Da steht mir der Pfefferhart bei, auch meine Mutter und meine Freunde, und alles geht seinen geordneten Gang. Der Gasser zeichnet die Alternativen doch wohl zu schwarz. Es besteht doch genauso die Möglichkeit, dass ich eine liebenswerte Frau bekomme. Und ob ich leiden werde oder nicht, das liegt schließlich auch an mir selbst.* So sprach Jacob sich selbst Trost und Mut zu.

Damit war der Weg, der durch den Ratschreiber Krafft und durch Christoffel Winterberg empfohlen wurde, auch von Jacob Zwingenstein innerlich gebilligt. Dieser Entschluss entsprach seiner Persönlichkeitsstruktur. Nur ob er es sich damit letztlich leichter gemacht hat?

*

Es ging in den nächsten Monaten wirklich alles seinen geordneten Gang, so wie es dem Wesen Jacobs gemäß war. Er arbeitete hart, verbrachte Teile seiner Freizeit mit seinen Freunden, mit Peter Sunnentag auf dem Bruel beim Schießen und mit Doctor Gasser beim Diskutieren. Und so fühlte er sich rundum wohl.

Ende September kam Winterberg kurz ins »Schwarze Horn« und teilte mit, dass Verena vor einigen Tagen, genau am zwölften Tag des Herbstmonats, ein Mädchen geboren habe dass das Kind sehr schwächlich gewesen sei, so dass man es sogleich getauft habe. Schließlich sollte es, wenn es nicht überlebte, in geweihter Erde auf dem Gottesacker beigesetzt werden können. Aber heute bestehe keine Gefahr mehr, der Säugling habe sich erholt und entwickle sich normal. Der Name des Mädchens sei Sybille.

»Mutter und Kind können noch einige Monate auf meinem Gut bleiben. Verena leistet schon wieder vollwertige Arbeit, und alle haben die Kleine ins Herz geschlossen, auch mein Verwalter, wie er mir freudig sagte. Auf diese Weise stehen wir nicht unter Zeitdruck mit der Suche nach einer jungen Braut für Jacob und mit der Terminierung der Hochzeit.

Trotzdem, ich werde weiterhin mit Nachdruck nach einer geeigneten Jungfrau Ausschau halten. Eines kann ich aber schon heute sagen: Eine Braut aus den reichen Zünften kann ich nicht ausmachen, das ist wirklich so, wie ich es vorausgesehen habe. Aber ich bin zuversichtlich, in nächster Zeit erfolgreich zu sein, ich habe da etwas im Auge. Überstürzen wollen wir jedoch nichts. Ob das kleine Mädchen mit drei, fünf oder sieben Monaten zu seiner neuen Mutter kommt, ist wohl nicht so entscheidend. Im Gegenteil, bei seiner natürlichen Mutter ist es auf jeden Fall in Liebe gut versorgt.«

Nachdem Christoffel Winterberg seinen Kurzbesuch beendet hatte, sahen Mutter und Sohn einander mit großen Augen fragend an. Beide wussten nicht, ob ihnen zum Lachen oder zum Weinen zumute war.

Einerseits freute sich Barbara über eine Enkelin, so wie es normalerweise jede Frau tut, wenn sie Großmutter geworden ist. Andererseits drückten sie Sorgen, wenn sie an eine ersprießliche und gute Zukunft dieses kleinen Mädchens dachte.

Jacob sagte sich, dass Vaterschaft doch sicher etwas sehr Schönes sei. Andererseits fragte er sich ängstlich, ob hierdurch sein normales Leben, so wie er es liebte, nicht in Unordnung geraten würde.

Kapitel 23

Im Wintermonat am Tag der Heiligen Elisabeth, also am 19. November, führten Barbara Zwingenstein und ihr Sohn Jacob drei Gäste, alle gut gekleidet, in die Stube im »Schwarzen Horn«.

Der kleine, untersetzte Mann, ein bulliger Typ, strahlte Kraft aus. Sein Eheweib war klein, extrem mager und nach vorn gebeugt – ein wahrer Hungerhaken. Ihre Tochter war mittelgroß, besaß gut entwickelte weibliche Formen, hatte eine robuste Gestalt, ohne jedoch dick zu wirken. Auffallend waren ihre schönen, glänzenden, weit über die Schultern fallenden braunen Haare.

Sie alle nahmen am langen mit Bechern und Weinkrügen bestückten Tisch Platz. Jacob saß in Änis gepolstertem Eichensessel, links von ihm auf der Bank am Fenster seine Mutter Barbara, rechts von ihm der Fischer Hans Huch, dessen Tochter Christina und daneben ihre Mutter Katharina.

Da die Unterhaltung nicht recht in Gang kommen wollte, hatten alle Anwesenden Gelegenheit, einander zu mustern und sich die ersten Gedanken übereinander zu machen.

Barbara nahm den vierschrötigen Mann unter die Lupe. Er hatte kaum noch Haare auf dem Kopf, und die wenigen noch verbliebenen standen kurz, struppig und wirr in alle Richtungen zu Berge. Sein Gesicht war gekennzeichnet durch seine weit herabgezogenen, buschigen Augenbrauen, seine Gurkennase und seine tiefen Falten, die in allen Richtungen Stirn und Wangen zerfurchten. Sein asymmetrisches Lachen, seine flackernden Augen und seine rissigen Hände, die stets unterwegs waren, vermittelten der Ulmerin den Eindruck des Unstetigen und Unberechenbaren.

Jacob betrachtete kritisch seine Sollfrau. Als Erstes fiel sein Blick auf ihre üppigen Brüste, dann gleich hoch zum Gesicht, denn ein Hals war kaum zu erkennen. Der war nämlich so kurz und dick und dazu noch von einem Hängekinn verdeckt, dass er direkt auf dem Rumpf aufzusitzen schien. Auffallend waren ihre dicken Apfelbäckchen, im Augenblick vor Aufregung gerötet, und ihre großen braunen Rehaugen. Der tiefe Haaransatz machte ihre Stirn flach und niedrig, ein Eindruck, der noch durch die schmalen und dünnen Augenbrauen verstärkt wurde. Unter der kleinen Stupsnase hielt sie die Lippen ihres kleinen Mundes andauernd gespitzt. Die langen, nach hinten glatt gekämmten Haare betonten ihre Mausöhrchen mit den angewachsenen Ohrläppchen.

Christina, die dem schlanken, vornehmen, weltgewandten, jungen Handelsherren mit seinen schwarzen gelockten Haaren zwar ein gutes Aussehen nicht absprechen konnte, sah in ihm sofort einen überheblichen, eingebildeten, reichen Pfeffersack, der ohne rechte Arbeit viel Geld verdient. Für sie bedeutete nämlich nur körperliche Tätigkeit wirkliche Arbeit. Dieser schmalbrüstige, schwächliche Jüngling hier, so dachte sie, hält doch keinem Vergleich stand mit dem kräftigen, robusten Simon. Der junge Fischer Simon Giger hatte sie schon mehrfach in seine Heimat mitgenommen, nach UHLDINGEN, einem Dörfchen auf der nördlichen Seite des Bodensees gelegen. Simon war doch wenigstens ein richtiger Kerl, ihm gehörte ihr Herz, ihm hatte sie sich versprochen, und nur mit ihm wollte sie ihr Leben teilen.

All diese Betrachtungen und Gedanken wurden unterbrochen, als der Fischer Hans Huch, der tiefgründigen Gedanken abhold und des langen Schweigens überdrüssig war, den großen Weinkrug vom Tisch nahm, den vor ihm stehenden Becher vollgoss, ihn in einem Zug leerte und sagte: »Das lockert meine Zunge, hahaha. Wir sind doch nicht zusammengekommen, um uns gegenseitig anzustarren und anzuschweigen. Wir haben doch viel miteinander zu besprechen, und da will ich gleich einmal beginnen:

Also, ich bin der Fischer Hans Huch. Viermal war ich schon Zunftmeister. Unsere ehrbare Fischerzunft gehört, wie ihr ja alle wisst, zu den größten Zünften in Konstanz. Da gibt es für einen ehrbaren Zunftmeister sehr viel Arbeit zum Wohle der ehrbaren Zunftmitglieder.«

Dabei verschwieg er, was natürlich jeder am Tisch wusste, dass die Fischerzunft nicht zu den mächtigen Zünften in Konstanz gehörte, ganz im Gegenteil, sie hatte kaum politischen Einfluss, obwohl sie in der Tat, rein numerisch gesehen, eine der größten war. Nicht einmal ihre wichtigsten Belange durfte die Fischerzunft in eigener Verantwortung festlegen. Die bedeutsamsten Fischereiangelegenheiten wurden nämlich amtlich durch den Rat der Stadt mittels einer ganzen Reihe von Fischereiordnungen geregelt, so vor allem die Fischpreise.

Was die mehrfach betonte Ehrbarkeit von Zunft und Fischern anging, so hatte Huch die Realität verzerrt. Häufig wurden nämlich Fischer von den eigens eingesetzten Fischschauern bei der Übertretung von Fischsatzungen ertappt und vom Rat deswegen abgestraft. Auch bei Huch selbst war dies schon mehrfach der Fall gewesen.

»Die Fischerzunft gehört zwar nicht zu den reichsten Zünften der Stadt. Sie steht aber mit den Vermögen ihrer Mitglieder weit über den armen Zünften, wie etwa den Habenichtsen der Schiffsleute. Die meisten von uns weisen steuerbares Vermögen aus, und dazu gehöre in erster Linie *ich*,« bemerkte er stolz, sich mit seinem Mittelfinger auf die Brust klopfend.

»Leider kauft ihr, ehrbare Frowe Zwingenstein, nicht auf dem Fischmarkt ein. Das ist selbstverständlich nicht eueres Standes gemäß. Daher kennt ihr mich wohl auch nicht. Sonst wüsstet ihr, dass ich die mächtigste Stimme habe, die über den Fischmarkt hallt, und dass ich dort die besten Fische anbiete, hahaha.«

Huchs Redefluss schüchtern unterbrechend, fragte Jacob, ob er Wein anbieten dürfe, was alle mit einem Kopfnicken bejahten, wobei der Fischer dröhnte, dass er sich auch selbst bedienen könne.

»Neben mir, das ist meine Tochter Christina.« Dabei legte er seinen rechten Arm grob um ihre Schultern, was ihr offensichtlich nicht gefiel. »Sie hat zwar braunes Haar und kein goldenes, dafür hat sie aber ein goldenes Herz, hahaha. Und arbeiten kann sie, die Fleißigste ist sie auf dem ganzen Fischmarkt. Ihr originelles Merkmal ist ihr Schnütchen. Ist das nicht bezaubernd? Schon als kleines Kind hatte sie die Angewohnheit, die Lippen, immer leicht geöffnet, zu spitzen, und das hat sie bis heute beibehalten. Schon seit frühester Jugend hat ihr das den Spitznamen ›Fischle‹ eingebracht, hahaha. Und heute noch nennen sie viele Leute ›Fisch‹. Das ist ein Ehrenname, denn bei uns Fischern gilt: ohne Fisch kein Leben.«

Diese Art und Weise der Vorstellung durch ihren Vater war Christina höchst unangenehm, und ihre Apfelbäckchen wurden feuerrot.

Barbara sagte sich im Stillen, dass dieser Spitzname recht trefflich sei, denn bei der Begrüßung hatte sie das Gefühl, einen toten Fisch in der Hand zu haben, so weich war Christinas Händedruck. Aber das war nicht etwa das Gefühl wie bei einem normalen toten Fisch, sinnierte die Ulmerin weiter, sondern noch viel weicher, so wie bei einem besonders wabbeligen Fisch, etwa einer Trüsche, die im Sommer bei recht warmem Wasser lange Zeit im Netz gehangen hat. Auch Jacob machte sich so seine Gedanken. Er fragte sich, ob sie nun neben der Ente noch ein weiteres Tier aus heimischen Gewässern in ihre Familie bekämen. Dabei ist dies, so sagte er sich weiter, wirklich kein ›Fischle‹ mehr, sondern vielmehr ein wohlgenährter ›Fisch‹.

So nebenbei wies Huch auf seine Ehefrau und bemerkte: »Und das dort ist mein Ehegespons Katharina. Und jetzt habe ich alle von uns vorgestellt, hahaha.

Ihr Zwingensteins, ihr braucht euch nicht vorzustellen, ihr seid in der Stadt bekannt, hahaha!«

Da kein anderer das Wort nahm und nachdem er einen weiteren Becher Wein geleert hatte, fuhr der Fischer fort: »Zum Schweigen bin ich nicht hierher ins ›Schwarze Horn‹ gekommen, sondern zum Verhandeln. Grund dafür ist die Brautwerbung des würdigen Herrn Winterberg. Der hat ja überall eine Jungfrau für den jungen Herrn Zwingenstein gesucht und ist schließlich bei uns auf ein Juwel gestoßen: auf meine liebe Tochter Christina. Aber die gebe ich nicht her, die ...«

»Oh ja, Vater, tu das nicht ...«, seufzte das Mädchen. Aber bevor sie nur ein weiteres Wörtchen sagen konnte, schlug Huch so brachial mit der Faust auf den Tisch, dass Becher und Krüge tanzten, und fauchte sie an: »Hab ich dir daheim nicht deutlich genug befohlen, dass du hier kein Wort zu sagen hast? Hier spreche nur ich! Ich bin euer Herr, ich habe die Gewalt! Das gilt auch für dich, mein geschwätziges Fischweib. Ich sage dir, Eheweib, das vorbeugend, damit nicht auch noch *du* auf die Idee kommst, mir dazwischenzureden.« Unter diesen bösen Worten zuckte Katharina Huch ehrfurchtsvoll vor ihrem Herrn und Gebieter zusammen.

Dieser gewalttätige Ausbruch, dem eine längere Pause betretenen Schweigens folgte, erinnerte Christina an das erst vor Kurzem geführte Gespräch, als ihr Vater ihr erklärt hatte, dass die Zeit für ihre Vermählung bald gekommen sei, was sie hocherfreut zum Anlass genommen hatte, um ihren Fischer Simon Giger aus Uhldingen ins Gespräch zu bringen. Als sie ihm des Weiteren erzählte, dass sie sich mit ihrem Simon schon häufig getroffen habe, dass sie ihn liebe und ihm versprochen habe, seine Fischerin zu werden, da war sein Wutausbruch noch weit heftiger als der soeben. So teufelswild hatte sie ihn noch nie erlebt. Eingeschlagen hatte er auf sie und geschrien, dass ihn ihre Ehewünsche überhaupt nicht interessieren, dass *er*, so wie es der Brauch ist, ihren Ehemann bestimme, dass er bereits einen reichen Kaufherrn für sie ausgewählt habe, dass eine wohlhabende Verwandtschaft für ihn und für die ganze Familie Huch von Nutzen sei, dass er keinen Widerspruch dulde, dass sie bei dem baldigen Antrittsbesuch züchtig zu schweigen habe, kein Sterbenswörtchen sagen dürfe, sonst setze es zuhause wiederum grausige Schläge. Davor hatte sie jetzt Angst und kauerte, ihre Lippen gespitzt, auf ihrem Stuhl.

»In entscheidenden Dingen haben die Weiber kein Wort, so oder so ähnlich steht es schon in der Bibel geschrieben, und daran halte ich mich als gottesfürchtiger Mensch«, bemerkte der Fischer in ruhigerem Ton, womit er wohl seine harschen Worte etwas relativieren wollte. »Aber was sagte ich doch zuletzt, bevor mir meine ungezogene Tochter ins Wort gefallen ist? – Ach ja, dass ich mich von meiner Christina, von meinem Juwel, nicht, oder zumindest nur sehr ungern, trennen werde. Sie ist meine große Stütze bei der Fischverarbeitung und beim Verkauf auf dem Fischmarkt. Sie ist für mich kaum ersetzbar und daher kaum bezahlbar.« Dabei verschwieg er, dass er zwei weitere Töchter und zwei Söhne hatte, die alle in seiner Fischerei mitarbeiteten.

Jetzt ist die Katze endlich aus dem Sack, dachte Barbara und reagierte schnell mit einer Gegenfrage, mit der Huch so nicht gerechnet hatte: »Was kostet sie denn, euer Juwel? Diese Frage habt ihr, Hans Huch, herausgefordert, denn *ihr* habt von der Bezahlung für eure Tochter geredet!«

Jetzt kam der Fischer ins Straucheln, denn allzu schnellen und hellen Geistes war er nicht, sondern eher bauernschlau. Da sein übliches Hahaha jetzt offensichtlich nicht am Platze war, ersetzte er es durch ein Jajaja und stotterte: »Das habe ich alles ja nicht so wörtlich gemeint. Aber dennoch, im Prinzip bleibe ich schon dabei, dass man zunächst an mich denken muss, an einen armen Fischer, der seine große Stütze und beste Gehilfin verliert. Da müsste für mich als Ersatz schon ein hübsches Sümmchen herausspringen, hahaha.

Danach muss ich auch an meine geliebte Tochter denken. Mit ihren siebzehn Jahren ist sie im besten Alter. Sie ist eine züchtige Jungfrau, da haben wir sehr darüber gewacht. Sie ist sogar so züchtig, dass sie noch nicht einmal im See gebadet hat. Noch nie hatte sie Verbindung zu einem Jüngling, das hätten wir verboten. Sie ist von anmutiger Gestalt und schönem Aussehen. Ihr Fleiß ist vorbildlich. Wer sie heiratet, der bekommt ein Juwel.

Dementsprechend müssen natürlich die Zuwendungen für meine geliebte Tochter sein, eine großzügige Morgengabe und eine hohe Widerlegung als Witwenversorgung. Da kenne ich mich aus, da habe ich mich erkundigt«, fügte er großspurig hinzu. »Alles wäre dann in einem Ehevertrag, einem ›Noddel der Ee‹ festzulegen.«

Nachdem er wieder einen Becher geleert hatte, stellte der Fischer weitere Ansprüche: »Was ich bisher gefordert habe, ist für den Normalfall. Vom Winterberg habe ich aber gehört, dass meine geliebte Christina eine schwere Last mit in die Ehe nehmen soll, ein uneheliches Kind von Jacob. Das bedeutet für mich, dass ich meine Tochter in die Unehre gebe. Und kommt damit nicht Unehre über die ganze Familie Huch? Das alles erschwert unsere Lage und ist ein Sonderfall. Daher ist es sicherlich recht und billig, dass für mich, meine Familie und auch für Christina zumindest das Doppelte angemessen ist.«

»Ihr seid doch ein kluger Rechner«, flötete Barbara, und Huch fühlte sich geschmeichelt. »Und als solcher habt ihr doch sicherlich schon gerechnet, was die Familie Zwingenstein insgesamt, also an euch und an eure Tochter, bezahlen sollte. Diese Gesamtsumme wäre für uns wichtig. In welcher Weise diese dann zu entrichten wäre, ob in Gulden, ob in fahrendem oder liegendem Gut, das wäre dann erst die zweite Frage.«

Die Einschätzung von Barbara war richtig. Huch hatte alles im Voraus genau überlegt.

»Viertausend Rheinische Gulden, alles in allem, also für mich und Christina zusammen, sind wohl nicht zu viel verlangt«, meinte der Fischer, allerdings etwas zögerlich. » Davon zweitausend für mich als Ersatz für meinen großen Verlust und für die Unehre, in die ich falle.

Dazu kommt natürlich noch das Hochzeitsfest. Das muss so gefeiert werden, wie bei den ganz Großen üblich! Aus einem städtischen Brunnen soll drei Tage lang ununterbrochen Wein fließen, Ochsen sollen am Spieß gebraten werden, und viele Spielleute sollen die Gäste erfreuen – ein Fest, das dem Vater dieser Tochter Ehre macht.«

»Viertausend Gulden, ein wahrhaft stolzer Preis«, meldete sich Jacob zum ersten Mal zu Wort. »Dafür könntet ihr im Thurgau ein kleines Dorf mit Feldern kaufen. Für die zweitausend Gulden, die ihr für euch selbst beansprucht, hat eure Familie den Lebensunterhalt für fünfzig Jahre, ohne dass ihr einen einzigen Fisch fangen müsst. Bei dieser überschlägigen Berechnung gehe ich von den durchschnittlichen Bedürfnissen einer Familie aus.«

»Ihr seid aber ein schneller Rechner, Jacob Zwingenstein«, unterbrach ihn der Fischer verblüfft, und Christina zollte Jacob innerlich zum ersten Mal Anerkennung.

»Und was die Hochzeitsfeier betrifft«, so fuhr der junge Zwingenstein fort, »bin ich für ein bescheidenes Fest innerhalb der Familien und des engsten Freundeskreises.«

Bei diesen konträren Auffassungen griff Barbara nun in das Gespräch ein: »Heute haben wir uns zum ersten Mal gesehen, haben die wichtigsten Probleme angesprochen und die grundsätzlichen Positionen abgesteckt. Das ist doch für das erste Zusammentreffen ausreichend, mehr können wir für heute nicht tun, und für eine Eheabredung ist es sowieso noch zu früh. Einzelheiten werden mein Sohn Jacob und ich ohnehin nicht mit euch, Hans Huch, aushandeln. Dies wird für uns Diethelm Pfefferhart tun, der ist hier generell für das Geld zuständig ist und bestimmt, was finanziell möglich ist und was nicht. Mit dem müsst ihr verhandeln. Lasst uns jetzt noch ein bisschen gesellig zusammensitzen und plaudern, damit wir uns etwas besser kennenlernen. Anna Brosemli wird uns ein bescheidenes Mahl auftragen, ein paar Krüge unseres Moselweins stehen auch schon bereit.«

Das ausgezeichnete Mahl – eine wahre Herrenspeise – und der vorzügliche Mosel, reichlich genossen, hatten den Unwillen des Fischers wegen der Gegenrede des jungen Zwingenstein und seine Verärgerung über das Einschalten von Pfefferhart schnell vergessen gemacht.

Auf dem Heimweg fühlte sich der Fischer als wahrer Gewinner des Brautgespräches und vermittelte seinen beiden Frauen den Eindruck, dass die zwingensteinschen Gelder schon bald fließen werden. Seine Tochter sah er bereits als reiche Kaufmannsfrau, sich selbst als phänomenalen Veranstalter einer großartigen Hochzeitsfeier für das ganze Volk. *Vor dem Pfefferhart habe ich keine Angst*, so sprach er sich Mut zu, *dem werde ich, der Hans Huch, es schon zeigen, dem werde ich Pfeffer geben!* – Seine mentale Überheblichkeit stand voll im Gegensatz zur Geradlinigkeit seines Ganges.

*

Einige Zeit noch saßen Mutter und Sohn schweigend in der Stube. Barbara hatte lediglich den Platz gewechselt, von der Bank am Fenster auf ihren üblichen Sessel rechts neben Jacob. Beide mussten ihre Eindrücke von diesem Gespräch innerlich verarbeiten.

»Jacob, wollen wir die Sache mit der Fischertochter Christina gleich abbrechen? Wenn du schon jetzt der Meinung bist, eine Heirat mit dieser Jungfrau sei dir unmöglich oder die Forderungen von Huch seien ungebührlich hoch, dann sollten wir die Verhandlungen nicht in die Länge ziehen, sondern gleich morgen absagen.«

»Ganz so schlimm ist es ja nun auch nicht. Die Gestalt der jungen Fischerin ist zwar robust, ihre Formen sind dennoch recht weiblich. Ihre schönen langen braunen Haare und ihre großen leuchtenden dunkelbraunen Augen sprechen für sie. Die Mausöhrchen, das Stupsnäschen, ihre sonderbar geschürzten Lippen sowie ihr Doppelkinn machen sie weniger begehrenswert. Alles in allem würde ich sagen, dass sie weder schön noch hässlich ist. Und über ihre äußere Erscheinung hinaus kann man sie nicht beurteilen, denn sie durfte ja kein Wort sprechen.

Den Fischer muss ich ja nicht heiraten, von dem würde ich sofort genügend Abstand halten. Und wenn ich an seine unverschämten Forderungen denke – da müsste man eben verhandeln. Wenn dabei kein tragbares Ergebnis herauskommt, werde ich Nein sagen. Auch wenn viele meinen, ich sei bei meinen Entscheidungen weit nachgiebiger als der Äni oder gar der ›Große Zwingenstein‹, käme in diesem Falle ein hartes Nein von mir. Niemals würde ich das Vermögen des Handelshauses Zwingenstein auch nur im Ansatz gefährden.«

»Weißt du, Jacob, ich könnte aus meinem Vermögen etwas dazuschießen. Ob du jetzt einen Teil davon erhältst oder erst bei meinem Tod alles, wäre mir gleich.«

»Nein, Mutter, dieses Angebot nehme ich nicht an!«

»Der Winterberg hat seine Zusagen erfüllt«, wechselte die Ulmerin das Thema, »von ihm haben wir keine weiteren Brautwerbungen zu erwarten. Wir müssten also selbst von vorn anfangen – und das wäre doch recht schwierig.«

»Mutter, ich liebe meine Verena, und nur sie will ich heiraten. Aber das geht ja nicht, sie ist ein Bauernmädchen. Das hast du zur Genüge betont, und der Äni hat eine solche Ehe sogar strikt verboten. Auch mein Freund Gasser geht davon aus, dass eine Hochzeit mit ihr in Konstanz nicht möglich ist. Er hat mir sogar geraten, mich in einer anderen Stadt niederzulassen, um Verena dort zu heiraten, wo niemand ihre Herkunft kennt. Und letztlich sehe ich es auch selbst ein, dass sie eines anderen Standes ist und daher eine Ehe mit ihr nicht in Betracht kommt.

Da ich Verena nun einmal nicht haben darf, ist mir alles andere mehr oder weniger gleich. Denn um meine Liebe geht es nicht, sondern nur um Stand und Ehre.«

»Wenn ich all diese Gedanken zusammenfüge«, so folgerte Barbara, »sollten wir die Verhandlungen fortsetzen, und zwar durch den Pfefferhart. Natürlich müssen wir den Diethelm jetzt über alle Hintergründe ins Vertrauen ziehen, vor allem über dein uneheliches Kind als Morgengabskind.«

»Genauso sehe ich das auch – übrigens deine Idee, Mutter, hier den Pfefferhart einzuschalten, war brillant! Nicht nur wegen seiner generell pfiffig-klugen Verhandlungsführung, sondern auch deswegen, weil er als Nichtbetroffener sachlich und neutral an die Eheabredung herangehen kann.

Dazu kommt, dass er es blendend versteht, die Leute gnadenlos auseinander-zunehmen, die in der gleichen Sache, gerade so wie es ihnen passt, einmal so und einmal so argumentieren. Zu diesen Personen gehört der bauernschlaue Huch. Erinnerst du dich, wie er sich bei den Steuern als einen der besten Zah-ler unter den Fischern gelobt, bei seinen Forderungen gegen mich hingegen als einen armen Fischer ausgegeben hat?«

»Wir sind uns einig, mein Sohn, wir werden den Pfefferhart mit dem Huch verhandeln lassen.«

Kapitel 24

Diethelm Pfefferhart übernahm das Gespräch mit Hans Huch über die Modalitäten des Ehevertrages nicht nur als eine von seinem Dienstherrn auferlegte Verpflichtung. Er wollte Jacob Zwingenstein in seiner misslichen Situation wirklich helfen, zudem sah er nicht ein, dass zwingensteinsches Vermögen sinnlos verschleudert werden sollte. Gern schlüpfte er daher in die Rolle eines Vertreters zur Wahrung der Interessen der Familie Zwingenstein gegenüber dem Fischer Huch. Diethelm hatte Erfahrung bei der Führung derartiger Streitgespräche. Wie oft hatte er sich gegen überbordende Ansprüche seines Bruders zur Wehr setzen müssen! Und meistens stand am Ende ein vernünftiger »Täding«, ein sinnvoller Vergleich.

*

Drei Wochen später saßen Pfefferhart und der Fischer Hans Huch im »Schwarzen Horn« im »Turbulentum«, abgeschirmt von der Umwelt. Der Fischer trank tüchtig guten Mosel, Diethelm klares Wasser. Auf dem Tisch vor ihnen lagen die Schreibutensilien des Kaufmanns, auf die der Huch unverwandt blickte.

»Ihr habt als Forderung für die Eheschließung euerer Tochter alles in allem viertausend Rheinische Gulden genannt ...«, begann Pfefferhart das Gespräch. »Und dazu noch«, fiel der Fischer ihm ins Wort, »die gebührende Ausrichtung einer öffentlichen Hochzeitsfeier mit Weinbrunnen, Ochsenbraterei, alles mehrere Tage lang, hahaha.«

»Ja, das ist mir alles bekannt. Doch lasst uns mal eines nach dem anderen in Ruhe besprechen, denn wenn wir alles auf einmal in den Mund nehmen, besteht doch die Gefahr, dass wir uns daran verschlucken.

Gehen wir zuerst einmal an die viertausend Gulden. Lasst uns doch einmal sehen, wie sich diese zusammensetzen sollen. Diese Berechnung wollen wir nach Recht, Ordnung und Gewohnheit vornehmen.«

»So ist es, das wollen wir so machen wie zwei ehrbare Kaufleute«, bestätigte Huch großspurig.

»Dann werden wir sehen, ob die viertausend Gulden gebührlich sind – oder zu wenig oder zu viel«, fuhr der Pfefferhart fort.

»Zu wenig?«, fragte der Fischer gierig, und seine Augen blitzten auf.

»Können wir uns zuerst über das Heiratsgut für euere Tochter unterhalten?«, fragte der Kaufmann sachlich.

»Einverstanden, denn um meine geliebte Christina geht es ja in erster Linie, sie soll ein gutes Leben haben, denn sie ist ein gutes Mädchen, hahaha.« Dabei lobte er ihre Vorzüge wiederum in höchsten Tönen.

Pfefferhart hörte sich die blumigen und weitschweifigen Anpreisungen so geduldig und freundlich an, dass sich der Fischer zu immer stärkeren Übertreibungen hinreißen ließ, bis ihn Diethelm schließlich mit der überraschenden Frage unterbrach:

»Wie alt ist denn euere ungewöhnliche Tochter?«

»Gute siebzehn Jahre alt, hahaha.«

»Da bin ich aber doch sehr verwundert, dass man sie euch nicht schon längst aus den Händen gerissen hat, bei solchen Vorzügen und Qualitäten. Denn immerhin ist sie ja schon seit längerer Zeit im heiratsfähigen Alter!«

Da dem Fischer durch diese Zwischenfrage klar geworden war, dass er den Bogen wohl etwas überspannt hatte, schwieg er verlegen.

Dies nutzte der Kaufherr aus, um seinerseits das Heft in die Hand zu nehmen:

»Wir sollten zunächst über die Widerlegung reden. Je nachdem könnte nach Recht und Gewohnheit ein Betrag für Christina herausspringen, der zusammen mit der Morgengabe über den von euch geforderten zweitausend Gulden liegt.«

»Wie das?«, fragte Huch gierig.

»Nehmen wir an, ihr gebt euerer geliebten Tochter eine euerer großen Liebe entsprechende Summe von zweitausend Rheinischen Gulden als Heimsteuer, dann müssen die Zwingensteins auch zweitausend Gulden als Widerlegung geben. Dazu käme noch eine gebührende Morgengabe, so dass der junge Zwingenstein weit über zweitausend Gulden für eure Tochter aufzubringen hätte.«

»Das ist unmöglich«, stotterte Huch, »ich bin ein armer Fischer, ich kann keinen einzigen Gulden Heimsteuer zahlen!«

»Das ist dann eine ganz einfache Sache, da sind wir ja ganz schnell fertig«, erklärte Pfefferhart mitleidlos mit spärlichen Worten. »Keine Heimsteuer, keine Widerlegung.«

»Das kann nicht sein, ich dachte, der junge Zwingenstein muss in jedem Fall eine hohe Widerlegung zahlen.«

»Fischer Huch, denkt doch mal selbst nach, ihr seid doch ein kluger Mann! Das sagt doch schon das Wort: Der eine legt etwas wider, also dagegen. Das bedeutet doch, dass der andere bereits etwas gelegt hat. Widerlegung setzt immer Heimsteuer voraus, ist also eine Art Sicherheit. Wenn ihr mir das nicht glaubt, dann geht doch ins Rathaus und fragt dort den Stadtschreiber Krafft, der ist rechtskundig. Als ehrwürdigen Bürger und mehrfachen Zunftmeister wird er euch sicherlich empfangen und Auskunft geben.« Dabei war Diethelm klar, dass der Fischer sich nicht die Blöße geben würde, über eine derartige Binsenweisheit dort Erkundigungen einzuziehen.

Dem kleinlaut gewordenen Huch baute der schlaue Kaufmann jedoch sofort wieder eine goldenen Brücke: »Obwohl vom Sinn her die Höhe der Widerlegung der Höhe der Heimsteuer entspricht, könnte ich der Familie Zwingenstein vielleicht abringen, dass sie auf das, was ihr euerer Tochter als Heimsteuer mitgebt, das Zehnfache widerlegt. Machen wir ein Exemplum: Ihr gebt euerer Tochter bei der Vermählung zwanzig Gulden Heimsteuer, dann bringt der Zwingenstein zweihundert Gulden Widerlegung. Diese insgesamt zweihundertzwanzig Gulden wären dann die Witwenversorgung euerer Tochter. Dafür sind Heimsteuer und Widerlegung nämlich nach Recht und Gewohnheit bestimmt. Wäre das nicht ein sehr beachtlicher Betrag?«

Dem Fischer stand die Enttäuschung ins Gesicht geschrieben, die er nur durch den guten Wein lindern konnte, von dem er zwei Becher hintereinander leerte. Auf diese Weise etwas gestärkt und wieder ermutigt, ging er zum Gegenangriff über:

»Aber meine Tochter soll doch ein uneheliches Kind vom Zwingenstein in ihre Ehe übernehmen, ein Morgengabskind, wie es wohl genannt wird. Ich habe zwar noch nie von so etwas gehört. Das bringt doch Unehre über die junge Gattin und über die ganze ehrwürdige Fischerfamilie Huch und dafür muss doch viel bezahlt werden!«

»Auch ich und die Familie Zwingenstein haben von Morgengabskindern noch nie etwas gehört. Dies war der Vorschlag des Stadtschreibers Krafft aufgrund alter Gewohnheiten. Und er erklärte auch, dass diese Art einer Kindesaufnahme die Unehre vom Kind nehme und dementsprechend auch von deren Familien. Habt also keine Angst, Unehre wird nicht über euere ehrwürdige Familie Huch kommen. Wenn ihr mir auch hier keinen Glauben schenkt, so muss ich euch wiederum auf den Stadtschreiber verweisen. Fragt ihn über die Morgengabskinder, und das könnt ihr dann gleich mit dem Problem der soeben besprochenen Widerlegung verknüpfen.«

Immer wieder dieser Krafft! Gegen die Rechtsauffassung dieses allseits hoch anerkannten Rechtskundigen kann ich doch nichts ausrichten. Wenn sich der Pfefferhart auf den beruft, dann glaube ich ihm. Sonst wäre der Kaufmann ja ganz schnell als Lügner entlarvt. Das ist bittere Arznei, die ich heute schlucken muss, bemitleidete sich der Fischer in seinem Innersten.

»Über die Unehre sollten wir kein Wort mehr verlieren. Ich sehe aber eine viel schwierigere Sache, die bei der Höhe der Morgengabe berücksichtigt werden sollte: Ein fremdes Kind in eine junge Ehe aufzunehmen ist für eine Frau ein großes Problem und kann beträchtliche Schwierigkeiten mit sich bringen. Das muss man erkennen und einräumen. Daher sollte die Familie Zwingenstein in diesem Punkt großzügig sein. Mein Vorschlag wäre daher: achthundert Gulden als Morgengabe in verschiedenen Vermögenswerten, in liegendem und fahrendem Gut, in Geld und in Zinsbriefen, was dann noch im Einzelnen festgelegt werden müsste. Nimmt man von meinem vorherigen Beispiel die zweihundert Gulden Widerlegung dazu, dann wären das tausend Gulden, die die Familie Zwingenstein zu bringen hätte. Das wäre sicherlich ein sehr gebührlicher Betrag für Christina, für mich wäre dies allerdings die allerhöchste Grenze.«

Bei dieser Zahl bewegte Huch sein Haupt abwägend. Einerseits musste er zugeben, dass die achthundert Gulden Morgengabe die Problematik Morgengabskind durchaus berücksichtigten, andererseits brachte diese Rechnung nur die Hälfte seiner eigenen Vorstellung. Ohne weitere Stellungnahme hierzu ging er zum nächsten Thema über:

»Für mich persönlich wichtiger als die Bezahlungen an meine Tochter sind die Gelder für mich, denn ich verliere eine unbezahlbare Hilfe im Haus, bei der Fischverarbeitung und auf dem Fischmarkt.« Diese Worte waren der Anfang langatmiger und wortreicher Ausführungen zum Thema Unersetzlichkeit seiner Tochter Christina.

Nachdem Pfefferhart den weitschweifigen Darlegungen des Fischers wiederum geduldig zugehört hatte, fragte er, ob der Fischbetrieb wirklich am Zusammenbrechen wäre, wenn Christina ausscheide. Dies bestätigte Huch mit einem Kopfnicken, und das war sein kardinaler Fehler.

Scheinheilig fragte Pfefferhart: »Ihr habt doch noch zwei Söhne, zwei weitere Töchter und einen Schwiegersohn, die arbeiten doch alle in euerer Fischerei, von euerer Ehefrau ganz zu schweigen?«

»Das ist richtig so.«

»Und die arbeiten alle überhaupt nichts? Nur euere Tochter Christina hält den ganzen Betrieb aufrecht? Das glaube, wer will – ich nicht!«

Mit diesen schneidenden Worten versetzte er dem Fischer einen entscheidenden Schlag, und dieser sank völlig in sich zusammen.

»Jetzt aber kommt das Entscheidende«, fuhr Pfefferhart unbarmherzig fort. »Ihr nehmt doch nicht im Ernst an, dass euere Tochter die einzige Jungfrau ist, die für Jacob als Eheweib in Betracht kommt. Ich stamme von Buchhorn – mein Umzug nach Konstanz ist noch gar nicht so lange her – , und dort kenne ich einige heiratsfähige, ehrbare, schöne Jungfrauen, deren Väter, ehrbare Kaufherren oder Zunftmeister, gern bereit wären, dem außerordentlich gut aussehenden und wohlhabenden Jacob ihre Tochter als Frau zu geben, auch mit Morgengabskind, ohne dafür von der Familie Zwingenstein viertausend Gulden kassieren zu wollen.«

»Aber, aber ...«, stotterte der Fischer in seiner Bedrängnis, »das mit den zwei mal zweitausend Gulden, war doch gar nicht so ernst und endgültig gemeint, das war doch nur mal so eine Zahl, einfach so dahin gesagt. Und wenn ihr jetzt noch mit Jungfrauen aus anderen Städten kommt, dann ist das nicht im Sinn unseres Gesprächs.«

»Ja, es ehrt euch, Hans Huch, dass ihr euch nie geschlagen gebt. Aber bedenkt doch bitte: Ihr wart es doch, der am Anfang unseres Gesprächs erklärt hat, dass wir beide wie zwei ehrbare Kaufleute verhandeln. Was macht aber ein Kaufherr, der am eigenen Ort die von ihm gewünschte Ware nicht zu einem vertretbaren Preis erhält? Er sucht sie an einem anderen Handelsplatz. Das ist doch die natürlichste Sache der Welt. Was ist daran zu beanstanden?«

Nun sah der Fischer Huch alle seine Fische davonschwimmen und wechselte das Thema: »Aber die Hochzeit muss groß gefeiert werden, öffentlich, mit Wein aus einem Brunnen, mit Ochsenbraterei, mit vielen Musikanten, einige Tage lang. Ich will als Brautvater Gastgeber aller Konstanzer Bürger werden – und das gleich in den ersten Monaten des nächsten Jahres, habe ich gedacht.«

»Dass ein geachteter Mann, ein mehrfacher, ehrbarer Zunftmeister, seiner geliebten Tochter ein großes Hochzeitsfest bieten will, das ist verständlich und ehrt euch, Huch.«

Zum ersten Mal leuchteten die Augen des Fischers dankbar auf.

»Trotzdem würde ich an eurer Stelle Folgendes bedenken: Ein mehrtägiges Fest auf öffentlichem Platz, wie ihr es vor Augen habt, spricht sich ganz schnell

herum. Wer aber wird sofort dort sein? Das fahrende Volk, die Vaganten, vor allem die Bettler, auch fahrende Studenten, Scholaren, Gaukler, kurzum: alle, die keiner haben will. Glaubt ihr, dass unsere ehrbaren Bürger sich zu diesen Leuten gesellen werden, um mit euch zu feiern? Glaubt ihr, dass unsere Bürger im Januaris, Hornung oder Martis, also zu einer Zeit, wo es bei uns am See meist kalt, regnerisch oder neblig ist, euer Fest besuchen? Und wenn wir dies alles berücksichtigen, dann prophezeie ich euch heute schon: Ihr, Hans Huch, werdet vielmehr Gastgeber des fahrenden Gesindels sein als von ehrbaren Konstanzer Bürgern, was ihr doch an sich beabsichtigt. Das ist aber noch nicht alles. Es gibt eine alte Satzung über Luxusverbote, in der geschrieben steht, dass an einer Hochzeit nicht mehr als sechs Spielleute aufspielen dürfen. Diese Luxusverbote gehen sogar allgemein dahin, dass Hochzeitstafeln und -feierlichkeiten immer häufiger eingeschränkt werden. Wollt ihr mit einem zu üppigen öffentlichen Hochzeitsfest für eure Tochter den Zorn des Rates unserer Stadt auf euch ziehen? Da hättet ihr doch genau das Gegenteil von dem erreicht, was euere ursprüngliche Absicht war: das Wohlwollen aller.«
Huch nickte nachdenklich und betroffen: »Da kann ich euch nicht widersprechen, denn das habe ich alles so nicht bedacht. Aber was mache ich denn jetzt? Einmal im Leben möchte ich doch ein großer Festvater sein!«
Auf Kosten anderer, dachte sich Diethelm, sagte aber. »Ich hätte da eine Idee: Das Hochzeitsfest wird in euerem Zunfthaus am Fischmarkt gefeiert. Da kommen dann die Gäste, die ihr wirklich dabeihaben wollt, die Mitglieder euerer Fischerzunft, auch Eingeladene von anderen Zünften – vielleicht zu Ehren Jacobs sogar einige Handelsherrn; ich jedenfalls würde gern kommen. Guter Wein soll in Hülle und Fülle ausgeschenkt werden, einen Ochsen vom Spieß kann es durchaus geben, und sechs Spielleute können euch erfreuen. Auf diese Weise könntet ihr angesehener Festvater von ehrenwerten Bürgern sein, die dann zu euch als ehrwürdigem Mitbürger aufsehen und euch Dank und Anerkennung zollen. Das wäre doch wohl erstrebenswerter, als der Festveranstalter für dahergelaufenes Gesindel zu sein. Schwierigkeiten mit dem Rat wären in diesem Fall wohl weniger zu befürchten, da ihr nicht auf öffentlichem Platz, sondern unter euresgleichen in der Zunftstube feiert. Und wenn ihr am nächsten Tag noch den restlichen Wein leert, hat wohl auch niemand etwas dagegen.«
»Diese Idee ist großartig, darauf wäre ich nie gekommen«, jubilierte Huch mit dankbarem Lachen. »Und ihr meint, dass die Zwingensteins damit einverstanden sind?«

»Ich denke schon«, erwiderte der Kaufmann und kalkulierte: *Die Kosten sind in diesem Fall wesentlich geringer, weil die Festzeit kürzer und die Zahl der Festgäste durch Raum und gesellschaftliche Stellung begrenzt ist.*

Schlagartig sah die Welt des Hans Huch viel rosiger aus. Das lag zum einen daran, dass er sich schon als großer Festvater seiner Zunft sah, und zum anderen am reichlich genossenen Wein.

Diese euphorische Stimmung einerseits, die Befürchtung, es könne für Jacob eine Jungfrau von außerhalb aufgetan werden, andererseits, veranlassten den Fischer zur spontanen Entscheidung. Er streckte dem Kaufherrn die Hand entgegen: »Ihr seid mir bei der Gestaltung der Hochzeitsfeier so sehr entgegengekommen, nun werde ich euch auch entgegenkommen und biete Jacob Zwingenstein meine Tochter Christina zu folgenden gegenseitigen Bedingungen als Eheweib an:

– Fünfhundert Gulden für mich als Abfindung für den Verlust meiner Tochter in meiner Fischerei, davon gehen vierzig Gulden ab als Heimsteuer für Christina.

– Vierhundert Gulden Widerlegung bringt der Zwingenstein.

– Achthundert Gulden als Morgengabe für meine Tochter.

– Ein großes Hochzeitsfest im Zunfthaus der Fischer, vielleicht zwei Tage lang.

– Meine Tochter Christina wird das uneheliche Kind von Jacob Zwingenstein als Morgengabskind mit in die Ehe aufnehmen.«

Pfefferhart ergriff die ihm immer noch entgegengestreckte Hand. »Ich kann dieses Pactum natürlich nicht selbst abschließen, das ist Sache der Zwingensteins, denn die müssen letztlich zahlen. Aber ich verspreche, dass ich mich bei ihnen dafür einsetze, dass sie diese Eheabredung annehmen werden.«

Diethelm griff zu seinen Schreibutensilien, und seine Feder kritzelte dieses Ergebnis auf das vor ihm liegende Papier.

Nunmehr schenkte Huch sich nicht nur selbst ein, sondern auch noch den anderen Becher voll: »Zum Schluss solltet ihr mit mir noch einen Schluck trinken, weil wir doch so gut miteinander verhandelt haben – eben wie ehrbare Kaufleute.«

Diesem Ansinnen verwehrte sich Pfefferhart nicht.

*

Zuhause angekommen, berichtete Hans Huch seiner Frau und seiner Tochter Christina von der ersprießlichen Verhandlung mit dem ehrenwerten und freundlichen Diethelm Pfefferhart, vor allem von der großen Hochzeitsfeier, die er, Hans Huch, im Zunfthaus der Fischer gestalten wird. »Da werden alle unsere Fischer mitfeiern, aber auch andere Zünfter und Kaufherrn sowie viele bekannte, besonders eingeladene Bürger. Das wird mir noch größeres Ansehen in unserer geliebten Stadt Konstanz eintragen, vielleicht sogar irgendwann einmal ein städtisches Amt. Eine solche Feier ist doch etwas ganz anderes als ein Fest auf öffentlichem Platz mit Weinbrunnen und Ochsenbraterei. Wer kommt denn dort und frisst und säuft? Das ist doch nur das fahrende Volk, vor allem die Bettler, die dann mein Fest stürmen. Glaubt ihr denn wirklich, dass ich Festvater für dieses fahrende Gesindel sein will?«

Mutter und Tochter sahen sich groß und fragend an. Schließlich wagte Ehefrau Katharina die Frage, was bei dem Gespräch sonst noch herausgekommen sei.

»Gutes, nur Gutes«, entgegnete der Hausherr, und dabei informierte er sie über die Ergebnisse und betonte, dass sie sich am Schluss als ehrbare Kaufleute die Hand gereicht hätten.

Mutter Huch rechnete lange nach, die Finger gaben ihr dabei Hilfe. Schließlich nahm sie allen Mut zusammen: »Das sind alles in allem, ich hoffe, ich habe richtig gerechnet, 1660 Gulden, die der Zwingenstein insgesamt zu entrichten hat. Da sind die von euch verlangten 4000 Gulden aber stark zusammengeschnurrt – weit weniger als die Hälfte!«

Da funkelten des Fischers Augen böse, und er fauchte sie an: »Du vergisst das Fest, das große Fest, hahaha. Das ist für mich wichtig, einmal im Leben Vater von so einem Fest zu sein. Und die 4000 Gulden, das war eine Zahl, die ich damals einfach mal so dahingesagt habe, die habe ich selbst nie so ernst genommen. Wenn man von Kaufherr zu Kaufherr verhandelt, so habe ich es nämlich vorgeschlagen, und so haben wir es auch gehalten, sieht die Welt ganz anders aus, als du sie mit deinen Fischaugen siehst. Und vor allem die Widerlegung – oh, du hast überhaupt keine Ahnung, wie schwierig das ist, hahaha. Da geht alles nur nach Recht und Gewohnheit. Die hat mich viel Geld gekostet, diese dumme Widerlegung. Der Pfefferhart hat gesagt, wenn ich nichts zahle, dann gibt es auch keine Widerlegung. Und stellt euch vor, in dieser verzwickten Situation habe ich noch das Zehnfache herausgehandelt, vierhundert Gulden Widerlegung für Christina! Und dazu kommt noch die große Morgengabe. Ist das vielleicht nichts? Und wenn wir da nicht schnell zugreifen, holt er eine andere Braut aus Buchhorn.«

»Blast euch nicht so auf«, raunzte sein Eheweib verärgert und weiterhin sehr mutig. »Für euer großes Fest, für Ansehen und für das viele Geld, das ihr für euch selbst beansprucht, verschachert ihr unser geliebtes ›Fischlein‹ für eine Ehe, die sie gar nicht will. Und dazu muss sie noch einen Bankert übernehmen!«

Da brach es auch aus Christina heraus: »Mutter hat Recht. Ich will diesen Kaufmann nicht, auch wenn er recht gut aussieht und wohlhabend ist. Ich empfinde keine Zuneigung für ihn. Meine Liebe gehört allein meinem Simon, dem Fischer aus Uhldingen. Ihm habe ich mich versprochen, seine Fischerin will ich werden. Aber das habe ich euch, Vater, schon einmal genau mit diesen Worten deutlich gesagt.«

Das von Mutter und Tochter gefürchtete Erdbeben blieb aus. Im Gegenteil, Huch sprach leise, beinahe flüsternd, und das kam beiden befremdlich und beängstigend zugleich vor: »Weibergeschwätz! Was soll das mit Zuneigung und Liebe, hahaha? Das ist morgen doch schon vorbei, das geht bei unserer täglichen Plackerei schnell unter. Selbst bei unseren höchsten Herren im Lande wird nicht nach Liebe geheiratet, da spielen ganz andere Dinge eine Rolle. In unseren Zeiten ist das eben so. Ihr Weiber versteht das einfach nicht. Das ist auch erklärlich, denn Gott hat die Frau nicht aus dem Kopf des Mannes geformt, denn sie sollte *nicht* klug werden, sondern aus seiner Rippe! Und was ist schon so eine Rippe! Daher ist es richtig, dass der Mann bestimmt, der die Gewalt hat, und das bin hier allein *ich*.«

»Aber eines will ich offen bekennen, Vater«, stieß Christina voller Trotz heraus, denn ihr war jetzt alles, was da auch kommen möge, völlig gleichgültig, »ihr solltet mit meiner Züchtigkeit nicht allzu sehr prahlen. Ihr Eltern habt zwar sehr darüber gewacht, aber immer wart ihr auch nicht dabei, denn ...«, da klatschte bereits eine kräftige Ohrfeige von der harten Hand ihres Vaters.

»Etwas Gutes hat es doch, wenn ich bald heirate, wen auch immer: Dann stehe ich nicht mehr unter der Gewalt meines Vaters. Und wenn der Zwingenstein mein Ehegespons werden sollte, dann werde ich ihm ›niemals zu Willen sein‹, denn ich gehöre meinem Simon«, seufzte Christina.

»Was du tust, wenn du verheiratet bist, geht mich nichts mehr an. Das ist dann deine Sache und die deines Ehemannes. Aber falls du keine Jungfrau mehr sein solltest, ist es vielleicht gut, wenn du mit ihm nicht ›gemeinsamnest‹, sonst bemerkt er diesen schweren Mangel und will von mir Geld zurück.«

Mit dieser Äußerung verließ er Ehefrau und Tochter zornigen Blickes und eilte zum Fischmarkt in die Trinkstube der Fischer.

*

Nachdem Pfefferhart sie über die Eheabredung mit dem Fischer Huch informiert hatte, berieten Barbara und ihr Sohn. Beide waren sich recht schnell einig, dass die finanziellen Belastungen durchaus vertretbar waren. »Über Wesen und Charakter von Christina Huch können wir uns kein Bild machen, da können wir gar nichts sagen, weder Gutes noch Schlechtes. Ob Erkundigungen etwas bringen, scheint mir fraglich. Freunde der Huchs würden Positives berichten, Gegner Schlechtes«, bemerkte Barbara.

»Gleiches würde aber auch für jede andere Jungfrau gelten, die ich als Ehefrau in Betracht ziehen könnte. Diese würde ebenfalls von ihrem Vater verheiratet, ohne dass ich sie vorher kennenlernte. Also ist es letztlich sowieso reine Glückssache.«

Dieser fatalistischen Einschätzung widersprach Barbara nicht.

»Wenn ich so oder so Glück oder Pech haben kann, dann heirate ich eben Christina, denn meine geliebte Verena kann ich ja doch nicht haben.«

Kapitel 25

Am Tage des Heiligen Valentin, also am vierzehnten Tage des Hornung 1457, fand die feierliche Hochzeitszeremonie in der Leutkirche St. Stephan statt. Vor sehr vielen Hochzeitsgästen stand ein respektables Brautpaar am Altar. Wer gut zuhörte, konnte vernehmen, dass das Ja der Braut Christina sehr gequält über ihre Lippen kam und nicht gerade von großer Freude und Glück zeugte.

Die Hochzeitsfeier im Zunfthaus der Fischer am Fischmarkt verlief dann ganz im Sinne von Hans Huch. Alle Fischer mit ihren Familien und Gehilfen aßen riesige Mengen, vor allem vom Ochsen am Spieß, und tranken reichlich Bier und Wein zum Wohle der Frischvermählten. Sechs Spielleute, die Höchstgrenze der städtischen Hochzeitsordnung wurde eingehalten, spielten zum Tanz auf, und die jungen Leute wirbelten im Takt der Musikanten. Hans Huch forderte immer wieder zum Essen, Trinken, Zugreifen und Mitmachen auf. Er war der große Vater des Festes – genau so, wie er es sich vorgestellt hatte. Dementsprechend sammelte er auch Dank und Glückwunsch von allen Seiten ein. Er war ein angesehener Vertreter der Zunft der Fischer.

Ganz in seinem Inneren dankte er dem Pfefferhart, der ihm diesen Weg gewiesen hatte.

Barbara und Jacob überließen den Fischern ihr Fest und zogen sich zwei Stunden nach Eintritt der Dunkelheit zurück.

Christina feierte mit den Fischern die ganze Nacht hindurch. Darüber war man sehr verwundert, so dass Anzüglichkeiten in Bezug auf ihre Brautnacht natürlich nicht ausblieben. Diese überhörte sie jedoch geflissentlich und tanzte wild mit jedem, der das nur wollte.

Am späten Morgen erst traf Christina im »Schwarzen Horn« ein, leicht trunken und verkatert, müde vom Feiern und vom Tanz. Die Haare aufgelöst und verschwitzt, die Apfelbäckchen rot, traf sie in der Stube auf den mit ihr frisch vermählten, festlich gewandeten Ehemann, der sie erwartete. Neben ihm stand eine junge Frau mit einem niedlichen kleinen Kind. Dieser nahm Jacob das fünf Monate alte Mädchen ab und legte es in die Arme seiner Ehefrau. »Das ist Sybille, die ich dir als Morgengabskind anvertraue, so wie es in der Eheabredung vereinbart ist.«

Ohne das kleine Mädchen anzusehen, gab sie es Elfrid, der jungen Amme, zurück. Weitaus mehr interessierte sie der herrliche Ring, den ihr Jacob an den Finger steckte. *Der muss sehr teuer gewesen sein*, sagte sie sich und prüfte intensiv, ob er ihr auch richtig passte oder geändert werden müsste.

Anstelle eines Dankes fragte sie höhnisch: »Hast du dein Eheweib in der Brautnacht nicht vermisst? Das ›Fischlein‹ ging nicht in dein Netz, sondern blieb bei den Fischern und hat mit denen gefeiert. Das hatte seinen guten Grund. Dir wollte ich in der Brautnacht ›nicht zu Willen sein‹, und das werde ich auch in aller Zukunft nicht. Wir beide werden nie ›gemeinsamnen‹, das sage ich dir gleich zu Beginn unserer Ehe, und glaube mir: Ich werde das durchhalten. Ich habe mich einem anderen versprochen, und dem bleibe ich treu. Wenn ich nicht mit dem ›gemeinsamnen« kann, dann auch mit keinem anderen Mann, selbst nicht mit meinem Ehegespons. Versteh mich nicht falsch, Jacob, ich will keinen Zank und Streit mit dir, aber ein echtes Eheweib werde ich dir nie sein.«

Matrimonium non consumentum, dachte Jacob. Und darüber, dass diese Ehe nicht vollzogen wurde, war er gar nicht einmal so traurig, denn er dachte nur an seine Verena.

»Jetzt werde ich ein wenig schlafen, dann gehe ich wieder zu meinen Freunden in unser Zunfthaus, dort werden wir heute meine Hochzeit zu Ende feiern.«

Das Fest dauerte jedoch nicht mehr lang. Man war des Feierns allmählich müde, und langsam verliefen sich die Hochzeitsgäste. Alle waren des Lobes voll über das gelungene Fest und den Festvater Hans Huch.

*

Die Kosten für das Hochzeitsfest hielten sich in vernünftigem Rahmen. Die begrenzte Zahl der Festgäste machte alles überschaubar, so wie Pfefferhart es sich vorgestellt hatte.

Morgengabe und Widerlegung für Christina wurden gefertigt, die 460 Gulden an Hans Huch bezahlt, und alles wurde in die städtischen Bücher eingetragen. Marschalk, der Stadtschreiber, vermerkte, wie er es versprochen hatte, Sybille als Morgengabskind im Ratsbuch der Stadt Konstanz, so dass von nun an von Unehrenhaftigkeit des Kindes keine Rede mehr war.

Auf diese Weise war nun alles vollzogen, wie es im »Noddel der Ee« vereinbart worden war.

*

Die Hochzeit hatte einiges im »Schwarzen Horn« verändert, und zwar räumlich, personell und funktionell.

Jacob war in Änis Zimmer gezogen, Christina hatte sich in Jacobs ehemaliger Kammer eingerichtet, und die junge Amme Elfrid bewohnte den Raum im zweiten Obergeschoss, der über viele Jahre das Zuhause der beliebten Maria Murer war. Die kleine Sybille war meist bei Elfrid.

Wenige Tage nach der Hochzeit erklärte Barbara ihrem Sohn, dass sie der jungen Ehefrau die Hausbesorgung förmlich übertragen und ihr alle Schlüssel des Hauses übergeben wolle. Dagegen wehrte sich Jacob und bat sie, die Verantwortung für Haus und Dienstboten weiterhin zu übernehmen, denn er hegte schlimme Befürchtungen. Die Ulmerin blieb jedoch standhaft und verwies darauf, dass man die junge Frau beleidige, wenn man ihr die nach Recht und Gewohnheit zustehenden Befugnisse versage.

Christina war über die Übertragung der Hausbesorgung mit Schlüsselübergabe alles andere als begeistert: »Das hättet ihr ruhig selbst weitermachen können, Zwingensteinin. Ich bin keine richtige Ehefrau von Jacob, dementsprechend mache ich die Rechte einer Hausfrau auch nicht geltend und lege keinerlei Wert darauf. Meine Zeit will ich mit anderem verbringen: Ich werde mich der Schönheit widmen.«

Als Barbara sie bei dieser Bemerkung fragend anblickte, sagte Christina nur kurz und schnippisch: »Ihr werdet schon sehen!

Aber wenn es unbedingt sein muss«, und dabei nahm sie ihrer Schwiegermutter den riesigen Schlüsselbund lässig aus der Hand, »übernehme ich das häusliche Amt. Allerdings wird sich dann in diesem Hause einiges ändern.«

Und das ging dann auch ganz schnell.

Anna Brosemli-Wirbelwind wurde sofort entlassen und gekocht wurde kaum noch.

Die tägliche Tischgemeinschaft in der Küche, wo das Gesinde immer reichliche und gute Speise erhielt, wurde aufgelöst. Als Jacob dagegen protestieren wollte, hielt ihm Christina vor, dass man ihr die Hausbesorgung aufgedrängt habe, also wolle sie da jetzt auch freie Hand haben. »Bezahle den Tagelöhnern ein paar Heller mehr, wenn das überhaupt nötig ist, dann sollen sie ihr Essen selbst machen!«, sagte sie ihm kurz angebunden.

Einladungen von Gästen – beim Großen Zwingenstein und auch beim Äni eine Selbstverständlichkeit, nicht nur im Hinblick auf den Abschluss guter Geschäfte, sondern ganz allgemein zur Kontaktpflege – lehnte Christina strikt ab: »Die Leute sollen zuhause essen und trinken und mir keine Arbeit machen!«

In einem Punkt war sie für das Haus Zwingenstein allerdings ein Glücksfall: Sie war eine Fanatikerin bezüglich absoluter Reinlichkeit, was ganz im Gegensatz zu den Gepflogenheiten der damaligen Zeit stand, als Hygiene keinen allzu hohen Stellenwert einnahm. Sauberkeit, so hatte sie bei der Fischverarbeitung gelernt, war oberstes Gebot. Wenn sie auch nur den kleinsten Flecken oder etwas Staub entdeckte, scheuchte sie die Dienstboten, denen sie schon nach kurzer Zeit Angst eingeflößt hatte. Die Zeiten, als die Familie Zwingenstein in Konstanz als beliebter Dienstherr galt, waren ganz schnell vorbei.

Anstelle von Brosemli-Wirbelwind nahm Christina die Gretli Häggini, Tochter eines Scherers, in ihre Dienste. Schon seit früher Kindheit kannten sich die beiden fast Gleichaltrigen und waren enge Freundinnen. Sie hatten eine Gemeinsamkeit: *die Pflege der Schönheit*. Da Christina ihre persönliche Dienerin und Vertraute dauernd um sich haben wollte, wurde diese in die geräumige Kammer im zweiten Obergeschoss eingewiesen, die Johann früher bewohnte.

Diese neuen Entwicklungen vollzogen sich ohne Billigung des Herrn des Hauses. Diesem gefiel dies alles nicht, und trotzdem sagte er nichts. Er entzog sich und ging auf Handelsreise.

*

Die Veränderungen im »Schwarzen Horn«, die die schlaue Agnes Zwingenstein sofort erkannt hatte, ließen sie aufblühen. Lange genug an die Leine gelegt, sah diese böse Frau ihre Stunde gekommen, sich endlich an Barbara und Jacob rächen zu können, so wie sie es denen ja vorausgesagt hatte. Nach einiger Überlegung sah sie zwei mögliche Wege:

Zum Ersten könnte sie versuchen, den Pfefferhart, den wahren Herrn der Kaufmannschaft der Zwingensteins, für sich und damit gegen Jacob einzunehmen. Da sie richtig erkannt hatte, dass Diethelm den Gulden nicht abgeneigt war, wollte sie ihm finanzielle Anreize anbieten, wozu sie durchaus in der Lage war.

Der zweite Weg sollte über Christina führen. Deren Zuneigung wollte sie gewinnen und mit ihrer Hilfe Jacob Schaden zufügen und damit auch seine Mutter treffen.

Der schnellste Weg geht immer über das Geld, sagte sie sich, machte sich an den Pfefferhart heran und bot ihm recht unverhohlen Schmiergelder an. Von diesem erlitt sie jedoch eine schreckliche Abfuhr. Sie hatte bei ihm zweierlei nicht richtig eingeschätzt: Obwohl dem Geld durchaus zugetan, war er dem Grunde nach ehrlich; so leicht ließ er sich also nicht bestechen. Dazu kam, und das wusste die Ente natürlich nicht, dass Jacob ihn zum stillen Teilhaber der zwingensteinschen Kaufmannschaft gemacht hatte. Dies war der Dank für seine gute Arbeit und vor allem dafür, dass Diethelm ihm bei den Ehevereinbarungen mit dem Fischer so freundschaftlich und effizient geholfen hatte. Und seinen Partner verriet ein Pfefferhart wegen ein paar Gulden nicht so schnell.

Bei Christina wollte sich Nes nicht so schnell eine blutige Nase holen, daher bereitete sie sich hier subtiler vor:

Sie lud Jacobs Ehefrau zu einem Besuch ins »Gelbe Horn« ein. Alles war dort in der Stube bestens vorbereitet, kandierte Früchte, feinstes Gebäck und süßer Wein standen für den Gast bereit. Nes hatte sich nämlich im Vorfeld bei Gretli nach den Vorlieben der jungen Zwingensteinin erkundigt.

Es war ein langes und intensives Gespräch zwischen der fuchsschlauen Nes und der ungeschulten Fischertochter, die den Leckereien und dem süßen Wein gut zusprach, was ihren Geist und ihre Zunge schnell lockerte. Genauso hatte Agnes sich dies vorgestellt.

Nes verstand es recht schnell, sich Zugang zu Christina zu verschaffen. Sie redete davon, wie schwer es doch wohl die Fischer haben, ganz auf sich allein gestellt, den Gewalten der Natur zu trotzen, wie leicht dagegen die Kaufleute. Damit hatte sie den richtigen Nerv der Fischertochter getroffen. Als sie gar noch darauf zu sprechen kam, welche Unehrenhaftigkeit einem unecht geborenen Kind anhaftet, hatte sie das Herz von Christina erreicht. Und als die gerissene Alte schließlich gar noch darüber lamentierte, dass es eine große Unverschämtheit sei, einer ehrbaren jungen Ehefrau einen solchen Bankert unterzuschieben, da brach es aus der jungen Frau heraus: »Ja, ihr habt Recht, euch will ich mich anvertrauen. Ich wollte diesen Bankert nicht, ich wurde gezwungen, ihn zu nehmen. Ich wollte auch den Jacob nicht, ich wurde gezwungen ihn zu heiraten. Einem anderen gehörte ich schon, dem Jacob aber gehöre ich bis heute nicht und werde ihm auch nie gehören. Ich hasse Jacob nicht, irgendwie tut er mir sogar leid, denn auch er wurde durch seine Gefühle und durch das Schicksal gezwungen und fehlgeleitet. Aber die kleine Sybille, diesen Bankert, den hasse ich abgrundtief. Dieses ehrlose Wesen ist schuld daran, dass ich meinen geliebten Fischer, den Simon Giger aus Uhldingen, nicht haben darf!«

»Also denkt ihr jedes Mal, wenn ihr den Unglückswurm seht oder hört, an eueren geliebten Simon? Das ist ja schlimm, das tut weh. Eueren Schmerz kann ich direkt mitfühlen«, stocherte Agnes immer weiter in der offenen Wunde im Herzen der jungen Frau herum. »Kommt immer zu mir, wenn ihr Trost und Rat braucht!«

Mit Tränen in den Augen erwiderte Christina. »Ich glaube, ich habe heute in euch, Agnes Zwingenstein, eine neue Freundin gefunden. Ihr seid in diesen beiden ›Hörnern‹ die Einzige, zu der ich Vertrauen habe – natürlich außer meinem Gretli.«

Wie Honig ging dies der Nes hinunter. *Darauf lässt sich etwas aufbauen. Dass das alles so schnell geht*, so sagte sie sich, *war nicht zu erwarten.*

Wie zum Gesprächsthema passend bestellt, näherte sich lautes Kleinkindergeschrei. Elfrid erschien mit der kleinen Sybille auf dem Arm und erklärte Christina, dass sie das Kind zum ersten Mal nicht beruhigen könne, und fragte, was sie tun solle.

Fragend war auch der Blick von Christina, denn auch sie hatte keine Erfahrung mit weinenden kleinen Mädchen.

»Das ist doch ganz einfach«, schnurrte Agnes. »Nehmt das störrische Wesen und sperrt es in das ›finstere Loch‹! Da wird der Bankert schon Ruhe geben.«

»Was ist das ›finstere Loch‹, wo ist das?«

»Kommt mit mir, ich werde es euch zeigen« und dabei führte sie, Kopf voraus und Hinterteil weit hinausgestreckt, Christina zu dem Wirtschaftsgebäude im Hof und zeigte ihr den Raum, der seit langer Zeit ›finsteres Loch‹ genannt wurde. In diesem stockdunklen Raum wurde das Kleinkind in eine alte Kiste gelegt. Die panischen Schreie der Kleinen störten die Frauen nicht.

Sie gingen zurück zum »Gelben Horn«, wo Agnes das Gespräch mit Christina fortsetzte, um ihre zerstörerischen Fäden weiterzuspinnen: »Ich sehe schon, dieses Balg zerstört euer Leben. Es ist schuld daran, dass ihr eueren

Uhldinger Fischer nicht haben könnt. Ich kann euch so gut verstehen, dass euch jedes Mal Hassgefühle überkommen, wenn ihr die Kleine auch nur seht oder hört. Das ist wie Gift in euerem Herzen. Und das werdet ihr niemals loswerden – jetzt nicht und auch in alle Zukunft nicht.«

Von diesem Verständnis für ihre fatale Situation war Christina geradezu überwältigt.

Vollends hatte Agnes die Zuneigung der Fischerstochter gewonnen, als sie ihr am Ende des Gesprächs ein wertvolles goldverziertes Tuch schenkte mit den Worten: »Nehmt dieses Tüchlein als ein Unterpfand meiner Freundschaft, meine liebe Christina, besucht mich, wann immer ihr wollt, ich hoffe häufig. Ich werde immer für euch da sein.«

*

Schon am nächsten Tag kam Christina der Aufforderung von Agnes nach und machte ihre Aufwartung im »Gelben Horn«. Sie brachte der Alten ein Sträußchen mit ersten Frühlingsblumen. »Dafür möchte ich dir von Herzen Danke sagen«, flötete Nes mit ihrem freundlichsten Lächeln. »Hast du bemerkt, dass ich du gesagt habe«? Darf ich das? Dies wäre mir sehr lieb, denn ich habe das Gefühl, dass ich auf meine alten Tage noch eine Tochter gewonnen habe«, fuhr die Alte heuchlerisch fort. Christina nickte erfreut.

»Übrigens, wie bist du auf das Gretli Häggini gekommen? Das ist eine ganz liebe und freundliche Jungfrau. Da hast du dir wirklich eine gute Dienerin zugelegt«, sagte Agnes, sich weiter einschmeichelnd.

»Gretli kenne ich schon von Kind auf, sie war schon immer eine Freundin von mir, und wir verstehen uns gut. Sie hat großes Geschick mit den Haaren. Das hat sie von ihrem Vater, einem Scherer. Der hat bei den Männern großen Zuspruch, weil er ihnen so interessante Frisuren zaubert. Aber auch beim Entwerfen und Gestalten von Kleidern und Kopfputz hat Gretli eine glückliche Hand, sie ist eine richtige Schönheitsexpertin. Ich will nämlich jetzt, wo Geld da ist, das arme ›Fischlein‹ hinter mir lassen und die vornehme Ehefrau eines reichen Handelsherrn spielen. Und dabei wird Gretli mir eine gute Ratgeberin sein.«

»Sehr gut«, bestärkte sie die alte Zwingensteinin und sattelte diesem Vorhaben gleich noch einiges drauf: »Wenn ich in meiner Jugend so gut ausgesehen hätte wie du, wenn ich nicht so missgestaltet gewesen wäre, dass mich alle Ente nannten, dann hätte ich etwas aus mir gemacht. Ich hätte mir Frisuren, Hüte, Kleider und Schuhe machen lassen, dass alle Konstanzer nur so ins Staunen gekommen wären. Mehrmals in der Woche hätte ich mich, natürlich je nach Wetter, in den wichtigsten Straßen unserer Stadt in prunkvollen Gewändern präsentiert, immer wieder anders, mal höchst sittsam, mal recht unzüchtig. Ich hätte die Konstanzer Frauen geärgert, vor allem die hochvornehmen, blasierten Patrizierdamen hätte ich in blanke Wut versetzt, wenn ich Gewänder getragen hätte, die über meinen Stand hinausgegangen wären. Und jetzt hör gut zu«, sagte sie mit beschwörender Stimme: »Was ich mir als junges Mädchen immer so gewünscht habe, das tust *du* jetzt an meiner Stelle, das tust du für mich, ich werde dich dabei immer unterstützen. Dein Lebenszweck und Lebenselixier sollte von jetzt an, da du deinen geliebten Fischer aus Uhldingen nun mal nicht haben kannst, das ›zur Straß gan‹ sein. Auf den Straßen sollst du dich präsentieren, ein Schauobjekt für Männer und Frauen sollst du sein, in all der Schönheit deines Körpers und deiner Gewänder.«

So hatte Agnes die zweite Saat in die Seele der jungen Christina Zwingenstein gelegt, nachdem die erste, der Hass gegen die kleine Sybille, bereits üppig gedieh.

Nach diesem Gespräch lachte sich die bösartige Nes ins Fäustchen. *Wenn Christina meinen Vorschlägen folgt, hätte ich ein Mehrfaches erreicht: Die Konstanzer Weiblichkeit wird verärgert sein, und Jacob kostet das nicht nur viel Geld, sondern auch Verlust an Ansehen, wenn sich sein Eheweib in der Öffentlichkeit standes- und verbotswidrig, möglicherweise sogar unzüchtig präsentiert.* Schließlich würde sich dann in Christina das verwirklichen, was Wunschtraum der jungen Agnes Zwingenstein gewesen war: sich präsentieren.

Kapitel 26

Schon nach recht kurzer Zeit hatte sich das Leben im »Schwarzen Horn« eingespielt; die nächsten Monate verliefen gleichförmig und normal.

Jacob und Christina lebten nebeneinander, nicht miteinander, zwei Menschen, die innerlich nichts verband. Eines war allerdings positiv: Es bestand kein Zerwürfnis, man hatte keine andauernden Streitigkeiten. Der Umgang der Eheleute war etwa der wie mit einem Geschäftspartner, und in gleicher Weise trat man auch in der Öffentlichkeit auf.

Jacob Zwingenstein arbeitete hart, Diethelm Pfefferhart erfolgreich. Die Handelsreisen von Jacob rund um den See waren in aller Regel zwar nicht defizitär, so weit ging seine Gutmütigkeit dann doch nicht, brachten aber nicht viel ein. Im Gegensatz dazu war die Arbeit von Pfefferhart sehr gewinnbringend. Auf diese Weise konnte das wohlhabende Handelshaus Zwingenstein seinen wirtschaftlichen Status in etwa halten.

Barbara Zwingenstein zog sich immer mehr zurück. Sie wollte nur noch ihre Ruhe. Immer wieder trug sie sich mit dem Gedanken, in ein Kloster einzutreten, wo man sie angesichts ihres großen Vermögens sicherlich überall gern aufgenommen hätte. Doch sie konnte sich zu diesem Schritt letztlich nicht durchringen. Wenn sie nicht gerade karitativ unterwegs war, saß sie einsam und still in ihrer Kammer. Ihre Gedanken verweilten viel lieber in ihrer schönen Vergangenheit als in der tristen Gegenwart, und an die Zukunft mochte sie erst recht nicht denken. Selbst um ihre entzückende kleine Enkelin kümmerte sie sich wenig; sie wollte sich in die komplizierten Familienverhältnisse ihres Sohnes nicht einmischen.

Sybille entwickelte sich gut unter den geschickten Händen von Elfrid. Diese mochte das kleine Wesen sehr, hütete und pflegte es sorgfältig und wurde dafür mit einem süßen Lächeln der Kleinen und häufigem Lob, guter Bezahlung und kleinen Geschenken des Hausherrn belohnt.

Es gab nur ein Problem: die Hausfrau Christina. Immer wenn sie die sehnsüchtigen Gedanken an ihren Fischer Simon nicht mehr ertragen konnte, rannte sie wie eine Irrsinnige zu dem Kleinkind und schleppte es in die große Kiste im »finsteren Loch«. Dabei war sie stets von den hasserfüllten Gedanken beseelt, dass dieser Balg die Schuld an ihrem Unglück trage, schuld daran sei, dass sie nicht mit ihrem Fischer aus Uhldingen leben konnte, also genau jenen Gedanken, die Agnes ihr eingeflüstert hatte. Elfrid konnte sich dieses Verhalten natürlich nicht erklären. Warum bestrafte die junge Herrin dieses unschuldige Wesen so grundlos und willkürlich? Jungfrau Elfrid hätte die zitternde, aus panischer Angst unnatürliche Schreie ausstoßende Kleine gern sofort aus ihrem Gefängnis befreit und getröstet, hatte aber Angst, dies zu tun. Christina hatte ihr nämlich strengstens untersagt, das Kind vor Ablauf einer halben Stunde aus dem dunklen Verlies zu holen und ihr angedroht, sie bei einem Verstoß gegen dieses Verbot sofort hinauszuwerfen. Diese Androhung hatte Christina auch auf die Fälle erstreckt, wenn sie dem Herrn Jacob oder dessen Mutter von diesen Bestrafungsaktionen berichtete.   Und Elfrid wollte doch so gern bei der kleinen Sybille bleiben und sie versorgen und natürlich diese gut dotierte Stelle behalten.

*

Christina hatte, von Agnes Zwingenstein dabei stark unterstützt, ihr Leben sofort von der harten Arbeit der Fischerleute auf Luxus umgestellt. War sie nicht mit der strengen Beaufsichtigung ihres Personals beim Reinemachen beschäftigt, verbrachte sie ihre Zeit, und das war der größte Teil des Tages, mit ihrer persönlichen Dienerin und Freundin Gretli Häggini. Dominierendes Thema der beiden war die Schönheit: Es ging immer um Haartracht, Kopfputz, Kleider, Schmuck und Schuhe. Richtschnur war, wie generell in jener Zeit, der Modegeschmack des Adels. Von diesem ausgehend, handelten die beiden nach dem Motto: Gemacht wird, was uns gefällt. Was standesgemäßes Verhalten war, die KLEIDERORDUNGEN des Konstanzer Rates, die hohen Kosten für das Haus Zwingenstein, dies alles interessierte sie wenig.
Mit zwei Untergewändern, einem Rock und einem weiten Obergewand aus Leinen sowie einem Mantel aus Wolle war Christina in die Ehe gekommen. Dies hatte sie in kürzester Zeit vervielfacht.
Die große Stube im »Schwarzen Horn« hatten die beiden ganz schnell umfunktioniert. War sie früher Mittelpunkt des familiären Lebens und diente dem täglichen Aufenthalt der Familie Zwingenstein und der Bewirtung vieler Gäste, so wurde sie jetzt zu dem, was wir heutzutage etwa als Schön-

heitssalon bezeichnen würden; die beiden nannten diesen Raum »Kammer zur Schönheit«. Die wertvollen Gegenstände, die von den bisherigen Generationen der Familie Zwingenstein als Beweis ihres Reichtums in den Wandborden zur Schau gestellt worden waren, die kostbaren Aquamanilen und Leuchter, das reichverzierte Geschirr, die Teller und Krüge: Alles war verschwunden. Es musste den Utensilien weichen, die der Schönheitspflege dienten, den vielen Schüsseln, den Töpfchen für Salben, den Flaschen und Fläschchen mit Wässerchen, Tinkturen und Parfüms, den Tiegeln mit geriebenen Farben, duftenden Harz- und Pflanzenfarben, die zum Schminken bestimmt waren, den Mörsern und Stößeln, den Scheren, Brenneisen, künstlichen Haarteilen und Handspiegeln. Weitere Schönheitspflegemittel befanden sich im Wandschrank, dessen zwei große, mit reichem Dekor versehene Flügeltüren meist offen standen. Dort waren auch die verschiedensten Varianten von Schmuck aufbewahrt – die allerwertvollsten Stücke hatte Christina allerdings in ihrer eigenen Kammer versteckt –: die Perlenbesätze, Anhänger, Ohrgehänge, Halsbänder, Kettchen, die verschiedensten Broschen und Spangen zum Zusammenhalten der Gewänder. Direkt neben dem großen, farbenprächtigen Wandbehang mit dem Heiligen Martin war, von der Sache her äußerst unpassend, ein großer Wandspiegel in einem reichen Holzrahmen montiert worden.

Die Stube hatten die beiden vor allem deswegen als ihr Reich auserwählt, weil sie im Haus der größte Raum und zudem beheizbar war.

Gretli Häggini, die ein feines Gespür und großes Geschick für die gute Aufmachung einer Frau hatte und die gewillt war, eine schöne, vornehme Dame aus ihrer Herrin zu machen, hielt drei fundamentale körperbezogene Maßnahmen für erforderlich, die baldmöglichst in Angriff genommen werden sollten.

Der erste Schritt betraf den tiefen Haaransatz in der Stirn von Christina. Eine niedrige Stirn, so war die Auffassung von Gretli, wirkt dümmlich und bäurisch. So waren sich beide schnell einig, die Haare am Vorderkopf in einer Breite von zwei Frauenfingern zu entfernen. Das durfte aber nicht rasiert werden, da die kleinen dunklen, borstigen Ansätze des schnell nachwachsenden Haares vollkommen unattraktiv ausgesehen hätten. Daher wurde Härchen für Härchen ausgezupft in der Hoffnung, dass auch die Wurzeln mit entfernt werden. Dieses Epilieren war zum Teil recht schmerzhaft und dauerte mehrere Tage. Wenn Christina dabei anfing zu jammern, hielt ihr Gretli stets vor, dass Schönheit eben Pein zu leiden habe. Das Ergebnis dieser Aktion war verblüffend. Das Aussehen von Christina war stark verändert und das zu ihrem großen Vorteil. Mit dieser hohen Stirn wirkte sie nahezu aristokratisch.

Der zweite Vorschlag von Gretli wurde lange und kontrovers diskutiert. Es ging hierbei um Christinas stets gespitzten Mund. Gretli wollte diesen unbedingt durch ein breites Lächeln ersetzen, da die Lippen dann voll und anziehend wirken würden. Durch ständiges Aufmerksammachen, so meinte sie, könne man dieses Problem in den Griff bekommen. »Da mache ich nicht mit. Meine gespitzten Lippen sind nun einmal das mir eigentümliche Merkmal. Wenn man mich deswegen ›Fischlein‹ oder auch ›Fisch‹ nennt, stört mich das überhaupt nicht. Ich sehe darin keine Unehre, im Gegenteil: Fisch bedeutet für eine Fischerstochter Leben, denn der Fischer lebt vom Fisch. Viel mehr würde es mich stören, wenn du mich vom frühen Morgen bis zum späten Abend andauernd mit einem ›Bitte lächeln‹ drangsalieren würdest. Da würde ich verrückt werden. Mein Mund bleibt, wie er ist, keine Widerrede, ich bin hier die Herrin!« Gretli zuckte enttäuscht mit den Schultern.

Das letzte Problem war wohl das sensibelste, und dementsprechend vorsichtig machte sich Gretli daran. Im Grunde ging es darum, dass der Kopf von Christina direkt auf ihrem Körper aufzusitzen schien, der Hals also nicht oder nur wenig in Erscheinung trat. Wie dies am besten zu kaschieren sei, war Gegenstand tagelanger Diskussionen. Die Herrin wollte dieses Problem durch hohe Krägen und Rüschen lösen, doch die Dienerin bestand genau auf dem Gegenteil: »Einen großen Ausschnitt brauchst du in deinen Kleidern, du hast doch ›Brüstlin wolgestalt‹. Dann wird der Blick der Männer auf deine schönen, üppigen Brüste fallen, sehr wohlwollend, der Blick der Frauen aber auch, missbilligend und ärgerlich. Also, ob Mann ob Frau, alle werden deine Brüste und nicht deinen etwas kurzen, dicken Hals wahrnehmen.« Obwohl Christina in der Sache selbst nicht ganz überzeugt war, stimmte sie Gretli letztendlich zu. Vor allem das Argument, die Blicke der Öffentlichkeit auf ihre weiblichen Reize zu lenken und Frauen zu provozieren, gab den Ausschlag für ihre Einwilligung. Damit war der Zuschnitt des oberen Teils von Christinas Bekleidung für alle Zukunft generell bestimmt.

Nach diesen grundsätzlichen Maßnahmen und Festlegungen ging es dann an die Arbeit.

*

Besondere Beachtung schenkte man den HAAREN, was kein Wunder war, denn schließlich war die Häggini ja die Tochter eines Scherers. Altbekannte, aber auch neue, ja bizarre Haarfrisuren wurden ausgiebig ausprobiert.

Als Jungfrau hatte Christina ihre langen, schönen, dichten, braunen Haare meist offen und weit über die Schultern hängend getragen, zum Teil auch geknotet. Häufig trug sie rund um den Kopf geflochtene Haare oder Zöpfe, die nach vorn oder nach hinten hingen. Auch Schneckenfrisuren hatte sie recht gern. Dann und wann hatte sie ihr Haupt auch mit einem Blumenkränzchen geschmückt. Dies alles war ihr jetzt als Ehefrau nach Recht und Gewohnheit verboten. Nunmehr musste sie ihre schönen Haare unter einer Kopfbedeckung verstecken. Das wurmte sie, zumal sie ja kein echtes Eheweib war, was natürlich niemand wusste.

Gretli und ihre Herrin hatten beschlossen, sich zwar im Großen und Ganzen an die vorgegebenen Regeln zu halten, dann und wann aber die Konventionen zu brechen, und dann auch recht verrückt und provozierend.

Immer wieder und stundenlang experimentierte Gretli mit den Haaren von Christina. Da wurden gerade, aber auch u-, y- oder t-förmige Scheitel gezogen und Knoten oder Flechten am Ober- oder Hinterkopf fixiert. Gretli flocht auch kunstvolle Haarmuscheln oder formte unter Verwendung von teuren Haarnetzen die Haare ihrer Herrin zu Kugeln, Walzen oder Hörnern. Von diesen zum Teil äußerst bizarren Haargebilden wählte Christina immer wieder die Hörnerfrisur, da ihr diese, wie sie glaubte, besonders gut zu Gesicht stand. Ausnehmend gern drehte Gretli Seitenwellen, durch welche die Mausöhrchen und die angewachsenen Ohrläppchen Christinas versteckt wurden. Nahezu wie Kunstwerke wirkten die Haartürme, die Gretli ihrer Freundin zauberte. Dabei wurden unter Verwendung von künstlichen Haarteilen und Golddraht Christinas Haare hochgesteckt, so dass sie einen etwa einen Fuß hohen Turm aus Haaren auf ihrem Haupt trug. In ähnlicher Weise fertigte die Haarkünstlerin ein korbähnliches Gebilde auf dem Kopf ihrer Herrin.

Besonders gut verstand es die Dienerin, Blumen oder gar Federn in Christinas Haare zu flechten.

Immer wieder ging es um die Farbe der Haare. Einmal tönte die Dienerin das naturgegebene schöne Braun etwas heller, einmal etwas dunkler, manchmal färbte sie es goldblond. Schwarzes Haar wollte Christina nie tragen, denn diese Haarfarbe gefiel ihr gar nicht. Gretli war froh darüber, denn Haare schwarz zu färben war technisch genauso schwierig wie dies bei der Bekleidung der Fall war.

*

Da das Haar einer Ehefrau bedeckt sein musste, kam der Kopfbedeckung besondere Bedeutung zu. Auch hier gab es bei den Freundinnen heftige Diskussionen, weil Christina sehr wählerisch war und ganz bestimmte Vorstellungen hatte.

Die seit Jahrhunderten für Ehefrauen typische Kopfbedeckung, das Gebende, lehnte Christina ab. Zu dieser knapp aufsitzenden Kopfbedeckung, die mit einem Kinnband stark angezogen wurde, pflegte die junge Herrin, immer wenn Gretli sie ihr andienen wollte, zu bemerken: »Da kann man ja nur lispeln, damit essen kann man schon gar nicht, und im Übrigen trägt es sich äußerst unangenehm.«

Die Haube, eine weitere typische Tracht verheirateter Frauen, stieß bei der Fischerstochter ebenfalls auf wenig Gegenliebe. Diese leichte, rundliche Kopfbedeckung musste schon aus edelstem Material oder von besonders barocker oder extravaganter Form sein, wie etwa die Hörnerhaube, dass sie sich herabließ, eine solche zu tragen.

Die wohl bekannteste Hutform jener Zeit, der Hennin, war auch bei Christina recht beliebt, da hierdurch ihre nunmehr hohe Stirn besonders betont wurde. Sie bevorzugte die sehr hohe, spitze Form des Kegels, nicht die abgestumpfte, denn sie wollte beim Tragen des Hennins sehr groß erscheinen. Die Oberfläche ihres Hennins musste mit Brokat überzogen sein und der an der Spitze des Kegels befestigte Schleier, meist aus Seide, musste fast bis zum Boden reichen. Besonders gern trug Christina die Schmetterlingshaube, einen Hennin mit einem kunstvoll angebrachten doppelten Schleier.

Den Schappel, einen Reif aus Metall oder gesteiftem Material, meist verziert oder mit Perlen und Edelsteinen besetzt, trug Christina nur ungern. Diese Kopfbedeckung, so betonte sie immer, drücke stark auf ihren Kopf und verursache Kopfweh.

Christina war eine der ersten Frauen, die mit Barett auftraten. Waren es zunächst nur Männer, die diese Kopfbedeckungen, die im Laufe der Zeit zum Teil beachtliche Dimensionen annahmen, trugen, so fanden diese auch bald bei der Damenwelt großen Anklang. Christina schmückte ihre Barette mit bunten Federn, Bändern oder Edelsteinen. Da unter dem Barett die Haare sichtbar waren, brachte ihr dies Ärger ein, zumal diese Kopfbedeckung ohnehin recht avantgardistisch war.

Verdruss brachte auch das auf den Kopf grob geflochtene Haar, über das Christina ein Haarnetz aus feinen Goldfäden zog. Es war dies eine Zwischenstufe zwischen den verdeckten Haaren der Verheirateten und den freien Haaren der Jungfrauen. Um die Obrigkeit schließlich zu beruhigen, trug sie kappenförmige, eng anliegende Netzhauben, deren Stickereien und verziertes Netzgewebe die Haare völlig verbargen.

Eine ganz leichte Kopfbedeckung, die Christina besonders im Sommer liebte, bestand aus wertvollen, häufig mit Goldfäden durchwirkten verschiedenfarbigen Tüchern. Diese wurden von Gretli kunstvoll gefaltet und geknotet oder mit Nadeln zusammengesteckt. Im Winter wurden die leichten Stoffe durch wollene Tücher ersetzt.

Soweit es auch nur einigermaßen machbar war, wurden für die Kopfbedeckungen Federn verwendet, in aller Regel von Pfauen. Christinas Vorliebe hierfür hatte zur Folge, dass sich ihr Spitzname ganz schnell änderte. Aus dem »Fisch« wurde ein »Pfauenfisch«. Christina freute sich, als sie hiervon erfuhr.

*

In ihrem Bestreben, Subjekt der Betrachtung in der Öffentlichkeit zu sein, kam der Wahl der Bekleidung naturgemäß höchste Priorität zu. Viele Stunden verbrachte man in der »Kammer zur Schönheit« mit Diskussion über Modefragen im Allgemeinen, über Stoffarten, Farben, Stil und Ausgestaltung im Einzelnen und schließlich mit den Anproben der fertigen Unter- und Obergewänder, der Umhänge und Mäntel. Dabei entpuppte sich die Häggini nicht nur als glänzende Beraterin, sondern sogar als wahre Modeschöpferin. Sie bekleidete ihre Freundin nach dem Vorbild des damals maßgeblichen prächtigen französisch-burgundischen Kleidungsstils, aber auch nach der gerade aufkommenden italienischen Mode. Dabei hatte Gretli immer wieder glänzende Ideen für Details, die nicht nur die beauftragten Schneider, sondern vor allem die Damenwelt von Konstanz überraschten.

Verwendet wurden nur die feinsten und kostbarsten Luxusstoffe aus den damals führenden Produktionsstätten Italiens, nämlich aus Lucca, Venedig oder Florenz. Dabei handelte es sich vorwiegend um Samt, Seide und die neuartigen Gold- oder Silberbrokatstoffe.

Die preiswerteren heimischen Gewebe aus Wolle oder Leinwand lehnte Christina ab. Für ihre zarte Haut, die sie nach ihrer Heirat entdeckt hatte, fühlten sich diese Gewebe viel zu rau an, sie waren ihr zu »kratzig«, wie sie es nannte. Dazu kam noch, dass sie diese heimischen Gewebe als bäurisch abtat. Eine Ausnahme machte sie allerdings für Barchent. Dieses Baumwoll-Leinwand-Mischgewebe wählte sie zumeist für ihre Unterkleider, da dieses wegen seiner flauschig aufgerauten Oberfläche angenehm zu tragen war.

Diese in Italien erworbenen wertvollen Stoffe waren von großer Farbenfreude, wie es der Mode jener Zeit entsprach. Die von den beiden Freundinnen bevorzugten Farben waren leuchtend und kontrastierend. Graue, braune oder braunviolette Töne lehnten sie als Farbe der Bauern und Armen ab. Die traditionellen Farben Türkisch-Gelbrot, Blau und Rot im Wechsel verschmähten die beiden zwar nicht, griffen aber lieber zu den moderneren, grelleren Farbtönen Hellblau, Türkis und Gelb. Die Unterkleider, meist knöchellange Schlupfkleider, figurbetont geschnitten, hielten sie in der Regel in Weiß, um einen Kontrast zu bilden. Bei den Übergewändern hingegen mischten sie die Farben stark, zum Teil sehr gewagt, wobei sie deren Futterstoffe nochmals mit einer anderen Farbe versahen. Besonders liebten sie das »Mi parti«, bei dem die linke und die rechte Gewandhälfte eine andere Farbe hatten.

Auch wenn die modebewusste junge Frau Zwingenstein immer wieder einmal Obergewänder in stoff- und faltenreichen Formen trug, so gab sie den Vorzug doch den Kleidern, die, eng anliegend, ihre weiblichen Formen betonten, und verstärkte dies meistens noch durch eng gezurrte Gürtel kostbaren Materials, an denen wertvolle farblich abgestimmte Gürteltaschen hingen. Dem Rat von Gretli folgend, waren ihre Kleider immer so weit ausgeschnitten, dass sie tiefe Einblicke ins Dekolletee boten.

Christina trug auch die beliebte Houppelande, einen langen, faltigen, in der Regel bis zum Boden reichenden, offenen Überrock, der mit Gürtel um die Hüfte getragen wurde. Besonders mochte sie dieses Kleidungsstück im Stil der Zaddeltracht, bei der die unteren Säume und die Ärmel ausgezackt waren.

An teurem Schmuck wurde nicht gespart: Ringe, Spangen und Broschen aus Gold oder Silber, viele großen Perlen, Goldketten, teure Halsbänder und Ohrgehänge, Edelsteine am Hals oder an den Ärmeln wurden in den verschiedensten Varianten jeweils so eingesetzt, dass sie in das Gesamtbild von Kopfputz und Kleid passten. Gretli hatte hierfür ein begnadetes Händchen.

Bei schlechtem Wetter trug Christina bis zu den Knöcheln reichende Mäntel, meist mit Pelzbesatz, wobei sie dickere Tuche bevorzugte. Diese mussten aber aus englischer Schurwolle sein, weil diese in jener Zeit die höchste Qualitätsstufe aufwies. Des Weiteren besaß sie eine ganze Reihe von Pelzmänteln.

Die Schuhe trug sie einmal nach traditioneller Art, also die langen, spitzen Schnabelschuhe, einmal nach dem modernen Stil die vorn breiten Kuhmaulschuhe. Ob die eine oder die andere Form, in jedem Fall waren die Schuhe farbig.

Bei jedem öffentlichen Auftritt trug die vornehme Dame Handschuhe, die so stark parfümiert waren, dass man Christinas Nahen schon aus nicht unbeträchtlicher Entfernung riechen konnte.

Die Vorbereitungen zu dem »zur Straß gon«, also zu den öffentlichen Auftritten, waren stets zeitaufwändig und aufregend. Am längsten dauerten die »Smickunge«, das Schminken der Gesichtshaut. Mal wollte Christina eine »farbige«, mal eine ganz weiße Gesichtshaut, stets abgestimmt auf den Kopfputz und die Farbe der Kleider.

Am Ende jeder Vorbereitung stand stets ein Besuch bei Agnes im »Gelben Horn«. Diese begutachtete die teuer und üppig, aber geschmackvoll ausgestattete Frau Jacobs und entließ sie wohlwollend stets mit den gleichen Worten: »Wunderschön, genau so, wie ich es früher wollte.«

Danach begann die Parade durch die Straßen von Konstanz: Christina, gewandet und majestätisch schreitend wie eine Königin, Gretli im einfachen, aber adretten Kleid etwa drei Meter hinter ihrer Herrin.

Dieses »zur Straß gon« erfolgte immer auf dem gleichen Weg und immer zur gleichen Zeit: zweimal in der Woche nachmittags, am Dienstag und am Donnerstag um drei Uhr, und das bei jedem Wetter. Die Zurschaustellung dauerte von einer halben Stunde bis zu höchstens einer Stunde, je nach Wetter. Regnete es nicht, so legte Christina immer wieder kleinere Pausen ein, indem sie sich mit Gretli unterhielt. Auf diese Weise wurde man länger gesehen.

*

Am siebenundzwanzigsten Tag des Heumonats A. D. 1457, an einem Dienstag um drei Uhr, verließ Christina Zwingenstein, gefolgt von ihrer Dienerin Gretli Häggini, das »Schwarze Horn«. Die brütende Julihitze schien den beiden nichts anhaben zu können. Der Auftritt war züchtig, Haare, Arme und Beine waren bedeckt, das Kleid reichte bis zum Boden, hatte aber keine

Schleppe. Die Aufmachung war prächtig und kostbar und wurde gekrönt von einem langen, spitzen, kegelförmigen Hennin. Von seiner Spitze stand eine Pfauenfeder in die Höhe und fiel ein langer Schleier herab, der als Schleppe hinterhergezogen wurde.

Der Weg der beiden Freundinnen ging über die Marktstätte zum Obermarkt, zum Paradieser Tor, zurück zum Obermarkt, dann durch die Blatten bis zum Münster, danach erneut zurück zum Obermarkt, von dort durch die St. Paulsgasse bis zum Schnetztor und schließlich wieder zurück zum Obermarkt und zur Marktstätte.

Ins »Schwarze Horn« zurückgekehrt, atmete Christina tief durch und bemerkte: »Eine halbe Stunde ist genug fürs Erste. Man darf die Konstanzer nicht überfordern. Wir werden uns aber noch steigern.«

*

Schon dieser erste öffentliche Auftritt zeitigte eine Wirkung, die sich keine der beiden Freundinnen auch nur erträumt hätte: Es gab in der Konstanzer Damenwelt kaum ein anderes Thema.

Bei den Patrizierinnen ein Aufschrei: In der Empörung waren sie sich alle einig, nur die Begründungen für die Ablehnung derartigen schlimmen Verhaltens waren verschieden. »Die Kleidung richtet sich nach dem Stand, und dieses Weib gehört zu den Fischern, und so soll sie sich auch kleiden und nicht wie eine vom Adel!«, beklagten die Einen. »Mit ihrer Feder stolziert sie wie ein Pfau«, schimpften die Anderen. »Habt ihr die roten Wangen gesehen?«, fragten die Dritten entrüstet und fügten empört hinzu: »Die war ja geschminkt wie eine Hübscherin«. »Sie sah wirklich aus wie eine Hure«, bekräftigten Andere und verwiesen auf den tiefen Ausschnitt, der ja fast bis zum Bauchnabel gereicht habe, was natürlich reichlich übertrieben war.

Bei ihren Ehemännern beklagten sich diese adligen Damen bitterlich und verlangten, dass man ein solches Verhalten vor den Rat der Stadt bringen müsse. Die meisten der Herrn Patrizier wiegelten ab, vor allem diejenigen, die selbst im Rat saßen: »Lasst doch diesen Weiberkram. Da hätte der Rat doch viel zu tun, wenn er sich mit jedem Weiberrock beschäftigen müsste«, und dachten, innerlich schmunzelnd, an den wahrhaft anmutigen Anblick der jungen Zwingensteinin.

Bei den Fischerfrauen, ja bei den Handwerkerfrauen schlechthin, herrschte hingegen eitel Freude: Den hochwohllöblichen Damen derer »von der

Katz«, die vor Vornehmheit fast platzen, hat es eine von uns einmal richtig gezeigt – weiter so!

Zwei Wochen später, der Augusttag war feucht-schwül, machte Christina ihren Stadtgang mit einem Barett auf dem Haupt, das die blond gefärbten, um den Kopf herumgeflochtenen Haare gut erkennen ließ. Ihr farbenfrohes leichtes Gewand hatte kurze, geschlitzte Ärmel, der Rock endete eine Handbreit über dem Knöchel, und die nackten Füße steckten in Schnabelschuhen mit riesigen Spitzen. Durch häufig provozierte Aufenthalte hatte sie ihre Zurschaustellung auf etwas über eine Stunde ausgedehnt, denn gerade heute wollte sie gesehen werden. Und das war in der Tat der Fall.

Die Empörung der vornehmen Patrizierinnen war grenzenlos, dieses Mal aber auch die der einfachen Handwerkerfrauen. Plötzlich waren sie sich alle einig, denn dieser Auftritt der Christina Zwingenstein war in aller Frauen Augen »umbzuchtig«. Nacktes Fleisch an Armen und Beinen in der Öffentlichkeit zu zeigen widersprach jeglicher weiblicher Zucht. Die Haare kaum bedeckt, das war für eine Verheiratete ungebührlich, und gar die langen Schnabelschuhe – das war nicht ihres Standes.

Wiederum entlud sich der Aufschrei der Entrüstung häufig bei den Ehemännern der ehrwürdigen Konstanzerinnen. Obwohl viele von ihnen die Sache auch in diesem Fall schmunzelnd herabspielten – sie fanden die Auftritte Christinas eher amüsant als unsittlich – gab es doch einige, die beim Rat intervenierten. Dieser befragte die »Lußmer«, die Aufpasser in Sachen städtischer Kleiderordnung, eindringlich, und schließlich musste Christina Buße zahlen. Das scherte sie aber wenig, denn die Kasse des reichen Hauses Zwingenstein trug dies problemlos.

Zwischen diesen beiden Polen, einmal züchtig, einmal mehr oder weniger unsittlich, einmal gegen die Kleiderordnungen verstoßend, einmal völlig in deren Rahmen, bewegten sich die öffentlichen Auftritte der jungen Frau Zwingenstein. Aber das war ja gerade das Spannende für die interessierten Konstanzer, und das waren nicht nur die Frauen.

Die ständige Frage, wie der »Pfauenfisch« heute auftritt, hielt Christina im Gespräch, und genau das wollte sie. Natürlich gaben viele sonstige kleinere oder größere Ereignisse immer Anlass zu anderem Tagesgespräch; das war in jener Zeit wesentlich stärker ausgeprägt als heute. Aber die öffentliche Thematisierung derartiger Ereignisse war, wie die Bezeichnung sagt, auf den Tag, also zeitlich beschränkt und somit nicht auf Dauer. Christinas Auftritte waren hingegen ein Dauerthema für die Konstanzer. Dies galt auch für den Rat der

Stadt, der Christina bei Verstößen gegen die Kleiderordnungen immer wieder einmal abstrafte, sei es, weil sie nackte Haut zeigte, sei es, weil der Wert ihres zur Schau gestellten Schmuckes die Grenze von fünfzig Gulden überschritt, sei es, weil sie ihre Haare sichtbar trug, oder sei es, weil ihre Kleider zu sehr schleppten. Relativ häufig zeigte sich der Rat aber auch recht großzügig.

Es verlief also alles genau so, wie die alte Agnes Zwingenstein es initiiert und Christina es sich vorgestellt und gewünscht hatte.

Und diese Schau ging über eine sehr lange Zeit.

Kapitel 27

Im Jahre des Herrn 1458, am zweiten April, dem Tag des Heiligen Franziskus, des Ordensgründers, kehrte Jacob Zwingenstein unerwartet früh von einer Handelsreise zurück. Ein Kunde, den er besuchen wollte, war krank geworden.

Schon als er das Pferdegespann dem jungen Johann übergab, vernahm er unnatürliche Schreie – Schreie eines Kleinkindes, Schreie panischer Angst. Er eilte zur Quelle des Geschreis und fand seine Tochter in einer großen Kiste im »finsteren Loch«, die Händchen nach oben in Richtung Kistenrand ausgestreckt. Das Kind zitterte am ganzen Körper, seine Bekleidung war völlig durchnässt von Tränen, Schweiß und Urin. Er nahm den von krankhafter Angst gequälten Körper in seine Arme, wiegte und tröstete die Eineinhalbjährige und verließ schleunigst den dunklen Raum. Dabei stieß er auf Elfrid, die sich hinter der Eingangstür versteckt gehalten hatte. Als Jacob plötzlich vor ihr stand, stotterte sie mehrfach die Worte: »Es waren noch zehn Minuten.« Der junge Kaufherr warf ihr finstere Blicke zu, herrschte sie an, ihm zu folgen, und trug die Kleine liebevoll in seine Kammer. Bedrückt schlich Elfrid hinter den beiden her.

Nachdem sich Sybille etwas beruhigt hatte und nur noch leise vor sich hin schluchzte, fragte der Herr sein Kindermädchen böse, was das mit den zehn Minuten, überhaupt was dies alles zu bedeuten habe. Weinerlich erklärte sie ihm, dass sie darüber nicht sprechen dürfe, die Herrin habe ihr dies unter Androhung des Hinauswurfs untersagt. »Dieses Verbot gilt nicht mir gegenüber. *Ich* bin der Herr im Haus, ich habe die Gewalt!« Erst nach dieser Klarstellung der Herrschaftsrechte erzählte sie ihm alles, insbesondere dass die junge Herrin Zwingenstein das Kind normalerweise überhaupt nicht beachtet und sich nicht mit ihm befasst, dass sie die kleine Sybille immer wieder einmal völlig willkürlich und unberechtigt an sich reißt und in die große Kiste im »finsteren Loch« verfrachtet, dass die Kleine unnatürliche, panische Angstzustände erleide und dass sie, Elfrid, das Kind nicht vor Ablauf einer halben Stunde befreien dürfe, und da hätten eben noch zehn Minuten gefehlt.

Diese Schilderung zeigte Jacob, dass Elfrid gar nicht anders handeln konnte, sie also keinerlei Schuld traf. Er übergab ihr seine kleine Tochter, die sich zwischenzeitlich recht gut erholt hatte, und beteuerte: »Dir wird nichts Böses geschehen. Morgen werde ich dir sagen, wie es weitergehen wird.«

Je länger Zwingenstein der Jüngere über die Misshandlungen seines Kindes nachdachte, desto stärker wuchs die Wut über sein Eheweib. *Wenn sie mit der Kleinen nichts zu tun haben will, dann soll sie von ihr wegbleiben. Das kann ich sogar verstehen, es ist ja schließlich nicht ihr Kind. Aber warum bestraft sie dieses unschuldige Wesen völlig grundlos und willkürlich? Das macht doch keinen Sinn! Das ist mir völlig unerklärlich,* schimpfte er vor sich hin.

Im aufgestauten Zorn rannte er die Treppe hinab, stürzte in die Stube, wo seine Frau Christina und ihre Freundin Gretli gerade mit dem Mischen von Schönheitstinkturen beschäftigt waren. Schlohweiß im Gesicht, mit zerzausten Haaren und hasserfülltem Blick stob er auf die beiden zu, die zutiefst erschrocken zurückwichen. So hatten sie den sonst so zurückhaltenden Jacob noch nie gesehen. Gretli verließ den Raum fluchtartig und rannte in ihr Gemach. Dass sich hier sogleich ein schweres eheliches Gewitter entladen würde, war ihr sofort klar, und dabei wollte sie nicht Blitzableiter sein.

»Wer hat hier die Gewalt im Haus, du oder ich? Ich habe dir bis heute viele Freiheiten zugestanden. Aber du hast sie missbraucht. Warum sperrst du mein Kind in eine Kiste, ins ›finstere Loch‹, wo es fast vor Angst stirbt? Warum bestrafst du es völlig unberechtigt? Das arme Wesen hat dir doch sicherlich nichts angetan!« Diese Worte brüllend, raste er von Regal zu Regal und pfefferte mit jeweils nur einem Armzug all das viele Zeug, das dort gehortet war, auf den Boden. Auch die vielen Schönheitswässerchen, Tinkturen, Parfumfläschchen und Salben, die auf dem großen Eichentisch standen, gingen den gleichen Weg.

Christina stand mitten in den Scherben ihrer Schönheit und schrie immer nur die gleichen Worte: »Nein, nein, nein ...« »Dieser Schönheitswahn in meiner Stube hat jetzt ein Ende, macht das in Zukunft in euerer Kammer!«

Christina hatte zum ersten Mal Angst in ihrer Ehe.

Diese wurde noch viel stärker, als er mit verzerrtem Gesicht und geballten Fäusten langsam auf sie zuging.

»Wenn ich dich jetzt verprügle bis du blau bist, dann ist dies mein gutes Recht als dein ehelicher Herr. Du hast Grund dafür gegeben. Gern kannst du beim Rat unserer Stadt Klage gegen mich führen. Dann werde ich aber dort auch die Gründe nennen, warum ich dich geschlagen habe. Mir werden sie sicherlich Glauben schenken, denn die Bestrafungen wegen deiner Verstöße gegen die Kleiderordnungen sind wohl für deine Glaubwürdigkeit nicht gerade förderlich.«

Christina wurde es heiß und kalt. Sie drückte sich in eine Ecke der Stube, hielt die Hände vors Gesicht und erwartete Schläge, so wie ihr Vater ihrer Mutter diese zu versetzen pflegte.

»Nimm die Hände vom Gesicht, ich werde dich nicht prügeln«, stieß Jacob mit solch einer schneidenden und bestimmenden Stimme hervor, wie sie Christina noch nie bei ihm vernommen hatte. »Ich werde dich in einer Weise strafen, die dich härter trifft als eine körperliche Züchtigung, die nur im Augenblick schmerzt. Ich werde Diethelm Pfefferhart bitten, monatlich nicht mehr als zwanzig Gulden für dich auszugeben. Das ist ungefähr die Hälfte von dem, was du bisher im Monat für deine Schönheit gebraucht hast. Aber auch diese Summe dürfte für deine Bedürfnisse ausreichend sein, wenn man bedenkt, dass eine durchschnittliche Familie hiervon ein halbes Jahr leben muss. Wenn du dich nicht an die zwanzig Gulden hältst und monatlich mehr ausgibst, wird Diethelm alle deine Handwerker, vor allem deine Schneider und Schuhmacher, auch die Goldschmiede darauf hinweisen, dass das Haus Zwingenstein keine Haftung für dich übernimmt. In welchem Licht würdest du in diesem Falle dastehen? Das wäre der Ehre der Tochter eines ehrenwerten Zunftmeisters wohl nicht sehr zuträglich. Vielleicht würdest du dann auch Besuch von deinem Vater bekommen, der dir das verabreichen würde, wovon ich gerade Abstand genommen habe.

Das Halbieren deiner Ausgaben bringt nicht nur einen Vorteil für meine Kasse, sondern wohl noch einen weiteren für meine Reputation: Wenn du deine Schönheit nicht mehr zweimal in jeder Woche in deiner ungewöhnlichen Weise auf den Straßen unserer Stadt präsentieren kannst, gibt es auch entsprechend weniger Geschwätz über den Ehemann dieses außergewöhnlichen Eheweibs.« Mit diesen Worten wandte er sich abrupt ab und verließ die Stube, ohne ihr die Möglichkeit einer Erwiderung zu geben.

Christina weinte bitterlich, denn ihr wichtigster Daseinszweck, die Straßenpräsentation, wurde soeben auf die Hälfte reduziert.

*

Bedrückt schlich Christina sofort zu Agnes und schüttete ihr Herz aus. »Das ist ganz einfach«, meinte die Alte nach kurzem Nachdenken, »du und dein

Gretli, ihr zieht bei mir im ›Gelben Horn‹ ein. Hier könnt ihr die oberen Zimmer bewohnen, die lasse ich noch heute herrichten. Jede von euch bekommt dort ein Gemach. Der dritte Raum kann euch als ›Kammer zur Schönheit‹ dienen, und ich denke, dass er euch ausreichen wird, auch wenn er nicht so groß ist wie die Stube im ›Schwarzen Horn‹. Zumindest einen Vorteil hätte das für euch: Dort könnte der Wüterich Jacob euere Schönheitsutensilien nicht zerschlagen.«

*

Der nächste Tag brachte für alle Beteiligten entscheidende Einschnitte: Nachdem er die ganze Nacht hin und her überlegt hatte, setzte Jacob seine kleine Tochter – ihre Kleider und Spielsachen hatte er von Elfrid zusammenpacken lassen – schon zu früher Stunde in seine Reisekutsche und holperte und ruckelte in Richtung Weinfelden. Selbst bei starken Erschütterungen des Fuhrwerks – die reichlichen Frühjahrsregen hatten die ohnehin miserablen Wege noch mehr ausgewaschen und auf diese Weise noch größere Schlaglöcher verursacht – weinte die Kleine nicht, sondern lächelte so zufrieden vor sich hin, als sei sie dankbar, den phobischen Zuständen des »finsteren Lochs« zu entkommen.

Am Ziel angekommen, rief Jacob nach Frau Agathe und berichtete ihr von den unberechtigten Misshandlungen, erklärte ihr, dass er das Kind wegen seiner häufigen Handelsreisen nicht genügend schützen könne, und bat darum, das Kind einige Monate bei den Näglins aufzunehmen. Agathe war nicht nur sehr verwundert, sondern geradezu wütend über eine solche Behandlung eines Kleinkindes und überlegte, den linken Zeigefinger auf ihre Lippen gedrückt, hin und her. Als die Kleine aus der Kutsche herauskrabbelte und mit ausgestreckten Ärmchen lächelnd zu ihrer Ahne trippelte, ging dieser beim Anblick des entzückenden Mädchens das Herz auf. Die Entscheidung war vollends gefallen, als Jacob ihr ein Säckchen voller Münzen als Zehrgeld zusteckte, das ihre prüfenden Finger schnell als wertvolle Gulden erkannt hatten. »Ja, dieses süße Kind bleibt hier. Ich werde nicht zulassen, dass meine Enkelin misshandelt wird. Der Familie werde ich schon beibiegen, dass es eine große Ehre ist, die Tochter des vornehmen und reichen Herrn Zwingenstein beherbergen zu dürfen«, lächelte sie süffisant, »und mit dieser Begründung wird sich auch das dörfliche Geschwätz über das neue kleine Mädchen bei den Näglins in Grenzen halten.

Eines müssen wir aber ganz klar festhalten: Ein Dauerzustand kann dies nicht sein. Welche Mutter gibt ihr Kind das ganze Jahr über weg? Das ist doch wenig glaubhaft. Wir wollen die Beherbergung bei uns daher zeitlich begrenzen, und zwar längstens bis zum Herbst. Im nächsten Frühjahr sehen wir dann weiter.« Bei diesen Worten ließ sie das Geldsäckchen in ihrer Schürze verschwinden.

»Ein Punkt ist noch zu klären«, fuhr Agathe bestimmend fort. »Es muss bei dem verbleiben, was wir schon vor der Geburt Sybilles vereinbart hatten: Die Mutterschaft Verenas bleibt geheim, zumindest bis Hainrich und Adalhait gestorben sind. Wir dürfen die beiden Alten nicht wegen dieser Sache ins Grab bringen. Solange darf auch Sybille nicht erfahren, dass Verena ihre leibliche Mutter ist. Irgendwann im Laufe der Zeit, wenn das Mädchen schon etwas einsichtig ist, kann man ihm die Wahrheit sagen. Den richtigen Zeitpunkt hierfür werden wir beide dann festlegen.

Bei mir und Verena wird es die kleine Sybille gut haben. Da Verena die jüngste weibliche Person in unserem Hause ist, ist es auch gut zu vermitteln, dass sie das Kind versorgt und betreut. Sie wird sich sehr darüber freuen, das weiß ich genau, denn oft hat sie im Geheimen geweint und sich nach ihrem Töchterchen gesehnt.«

Mit großer Freude wurde die kleine Sybille im Hause Näglin von allen begrüßt. Für Verena wurde sogleich eine geräumigere Kammer und ein größeres Bett eingerichtet.

Als Agathe am Abend ihre kleine Enkelin stolz in ihren Armen wiegte, nahm sie ihre Tochter zur Seite und raunte ihr zu: »Ich weiß, wer der Vater dieses Kindes ist. Schau dir doch mal seine großen und kräftigen Hände an, das sind eindeutig die des Wasserbaders. Jacob Zwingenstein tut mir ja ein bisschen leid, aber die Würfel sind nun einmal so gefallen. Wir sollten ihm ein bisschen entgegenkommen, soweit wir können. Aber *du* nicht so wie früher«, mahnte sie hintersinnig lächelnd.

Freudig nahm Verena ihr Töchterchen mit in ihr Bett. So waren Mutter und Tochter vereint, zumindest für eine gewisse Zeit. Verena war überglücklich. Sie hatte niemals damit gerechnet, mit ihrer Kleinen zusammenleben zu können.

Dieses Kind war das Bindeglied, das Verena an ihre beiden früheren Männer erinnerte. Den Wasserbader hatte sie nie mehr gesehen, denn der hatte während ihrer Abwesenheit die ihm angebotene Stelle beim »Holzmann« in Bürglen angetreten und zwischenzeitlich geheiratet, wie sie hörte. Auch das

Verhältnis mit dem vornehmen Kaufherrn Jacob war zu Ende, denn er war jetzt verheiratet. Wenn er auf einer Handelsreise zu Großvater Näglin kam, war sie ihm stets aus dem Weg gegangen, hatte ihn jedoch immer aus der Ferne betrachtet, recht wehmütig und manchmal auch ein bisschen sehnsüchtig.

*

Nachdem Christina das Angebot Nesens dankbar angenommen hatte, wurde der Umzug von Gretli und ihr ins »Gelbe Horn« bereits schon während der Zeit vollzogen, als Jacob in Weinfelden war. Das Ganze ging, dafür hatte Agnes gesorgt, demonstrativ, aufwändig und laut vonstatten. Jedermann sollte sehen, dass die junge Frau Zwingenstein das Haus ihres Gemahls verlässt. Und wiederum lief alles so, wie die fuchsschlaue Alte intendiert hatte: Wie ein Lauffeuer ging es durch die Stadt, dass schon nach kaum mehr als einem Ehejahr die junge Ehefrau Christina ihrem Mann davongelaufen sei. Damit hatte die alte Nes Jacob eine weitere öffentliche Demütigung zugefügt.

*

Im »Schwarzen Horn« war es nun leer und still geworden. Nur Jacob und seine Mutter Barbara wohnten noch in dem großen Haus. Elfrid war mit einer hübschen Summe nachhause geschickt worden mit der Aufforderung, sich für die Zeit bereitzuhalten, wenn die kleine Sybille wieder ins »Schwarze Horn« zurückkommen würde.

Kapitel 28

Im August 1458 fand wieder einmal ein großes Schützenfest auf dem Brüel vor den Toren von Konstanz statt. Die ausgesetzten Preise waren hoch. Der Ehrenpreis bestand aus einem geschirrten Pferd im Werte von vierundzwanzig Goldgulden.

Nicht nur Konstanzer Bürger und Anwohner aus Orten in der Nachbarschaft waren eingeladen, sondern auch Schützen aus Orten der Innerschweiz. Bis dorthin bestanden KONTAKTE, trotz der Entfernungen von meist bis zu hundert Kilometern, zu deren Bewältigung es oft mehrerer Tagereisen auf beschwerlichen Wegen bedurfte.

Viele waren gekommen, um die wertvollen Preise zu gewinnen, alles in allem über zweihundertfünfzig Gäste, darunter auch viele EIDGENOSSEN.

Doch nicht nur Schießen stand auf dem Plan, auch im Laufen, Springen, Stein- und Kugelwerfen konnte man sich messen.

Mit seinem Freund Peter Sunnentag war auch Jacob Zwingenstein dort. Mit dem über der Stirn kurz geschnittenen schwarzen Haar, das nach beiden Seiten gelockt herabfiel, mit gepolsterten Schultern und Keulenärmeln am kurzen Rock über den eng anliegenden verschiedenfarbigen Beinlingen erweckte er eher den Eindruck eines vornehmen Zuschauers als den eines Teilnehmers. Seine Schüsse hatte er bereits abgegeben, allerdings nicht sehr erfolgreich. Trotzdem blieb er gut gelaunt und verfolgte das Wettschießen auf dem fahrbaren Schützenstand, die Leibesübungen und das muntere Treiben der Gaukler und Musikanten, die, wie bei jedem Fest, ihre Künste zum Besten gaben.

Auch klappbare Spieltische waren aufgestellt, heimlich natürlich, denn Glücksspiele waren dort nicht erlaubt; in den städtischen Ordnungen gab es vielerlei Spielverbote.

Da hörte Jacob von einem Spieltisch her einen lautstarken Wortwechsel. Neugierig begab er sich dorthin und verfolgte ein eigenartiges Spektakel, das ihm sein Leben lang vor Augen bleiben sollte, weil es für seine Heimatstadt schwerwiegende Folgen nach sich zog.

»Als Gewinn soll ich dieses Münzstück nehmen? Niemals!«, erklärte ein Konstanzer Bürger lauthals.

»Warum nicht? Diese Münze ist ein ganz neu geprägter Plappart aus Bern«, erwiderte nicht minder kräftig sein Gegenspieler, ein Luzerner.

»Nein, mit diesem *Kuhplappart* bin ich nicht einverstanden, gib mir anderes Geld!«

»Was? Kuhplappart! Du schimpfst den Bären auf der Berner Münze eine Kuh? Das ist eine Injurie, eine bösartige Beleidigung«, schrie der Luzerner.

»Das ist genauso schlimm, als wenn ihr überheblichen Konstanzer uns immer als ›Kuhghyer‹ oder als ›Kuhmäuler‹ schmäht und unser Land ›Kuhland‹ nennt. Ihr glaubt wohl, ihr großköpfigen Herren vom See, ihr seid etwas Besseres und könnt uns Eidgenossen als bäurische Gesellen abkanzeln. Da habt ihr euch aber sehr getäuscht. Das werden wir euch heimzahlen!«

Und schon war ein großer Auflauf der vielen anwesenden Schweizer, welche die Bezeichnung »Kuhplappart« für eine Berner Münze als unerträgliche *Beschimpfung aller Eidgenossen* ansahen.

Es kam zu einem Handgemenge, zu einer größeren Schlägerei.

Mehrere Schweizer forderten sogar, dass der Urheber dieser schrecklichen Beleidigung sofort mit dem Tode zu bestrafen sei.

Da man diesem Ansinnen natürlich nicht nachkam, und nachdem man sich ausreichend gekeilt hatte, zogen die Eidgenossen gekränkt und voller Verbitterung in ihre Heimat ab.

Jacob hielt dieses Vorkommnis für erledigt. Schließlich gab es kein »Wunden oder Messerzucken«, keinerlei nennenswert Verletzte, also waren keine Bestrafungen zu erwarten. Prügeleien gab es immer wieder einmal bei Festlichkeiten oder in Wirtshäusern, vor allem zwischen Innerschweizern und Konstanzern. Die Lebensart der Eidgenossen und der Leute am See war doch recht unterschiedlich. Das durfte man also alles nicht so ernst nehmen. Daher hielt er diese Schlägerei beim Schützenfest für nichts Spektakuläres. – Doch darin hatte sich der junge Zwingenstein gewaltig getäuscht. Das Nachspiel war bitter, denn der volle Zorn der Eidgenossen traf die Reichsstadt und die in ihrem Herrschaftsbereich liegenden Dörfer im Thurgau. Obwohl der Rat der Stadt Konstanz im September der Stadt Luzern, wo sich wegen der Beleidigung der größte Unmut angesammelt, Genugtuung angeboten hatte, fielen im Herbst mehrere Tausend von Luzern geführte Freischärler aus der Innerschweiz in den Thurgau ein. Dort verwüsteten sie Besitzungen von Konstanzer Bürgern. Vor allem in Weinfelden räuberten sie in den umliegenden

Weinbergen, nahmen das dem Konstanzer Ritter Berthold Vogt gehörende Schloss Weinfelden ein, leerten seine Speicher und belegten ihn mit einer »Brandschatzung«, einem Sühnegeld von zweitausend Gulden. Schließlich rückten sie bis an die Mauern der Stadt Konstanz vor, ihrem eigentlichen Ziel. Am Ende verglich man sich dahingehend, dass die Reichsstadt dreitausend Gulden »Brandschatzung« an die Eidgenossen bezahlte.

Am Ende dieses »Plappartkrieges« sagte sich Jacob: *Da habe ich aber ein teures Wettschießen miterlebt.*

Kapitel 29

Ganz im Gegensatz zu Agnes Zwingensteins Erwartungen war es in den letzten Monaten recht friedfertig im »Schwarzen und Gelben Horn« zugegangen.

Die kleine Sybille, die sich in Weinfelden bei ihrer Mutter Verena prächtig entwickelt hatte, war im Weinmonat als lebhaftes Mädchen ins »Schwarze Horn« zurückgekehrt und von Elfrid freudig in Empfang genommen worden. Die Kleine wurde von Christina etwas seltener ins »finstere Loch« gesperrt, und zwar vorwiegend dann, wenn Nes dies in Erinnerung brachte.

Zwischen Jacob und seiner Ehefrau Christina hatte sich ein Modus vivendi herausgebildet, den man als freundlich-neutral bezeichnen könnte. Agnes hatte sich sehr darüber gewundert. Nach der Austreibung des Schönheitswahns aus der Stube, nach der Reduzierung der Gelder, was nur noch *einen* wöchentlichen Schönheitsgang durch die Stadt zuließ, und nach dem Auszug aus dem ehelichen Haus hatte sich die Alte nämlich eheliche Feindseligkeiten und Streit erhofft. Dass nun nahezu das Gegenteil eintrat, lag daran, dass Jacob durch sein hartes Auftreten einen gewissen Respekt bei seiner Ehefrau erworben hatte. Ein zweiter Grund bestand darin, dass sie Befürchtungen hegte, bei erneuten Fehlverhalten weitere Beschränkungen ihrer Freiheiten erdulden zu müssen. Von ihrem Vater hatte sie keine Hilfe zu erwarten, das war ihr klar, denn der hatte sein Geld von Jacob erhalten und war daher mit seinem Schwiegersohn zufrieden. Im Gegenteil: Für die Verhaltensweisen seiner eigenen Tochter hatte er wenig Verständnis geäußert, sowohl in Bezug auf das öffentliche Schaulaufen als auch ihren Auszug aus dem ehelichen Haus. Da auch von Agnes keine Gelder flossen, musste sich Christina notgedrungen mit ihrem Ehemann arrangieren.

Da der Ententante alles zu ruhig zuging und sie immer noch Rachegelüste verspürte, wollte sie wieder einmal mächtig Sturm in die Familie blasen, wie sie es nannte, und Jacob und seine Mutter noch einmal so richtig in ihrer Ehre kränken.

Darum hatte sie über die dunklen Wintermonate Finsteres ersonnen. Dass sie sich als Mitglied der Familie Zwingenstein bei den ausgeheckten Machenschaften selbst in Misskredit brachte, störte sie wenig. Ihr war nämlich klar, dass ihre Kräfte so langsam schwanden und sie sich ihrem Ende näherte. Da konnte sie nicht mehr allzu viel Unehre treffen.

*

Als sie wieder einmal bei feinstem Backwerk und süß gewürztem Wein in ihrer Stube mit Christina zusammensaß, es war im März 1459, brachte sie das Thema auf Männer und darauf, dass es doch recht unnatürlich sei, dass sie, Christina, eine üppige junge Frau, wie eine Nonne hier im »Gelben Horn« lebe. Ob sie nicht, ganz heimlich natürlich, einen Mann ab und zu einladen wolle, etwa ihren früheren Geliebten, den Fischer Simon aus Uhldingen. Sie, Agnes, hätte nichts dagegen einzuwenden, im Gegenteil, sie würde sie dabei unterstützen. Selbst wenn Jacob von männlichen Besuchern im »Gelben Horn« etwas bemerken sollte, was wegen seiner ständigen Abwesenheit nicht anzunehmen sei, könne er letztlich doch gar nichts dagegen unternehmen. Würde er sie beim Rat als Ehebrecherin anzeigen, wäre er als Ehemann gleichfalls entehrt und müsste mit einer Eselsmaske herumlaufen. Dem würde er mit Sicherheit aus dem Weg gehen.

Christina war wegen dieses unzüchtigen Ansinnens völlig verwirrt, wurde puterrot und schwieg lange.

Schließlich sagte sie: »Nein, das werde ich nicht tun. Eine Ehebrecherin – nein, in diese Gefahr begebe ich mich nicht. Das tue ich mir selbst nicht an, aber auch dem Jacob nicht. Ich hasse ihn nicht, das habe ich doch schon immer gesagt.«

Was hinter ihrer barschen Ablehnung stand, verriet sie der Nes natürlich nicht. Das ständige Zusammensein mit Gretli und die laufenden körperlichen Kontakte, wie beim Haarputz, beim Schminken, bei den Anproben von Kleidern und Schuhen, führten dazu, dass ihr Verhältnis zueinander über das hinauswuchs, was es früher einmal war. Seit einigen Wochen waren sie mehr als Freundinnen, waren sie Jungverliebte. Und in diesem Zustand waren Männer nicht mehr interessant, selbst der frühere Geliebte nicht.

Den sonst immer spähenden Augen von Agnes war dies entgangen.

*

Diesen Fehlschlag verdaute Agnes jedoch recht schnell. Sie hatte nämlich eine weitere Teufelei ausgeheckt. Dazu wollte sie zunächst Christina wegen ihrer guten Verbindungen zu den Handwerkern benutzen, nahm dann davon aber Abstand. Nachdem Christina das Ansinnen »fremde Männer« so vehement abgelehnt hatte, war sie sich der jungen Frau nicht mehr ganz so sicher. Also musste sie selbst handeln, und schließlich hatte sie selbst ja auch noch genügend Kontakte zu vielen Konstanzer Bürgern.

Bei diesen streute Agnes Zwingenstein das Gerücht, ihr Bruder, der vor wenigen Jahren verstorbene, allseits bekannte Kaufherr Lienhart Zwingenstein, habe nach dem Tod seines Sohnes Gerwig über fünfzehn Jahre lang mit dessen Witwe Barbara Gemach an Gemach gelebt, habe mit ihr in der »Unehe gesessen« und habe mit ihr »gemeinsamnet«. Stets sei die Ulmerin ihm »zu Willen« gewesen.

Dieses Gerücht berührte die Konstanzer Bürger wenig. Was sich vor so langer Zeit abspielte, war nicht mehr Gegenstand des allgemeinen Interesses. Man nahm dies nur am Rande zur Kenntnis.

Brisant wurde diese Sache für Barbara und Jacob erst, als Christoffel Winterberg, der gute Freund und Ratgeber der Familie Zwingenstein, mit hochgestelltem Kragen und tief ins Gesicht gezogener Kopfbedeckung sehr aufgeregt ins »Schwarze Horn« witschte. In die Stube geführt, berichtete er Mutter und Sohn, dass er von Ratskollegen erfahren habe, dass sich der Rat demnächst mit dem angeblich jahrelangen »Zur-Unehe-Sitzen« von Lienhart und Barbara beschäftigen werde. »Das Problem an der Sache ist nicht«, so führte er mit ernster Miene aus, »ein ›Gemeinsamnen‹ unverheirateter Personen, da müsste der Rat ja sehr oft abstrafen. Der Vorwurf, der in diesem Fall erhoben werden wird, ist viel schwerwiegender. Es geht hier um Beiwohnung von ganz nahen VERWANDTEN, vom Vater des Sohnes mit dessen Witwe.« Erklärend fügte er hinzu: »Bei der fleischlichen Vermischung von Ehemann und Ehefrau vermischt sich auch ihr Blut, und damit werden die Verwandten des Ehemannes blutsverwandt mit den Angehörigen der Ehefrau. Und daraus ergibt sich: Es geht hier um *Blutschande*, und die kann sehr, sehr hart bestraft werden, im schlimmsten Fall durch Enthaupten, Lebendigbegraben oder gar Pfählen.«

Für Barbara und Jacob war dies ein fassungsloser Schock. Bleich und wie vom Blitz getroffen hockten sie unbeweglich in ihren wertvollen Polstern und schwiegen.

»Als derzeitiges Mitglied des Rates«, so fuhr Christoffel fort, »kann ich für euch nur eines bewirken: Zeitgewinn. Ich kann versuchen, den Beginn des

Prozesses hinauszuzögern, und das werde ich auf jeden Fall für euch tun, wie auch immer ihr euch entscheidet. Verhindern kann ich das Verfahren leider nicht.

Wenn ihr auch hierzu meinen Rat haben wollt: Zwingensteinin, verlasst unser Konstanz. Es sieht sehr schlecht für euch aus. Das Urteil würde im besten Fall auf eine lange Gefängnisstrafe hinauslaufen, und viele Jahre im Turm, das würdet ihr in euerem Alter wohl nicht überstehen. Ein solches Ende hättet ihr auch nicht verdient, nach all der großzügigen Wohltätigkeit und Nächstenliebe, die ihr armen Menschen angedeihen ließet.

Es tut mir wirklich sehr leid, dass ich nichts Weiteres für euch tun kann. Ich werde euch in Zukunft auch nicht mehr aufsuchen, denn das wäre zu gefährlich für mich. Man könnte mich als eueren Gehilfen ansehen. Das wäre umso schlimmer, wenn man bedenkt, dass ich mit den anderen Ratsmitgliedern zusammen zum Malefizgericht gehöre.«

Nahezu fluchtartig und fast vermummt verließ der wohlmeinende Freund Christoffel das »Schwarze Horn«. – Dies war sein letzter Rat für die Zwingensteins.

Nachdem Mutter und Sohn fast die ganze Nacht händeringend, schluchzend und einander in die Arme nehmend beratschlagt hatten, stand der Entschluss fest: Barbara musste dem Ratschlag von Christoffel Winterberg folgen. Nur so konnte sie vor schrecklicher Strafe verschont und ihr Leben gerettet werden. Sie würde Konstanz so schnell wie möglich verlassen – heimlich. Dass ihr Weg zurück nach Ulm führen soll, war schnell beschlossene Sache. Da Barbara eine stadtbekannte Wohltäterin war, musste mit häufigen Fragen nach ihrem Verbleib gerechnet werden. Diese wird man dann recht einfach, plausibel und sogar wahrheitsgemäß damit beantworten, dass die Ulmerin auf ihre alten Tage in ihre Heimatstadt Ulm zurückgekehrt sei.

Am nächsten Tag schritt Barbara, so wie es auch Lienhart seinerzeit gemacht hatte, Abschied nehmend, durch die wichtigsten Straßen und Gassen der ihr im Verlauf der Jahre so lieb gewordenen Stadt zu ihrem Ziel, dem Ammangericht. Dort überschrieb sie das Anwesen in Weinfelden, das sie von Lienhart geerbt hatte, auf die Näglins. Auf weitere Verfügungen, die sie zugunsten von Jacob und von gemeinnützigen Institutionen an und für sich noch gern vorgenommen hätte, verzichtete sie. Das konnte schließlich auch von Ulm aus nachgeholt werden. Sie wollte vermeiden, dass durch allzu viele Vermögensübertragungen der Verdacht geweckt würde, sie werde Konstanz verlassen. Möglicherweise wäre ihr geplanter Wegzug erkannt und, da man mit ihr eine äußerst gute Steuerzahlerin verlöre, verhindert worden. Und noch ein Weiteres: Im Falle ihrer Verurteilung würde Konstanz möglicherweise ein riesiges Geschäft machen, wenn ihr gesamtes Vermögen der Stadt verfallen würde.

Dann ging alles ganz schnell. Sechs Planwagen wurden bereitgestellt, fünf davon waren mit Hab und Gut von Barbara heimlich beladen worden, einer mit Handelsware. Schon am nächsten Morgen passierten sechs Handelskarren das Rheintor. Der Torwächter, der den Zwingenstein, auf dem ersten Wagen sitzend, wegen seiner vielen Kaufmannsfahrten und der schönen »Badegelder«, die er häufig von ihm einsackte, natürlich kannte, winkte diesen freundlich durch. Er hegte keinerlei Verdacht, dass eine wichtige Bürgerin heimlich die Stadt verließ. Allerdings fiel ihm auf, dass Jacob heute mit sehr großem Geleit auf Reise ging. *Mit sechs Karren und von zehn kräftigen Knechten begleitet, muss der Zwingenstein heute wohl eine große Menge besonders wertvoller Waren befördern*, sagte sich der Torwärter im Stillen.

Der wertvollste Teil der Fracht, Mutter Barbara, war im dritten Karren versteckt. Dort lugte sie durch eine Ritze der Plane und warf Konstanz einen letzten, wehmütigen Blick zu, als sie über die hölzerne Rheinbrücke ruckelten.

Der Weg führte nach Buchhorn. Vor den Toren dieser Stadt nahm Jacob von seiner Mutter Abschied. Es war ein tränenloses und schnelles Lebewohl. Tränen waren schon zuvor genügend geflossen. Zudem wollte man den Knechten kein Schauspiel geben. So nahm die Mutter ihren Sohn in die Arme, drückte ihn kurz an sich und strich ihm über sein langes, gelocktes Haar. Beiden war es klar, dass dies ein Abschied fürs Leben war.

Neun erfahrene, von Jacob äußerst vorsichtig ausgewählte Knechte übernahmen die wertvolle Fracht, während Jacob zu einem kurzen geschäftlichen Besuch nach Buchhorn fuhr. Er wollte noch am gleichen Tag in Konstanz zurück sein, um Alltäglichkeit zu dokumentieren. Auf diese Weise wollte er das Verschwinden seiner Mutter so lange wie möglich geheim halten.

Dies gelang auch bestens. Selbst die sonst blitzschnell alles aufdeckende Agnes kam erst drei Tage später dahinter. Da hatte Barbara Ulm bereits erreicht und war in ihrem Elternhaus in Sicherheit, als die Ente ihr großes Geschrei über die Flucht Barbaras erhob.

*

Mit dem Wegzug Barbaras hatte das »Schwarze Horn« seine gute Seele verloren.

*

Drei Monate später verlor das »Gelbe Horn« seine schwarze Seele. Nach tagelangen schrecklichen Schmerzen segnete Agnes Zwingenstein das Zeitliche. Das »Gelbe Horn« vermachte sie Christina Zwingenstein. Ihr übriges großes Vermögen verfügte sie als Seelgeräte zugunsten von Kirchen und Klöstern sowie zugunsten wohltätiger Anstalten zum Heil der Seelen – sowohl der ihrigen als auch der der Altvorderen.

Kapitel 30

Vierundzwanzig Jahre später.

Am Morgen des sechzehnten Tages des Januaris 1483 pochte es mächtig an die Eingangstür des »Schwarzen Horns«. Fünf Stadtknechte, in Konstanz Trögel genannt, sowie ein Vertreter des Reichsvogts hatten dort Aufstellung genommen.

Als sich die Türe öffnete, stand eine mittelgroße, gut aussehende junge Frau mit wohlproportionierten weiblichen Formen vor ihnen. Sie war kräftig gebaut, aber nicht dick. Auffallend waren ihre schönen langen schwarzen Haare, die zu einem Zopf geflochtenen waren.

Der Vertreter des Vogts fragte, ob hier eine gewisse Sybille Zwingenstein wohne.

»Ja, das bin *ich*«, antwortete sie arglos.

Nunmehr teilte er mit feierlicher Stimme mit, dass der Rat der Stadt Konstanz die Verhaftung und Inhaftierung dieser Person beschlossen habe. Sie dürfe sich noch der Jahreszeit entsprechend warm bekleiden, dann müsse sie mitkommen.

Mit dunklen Vorahnungen kam sie der Aufforderung nach. Dabei versteckte sie – für alle Fälle – einige Rheinische Gulden, auf die sie schnellen Zugriff hatte, direkt an ihrem Körper.

Panische Angst befiel sie, als sie auf der Marktstätte den offenen, von zwei Pferden gezogenen Karren sah, der die Malefikanten zu befördern pflegte. Auf diesen allgemein als »Armsünderkarren« bezeichneten Wagen wurde sie verfrachtet und dort an den Füßen festgekettet. Die ebenfalls in Ketten gelegten Hände vor das Gesicht geschlagen, kauerte sie auf dem durch die Straßen rumpelnden Wagen und weinte still vor sich hin. Die gaffenden Menschen nahm sie nicht wahr, genauso wenig die mit Fingern auf sie zeigenden, kreischenden Kinder. Als das Fuhrwerk schließlich anhielt und sie die Augen öffnete, stand bedrohlich ein mehrstöckiger, schmaler, eckiger Turm vor ihr. Sie erkannte ihn sofort: Es war der Raueneggturm an der Südostecke der Stadtbefestigung, direkt am See. Ein gefürchtetes Gefängnis.

Dort wurde sie von Urban Ratz in Empfang genommen.

Ratz war der Verwalter und Wächter des Turms und gleichzeitig der Meister des Kerkers, der sich dort drin befand. Unter der Aufsicht einiger zünftischer Ratsmitglieder, die für die Gefängnisse zuständig waren, war Ratz für die Bewachung, Betreuung und Verpflegung der Gefangenen verantwortlich.

Ratssatzungen schrieben die Nahrung für die Inhaftierten vor, desgleichen den Geldbetrag, der hierfür von der Stadt ausgegeben wurde, zumeist eine Pauschale.

Seine Bedeutung als Amtsperson schon rein körperlich hervorhebend, schritt Ratz großspurig und mit stolz geschwellter Brust auf Sybille zu, griff an ihre Hände und rüttelte sie, als ob er die Sicherheit der Ketten überprüfen wollte. Dabei schimpfte er »Schon wieder eine« vor sich hin, denn jede weitere Person im Kerker bedeutete eine Belastung für seinen Geldbeutel, nämlich Mehrausgaben für Nahrung und Stroh. Und dieses Geld fehlte dann fürs Wirtshaus.

Sybille zuckte zusammen, als der große, stämmige Mann in mittleren Jahren mit rotem grobknochigen Gesicht, wulstigen Lippen und wässrig grünen Augen sie berührte und sie dabei den starken Alkoholdunst wahrnahm, den er verströmte.

Inzwischen war auch Gret, die Ehefrau des Kerkermeisters, dahergewuselt, eine kleine, dünne Frau. Mit schleichenden Minischritten war sie überall, mit ihren flinken Luchsaugen sah sie alles, auch hörte sie alles und wusste alles. Ihr gesamtes Handeln war von einem Wunsch gesteuert: raus aus diesem stinkenden Turm, weg in eine andere Stadt zu einem besseren Leben, ob mit oder ohne Ehemann.

Rein äußerlich gesehen, aber auch rein menschlich, passten der Wächter und seine Frau überhaupt nicht zusammen. Eines hatten sie allerdings gemeinsam: die Gier. Er war alkohol- und weibergierig, sie war geldgierig.

Nachdem sich das Tor des Raueneggturmes hinter den dreien geschlossen hatte, wurden Sybille die Ketten von den Händen genommen. Sogleich wurde sie von der Ratzin in die kleine Stube neben dem Eingang gezogen. Das war das Quartier des Kerkermeisters. Dort riss die Ratzin der jungen Zwingensteinin die teuren Kleider förmlich vom Leib, den Pelzmantel und das seidene Oberkleid; auch das mit Federn besetzte Barett, die farbigen Kuhmaulschuhe und die perlenbestickte Handtasche nahm sie sofort an sich.

»Diese wertvollen Sachen brauchst du hier nicht mehr, die sind für dich jetzt viel zu schade, denn die sind sowieso schon nach einem Tag verdreckt«, sagte sie, höhnisch lachend, und faltete alles sorgfältig zu einem Bündel zusammen. Dabei dachte sie schon freudig an den schönen Erlös; eine Interessentin hatte sie bereits vor Augen.

Der Gret war nicht entgangen, dass ihr Mann lüsterne Blicke auf den schönen, jungen Frauenkörper warf. Daher durfte Sybille wenigstens das Unterkleid aus Damast anbehalten, das ihr die Meisterin allzu gern auch noch abgenommen hätte. Diesem Umstand verdankte es die Gefangene, dass sie die paar Gulden, die sie am Körper versteckt hatte, retten konnte.

Aus einer Truhe holte die Ratzin ein langes fleckiges Kleid aus grobem Leinen und gab es Sybille als Ersatz. Danach wurde sie wieder in Ketten gelegt. Nun berieten der Meister und seine Frau, wohin sie die Neue legen sollten. »Ganz oben bei den säumigen Schuldnern ist kein Platz, da geht keine Maus mehr rein. Auch bei den Weibern ist alles überfüllt«, da waren sie sich einig. »Bleibt also nur der Raum mit den beiden SCHELMEN.«

Schon als sie die enge hölzerne Treppe nach oben geschoben wurde, schlug ihr ein scheußlicher Gestank menschlicher Exkremente entgegen, der ihr fast den Atem nahm. In dem Raum, in den Sybille geführt wurde, lagen zwei verlumpte Gestalten auf dem Boden, ihre Handgelenke in schweren Ringen, die das letzte Glied einer Eisenkette bildeten, deren anderes Ende in die Wand eingemauert war. Vier derartige Verankerungen gab es in der Wand, und Sybille wurde an der äußersten, an der unter dem kleinen Fenster, angekettet. Zwischen ihr und dem nächsten Leidensgenossen ließ man einen Platz frei, und das sollte auch so bleiben. Durch diesen Abstand waren körperliche Berührungen von Mann und Frau ausgeschlossen, damit keine »umbzuchtigen Handlungen« vorgenommen werden konnten. Auf diese Weise konnte das Kerkermeisterehepaar bei den Gefängniskontrollen, welche die zuständigen Ratsmitglieder immer wieder durchführten, leichter rechtfertigen, dass eine Frau zusammen mit Männern eingekerkert war.

Nachdem die Kerkermeister den grausigen Raum verlassen hatten, hatte Sybille Gelegenheit, sich umzuschauen. Nun erkannte sie ihr Elend erst in vollem Umfang: Kälte, feuchte Decke, nasse Wände, Ketten, strohbedeckter Boden, die beiden zerschundenen Kerle, die sie aus dumpfen Augen anglotzten – und weiter nichts, gar nichts. Der einzige Lichtblick war – im wahrsten Sinne des Wortes – das kleine Turmfenster über ihr, das dem Elendskerker einigermaßen Helligkeit spendete.

Deprimiert und frierend kauerte sie auf dem Stroh in, durch die Ketten bedingt, höchst unbequemer Lage. Das Schlimmste von allem war: Sie musste ihre Notdurft an Ort und Stelle verrichten, wie das Vieh im Stall.

Ihre Tränen strömten, aber ihr Kopf arbeitete. Dabei sagte sie sich im Stillen, um sich etwas zu beruhigen und sich Zuversicht einzureden: *Trotz dieses elenden Umfeldes und der stinkenden und verkommenen Gesellen neben mir muss ich froh sein, dass ich hier nicht in einem völlig dunklen Raum untergebracht bin. In einer stockdunklen kleinen Zelle könnte ich es nicht lange aushalten. Dort hätte ich, wie im »finsteren Loch«, meine Angstzustände, die ganze Zeit Schweißausbrüche, Zittern am ganzen Körper, Schreikrämpfe und Krampfanfälle und wäre wohl bald wahnsinnig.*

Nach einiger Zeit waren ihre Tränen versiegt; sie hatte jetzt keine Tränen mehr – nie mehr.

Sie erreichte nach einiger Zeit einen Zustand, in dem sie ihre Umwelt nicht mehr wahrnahm: nicht die beiden Strolche neben ihr, die sie mit nunmehr steigendem Interesse beobachteten, nicht deren Gespräche über sie, auch nicht die Holzschüssel mit einer Gemüsebrühe, die man neben sie gestellt hatte.

Erst als raue Hände sie schüttelten, fand sie ins Diesseits zurück. »Du musst essen«, sagte Meister Ratz, »sonst bist du schon jetzt verloren. Warte einfach mal ab, was die Zeit bringt. Iss jetzt diese warme Suppe, die kalte nehme ich wieder mit runter.« Dabei streichelte er ihr über die Schulter. Dass der derbe Mann zu solchen Worten und Gesten fähig war, die in diesem Umfeld als sehr freundlich zu werten waren, verwunderte sie sehr. Doch schon am nächsten Morgen bekam sie die Erklärung dafür.

Da erschien nämlich der Kerkermeister. Er hatte einen ordentlichen Kittel angelegt, nahm ihre Ketten ab und führte sie die Holztreppe hinab in sein Quartier. Die Ratzin war nirgends zu sehen. Freundlich setzte er sie in die Nähe der Feuerstelle, bot ihr warme Milch an, die sie gierig schlürfte. Er berichtete ihr, dass er Erkundigungen eingezogen und – das sage er ihr ganz im Vertrauen – dabei erfahren habe, dass sie als Hexe vor Gericht gestellt werde und dass sie dort die Folter erwarte. »Du brauchst aber keine Angst zu haben, ich als Amtsperson weiß, wie man das vermeiden kann.« Als sie ihn mit angstvollen, aber zugleich fragenden und hoffnungsvollen Augen anschaute, fuhr er fort: »Ich persönlich werde dir dabei behilflich sein, werde dich jeden Tag besuchen, du musst mir nur ›zu Willen‹ sein. Deine beiden Mitgefangenen werde ich für die Dauer unserer schönen Stunden ausschalten, und wegen meiner Frau mache ich mir keine Sorgen, denn die ist oft abwesend. Nach einiger Zeit wirst du dann schwanger, und Schwangere und Wöchnerinnen dürfen nicht gemartert werden. Und dann sieht man weiter.« Dabei lachte er faunisch und streichelte über ihre Brust.

Sybille sah ihn erschrocken und mit weit aufgerissenen Augen angewidert an. Ihr kluger Verstand, sie war ja die Tochter ihrer Mutter, signalisierte ihr sofort größte Vorsicht. *Diesem alkoholisierten Scheusal bin ich auf Gedeih und Verderb ausgeliefert. Daher darf ich ihn nicht vor den Kopf stoßen, darf ihm meinen Ekel nicht zeigen und ihn nicht vehement zurückweisen, wonach mir an sich zumute ist, denn sonst wird er mir das Leben noch mehr zur Hölle machen. Ich muss ihn hinhalten.* Mit gezwungenem, aber dennoch ermunterndem Lächeln antwortete sie: »Warten wir es doch einmal ab, Urban, so darf ich euch doch wohl nennen, wenn wir allein sind, wann und wie es mit der Anklage kommt. Ich bin wirklich keine Hexe, das muss alles ein Missverständnis sein, ich werde sicher bald wieder freigelassen. Dann werde ich dich fürstlich belohnen, wenn du mich gut behandelst. Wenn ich nicht freikomme ...« An dieser Stelle unterbrach sie den Satz und versuchte ihm einen vielsagenden Blick zu schenken.

Der Meister betrachtete ihre weiblichen Formen wiederum mit gierigen Blicken, gab sich aber zunächst zufrieden. »Einverstanden, so können wir beide es für die nächste Zeit halten. Auch ich glaube nicht, dass du eine Hexe bist. Eine Hexe ist nicht so hübsch wie du. Als du auf dem Karren vor meinem Turm ankamst, warst du völlig in Tränen aufgelöst. Hexen aber können keine Tränen vergießen. Wenn ich annehmen würde, du seiest eine Unholdin, hätte ich dir mein großzügiges Rettungsangebot einer ›fleischlichen Vermischung‹ auch nicht gemacht. Ich hätte viel zu große Angst, dem Teufel eine Braut auszuspannen. Da würde der Gehörnte doch fürchterlich über mich kommen. – Die einzige Erleichterung, die ich dir im Augenblick verschaffen kann, ist die, dass ich dir jeden Tag frisches Stroh hinwerfe, während die beiden Schelme neben dir dies nur zweimal in der Woche kriegen.«

Damit war die Unterhaltung beendet. Sybille wurde wieder an ihren Platz unter dem Fenster verfrachtet und angekettet.

Den Urban Ratz hätte ich schon einmal günstig gestimmt, sagte sich Sybille, *jetzt muss ich nur noch die Meisterin auf meine Seite bringen, was allerdings weitaus schwieriger werden dürfte.* Doch da hatte sie sich getäuscht. Es kam ihr nämlich der günstige Umstand zugute, dass eine Tante der Ratzin vor langer Zeit über mehrere Jahre hinweg bei den Zwingensteins als Tagelöhnerin gearbeitet hatte und dort gut gehalten worden war. Daher war die Einstellung der Meisterin in Bezug auf die Familie Zwingenstein und damit auch Sybille gegenüber dem Grunde nach positiv. Dies war ein riesiger Vorteil. Für die Gefangenen generell empfand Gret schlechthin nur Hass und blanke Wut, denn diese machten doch nur Arbeit, Gestank und Ärger und vor allem: Sie kosteten Geld. Jeder Insasse weniger brachte ihr einige Pfennig mehr ein, das Essen, das sie kochen musste, war ja schließlich so teuer.

Als Sybille überlegte, wie sie die Gunst der Wächterin gewinnen könne, erinnerte sie sich daran, wie die Ratzin ihr die Kleider vom Körper gerissen und an sich gerafft hatte. In diesem Moment wurde ihr klar, dass die Wächterin geldgierig war. Also half auch hier das Allheilmittel Geld. Die paar Gulden, die sie mitgebracht und zwischenzeitlich geschickt hinter dem bröselnden Mauerwerk versteckt hatte, sollten ihr dabei von großem Nutzen sein.

Als ihr die Meisterin abends die Suppe in einer hölzernen Schüssel reichte, flüsterte ihr die Gefangene zu, dass sie eine wichtige Botschaft habe, aber nur für sie höchstpersönlich. Die Kerkerfrau betrachtete sie mit ihrem Raubvogelblick zunächst etwas misstrauisch, nickte aber dann und murmelte: »Warte ab.«

Schon am nächsten Tag bot sich die Gelegenheit. Nachdem die beiden benachbarten Delinquenten zum Verhör gekarrt worden waren und der Kerkermeister den Turm verlassen hatte, schlug Sybille der Ratzin vor, dass diese einen halben Rheinischen Gulden pro Monat für bessere Nahrung und häufigere Reinigung ihrer Bekleidung erhalte. Schließlich wurde man sich einig, nachdem die Wärterin den Monat auf zwei Wochen heruntergehandelt hatte. Sybille bezahlte einen Monat im Voraus, und blitzschnell war der Gulden im Gewand der Meisterin verschwunden.

Damit hatte sich Sybille das Wohlwollen beider Aufsichtspersonen gesichert, zumindest für einige Zeit.

Da waren also nun nur noch die beiden benachbarten Diebe. Eine körperliche Berührung war gottlob wegen des Zwischenraumes nicht möglich. *So haben selbst Ketten etwas Positives*, sprach sie sich Trost zu. Die zotigen Bemerkungen der beiden Leidensgenossen musste sie allerdings über sich ergehen lassen. Doch auch diese ließen bald nach, als Sybille hierauf keinerlei Reaktionen zeigte.

So blieb Sybille Zwingenstein zunächst von den Menschen in ihrer Nähe unbehelligt.

Schon am nächsten Tag trug der Gulden Früchte. Die Meisterin gab ihr eine fleckige, übel riechende Decke, die Sybille erfreut annahm. Der Dreck störte sie weniger als ihr die Wärme nutzte. Und ein weiterer Vorteil: Sie konnte ihren Körper vor den neugierigen Blicken der beiden Mitgefangenen verbergen. Als einer der beiden die Kerkermeisterin anmeckerte, dass auch er eine

Decke wolle, da auch er friere, fuhr sie ihn an: »Halt's Maul, sonst hast du morgen nur Wasser in deiner Schüssel und auch kein Brot. Du hast dicke Kleider an und die Frau nur ein dünnes Gewand.« Damit war dieses Thema beendet.

Was das Essen anging, so erhielt Sybille zunächst die gleichen zwei stereotypen täglichen Mahlzeiten wie alle anderen Kerkerinsassen: Wasser und Brot, Brühe oder Krautsuppe. Aber in ihrer Schüssel waren immer einige Fleischbrocken. Überdies bekam sie immer wieder einmal, unter der Hand versteckt, zusätzlich einige Scheiben Brot sowie eine Schüssel mit Milch. So löste die geldgierige Ratzin einen Bruchteil des Wertes ihres Guldens ein. Immerhin! Aber schließlich wollte sie ja noch mehr Geld.

Auch der Meister hielt sein Wort. Täglich »mistete« er die Lagerstätte von Sybille aus und warf frisches Stroh auf den Boden. Die beiden Diebe murrten zwar erheblich, da ihr Bereich nur zweimal in der Woche gesäubert wurde, doch das scherte den Ratz nicht im Geringsten. Er schenkte den zwei Strolchen und ihren diesbezüglichen Bemerkungen keinerlei Beachtung.

Der Meister tat sogar noch mehr, als er Sybille zugesagt hatte. Im Gegensatz zu seinen früheren Gepflogenheiten öffnete er mehrmals täglich das Fenster über ihr, und dies sogar längere Zeit, so dass die frische Luft direkt auf sie einströmen konnte. Es löste ein wahres Glücksgefühl, ein unendliches Wohlbefinden in ihr aus, den bestialischen Gestank für einige Zeit nicht ertragen zu müssen. Das faunische Lachen und die leisen Berührungen des Kerkermeisters nahm sie für diese Wohltaten in Kauf.

*

Die Verhaftung von Sybille, der reichen Inhaberin der Kaufmannschaft Zwingenstein, hatte sich wie ein Lauffeuer in Konstanz verbreitet. Jedermann war darüber verwundert, denn Sybille Zwingenstein galt allgemein als eine freundliche Jungfrau von züchtigem Wesen und von bescheidenem, sittsamem und frommem Verhalten. Niemals hatte sie sich bisher etwas zuschulden kommen lassen, ganz im Gegenteil: Sie hatte häufig Almosen gespendet, zwar nicht in der Großzügigkeit wie ihre Großmutter Barbara, aber immerhin.

Wie es immer läuft: Nach einiger Zeit war die Verhaftung der Sybille Zwingenstein aus dem Tagesgespräch verschwunden, und dass sie im Gefängnis saß, geriet in Vergessenheit – vorläufig zumindest.

Kapitel 31

Nachdem bei Sybille nach einiger Zeit etwas innere Ruhe eingekehrt war, stellten sich ihr immer wieder folgende Fragen: *Was habe ich getan, dass mich die* Inquisition *wegen Hexerei verfolgen will? Warum will man mir einen* Hexenprozess *machen? Wird man mich gar* foltern *? Ich habe doch wirklich keinerlei Hexenwerke vollbracht, mich nicht dem Teufel hingegeben, keinem anderen Menschen Schaden zugefügt, keine Wetter gebraut und auf keinem Hexensabbat getanzt.*

Diese Fragen im Hinterkopf, ließ Sybille ihr Leben an sich vorbeiziehen, fast täglich. Dass ihre Gedanken laufend in die Vergangenheit schweiften, war kein Wunder, denn die Gegenwart war grausam. Schließlich hatte sie ja jetzt viel Zeit zur retrospektiven Betrachtung.

Aus vielen Gedankenfragmenten heraus hatte sich bei ihr so langsam ein bestimmtes Gedankenmuster herausgebildet. Sie kategorisierte ihr Leben in der Gesamtschau. Im Vordergrund standen die positiven Phasen, also Zeiten und Begebenheiten, als sie sich wohlfühlte. Diese führte sie sich sehr oft vor Augen. Die negativen Abschnitte, also die Zeiten, in denen es ihr miserabel ging, rief sie sich schon zurückhaltender ins Gedächtnis zurück. Schließlich gab es in ihrem Leben gewisse Geschehnisse, an die sie nicht denken wollte, die sie zwanghaft auszublenden versuchte – zumindest vorerst.

*

Innerlich ruhig lag Sybille auf ihrem harten Strohlager, als sie sich die schönen Zeiten und Ereignisse ihres Lebens ins Gedächtnis zurückrief. In ihrer Einsamkeit sprach sie in Gedanken mit sich selbst:

Die glücklichsten Zeiten meines Lebens verbrachte ich in Weinfelden. Soweit ich mich zurückbesinnen kann, brachte mich mein Vater Jacob im Frühling zu dem von mir so sehr geliebten Flecken im Thurgau und holte mich im Herbst dort wieder ab, um mich nach Konstanz zurückzubringen. Das vollzog sich jährlich wie ein Ritual.

Von allen Näglins wurde ich, alljährlich erneut, freudig aufgenommen und liebevoll behandelt, besonders von Verena; die hatte mich in den ersten Jahren sogar in ihr Bett aufgenommen. Nachdem die beiden alten Näglins, die ich sehr lieb gewonnen hatte, gestorben waren und das Haus leerer geworden war, habe ich sogar ein kleines Kämmerchen für mich allein bekommen. Dem stets herzlichen Empfang durch die Näglins entsprach auch meine große Freude über das jeweilige Wiedersehen. Besonders intensiv waren meine Glücksgefühle im Frühjahr 1463, ich war damals sieben Jahre alt, als mich Verena zur Begrüßung in ihre Arme schloss und ich wusste, dass sie meine wahre Mutter war und ihr das Wort »Mutter« ins Ohr flüsterte. Kurz vor unserer Abreise nach Weinfelden hatte mir mein Vater in Konstanz nämlich erzählt, dass nicht Christina, sondern Verena meine leibliche Mutter sei, dies aber ein Geheimnis sei und ich daher Verena auch weiterhin Verena nennen solle. Von dieser Zeit an war das Verhältnis zwischen Verena und mir noch inniger.

Es war nicht etwa so, dass ich dort in Weinfelden ein Prinzessinnendasein führen durfte. Zwar haben die Näglins mir in all den Jahren immer genügend freie Zeit für meine eigenen Betätigungen überlassen, aber ich musste auch arbeiten.

Schon als ganz kleines Mädchen wurde ich mit einfachen Tätigkeiten betraut. Vor allem das Füttern der Hühner, aber auch der größeren Tiere, vor denen ich nie Angst hatte, bereitete mir große Freude. Mit jedem Jahr wuchsen meine Aufgaben, und ab dem Alter von neun Jahren, als ich körperlich schon recht robust entwickelt war, leistete ich ordentliche Arbeit auf den Feldern und im Garten und wurde häufig für meinen Fleiß gelobt. Ich empfand stets Freude an der Landarbeit. Auch in die Fertigkeiten des Spinnens und Leinwandwebens wurde ich eingeführt. Daran hatte ich jedoch keinen Spaß.

Agathe, so durfte ich Verenas Mutter nennen, brachte mir, als ich sechs Jahre alt war, das Leben und Werden in der Natur, wie sie sich immer ausdrückte, nahe. So erklärte sie mir zum Beispiel die Entwicklungen vom Ei zum Huhn, von der Geburt des Kälbchens zur Kuh, von der Aussaat über die kleinen Pflänzchen bis hin zur Ernte. Für das Werden in der Natur, so betonte Agathe, ist vor allen Dingen das Wetter wichtig, das Gott uns schickt.

Als sie bemerkte, dass ich an diesem Thema großes Interesse zeigte, erklärte sie mir, dass man das Wetter von morgen an den Wolken ablesen könne. Ob dies etwa das Gleiche wie bei den Heiligen sei, denen Gott Blicke in die Zukunft schenkt, fragte ich altklug. Dies verneinte sie strikt, sie sei keine

Seherin und habe keine Wettervisionen. Ihre Wetterkunde beruhe auf Kennt-
nissen, Beobachtungen und Erfahrung. Das könne man alles lernen, genauso
wie Lesen und Schreiben. Als sie mich fragte, ob ich das wolle, bejahte ich
dies freudig. Hiernach richteten Agathe und ich während aller meiner Wein-
felder Jahre jeden Tag mindestens fünf Minuten unsere Blicke zum Himmel.
Am Anfang erklärte sie mir die einfachen, unproblematischen Wolkenforma-
tionen, im Laufe der Jahre wurde es schwieriger. So zogen wir aus den ver-
schiedenen Bewölkungsarten unsere Schlüsse, ob am nächsten Tag die Sonne
scheine, ob es regne oder ob gar Unwetter drohe. Diese tägliche Wetter-
bestimmung habe ich bis heute beibehalten, obwohl der Blick zum Himmel
durch das kleine Fenster nur sehr eingeschränkt möglich ist. Im Laufe der
Zeit sind meine Wetterprognosen immer zutreffender geworden.
Aber auch meine Bedürfnisse als Kind sind in Weinfelden nicht zu kurz
gekommen. Gern spielte ich mit meinem Konstanzer Spielzeug, das mir Elfrid
immer liebevoll eingepackt hatte. Am liebsten war ich aber im Freien, am
Wasser, ein Element, das ich mein Leben lang geliebt habe. Als kleines Mäd-
chen war mein Wasserparadies der Harmoniebach, der ganz in der Nähe
des Hauses der Näglins vorbeifloss. Spiele und Planschereien haben mir die
Näglins dort immer erlaubt, denn im Sommer stand das Wasser niemals mehr
als kniehoch.
Ich hatte das große Glück, dass ich recht schnell eine Freundin fand, die
gleichaltrige Els Gluri, Tochter der neben den Näglins wohnenden Baderfa-
milie Gluri. Els hatte noch einen Bruder, doch der war vier Jahre älter und
daher kein Spielgenosse für kleine Mädchen.
Els und ich waren unzertrennlich, alles machten wir gemeinschaftlich. Els
war am Anfang zwar ein bisschen neidisch auf meine vielen abwechslungs-
reichen Spielsachen, denn sie selbst besaß lediglich zehn Murmeln und eine
abgewetzte Puppe. Als ich ihr aber mein Spielzeug nach ihrem Belieben über-
ließ, war sie überglücklich.
Wir beide waren acht Jahre alt, da ging der Bader Claus Gluri nach lan-
gem Bitten und Betteln mit uns beiden Unzertrennlichen an die Thur, genauer
gesagt an einen Seitenarm dieses Flusses, wo das Wasser wenig Strömung und
eine ausreichende Tiefe hatte. Dort machte er mit uns die ersten Schwimm-
übungen. Er gab jedem Mädchen zunächst einen dicken Prügel Holz, das lag
dort in großer Menge herum, legte uns mit dem Bauch darauf und zeigte uns
die Schwimmbewegungen. Nach vielen weiteren Ausflügen an diese unge-
fährliche Stelle hatten wir noch in diesem Sommer die Kunst des Schwim-

mens erlernt. In allen folgenden Sommern war das Schwimmen in der Thur,
nicht mehr nur in den Nebenarmen, unsere liebste Beschäftigung. Stunden-
lang habe ich oft geübt und mich so zu einer vorzüglichen, ausdauernden
Schwimmerin entwickelt. Meist hatte sich Els schon lange in der Sonne bra-
ten lassen, bis ich endlich an Land kam.
Nach dem normalen Schwimmen kam das Unterwasserschwimmen und dann
das Tauchen. Diebisch freute ich mich, wenn ich mich deutlich länger unter
Wasser halten konnte als Els.
Die Krönung war aber das Flößen. Eines Tages kam eine von uns beiden auf
die Idee, ein Floß zu bauen. Holz war kein Problem, denn Schwemmgut lag
an den Ufern der Thur oder ihren Nebenarmen genügend herum. Taue und
Schnüre besorgten wir uns zuhause, und damit entstand nach wochenlanger
Arbeit, das Holz musste ja schließlich zusammenpassen und fest zusammenge-
fügt werden, ein schönes Floß – unser »stolzes Schiff«, wie wir es nannten.
Stolz zeigten wir unser Werk dem Vater Gluri, und auch mein Vater Jacob
musste das Floß bestaunen, wenn er mir einen Besuch abstattete. Das kam
recht häufig vor, denn meistens verband er dies mit seinen Handelsaktivitäten
bei den Näglins oder sonst wo im Thurgau..
Mühsam stakten Els und ich flussaufwärts, stundenlang. Flussabwärts ging
es zügig, da bestand unsere Kunst lediglich darin, unser »stolzes Schiff«
auf Kurs zu halten. Im Herbst versteckten wir unser Floß in der Hoffnung,
es im nächsten Sommer wiederzufinden. Doch diese Hoffnung erfüllte sich
nie. So bauten wir jedes Jahr ein neues »stolzes Schiff«, immer etwas größer
und robuster, und zeigten es immer unseren Vätern – bis ... Und da blendete
Sybille ihre Erinnerungen an die Sommer in Weinfelden zwanghaft aus und
richtete ihre Gedanken auf ihre Zeit in Konstanz:
Auch an mein Leben im »Schwarzen Horn« – vom Wetter her gesehen die
trübe und neblige Zeit des Jahres – habe ich im Gesamten gesehen keine
schlechten Erinnerungen. Als Tochter eines reichen Kaufherrn lebte ich ohne
jegliche Not, im Gegensatz zu den meisten anderen Kindern in Konstanz. In
Saus und Braus wurde ich allerdings nicht gehalten, und das war mir ganz
recht. Ich fühlte mich zu den Kindern der Handwerker und Krämer immer
stärker hingezogen als zu denen der hochnäsigen Patrizier, die schon in jun-
gen Jahren dazu angehalten waren, ihren Stand durch Kopfputz, Kleidung
und Schmuck zu dokumentieren.
Im Mittelpunkt meines Kleinmädchenlebens stand Elfrid. Obwohl noch recht
jung, verstand sie es glänzend, mich mit Fantasie und Zuneigung, man könnte

wohl sogar Liebe sagen, zu führen. Ihre Erziehung war, wie es sich gebührte, auf das kirchliche Leben ausgerichtet; Werte wie Frömmigkeit, Demut und Bescheidenheit standen im Mittelpunkt.

Wenn mein Vater einmal zuhause war, beschäftigte er sich mit mir: Er spielte mit mir, ging mit mir an den See, erzählte mir interessante Dinge von seinem Uräni, seinem Äni, von seiner Mutter Barbara, auch von Erlebnissen auf seinen Handelsreisen sowie von früheren Geschehnissen in Konstanz. Besonders dankbar war ich ihm, ich war damals sechs Jahre alt, als er mich fragte, ob ich das Schreiben und Lesen lernen wolle. Vor Freude bin ich ihm um den Hals gefallen. Da die Klöster jedoch nur männliche Schüler aufnahmen, blieb meinem Vater nichts anderes übrig, als die Aufgabe des Lehrers selbst auf sich zu nehmen, Sonntag für Sonntag, immer nach dem Kirchgang. Ich machte sehr schnell gute Fortschritte. Das hing auch damit zusammen, dass auch Elfrid an seinem Unterricht teilgenommen hat. Sie hatte ebenfalls riesige Freude daran, diese Kunst zu erlernen. So haben wir beide während der Woche eifrig geübt; die eine konnte der anderen Hinweise geben. Dies war das einzige Gebiet, auf dem ich als kleines Mädchen der klugen Elfrid ebenbürtig war, und darauf war ich mächtig stolz. Nach eineinhalb Jahren waren wir beide des Schreibens und Lesens recht ordentlich mächtig und ernteten das Lob meines Vaters. Noch heute sehe ich vor meinem geistigen Auge, wie die Elfrid und ich unsere Wachstäfelchen mit Griffeln bearbeiteten. Später kamen Papier, Federkiel und Tinte dazu und das Rasiermesser nicht zu vergessen, das am Anfang natürlich sehr wichtig war.

Nachdem Vater unsere Fertigkeiten des Lesens und Schreibens als ordentlich belobigt hatte, führte er uns auch etwas in die lateinische Sprache ein. Dies sicherlich nicht derart, dass wir ganze Dokumente in Latein hätten schreiben können, aber immerhin so, dass wir die Sprache der Priester in der Kirche sowie geläufige Wendungen verstanden. Auch das machte uns beide etwas stolz, denn bei dem weiblichen Geschlecht war dies ja wirklich nicht üblich.

Eine weitere wahnsinnige Freude hatte mir mein Vater gemacht, als er mir ein Holzboot schenkte. Es war so groß, dass es vier Personen Platz bot. Vater meinte, dass ich nach meinen verschiedenen Flößen, die ich doch so sehr geliebt hätte, mit diesem Boot die nächste Stufe meiner Seefahrtskünste erklimmen könne. Dieses Boot wurde mein liebstes Gerät. Viele, viele Stunden bin ich damit auf dem Wasser gerudert und war dabei sehr glücklich. Sogar Vater und Christina sind bei gutem Wetter und ruhigem Wasser mit mir auf den See hinausgefahren, zwar selten, aber immerhin. Ich habe ihnen das hoch angerechnet, denn mir war ja bekannt, dass beide nicht schwimmen konnten.

Es gab aber auch negative Dinge im »Schwarzen Horn«, solche, die mich traurig stimmten und die ich sehr übel nahm.

Was meinen Vater betraf, so hatte er sich, alles in allem gesehen, zu wenig Zeit für mich genommen. Das stimmte mich traurig. Daran änderten auch seine Ausbildung und die vielen, zum Teil wertvollen Geschenke, die er mir mitgebracht hatte, nichts. Laufend war er in Geschäften unterwegs. Ich hatte oft das Gefühl, er sei auf der Flucht, so als fliehe er aus dem »Schwarzen Horn«, vor mir, vor uns allen. Dieses Gefühl teilte auch Elfrid, wie sie mir erst viel später einmal bestätigt hatte. Dabei sagte sie mir auch, dass diese Flucht nach dem Weggang meiner Großmutter Barbara noch viel ausgeprägter geworden sei. Das konnte ich natürlich nicht beurteilen, denn an jene Zeit konnte ich mich nicht mehr erinnern.

Zu meiner Mutter Christina hatte ich zu keinem Zeitpunkt meines Lebens einen positiven Zugang. Sie ging immer ihre eigenen Wege: die der Schönheit und Zurschaustellung ihrer Person. Sie kümmerte sich nicht um mich, nein, noch viel weniger, sie wies mich ab. Wenn ich einmal mit einer Frage zu ihr kam, winkte sie ab und verwies mich auf Elfrid. Die werde schließlich dafür bezahlt, dass sie sich mit mir beschäftige. Als ich zu ihr, dieses Erlebnis stand ganz am Beginn meines Erinnerungsvermögens, einmal »Mutter« sagte, schrie sie mich an: »Ich bin nicht deine Mutter, ich will auch gar nicht deine Mutter sein, merk dir das für alle Zeiten! Nenn mich, wenn du mich unbedingt ansprechen musst, Christina, niemals Mutter.« Daran habe ich mich gehalten und sie später niemals mehr als Mutter bezeichnet, sie als solche jedoch auch nicht akzeptiert. Ich hatte ja meine Elfrid, und diese betrachtete ich zu meinen Zeiten in Konstanz als meine junge Mutter und in Weinfelden war dies Verena. Ich hatte sogar zwei Mütter, redete ich mir immer ein.

Die abweisende Haltung von Christina wäre noch erträglich gewesen, wenn sie mich nicht ohne jeglichen Anlass, so völlig grundlos, sei es aus meinen Spielen, sei es aus den Erzählungen von Elfrid oder aus welchen Situationen auch immer, herausgerissen, mich gepackt und in die Kiste ins »finstere Loch« geschleppt hätte. Dort starb ich fast vor Todesangst. Soweit ich mich zurückerinnern kann, erfasste mich immer das gleiche Phänomen: Ich hatte ein Gefühl der Isolation, ich empfand Schwärze, nichts als Schwärze, mein Körper zitterte, vor Panik ging mein Atem schnell und heftig, ich schwitzte am ganzen Körper, meine Finger verkrampften sich, genauso wie mein ganzer Körper, ich bekam kaum noch Luft, das Hämmern meines vor Angst beschleunigten Herzschlags explodierte in meinen Ohren, ich verlor die Kontrolle über mich – und dann holte mich Elfrid nach einer halben Stunde wieder heraus. Sie erlöste mich aus meinen phobischen Störungen, nahm mich in die Arme, drückte mich an sich und tröstete mich; ohne sie wäre ich längst tot.

Mit jeder weiteren willkürlichen Bestrafung im »finsteren Loch« wuchs mein Hass gegen Christina.

Nach derartigen Gedanken über ihre Vergangenheit holte sie die Realität der Gegenwart immer wieder ein. Diesmal ging es um die Ratzin und ihr Geld. Es kam der Tag, an dem alle Gulden aus dem Mauerversteck in die gierigen Hände der Kerkermeisterin gewandert waren. Was jetzt? Die Vergünstigungen beim Essen wollte Sybille natürlich nicht verlieren, die hielten sie ja einigermaßen bei Kräften. Da hatte die schlaue Jungfrau eine Idee, die wiederum auf der Geldgier der Ratzin aufbaute:

Auf ihre Bitte hin der Ketten entledigt und in das Quartier der Kerkermeister geführt, verlangte sie von Gret Papier und Schreibzeug. Sie richtete eine Botschaft an Diethelm Pfefferhart, der die zwingensteinsche Kaufmannschaft auch nach ihrer Verhaftung weiterführte, und bat ihn, der Ratzin jeweils *einen* Gulden auszuzahlen, wenn diese ihm einen von Sybilles eigener Hand geschriebenen Zettel aushändige.

Als die Gefangene ihrer Wärterin das Prozedere erklärte, erhob diese energische Einwände. »Es ist doch unsinnig, dass ich so oft zum ›Schwarzen Horn‹ rennen muss, um mein Geld in kleinsten Mengen abzuholen. Schreib doch einen Zettel über fünfzig Gulden, und der gilt dann für längere Zeit für eine gute Versorgung.« Sybille hatte sofort durchschaut, dass sie der bauernschlauen Ratzin die Bestimmung, was unter längerer Zeit zu verstehen sei, nicht überlassen dürfe, und lehnte dieses Ansinnen strikt ab. »Nein, wir bleiben genau bei der bisherigen Abmachung. Nur anstelle eines echten Guldens bekommst du einen Gulden in Form eines Zettels. Du kannst ja mehrere Zettel sammeln und dann beim Pfefferhart entsprechend mehrere Gulden einlösen. So kannst du dir einen Teil der von dir beklagten vielen Wege ersparen.« Die Ratzin schaute sie mit leeren Augen an und erklärte sich schließlich einverstanden. Natürlich war ihr bewusst, dass der Gulden eine fürstliche Entlohnung für eine geringe Gegenleistung war, aber der Gefangenen musste natürlich gezeigt werden, wer hier die Meisterin war. Daher erfolgte die Einwilligung nicht ohne Bedingung: »Du darfst von diesen Gulden meinem Ehegespons kein Sterbenswörtchen sagen, sonst prügelt der meine sauer verdienten Gulden einzeln aus mir raus und versäuft sie dann im Wirtshaus.« Sybille bestätigte, dass dies ihrer beider Geheimnis bliebe, und wurde dann wieder angekettet.

Die rennt mit jedem einzelnen Zettel zum Pfefferhart. Für einen Gulden ist ihr kein Weg zu viel und zu weit. Mit diesen Gedanken streckte sie ihre Glieder auf ihrem harten Liegeplatz aus und war mit dem Ergebnis ihres Handels mit der Kerkermeisterin zufrieden.

Diese Vereinbarung wurde von beiden Seiten strikt eingehalten, die kleinen Vergünstigungen blieben Sybille also erhalten.

Kapitel 32

Sybille Zwingenstein lag über fünf Monate lang in Ketten im Gefängnis im Raueneggturm.

Es war im Brachmonat, genau am 20. Juni 1483, morgens um zehn Uhr, als sie ins Quartier des Kerkermeisters hinabgeführt wurde. Dort streifte die Ratzin ihr ein sauberes grobes Leinenkleid über und führte sie zu dem ihr bereits bekannten Armsünderkarren, der vor dem Turm wartete. Grobe Hände hievten sie auf die Holzpritsche, wo sie an Händen und Füßen angekettet wurde. Drei Trögel, mit Hellebarden bewaffnet, begleiteten das traurige Gefährt. Es schien so, als würden die klapprigen Pferde den Weg bereits kennen: entlang der Befestigungsanlagen, vorbei am »Brenntürmle«, am Augustiner-Kloster und am »Gruess-Türmle«, den Aberhaken rechts und das Kornhaus links liegen lassend, zum mächtigen Kaufhaus und von da zum Rathaus am Fischmarkt. Sybille war froh, dass der Wagen nicht an ihrem »Schwarzen Horn« vorbeifuhr, sonst hätte sie sich noch mehr geschämt.

Am Rathaus angekommen, hielt der Karren an. Die Stadtknechte lösten die Ketten und führten die Delinquentin in einen kleineren Raum neben der großen Ratsstube.

Dort hatten sich bereits seit einer Stunde vier würdig dreinschauende Männer zu einer kleinen Vorbesprechung eingefunden: der Reichsvogt, zugleich Stellvertreter des Bürgermeisters, zwei Mitglieder des Rates, die von diesem als Gerichtspersonen abgeordnet worden waren, und der Gerichtsschreiber.

Oberster Gerichtsherr der Stadt war der Reichsvogt, damals Hans Schwaininger. Doch dieser war nicht persönlich anwesend, denn Hexenprozesse hielt er für höchst problematisch, da sie praktisch als Ketzerprozesse geführt wurden. Und in Bezug auf Ketzerprozesse hatte der Schwaininger immer ein ungutes Gefühl, dabei musste er stets an die unrühmliche Verbrennung des Johannes Hus denken. Ihm wäre es viel lieber gewesen, wenn die Kirche selbst derartige Ketzerprozesse geführt hätte, aber der Bischof von Konstanz führte nun einmal – im Gegensatz zu vielen anderen Bischöfen – keine Hexenprozesse. Wie dem auch sei, der Reichsvogt Schwaininger wollte in derartigen Verfahren seine Hände so wenig wie möglich schmutzig machen und sich heraushalten, soweit auch immer es ging. Aus diesen Gründen schickte er einen Stellvertreter, das patrizische Ratsmitglied Jos Husmann. Dieser war allseits als kluger und besonnener Mann anerkannt und verstand es, mit derlei Prozessdingen umzugehen. Während des Verfahrens wurde Husmann immer in seiner Funktion angesprochen, also als Reichsvogt oder Vogt.

Rechts neben ihm saß das Ratsmitglied Burkhart Wid, ein recht einsilbiger, aber energischer und vernünftiger Mann. Er gehörte der Goldschmiedezunft an. Den Urgroßvater der Malefikantin, den Lienhart Zwingenstein, hatte Wid, der damals noch ein sehr junger Mann war, gekannt und geschätzt; beide verkehrten häufig in der Trinkstube der Thurgauzunft. Vor diesem Hintergrund war er Sybille a priori durchaus wohlgesinnt.

Links neben dem Vogt rutschte Erhart Fry, ein kleines, dünnes Männchen mit dickem, rundem Kopf, der gar nicht zu seiner Statur passte, unruhig auf seinem Sitz hin und her. Er gehörte zu den Geschlechtern und war als Vertreter des Konstanzer Patriziats im Rat der Stadt, und darauf war er extrem stolz. Seine Ausbildung genoss er bei den Dominikanern in Konstanz auf der Insel, denn er sollte eigentlich Geistlicher werden. Wegen des frühen Todes seines älteren Bruders musste er aber in die Kaufmannschaft seines Vaters eintreten. Den Predigerherren war er bis heute eng verbunden, nicht nur denen auf der Insel in Konstanz, sondern vor allem auch jenen Wanderpredigern, die im Auftrag des Papstes durch die Lande zogen, Hexen aufspürten und diese zur Verurteilung brachten. Fry war ein Eiferer vor dem Herrn und für den Herrn. Sein Fanatismus gegen die bösen Weiber kannte kaum Grenzen, und er sah die Frau per se als Hauptsünderin.

Hinter diesen drei Gerichtspersonen beugte sich der Gerichtsschreiber über das Schreibpult, bereit, das Gerichtsprotokoll aufzunehmen. Seine Utensilien hatte er säuberlich aufgereiht: Papier, randvoll gefüllte Tintenhörnchen, gespitzte Federkiele, Sandbüchse und Messer zum Radieren. Von den drei vorn sitzenden Amtspersonen unterschied er sich deutlich. Jene waren vornehm gewandet, während er eine Kutte trug, auf der, obwohl frisch gewaschen, noch alte Tintenflecke erkennbar waren.

»Über die Dominikaner wurde uns zugetragen«, so hatte Husmann das Vorgespräch mit feierlicher Stimme eröffnet, »dass in Ravensburg eine Frau, die dort als Hexe verurteilt und verbrannt wurde, Besagungen vorgenommen hatte. Neben anderen hat sie die Konstanzer Bürgerin Sybille Zwingenstein als Hexe benannt. Darauf wurde diese im Raueneggturm eingekerkert.

Zu dieser Besagung hat unser Rat vom Malefizgericht in Ravensburg Unterlagen angefordert. Es hat recht lange gedauert, bis diese vor wenigen Tagen bei uns eingetroffen sind.« Dabei klopfte seine rechte Hand auf ein kleines Häufchen von Papieren. »Aus diesen Abschriften ergibt sich Folgendes: Die Sybille Zwingenstein habe an Hexentreffen auf dem Heuberg teilgenommen, habe beim Kindleinfressen mitgewirkt, habe beim Hexentanz wie wild getanzt und sei schließlich dem Gehörnten ›zu Willen‹ gewesen.

Dies alles sagte in Ravensburg unter der Folter die Els Gluri. Diese war die Enkelin von dem Bader Marti Gluri in Weinfelden, über dessen Ehefrau Afra vor vielen Jahren mehrfach Hexengeschwätz im Umlauf war.

Aufgrund dieser Beschuldigungen leitete unser Rat das gerichtliche Verfahren gegen die verdächtige Sybille Zwingenstein ein.

Da unser König schon vor vielen Jahren der Stadt Konstanz das Recht der Blutgerichtsbarkeit verliehen hat, ist unser Landgericht dazu berufen, den Malefizprozess gegen die Konstanzer Bürgerin Sybille Zwingenstein zu führen. Es gilt bei uns nach Recht und Gewohnheit der Satz: ›Der vogt richt mit samt dem klainen raut über das blut.‹ Für den ersten Teil des Verfahrens hat der Rat die beiden anwesenden Herren Wid und Fry als seine Repräsentanten ernannt. Mich hat der Reichsvogt als seinen Vertreter bestellt. Das Urteil wird dann durch den gesamten kleinen Rat gesprochen. Dabei ...«

Da fiel ihm der Fry, auf seinem Sitz nervös hin und her rutschend, wichtigtuerisch ins Wort: »Da muss augenblicklich die Folter her, das muss ich als Ratsvertreter der Geschlechter sofort fordern. Die Hexen, die Feindinnen Gottes, wollen zusammen mit dem Teufel die Ordnung der christlichen Gesellschaft umstürzen. Daher greift man bei Hexenprozessen besonders willig zur Marter, denn Hexerei ist ein ›crimen extraordinarium‹, und bei diesen Ausnahmeverbrechen muss man sich nicht an strenge Rechtsregeln halten.«

»Nein!«, replizierte Husmann scharf. »Zuerst möchte ich betonen, dass die Geschlechter, die Stadtadeligen, auf deren Vertretung ihr so stolz hinweist, mit der Folter nichts zu tun haben. Ob Vertreter der Patrizier oder der Zünfte, wir alle haben hier die gleiche Aufgabe als Mitglieder des Rates der Stadt Konstanz und des Blutgerichts. Derartige Hinweise auf die Herkunft aus den Geschlechtern mögen mir in Zukunft erspart bleiben. Auch ich gehöre zum Patriziat, und auch ich bin als Ratsmitglied von der Bürgerschaft dieser Stadt gewählt worden. Darüber hinaus hat mich der Reichsvogt, auch ein Patrizier, der ebenfalls von den Bürgern gewählt worden ist, zu seinem Stellvertreter benannt. Und der Vogt ist der oberste städtische Strafrichter, der das Blutgericht im Namen des Königs wahrnimmt.«

Diese Zurechtweisung durch Husmann, bei der der Goldschmied Wid zustimmend nickte, zeigte bei Fry zwar Wirkung, aber nur kurzfristig.

»In der Sache selbst«, so erklärte der Stellvertreter des Vogts weiter, »geht es heute und hier im Rathaus zunächst um das ›erste Constitutum‹, das erste Verhör. Dieses beginnen wir mit der *Interrogatoria generalia*. Bei dieser allgemeinen Befragung werde ich nach dem üblichen INTERROGATIONSSCHEMA Fragen zur Person der Sybille Zwingenstein stellen, sie ermahnen und sie fragen, ob sie ein Geständnis ablegen wolle. Wenn sie dies ablehnt, werde ich ihr mit der Anwendung der Folter drohen. Diese ›Territio verbalis‹ muss nach ›Recht und Gewohnheit‹ außerhalb der Folterkammer geschehen. Daher habe ich die Delinquentin hierherbringen lassen und nicht gleich zur Tortur.«

»Aber wenn die Hexe in diese Stube kommt, dann ist auch der Teufel drin! Der Böse steht immer hinter der Hexe!«, geiferte Fry erneut.

»Wir wissen doch gar nicht, ob Sybille eine Hexe ist. Wir müssen die *Wahrheit* doch erst finden. Aber wenn es euch beruhigt, werden wir nach geweihtem Wasser schicken und diesen Raum damit besprengen lassen; das wird den Satan davon abhalten, hier bei uns einzudringen. Erst danach darf die Zwingenstein bei uns eintreten.«

Damit gab sich Fry widerwillig zufrieden.

Zu alledem äußerte sich die dritte Gerichtsperson nicht. Die Meinung des Goldschmieds Wid war dennoch erkennbar. Bei den Ausführungen Husmanns nickte er verständnisinnig, während die Worte des Fry von seinem abfälligen Kopfschütteln begleitet wurden.

Nachdem der Raum, vor allem die Ecken, gründlich mit Weihwasser besprengt war, führten zwei Stadtknechte Sybille Zwingenstein herein und setzten sie auf einen Schemel vor die Amtsträger. Als sie ihr die Ketten abnehmen wollten, schrie Fry und schüttelte aufgeregt mit seinem dicken Schädel: »Nein, nein! Wisst ihr denn nicht, dass Hexen schwerelos sind? Befestigt die Ketten lieber am Boden, sonst fliegt sie uns durch die Lüfte davon!«

Wiederum mahnte Husmann, noch geduldig, aber diesmal bereits sehr eindringlich: »Wie oft muss ich denn wiederholen, dass wir noch keinen Beweis dafür haben, dass sie eine Hexe ist? Nehmt der Gefangenen die Ketten ab!«

Der Stellvertreter des Vogts nahm nunmehr eine amtliche Haltung ein und erklärte: »Wir beginnen den Prozess mit der Interrogatoria generalia« Und so fragte er:

»Wie sie heiße?«

»Mein Name ist Sybille Zwingenstein.«

»Ob sie von ›ehelicher Gepurt‹ sei?«

»Ich bin ein Morgengabskind.«

»Also ist sie ›in der Unehr‹ erzeugt worden, sie ist unecht geboren«, bellte Fry dazwischen und schüttelte wiederum sein mächtiges Haupt abfällig.

Besänftigend bemerkte Husmann dazu: »Morgengabskinder sind zwar selten, da sie nicht gern gesehen sind. Aber es ist nach der Stadt Konstanz Recht und Gewohnheit anerkannt, dass ein lediges Kind in eine Ehe aufgenommen werden kann und dann als normales Kind *gilt* und auch ein Erbrecht hat. Sie ist wirklich ein Morgengabskind, so steht es im Ratsbuch. Ich habe das schon nachgeprüft.«

Zur Inquisitin gewandt, examinierte er weiter:

»Aber jetzt ergibt sich doch die Frage, durch wen sie als ›ledigs Kind‹ in die Familie gekommen sei, durch den Vater oder durch die Mutter?«

»Das war mein Vater Jacob Zwingenstein. Christina, so musste ich die Ehefrau meines Vaters nennen, war bei der Eheschließung mit mir als Morgengabskind einverstanden. Das hat mein Vater immer wieder betont, vor allem dann, wenn sie sich über mich stritten.«

»Kennt sie ihre leibliche Mutter?«

»Ja, das ist Verena Näglin in Weinfelden. Mein Vater hat mir das gesagt, und ich war im Sommer immer mehrere Monate bei ihr. Bei ihr habe ich mich immer sehr wohlgefühlt, und der Aufenthalt dort hat mir immer ausgesprochen gut gefallen.«

Bei dieser Antwort blickten sich die drei Amtspersonen vielsagend an. Jedem von ihnen kam sofort in den Sinn, dass die Denunziantin aus Weinfelden stammte; man witterte Zusammenhänge mit der in Ravensburg verurteilten Hexe Gluri. Allein Fry verlieh diesem Gedanken Ausdruck und murmelte: »Jetzt kommt Licht ins Dunkel«. Davon unbeeindruckt, fragte Husmann weiter:

»Wes Standes ihr Vater und was sein ›Handtierung‹ sei?«

»Mein Vater ist tot, seine Frau Christina auch. Beide sind bei einem Sturm im See ertrunken.

Mein Vater Jacob Zwingenstein war Handelsherr.«

Diese Zusammenhänge waren den drei Amtspersonen natürlich bekannt, schließlich war dies wochenlang *das* Stadtgespräch in Konstanz. Aber die Fragen mussten trotzdem gestellt werden – für die Niederschrift.

»Ob ihre Eltern früher wohl oder übel miteinander gehauset haben?«

»Meine Eltern hatten immer wieder Streit. Entweder ging es um die Prunk- und Prahlsucht von Christina oder um mich. Es gab aber auch Zeiten, da lebten sie ohne Auseinandersetzungen friedlich nebeneinanderher. Mein Vater war meistens außerhalb des Hauses auf Kaufmannsreise.«

»Wie alt sie sei?«

»Ich bin 26 Jahre alt.«

»Ob sie ledigen Standes oder verheiratet sei?«

»Ich bin ledig.«

»Ob sie unordentliche Liebe zu einem Mann gehabt oder sich fleischlich mit ihm vermischt habe?«

»Nein.«

»Aber dem Teufel war sie doch zu Willen, sonst wäre sie doch nicht als Hexe hier«, giftete Fry.

»Jetzt sage ich es zu wiederholtem Mal: Ob sie eine Hexe ist, müssen wir erst herausfinden. So weit sind wir noch lange nicht. Geduld!« Diese Äußerung Husmanns war recht wirsch, und während das dünne Männlein immer nervöser herumrutschte, fragte er weiter:

»Wozu sie von Jugend auf unterwiesen, was sie gelernt und wer sie erzogen habe?«

»Vom Vater habe ich das Schreiben und das Lesen gelernt. Im Sommer in Weinfelden habe ich Landarbeit gelernt; die habe ich immer gern verrichtet. Von der feindseligen Christina habe ich nichts gelernt. Sie sperrte mich häufig grundlos in das ›finstere Loch‹, und dort hatte ich immer schreckliche Angst.«

An dieser Stelle räusperte sich der Schreiber, denn er hatte Mühe, mit seiner Niederschrift nachzukommen. Husmann verstand diesen Hinweis und legte – wie auch später immer wieder einmal – eine kleine Pause ein, bevor er mit seinen Fragen fortfuhr:

»Wo sie sich jetzt aufhalte?«

»Im Gefängnis im Raueneggturm. Vor meiner Einkerkerung wohnte ich in meinem ›Schwarzen Horn‹.«

»Was vor ihrer Verhaftung ihre Nahrung und ›Handtierung‹ gewesen sei?«

»Ich bin reich. Das ganze Zwingenstein-Erbe gehört mir. Ich hatte genügend Nahrung, und ›Handtierung‹ war für mich nie notwendig. Die zwingensteinsche Kaufmannschaft führt der Diethelm Pfefferhart. Allerdings haben wir den Handel und die Geldgeschäfte auf unsere Region beschränkt. Pfefferhart verwaltet auch mein Vermögen. Ich bin sehr zufrieden mit ihm.«

»Ob ihr Els Gluri bekannt gewesen sei und welcher Gestalt?«

»Ja, sicher, das war meine Freundin. Sie ist die jüngste Tochter der Baderfamilie Gluri. Das sind die Nachbarn von den Näglins in Weinfelden. Mit der Els habe ich im Sommer als kleines Kind immer gespielt, und auch später noch habe ich viel mit ihr unternommen.«

Diese Worte sprudelten der Angeklagten so munter und arglos von den Lippen, dass sich die drei Gerichtspersonen verdutzt anschauten, wonach Husmann seine Fragen fortsetzte:

»Ob ihr bewusst sei, dass selbige Els Gluri der Hexerei halber hingerichtet worden?«

»Oh weh! Nein, das war mir nicht bekannt, sicher nicht! Hier in Costnitz kann das aber nicht geschehen sein, sonst hätte ich wohl davon gehört.«

Nun machte der Vogtsvertreter eine längere Pause, über die der Schreiber froh war. Dieser legte seine rechte Hand in eine Schüssel mit Wasser und bewegte seine verkrampften Finger. Dann wandte sich der Vorsitzende an seine Beisitzer und fragte, ob sie noch weiteren Bedarf zur Aufklärung in persönlicher Hinsicht sähen, worauf beide den Kopf schüttelten.

»Dann kommen wir zur ›Interrogatoria specialia‹, zur Befragung in der Sache selbst«, sagte Husmann leise zu Wid und Fry. »Dabei will ich gleich auf den entscheidenden Punkt, auf das Geständnis zusteuern. All die vielen Dinge, die wir nach dem Fragenkatalog zur Hexerei ergründen müssen, werde ich an dieser Stelle nicht thematisieren. Ich werde lediglich die elementaren, jeglicher Hexerei zugrunde liegenden Daten zur Sprache bringen: die Verführung zur Hexe, den Teufelspakt und die Absage an Gott.«

Zur Inquisitin gewandt, sagte er, dass die zum Tode verurteilte Els Gluri sie des Lasters der Hexerei bezichtigt und sie durch ›allerhand Inditia‹ verdächtigt habe und ermahnte die Angeschuldigte eindringlich: »Sie wolle sich nicht lang aufhalten, sondern die gründliche Wahrheit anzeigen.«

Sybille nickte. Der Vogt setzte die Befragung fort:

»Wann und wie ist sie mit dem bösen Feind in Gemeinschaft gekommen? Wie hat sie der ›Tuffel‹ verführt? Hat er sie mit Drohungen und Schlägen genötigt, ihm anzugehören, und ihr dabei ein Hexenmal aufgedrückt? Oder hat er ihr aus der Not geholfen, ihr Geld gegeben?

Wie und in welch Gestalt der Böse ihr erschienen sei? Als Bock mit Hör-

*nern, Hufen, Schwanz und schrecklichem Gestank? Oder als frischer, jun-
ger, berückender Bursche, wie er das ja so oft tue?*
*Wie der Name ihres Teufels sei, etwa Federle, Hämmerle, Käsperle, Krat-
zeberlin oder Krüttli?«* – Das waren alles Namen, die der Teufel, wie allgemein bekannt war, gern annahm. – *»Oder wie sonst?*
*Wann und wie hat sie mit dem Bösen den Teufelsbund abgeschlossen? Wie
war die offizielle Verlobung und Hochzeit mit dem Satan? Hat sie ihm zu
seiner Verehrung den Hintern geküsst?*
Warum sie Gott und die Heiligen verleugnet?
Sie solle die Wahrheit sagen und alles Böse gleich eingestehen.«

»Mir ist der Teufel nie erschienen, in keinerlei Gestalt. Ich habe keinen
Pakt mit ihm abgeschlossen. Unserem lieben Gott und lieben Herrn habe
ich nie abgesagt. Ich habe keine bösen, ketzerischen Taten einzugestehen.«

An dieser Stelle brach der Gerichtsvorsitzende die Befragung ab und
erklärte. »Der Teufelsbund ist die Grundlage jeglicher Hexerei. Wenn aufgrund der Besagung der Els Gluri – dies sind ausreichend Indizien – kein
freiwilliges Geständnis erfolgt, dann muss die Wahrheit durch die peinliche Befragung ans Tageslicht gebracht werden – ›torqueatur‹, sie muss
gefoltert werden, in den nächsten Tagen im Gewölbe.«

»Recht so, da muss die Folter her, das hab ich doch schon lange gesagt.
Die Marter ist doch die Königin des gesamten Prozessverfahrens«, geiferte
Fry, und seine Augen waren hasserfüllt, während Wid sein Haupt abwä-
gend hin und her bewegte.

*

Die Anordnung der Folter wirkte sich sofort auf das Verhalten des Gefäng-
niswärters und seiner Frau aus.

Der Meister hatte Angst. Aus Erfahrung wusste er, dass unter der Folter fast
jede Frau zur Hexe erklärt wurde. Mit Hexen wollte er es aber nicht zu tun
haben. Seine sexuelle Gier war demzufolge schlagartig verschwunden. Er
vermied jetzt jede körperliche Berührung mit der Inquisitin. Seine »Abmachung« mit ihr hielt er für hinfällig. Trotzdem säuberte er ihre Lagerstatt täglich, wie zuvor, jetzt aber aus Angst, denn sie könnte ihn im Prozess ja als
Hexer benennen.

Bei der Ratzin trat gerade die umgekehrte Wirkung ein: Ihre Geldgier steigerte sich. Es sei teurer, eine Hexe bevorzugt zu behandeln, so erklärte sie der Inquisitin und verdoppelte ihre »Geldforderungen«. Sybille ging darauf ein.

*

Weit mehr als die geänderten Verhaltensweisen des Kerkermeisters und seiner Frau beschäftigten, ja quälten sie die Gedanken an Els Gluri, und sie sagte sich: *Ich habe das damals wirklich nicht gewollt, es war reine Ungeschicktheit, vielleicht auch Ungestüm, auf jeden Fall ein Versehen. Es tat mir auch schrecklich leid. Und das war auch der Grund dafür, dass dies mein letzter Sommer in Weinfelden war: Ich wollte der Els nicht mehr begegnen. Wie das damals alles so kam, daran kann ich mich im Einzelnen noch ganz genau erinnern. Ich war damals fast elf Jahre alt. Wieder einmal war ich mit Els schwimmen. In der Thur tummelten wir uns, schwammen und tauchten, kreischten und alberten, wie wir es so häufig getan hatten, und im Übermut drückten wir uns gegenseitig unter Wasser, mal die eine die andere, mal die andere die eine, immer wieder. Ich musste wohl zu kräftig zugepackt und runtergedrückt haben, denn plötzlich stieß Els mich mit unbändiger Gewalt von sich, ruderte wie wild mit den Armen, rang nach Luft, rannte hustend, prustend und laut heulend aus dem Wasser, packte ihre Kleider und verließ mich, wortlos mit vorwurfsvollen Blicken. Da ich deswegen ein schlechtes Gewissen hatte, ging ich abends zu ihr und wollte die Sache klären. Sie wandte sich aber von mir ab, hatte Tränen in den Augen, und schnauzte: »Scher dich zum Teufel. Du wolltest mich umbringen, wolltest mich ersäufen. Ich habe dir nie etwas Unrechtes angetan. Aber eines Tages werde ich mich an dir rächen!« Und diese Drohung hatte sie in ihrem Prozess in die Tat umgesetzt. Wie soll ich damit zurechtkommen?*

*

In ihrer seelischen Not bat sie den Kerkermeister, einen Priester zu rufen. Ratz reagierte schnell.
Bereits am nächsten Morgen betrat ein noch recht junger, groß gewachsener, schlanker Priester mit geschürzter Soutane den Kerker. Sybille schaute in ein freundliches Gesicht. Das war nicht unbedingt zu erwarten, denn Hexenbesuche in stinkenden Gefängnissen gehörten nicht zu den Lieblingsbeschäftigungen der Geistlichkeit.

Er begrüßte sie nicht wie eine Verbrecherin, sondern höflich, wie man auf eine junge Frau zuzugehen pflegte. Das gab Sybille gleich ein gutes Gefühl und ließ ein gewisses Vertrauen aufkeimen.

Sie erzählte ihm im Flüsterton, die beiden Schelme nebenan mussten ja nicht alles hören, ausführlich von den Geschehnissen mit Els. Daraufhin erklärte er ihr, dass er nach ihrer Schilderung kein sündiges Verhalten entdecken könne, spendete ihr geistlichen Trost und sprach ihr christlich gut zu, sie solle nicht verzweifeln und verzagen. Dann betete er mit ihr und ermahnte sie, jetzt *alle* ihre Sünden zu bekennen. Bevor sie möglicherweise vom »Leben zum Tod gebracht werde«, solle sie alle ihre Missetaten vor Gott bringen, ihre Frevel bereuen, Gott um Verzeihung und Erlösung bitten, denn Gottes Gnade sei unendlich. Um ihres Seelenheiles willen solle sie Gott die Wahrheit offenbaren. Aus diesem Grunde sei er als Beichtvater zu ihr gekommen.

Der Priester hatte Sybille in ihrem Innersten angesprochen und erreicht.

Sie schwieg und überlegte lange: *Soll ich ihm meine Hauptschuld bekennen?*, fragte sie sich im Stillen. *Die ganze Zeit habe ich mein Verbrechen vor mir selbst totgeschwiegen, habe die Gedanken daran völlig verdrängt. Ist es jetzt an der Zeit, mich zu öffnen? Oder soll ich mit meiner Schuld sterben – ohne Vergebung?* Derartige Gedanken bewegten sie. Ihr Herz pochte, ihr wurde heiß und kalt. Harte Kämpfe focht sie in ihrem Inneren mit sich selbst aus.

Der Geistliche wartete geduldig.

Schließlich brach es aus ihr heraus: »Ja, ich will meine große Schuld bekennen.« Dabei ging ihr besorgter Blick zu den beiden Mitgefangenen.

Der sensible Geistliche hatte ihren Blick sofort richtig gedeutet und den Eisenmeister Ratz gebeten, die beiden Schelme aus dem Raum zu entfernen. Als sie nun allein waren, forderte der Priester sie auf, ihm alles zu bekennen, was ihr auf der Seele laste, ganz von Anfang an, er nehme sich sehr viel Zeit für sie.

Da fasste Sybille sich ein Herz und sagte ihm, dass sie ein Morgengabskind sei, erzählte ihm von ihrem Leben im »Schwarzen Horn«, vor allem von ihrem Missverhältnis zu Christina, die sie niemals Mutter nennen durfte, von ihren vielfachen schrecklichen Qualen und panischen Ängsten in der Kiste im »finsteren Loch«, die einen immer stärker werdenden Hass gegen Christina auslösten. Sie berichtete auch von ihrem schwachen Vater, den sie an sich liebte und der ihr viel Gutes getan hatte, der sich aber mittels seiner andauernden Handelsreisen auf die Flucht vor sich selbst begeben habe und ihr daher keine Stütze gegen die böse Frau Christina gewesen sei.

»Aber Vater und Frau Christina sind längst tot«, sagte Sybille traurig, »und das war damals so:

Als ich im Sommer nicht mehr nach Weinfelden ging, ich war damals zwölf Jahre alt, häuften sich wieder die willkürlichen Bestrafungen im ›finsteren Loch‹. Christina hatte nämlich in jener Zeit erkannt, dass meine Angstzustände in dem engen, stockfinsteren Raum unnatürlich, ja geradezu krankhaft waren. Und so empfand sie wohl noch mehr Spaß, mich in Panik zu versetzen. Aber mit jeder weiteren Bestrafung wuchs mein Hass auf diese böse Person, und in jener Zeit wurden die ersten Gedanken geboren, ihr eines Tages alles Leid, das sie mir zugefügt hatte, heimzuzahlen.

Ein Jahr später, mein Körper und meine Kräfte hatten sich zwischenzeitlich gut entwickelt, leistete ich zum ersten Mal Gegenwehr, als mich Christina wieder einmal ins ›finstere Loch‹ verfrachten wollte. Da sie damit wohl nicht gerechnet hatte, gelang es mir, mich gewaltsam von ihr loszureißen. Dabei fiel sie hin, verletzte sich am Kopf und blutete. Als mein Vater abends nachhause kam, beklagte sie sich vehement und lautstark darüber, dass seine Tochter sie misshandelt habe. Das brachte mir einen ernsthaften Tadel meines Vaters ein, ohne dass mir vorher die Möglichkeit eingeräumt wurde, den wirklichen Tathergang zu schildern. Das konnte ich ihm nie verzeihen. Christina versuchte ihre Wunde an der Stirn so lange wie möglich sichtbar zu halten, um Mitleid zu erheischen und mich als bösartiges Mädchen anzuprangern. Nach diesem Vorfall war ich zwar künftig vom ›finsteren Loch‹ verschont, musste dafür aber mit ihrer Drohung leben, dass sie sich bitter an mir rächen werde, wenn die Zeit gekommen sei.

Und diese Zeit kam: Es war am Ende des Heumonats im Jahr 1470. Ich hatte mich körperlich zu einer ansehnlichen Jungfrau entwickelt. Christina, Vater und ich saßen, was selten genug vorkam, gemütlich in der Stube im ›Schwarzen Horn‹. Da stellte sie mir so recht beiläufig die Frage, ob ich sie gestern, so in der Abenddämmerung, auch gesehen hätte, hinten in der Sankt Paulsgasse beim Schnetztor. Als ich dies verneinte, sagte sie boshaft grinsend, und ihre Worte klingen mir heute noch in den Ohren: ›Darüber wundere ich mich nicht, denn du warst ja dort mit weit wichtigeren Dingen beschäftigt. War es schön für dich, als dich der Sohn des Nachrichters liebevoll umarmte, dich küsste und dabei in die Ecke des Schnetztors drückte? Gottlob war dort außer mir keine Menschenseele in der Nähe. Und ich kann ja schweigen – unter bestimmten Bedingungen.‹

Mir wurde schwarz vor den Augen und speiübel. Sofort war mir klar: Dies war ihre Rache. Wer den ehrlosen Scharfrichter oder ein Mitglied seiner Familie berührt, der wird selbst ehrlos. Wenn Christina diese Verleumdung verbreitete, werde ich ehrlos, und das ist ja schließlich das Schlimmste, was einer ehrbaren Jungfrau passieren kann. Ich war ihr hilflos ausgeliefert, musste in Zukunft nach ihrem Diktat leben und ihre Bedingungen erfüllen, wie sie selbst sagte.

Als ich meine Fassung einigermaßen wiedererlangt hatte, erwiderte ich, dass der Sohn des Nachrichters mich nicht umarmt habe, dass ich diesen überhaupt nicht kenne und dass ich mich gestern überhaupt nie in der Nähe des Schnetztors aufgehalten habe. Ihre Anschuldigung sei eine Lüge.

›Siehst du, Jacob, Lügnerin schimpft mich, deine saubere Tochter! Was hältst du denn von dieser Sache?‹, kreischte sie hysterisch.

Mein Vater Jacob blickte mich ratlos an, schwieg eine Zeit lang und fragte mich dann mit zitternder Stimme: ›Sybille, warum hast du das getan? Warum hast du *dir* das angetan? Und warum hast du *mir* das angetan? Dein Verhalten macht die ganze ehrbare Kaufmannschaft Zwingenstein ehrlos!‹

Daraufhin sagte ich kein Wort, stand auf und verließ die Stube.

In meiner Kammer verfiel ich zunächst in eine Art Schockstarre, in ein Nichts. Eine erste Erleichterung brachten mir die Tränen. Ich weinte bitterlich und stellte mir dabei immer wieder die Frage: Womit habe ich das bloß verdient? Was habe ich denn verbrochen? Doch plötzlich schlug dieses Selbstmitleid in ein mächtiges inneres Aufbäumen um. Gefühle des Hasses und der Enttäuschung wechselten sich ab: Hassgefühle gegen Christina wegen ihrer Verleumdung, Enttäuschung über meinen Vater, der mir nicht geglaubt und mir eine solch entehrende Handlung zugetraut hatte. Das Schlimmste von allem war aber, dass ich dieser bösen Person hilflos ausgeliefert war. Ich konnte mich gegen ihr Vorhaben nicht wehren, ich konnte nicht ahnen, wann sie zu ihrem endgültigen und entscheidenden Schlag gegen mich ausholen würde.

Der im Laufe der Jahre aufgestaute Hass gegen Christina schrie schon lange nach Rache. Die mir im ›finsteren Loch‹ zugefügten Angststörungen verlangten Vergeltung. Und jetzt noch dieser neue Druck, dem Verlust der Ehre ausgesetzt zu sein! Da wurde mir klar, dass ich jetzt handeln musste, und zwar ganz schnell. Und so geschah es dann auch:

Ich beobachtete das Wetter, wie mir von Agathe in Weinfelden gelehrt worden war, nur diesmal noch viel intensiver als sonst. Ein warmer Augustsamstag versprach die Konstellation, auf die ich gewartet hatte. Die Haufenwolken hatten sich am Abend nicht aufgelöst, und am Sonntagmorgen standen sie schon früh wieder am Himmel.

Nach dem Kirchgang fragte ich Vater und Christina, ob sie nicht wieder einmal mit mir im Boot auf den See hinausfahren wollten. Vater war nicht abgeneigt und meinte, dass es seit der letzten Bootsfahrt, die ihm sehr gut gefallen habe, doch schon einige Zeit her sei. Christina zierte sich zwar zunächst, willigte dann aber schließlich doch ein, nachdem ich ihr erklärt hatte, dass es auf dem Wasser draußen sicherlich angenehmer sei als bei der Schwüle auf dem Land.

Ein Blick zum Himmel verhieß ihnen nichts Bedrohliches: nur Sonne, blauer Himmel und große weiße Haufenwolken.

Mit Speisen und Wein ging's aufs Boot. Ich ruderte weit hinaus in den Konstanzer Trichter. Das Münster und das Kaufhaus wirkten nun gar nicht mehr so gewaltig, während am gegenüberliegenden Ufer die Meersburg wuchs. Wir speisten und tranken, ich allerdings sehr zurückhaltend, und fühlten uns wohl und zufrieden.

Meine verstohlenen Blicke nach oben bestätigten das, was ich erwartet hatte. Die Wolkenhaufen wurden mächtiger, schossen turmartig auf und fransten an den Rändern aus. Da war mir ziemlich klar, dass ein Gewitter naht. Als sich die mächtige Wolke oben verbreitete und die Gestalt eines riesigen Ambosses annahm, hatte ich die absolute Sicherheit: Ein Unwetter zieht herauf.

Wind kam auf, aber noch nicht sehr stark. Vater und Christina waren völlig arglos, und ich ruderte und ruderte.

Als plötzlich eine absolute Flaute eintrat, machte ich mit Christina meine letzte Abrechnung. Ich erinnere mich noch an jedes meiner Worte: ›Dass du mich nicht geliebt hast, nehme ich dir nicht übel, denn ich bin ja nicht dein Kind, sondern als Morgengabskind das Ergebnis eines Handels zwischen deinem Vater Huch und den Zwingensteins. Du hast von diesem Handel profitiert, hast deine Pflichten als Hausfrau nie wahrgenommen und anstelle deiner eigentlichen Aufgabe, der Hausbesorgung, ein genießerisches Leben geführt, dich gepflegt und zum Gespött von ganz Konstanz gemacht, indem du jede Woche wie ein Pfau durch die Straßen unserer Stadt stolziert bist, du Pfauenfisch, so nannten dich ja alle. Das alles ginge mich gar nichts an, hätte mich auch nicht interessiert, wenn du mich einigermaßen menschenwürdig behandelt hättest. Aber nein, wie ein Tier hast du mich gehalten, hast mich laufend ins ›finstere Loch‹ gesteckt und dich jedes Mal daran ergötzt, dass du mich so in Panik versetztest, dass ich fast vor Angst gestorben wäre. Einmal hast du mich sogar so vehement in die Kiste geworfen, dass ich mich verletzt und heute noch eine Narbe an der Hüfte habe. Die vielen panischen Angststörungen, die ich in all den Jahren zu ertragen hatte, musst du *leider nur einmal* erdulden, nämlich *jetzt gleich*. Mit dem Sohn des Henkers hast du mich ehrlos machen wollen – das kannst du jetzt nicht mehr. Und du Vater ...‹

Weiter kam ich nicht, denn jetzt ging alles blitzschnell: Urplötzlich fuhr eine orkanartige Böenwalze über den See, unser Boot kam stark ins Schwanken. Ich sprang auf und sprang unter Einsatz meines gesamten Gewichts auf den Bootsrand, das Boot kenterte. Vater und Christina waren verschwunden. Das Letzte, was ich noch von meinem Vater sah, war seine Hand mit den zwei Sigillen, die noch aus dem Wasser ragte, aber nur für ganz kurze Zeit.

Das Ende ist schnell erzählt: Ich kämpfte gegen den Sturm und die starken, kurzen Wellen, die mir das Atmen erschwerten, suchte den nächsten Weg zum Land und schwamm und schwamm, schwamm um mein Leben. Weiter kann ich mich an nichts mehr erinnern – bis mich raue Fischerhände am Strand aufrichteten, schüttelten und wieder zum Leben erweckten. Die Fischer haben mich sofort ins Spital gebracht, wo ich mich schnell erholt habe.

Mein Vater und Christina wurden nie gefunden.

Man glaubte mir meine Version der Geschehnisse: Bootsunfall durch Unwetter.

Da ich als Morgengabskind im Ratsbuch eingetragen und somit als solches anerkannt war, wurde ich alleinige Erbin des großen zwingensteinschen Vermögens. Das Handelsgeschäft wurde durch Diethelm Pfefferhart weitergeführt – bis heute.

Damit, Priester, ist meine Hauptsünde dargetan.«

Lange schwieg der Geistliche mit geschlossenen Augen, bis er schließlich mit den tröstlichen Worten begann: »Du musst schrecklich unter Christina gelitten haben«, um aber sogleich anklagend fortzufahren: »Aber töten durftest du sie deswegen natürlich nicht, und schon gar nicht deinen Vater, der dich ja geliebt und gut behandelt hat. Bereust du deine Tat wenigstens heute?«

Sybille überlegte lange und erwiderte: »Zum Teil ja, meinen lieben Vater hätte ich nicht töten dürfen; er hat mir viel Gutes getan. Zwar hat er mich als Kind vor der bösen Christina nicht genügend geschützt und mir bei der für mich lebenswichtigen Frage meiner Ehrlosigkeit keinen Glauben geschenkt – trotzdem hätte ich ihn nicht töten dürfen. Aber es ging nicht anders, mit mir allein wäre Christina niemals auf den See gefahren. Er war lediglich Mittel zum Zweck. Sein Tod tut mir sehr leid, nicht aber der von Christina«, fuhr sie hasserfüllt fort, »denn daran ist sie selbst schuld. Ich habe mich nur gegen sie gewehrt. Hätte ich sie nicht getötet, hätte sie mich ruiniert.«

»So kannst du aber nicht vor Gott treten. Nur reuigen Sündern vergibt der Herr. Die ersten Schritte in die richtige Richtung hast du ja gerade schon gemacht, hast deine Tat bekannt und damit dein Gewissen erleichtert. Das genügt fürs Erste. Ich werde dich in den nächsten Tagen wieder besuchen, und dann werden wir weiter über deine Schuld gegenüber Christina reden.«

Der junge Priester hielt Wort. Er war Sybille eine große Hilfe in ihrer seelischen Not.

Kapitel 33

Fünfzehn Tage waren seit der Befragung im Rathaus vergangen – eine Zeit, die der jungen Zwingenstein wie eine Ewigkeit vorkam, da sie jeden einzelnen Tag vor Furcht und Erwartung zitternd verbrachte.

Dann wurde sie erneut auf dem Armsünderwagen angekettet, aber der Weg führte nun in eine andere Richtung: Jetzt ging es vom Kornhaus zur Marktstaad, vorbei an ihrem »Schwarzen Horn«. Dort senkte sie ihr Haupt ganz tief herab, fast bis zu den Knien, und versteckte es zwischen den Händen; niemand sollte sie erkennen. Der Karren passierte nun die »Große Metzig«, die Verkaufsstätte der Metzger, und fuhr über den Obermarkt, den zentralen Platz der Stadt, zum HÄGELISTOR-TURM.

Der Ketten entledigt, wurde Sybille im Torturm von zwei Stadtknechten eine steile, enge Steintreppe hinabgezerrt. Dort, in der unheimlichen Folterkammer, wurde sie auf einen groben Holzstuhl gesetzt. Vor ihr, auf einem Podest, stand der breite Verhörtisch, auf dem sich ein großes Kruzifix neben einer aufgeschlagenen Bibel befand. Dahinter saßen die gleichen vier Personen, die sie bereits von der Vernehmung im Rathaus kannte.

Das fensterlose Gewölbe wurde durch Fackeln erhellt, die sich ringsherum an den Wänden in Eisenhalterungen befanden. Der Platz des Gerichtsschreibers war dank einiger kleiner Talglichter am besten ausgeleuchtet.

Schon der erste Eindruck versetzte die Inquisitin in Angst und Schrecken. So sah sie eine Seilwinde mit großem Rad und eine lange Streckleiter, weitere Marterinstrumente lagen auf Tischen herum. Besonders furchterregend war die Person des Scharfrichters, der in seinem Gewand des NACHRICHTERS erschienen war: ein blutrotes Wams, schwarze Beinkleider, gewaltige spitze Schuhe und ein Federbusch auf seinem mächtigen Haupt. Sein Symbol, das Richtschwert, trug er an einem breiten Gürtel. Sein langes schwarzes, mit weißen Strähnen durchzogenes wirres Haar, seine funkelnden Augen und die riesige Hakennase vervollständigten das Schrecken einflößende Bild, das seiner Funktion entsprach. Lässig an die Streckleiter gelehnt, unterhielt er sich mit seinem Henkersknecht.

Doch nicht nur die Inquisitin hatte Angst, sondern alle anderen Anwesenden auch, denn in diesem Schreckensgewölbe kämpfte man ja nicht nur gegen die Hexe, sondern sah sich auch dem Teufel selbst gegenüber, der seine Dienerin in ihrer Verstocktheit bestärkt, ihr Kraft gibt und sie gegen Schmerzen unempfindlich macht. Aus diesem Grund wurde als Erstes ein Kreuz über Sybille gehalten und ein Gebet gesprochen, das mit den Worten endete: »Oh Herr, stehe uns bei!« Dann gab man ihr Weihwasser zu trinken.

Erhart Fry, der zu seinem besonderen Schutz gegen den Bösen ein Stück einer am Palmsonntag geweihten Kerze in der Tasche trug, deutete plötzlich auf den Treppenausgang und stotterte vor Aufregung: »Die Hu... die Hu... die Hummel, habt ihr die dort rausfliegen sehen? Das Kreuz und das Weihwasser haben den Satan vertrieben!« Diese Bemerkung verschaffte allen Anwesenden Erleichterung, denn mit dem Insekt hatte der Teufel den Raum verlassen. Die Hummel war nämlich nach damaliger Sicht eine Tiergestalt, in die sich der Teufel bevorzugt verwandelte.

Einerseits hierdurch erleichtert, andererseits dennoch besorgt, dass der Böse unsichtbar wiederkommen könne, begann der Vorsitzende Husmann mit der Verhandlung: »An dieser Stätte der peinlichen Befragung kommen wir zum ›zweiten Constitutum‹, zum zweiten Verhör, und setzen die Examination der Malefikantin Sybille Zwingenstein fort.« Mit getragener Stimme wandte er sich an diese:

»Bekennt sie sich heute zur Wahrheit und legt ein Geständnis ab?«

»Nein, ich bin keine Hexe.«

»Da die ›territio verbalis‹ im Rathaus die Wahrheit nicht ans Licht gebracht hat und auch hier kein Geständnis abgelegt wird, ist jetzt die ›territio realis‹ einzuleiten.

Die Besagung der in Ravensburg als Hexe verurteilten Els Gluri gibt uns Anlass, nach weiteren Beweisanzeichen zu suchen, die auf Hexerei schließen lassen. Zwei solche Indizien haben wir bereits selbst erkennen können:

– Die Zwingenstein hat bisher nicht geweint; Hexen haben keine Tränen.

– Sie hatte Freundschaft mit der Hexe Els Gluri; das hat sie im Rathaus selbst bekannt. Umgang mit verurteilten Hexen ist aber ein Anzeichen dafür, dass man selbst eine Hexe ist, denn Gleich und Gleich gesellt sich gern.

Henker, sucht nach weiteren Beweisanzeichen!«

Der erfahrene Eisenmeister wusste sofort, was nach dieser Aufforderung zu tun war und wie er seines Amtes zu walten hatte. Zusammen mit seinem

Knecht entkleidete er die Inquisitin. Beide trugen Handschuhe, denn das Böse durfte man nicht mit nackter Hand berühren.

Danach befahl der Henker seinem Knecht, bei der Malefikantin alle Haare, sowohl auf dem Kopf als auch am Körper, zu entfernen. Sybille wehrte sich dagegen, sie wollte ihre schönen langen schwarzen Haare behalten, denn die Haare galten in jener Zeit als Sitz der Seele, des Lebens und der Kraft. Ihre Gegenwehr war jedoch zwecklos, denn sie hatte natürlich keinerlei Möglichkeit, gegen den kräftigen Henkersknecht auch nur das Geringste auszurichten.

Nachdem das letzte Haar ihres Körpers abrasiert war, wurde die völlig entblößte Frau von allen Anwesenden – den Gerichtsschreiber ausgenommen, dessen Federkiel hörbar ununterbrochen über das Papier kratzte – auf Teufelsmale untersucht. Jede Stelle ihres Körpers wurde genauestens beäugt. Dabei entdeckte man einige kleine Muttermale und sonstige Hautirritationen, die von Fry alle sofort freudig als »reinste Hexenmale« verifiziert wurden. Die anderen Begutachter waren jedoch zurückhaltender. »Zuerst muss die Nadelprobe gemacht werden«, sagte der Scharfrichter und gab seinem Knecht die entsprechenden Anweisungen. Der stach nun mit einer Nadel in die festgestellten Hautflecken. Dabei zuckte Sybille jedes Mal zusammen, und Blutströpfchen wurden sichtbar. Eine – allerdings verheerende – Ausnahme gab es jedoch: eine Narbe an der linken Hüfte. Es war die, die sich Sybille als Kind zugezogen hatte, als sie von Christina wieder einmal im »finsteren Loch« unsanft in die große Holzkiste gestoßen wurde. Da die Wunde damals nicht behandelt worden war, heilte sie sehr langsam und vernarbte stark. »Dies ist ein Teufelsmal, es ist schmerzunempfindlich und blutet nicht«, stellte der Eisenmeister nüchtern fest, und Fry schrie triumphierend: »Jetzt haben wir endlich das ›Stigma diabolicum‹, jetzt ist aber die Folter fällig.« – Und schon hatte man ein weiteres Anzeichen dafür, dass man mit der jungen Zwingensteinin eine Hexe vor sich hat. So konnte die Inquisition also getrost fortgesetzt werden.

Nach der Entdeckung des Hexenmals reichte der Folterknecht der Inquisitin eine Art Schürze, den »Marterkittel«, womit Sybille schnell ihre Weiblichkeit bedeckte.

Der nächste Schritt der Tortura war die *Androhung* der Folter. Dabei zeigte der Eisenmeister der Delinquentin die einzelnen Folterinstrumente und demonstrierte deren Anwendung. Seine Erklärungen klangen weder fanatisch-sadistisch noch mitleidsvoll, sondern berufsmäßig, nüchtern und kühl. Als erfahrener Scharfrichter hatte er sich Emotionen abgewöhnt.

Die einzelnen »Handtierungen« führte der Nachrichter nicht selbst aus, diese übernahm vielmehr der Henkersknecht.

Zunächst holte dieser einen kleinen Tisch mit einem Daumenstock darauf und stellte ihn vor Sybille auf. Der Daumenstock bestand aus zwei flachen, jeweils mit stumpfen Zähnen versehenen Eisen, die durch Schraubenspindeln und Schraubenmuttern zusammengehalten wurden. Der Knecht nahm ihre beiden Daumen, legte sie zur Demonstration auf das untere Eisen. Als Sybille erkannte, dass bei der Betätigung des Schraubenschlüssels die Eisen immer stärker zusammengedrückt und damit auch die Daumen zusammengequetscht würden, überkam sie panische Angst. Diese steigerte sich noch, als der Knecht ihr die ähnlich konstruierte Beinschraube an Schienbein und Wade anlegte, wiederum zunächst ohne an den Schrauben zu drehen. Schließlich wurden ihre Hände auf dem Rücken zusammengebunden und an einem von der Decke herabhängenden Seil befestigt, wobei ihr angedroht wurde, dass sie im Ernstfall mit der Winde hochgezogen und dort mehrere Stunden hängen würde und dass diese Streckmarter durch Gewichte an den Füßen vergrößert werden könne. Die Pein, so wurde ihr weiter erklärt, könne durch Feuer gesteigert werden, durch brennende Späne, die man unter Finger- und Zehennägel schiebt, oder durch Fackeln, mit denen man über den Körper streicht. Dabei verwies der Scharfrichter auf die entsprechenden auf den Tischen gelagerten Gegenstände. Darüber hinaus, so fuhr er fort, habe er noch einige sehr wirksame Marterinstrumente, um der Wahrheit zum Sieg zu verhelfen, und zeigte exemplarisch auf die Streckleiter.

Starr vor Angst und am ganzen Körper zitternd, fragte sich Sybille. *Soll ich dies alles über mich ergehen lassen? Das halte ich doch nicht aus. Ich lege gleich ein Geständnis ab, dann ist alles bald vorbei.*

Als habe Husmann ihre Gedanken lesen können, ermahnte er sie, nach dieser Folterandrohung die Wahrheit zu sagen und ein Geständnis abzulegen.

Diese Art und Weise seiner Aufforderung, diese Koppelung in dem Sinne, nur ein Geständnis bringe die Wahrheit, ärgerte sie, und sie antwortete selbstsicher: »Die Wahrheit sage ich gern. Die Wahrheit ist aber kein Geständnis, denn ich bin keine Hexe.«

»Wir müssen den Teufel, der diese widerwillige Person verteidigt, überwinden und ihre satanische Verstockung lockern. Morgen beginnt die eigentliche Tortur.« Mit diesen Worten erklärte der Vorsitzende diesen Verhandlungstag für beendet.

*

Ruhelos wälzte sich Sybille auf ihrem Strohlager. Schlaf konnte sie nicht finden. Sie zitterte, nicht vor Kälte, sondern vor Angst vor der Folter. Die Androhung der Marter hatte ihre Wirkung nicht verfehlt, ihr war jetzt völlig klar, was auf sie zukommt. Die grausamen Folterinstrumente hatte sie immer noch vor Augen.

Warum habe ich nicht gleich ein Geständnis abgelegt?, fragte sie sich immer wieder. *Aber ich bin doch keine Hexe,* hielt sie dagegen, *warum sollte ich ein Geständnis ablegen? Allein die Wahrheit soll doch an den Tag.* In diesem engen Kreis drehten sich ihre Gedanken die ganze Nacht. In ihrer Verzweiflung kam sie sogar zu dem Punkt, an dem sie sich so selbstzerstörerische Fragen stellte, wie: *Wohnt in mir vielleicht doch der Teufel? Bin ich eine teufelsbesessene Kreatur? Bin ich gar selbst der Teufel? Bin ich vielleicht doch eine Hexe? Wissen die Richter und der Henker es vielleicht doch besser als ich selbst? Ist Wahrheit das, was Richter hören wollen? Aber was wollen sie hören?* Nach einigem Nachdenken wurde ihr dies klar. Die Richter wollen von ihr bestätigt haben, dass sie das verbrochen hat, was die Hexenmerkmale eben ausmacht. Und das Hexenstereotyp war ihr im Großen und Ganzen bekannt, so wie allen Menschen jener Zeit.

Schließlich kam sie zu einem Entschluss: *Ich werde den Amtspersonen, wenn ich die Marter nicht mehr ertragen kann, alle die Ungeheuerlichkeiten bekennen, die man den Hexen allgemein zuschreibt. Nein, alle nicht, sicher nicht das Kindleinfressen,* auch nicht das *Nachbarnschädigen,* korrigierte sie sich, *das werde ich nie eingestehen. Aber ich hoffe doch, dass sich das Gericht mit anderen fingierten Missetaten zufriedengibt.*

Mit diesen Gedanken kam sie etwas zur Ruhe.

*

Am nächsten Morgen, als sie wieder zur Folterkammer gekarrt wurde, hatte Sybille ein schreckliches Erlebnis. »Hexe, Hexe, Hexe ...«, schallte es aus vieler Kinder Mund, und Erwachsene zeigten mit Fingern auf sie. Erst langsam begriff sie, dass es ihr kahl geschorener Kopf war, der sie als Hexe auswies.

Die Inquisitin hatte ihren Platz noch nicht eingenommen, als Fry schon fanatisch geiferte: »Heute wird endlich der Kampf gegen das Böse aufgenommen. Ich bin sicher, wir werden den Teufel besiegen, wir haben hier nämlich einen der besten Eisenmeister weit und breit ...« Da fiel ihm der Vorsitzende barsch ins Wort: »Ja, wir werden heute mit der ›Interrogatoria specialia‹ weitermachen und, wenn erforderlich, zur peinlichen Befragung kommen.«

Daraufhin legte Husmann eine Liste mit vielen Fragen vor sich hin und sagte leise zu seinen beiden Beisitzern: »All diese Fragen, wie sie in Hexenprozessen üblicherweise gestellt werden, muss und will ich an die Inquisitin richten. Dabei werde ich aber nicht jede Frage einzeln behandeln, sondern mehrere gemeinsam in ihren jeweiligen Sachzusammenhängen. Darauf soll die Zwingensteinin dann insgesamt antworten. Je nach Glaubhaftigkeit werden wir dann entscheiden, ob und zu welchen Fragen die Folter eingesetzt werden muss.«

»Damit bin ich nicht einverstanden. Jede Frage ist einzeln zu beantworten, denn auf *jede* falsche Antwort muss die Marter eingesetzt werden«, schimpfte Fry.

»Nein, ich will die Zwingensteinin nicht zu Tode foltern«, erwiderte der Vorsitzende scharf. »Wenn sie den Tod verdient, dann durch reguläres Urteil, nicht unter der Marter. Die Folter dient nicht dazu, den Inquisiten zu Tode zu bringen. Sie ist lediglich das Mittel, mit dem der Richter die Wahrheit zu ergründen hat.«

Fry schaute unzufrieden. Nach seiner Auffassung sollte das Hexengeschmeiß schnellstmöglich vernichtet werden, war doch Hexerei schlimmer als Mord.

»Nachdem der Teufelsbund, der ja Basis jeglicher Hexerei ist, bereits im Rathaus angesprochen und von der Malefikantin negiert worden ist, will ich mich heute zuerst einem anderen Problemkreis zuwenden, der das Wesen der Hexerei ausmacht, nämlich dem Schadenzauber.« Und dazu stellte Husmannt der Zwingensteinin ein ganzes Bündel von Fragen: »*Ob sie für sich selbst oder auf Anstiftung des bösen Feindes jemandem Schaden zugefügt an Leib, Leben oder Gut?*

Ob und wem sie nach dem Leben gestellt?

Ob sie jemandem verkrümmt, anderen Leibesschaden zugefügt?

Ob sie nicht Feindschaft, Unfruchtbarkeit und anderes Unglück zwischen Eheleuten und anderen angestiftet?

Ob und wie oft sie in den Keller von anderen gefahren, was sie dort getrunken und gegessen?

Was sie sonst für Zauberei und Übel gestiftet, welcher Schaden daraus erfolgt?

Ob sie in anderer Leute Häuser gefahren und die Schlafenden geängstigt?

Ob sie Kindlein vor oder nach der Taufe getötet habe?

Ob sie nicht geholfen habe, Kindlein auszugraben, wie sie es zu Werk gerichtet, wo sie die Kinder hingetan und was sie damit verrichtet?«

Jede dieser Fragen hatte der Vorsitzende mit dem Zusatz versehen: *»Wann solches geschehen, aus welchen Ursachen, bei welcher Gelegenheit, durch welcherlei Mittel, zu welcher Zeit, an welchem Ort und in wessen Beisein?«*

»Jemandem Schaden an seinem Gut zuzufügen, um mich zu bereichern oder einen anderen gar zu bestehlen, habe ich wirklich nicht nötig. Ich bin reich. Das habe ich in aller Bescheidenheit schon einmal vor diesem hohen Landgericht betont. An Leib und Leben habe ich niemanden verletzt, auch keine Kindlein getötet oder ausgegraben«, antwortete Sybille selbstsicher und für alle recht glaubhaft.

Nunmehr kam Husmann zu zwei weiteren, für das Hexenstereotyp wichtigen Themen, zu der Tierverwandlung und der Wettermacherei, und examinierte weiter:

»Ob sie sich nicht in andere Gestalt verwandelt, warum, wie, wann, wo und womit geschehen?

Wann und wie oft, an welchen Orten sie Wetter gemacht, mit welcher Intention geschehen, auf wessen Anstiftung, Rat, Zutun? Ob das Wetter auch in Anwesenheit anderer Hexen gekocht worden sei? Ob sie Laub, Gras oder andere Dinge, die ihnen der Teufel gegeben, in einem Topf über einem großen Feuer gebraut? Ob sie oder eine andere Hexe dann den Hafen umgestoßen, so dass der Inhalt auslief? Ob dann daraus gewaltige Gewitter, Hagel und Stürme entstanden? Oder ob daraus Raupen und Schnecken wuchsen, die Früchte in Garten und Feld verzehrten? Oder ob daraus Seuchen über Vieh und Menschen kamen?«

»In andere Gestalten kann ich mich nicht verwandeln, weder in Tier noch in Mensch.

Was die Wettermacherei angeht ...« Hier zögerte Sybille, für alle deutlich wahrnehmbar, weil sie in diesem Augenblick daran dachte, dass sie sich ein Unwetter zur Tötung ihrer Eltern zunutze gemacht hatte, »kann ich nur versichern, dass ich wirklich nicht zaubern kann, dass ich weder Sturm noch Hagel noch Reif machen kann.«

»Zum Schluss kommen jetzt noch die wichtigen Themen der Schädigung der göttlichen Ordnung durch Teufelsbuhlschaft und Hexensabbat sowie das Verhältnis der Inquisitin zu Kirche und Gott«, sagte der Vorsitzende leise zu seinen Beisitzern. Dann begann er mit seinen vielen Fragen anhand seines Inquisitionsfragenkatalogs, ganz langsam und eindringlich:

»Wie lange es sei, dass sie in das Laster der Hexerei geraten?
Durch was Gelegenheit sie in das Laster gekommen?
Wann sie das erste Mal mit dem bösen Feind in Gemeinschaft gekommen?
In welcher Gestalt er sich gezeigt, was er mit ihr geredet? Wie ihr die Rede
und Gestalt vorgekommen und woran sie ihn erkannt?
Was er von ihr begehrt? Ob und wie oft sie sich mit ihm fleischlich ver-
mischt?
Ob sie Wollust darob verspürt und wie ihr solches vorgekommen und wo
geschehen?
Was er Ferneres an sie begehrt und worin sie eingewilligt?
Was sie ihm versprochen hat? Menschen, Vieh und Früchten zu schaden?
Ob sie vom bösen Geist getauft worden und was sich dabei ereignet?
Ob sie nicht Gott und alle Heiligen verleugnet?
Ob der böse Feind in der Folgezeit weiter zu ihr gekommen, was er jedes Mal
bei ihr getan, ob er sich nachmals mit ihr fleischlich vermischt, auf welche
Weise und in welcherlei Gestalt es geschehen?«

An dieser Stelle hielt er inne und verschaffte dem Schreiber die bitter notwendige Ruhepause und begrenzte gleichzeitig die Fragen, die das individuelle Verhältnis zwischen Teufel und Inquisitin betrafen.

Dass er von der Zwingensteinin an dieser Stelle noch keine Antworten erwartete, gab er ihr durch eine abwehrende Haltung seiner Hände zu verstehen.

Schließlich kam er zu dem Themenbereich, den er schlagwortartig als Hexensabbat bezeichnete, und dies Wid und dem Fry auch so zuflüsterte.

»Ob sie dergleichen Gemeinschaft mit dem bösen Geist nicht allein, sondern
auch im Beisein anderer Personen gehabt und ob solches in öffentlichen oder
absonderlichen Zusammenkünften geschehen? Zu welchen Zeiten und zu
welchen Orten? Durch welche Gelegenheiten sie zusammengekommen, was
sie bei solchen Zusammenkünften getan und wie oft geschehen?
Wie sie an solche Orte gekommen? Ob sie selbst hingegangen oder durch
den bösen Geist geführt worden?
Wer ihr die Zusammenkünfte angezeigt? Wie sie sich zu der Fahrt gerüstet,
worauf sie gesessen? Ob auf Bock, Sau oder grauer Katze? Ob auf einem
weißen Stock, einer Ofengabel oder einem Besenstiel? Woher die dazu ver-
wendete Flugsalbe sei, vom Bösen persönlich? Wo sie ausgefahren und wie
bei der finsteren Nacht habe fortkommen können?
Wann sie bei der Zusammenkunft erschienen? Was sie allda gesehen und was
sich zugetragen?

Ob sie den bösen Feind angebetet, welcherlei Ehrerbietung sie ihm getan und auf welche Weise solches geschehen? Ob sie solches allein getan, oder andere mit und neben ihr und wer solche Personen gewesen?

In welcher Gestalt sich der böse Feind erzeigt?

Ob sie sich auch bei Mahlzeiten eingefunden? Wo und wann geschehen? Wie der Tisch bereitet gewesen? Wer neben ihr gesessen, zur Linken oder Rechten, obenan oder gegenüber und in welcher Gestalt?

Was für Speis und Trank aufgetragen, in welchem Geschirr?

Wer zu Tisch gedient, Speis und Trank aufgetragen?

Was für Gespräch ob der Mahlzeit vorgegangen, was sie jederweil mit wem geredet oder von anderen gehört?

Ob auch Spielleute dabei gewesen und auf welcherlei Weise sie dahingekommen?

Ob sie getanzt, mit wem auf welche Weise und Manier? Wen sie sonst beim Tanz gesehen? Woran sie erkannt, was böse Geister oder Menschen seien?

Ob sie an dergleichen Zusammenkünften der Unzucht gepflogen, mit wem, welcher Gestalt, wann, wie oft? Ob es andere gesehen oder sie von anderen, wo und zu welcher Zeit?

Wie lange solche Zusammenkünfte gewährt, welchermaßen der Aufbruch geschehen und wie sie wieder zuhaus gekommen?

Und wie es die Sybille Zwingenstein mit der Kirche, mit Gott, mit der heiligen Mutter Gottes und mit den Heiligen hält? Darauf beziehen sich meine letzten Fragen, die ich stellen muss«, sagte der Vorsitzende mit nun schon etwas rauer Stimme und fuhr fort:

»Was sie von der Heiligen Mutter Gottes, unserer lieben Frauen, auch anderen lieben Heiligen gehalten und von ihnen geredet? Auf welche Weise sie solche verunehrt, wie, an welchem Ort und zu welcher Zeit?

Wie sie sich bei dem Gottesdienst erzeigt?

Ob sie sich beim Amt der Heiligen Messe eingefunden, ob und was sie gebetet?

Ob und wie oft sie des Jahres gebeichtet, wo und wann? Ob es auch mit Ernst und Reu der Sünd geschehen? Ob sie das Laster der Hexerei auch gebeichtet oder warum sie solches verschwiegen?

Ob sie die Heilige Hostiam genossen oder zuweilen wieder aus dem Mund genommen, wann, wo, wie oft solches geschehen und wo sie solche hingetan?

Ob sie die Heilige Hostiam entehrt, wie oft, wer dabei gewesen, dazu geholfen oder geraten?«

»Auf euere vielen Fragen kann ich mit wenigen Sätzen antworten: Ich kenne den Teufel nicht. Ich habe nie an einem Hexentreffen teilgenommen. Ich gehe zu den Gottesdiensten wie jeder andere gute Christenmensch auch, und Ho... Ho...« Das Wort kam ihr zunächst nicht über die Lippen, weil sie einen kleinen Hustenanfall hatte. »Hostien habe ich nie entehrt.«

Nach diesen schier endlosen Fragen und den knappen Antworten kam Unruhe ins Gewölbe. Husmann räusperte sich. Fry rutschte unruhig hin und her, schüttelte seinen mächtigen Schädel und schimpfte dabei leise vor sich hin; offensichtlich dauerte es ihm zu lang bis die Folter endlich zum Einsatz kam. Wid murmelte unverständliche Worte. Die Feder des Gerichtsschreibers kratzte immer noch über das Papier. Der Henker und sein Knecht, die die ganze Zeit nahezu unbeweglich dastanden, bewegten sich und traten von einem Fuß auf den anderen. Nur Sybille Zwingenstein saß unbeweglich und stumm, wie versteinert, auf ihrem Stuhl vor ihren Richtern.

Der Vorsitzende und die beiden vom Rat beauftragten Beisitzer steckten die Köpfe zusammen und tuschelten. Sie berieten sich über die Vorgehensweise bei der nun anstehenden peinlichen Befragung. Überraschenderweise waren sich alle drei recht schnell einig.

Einvernehmen bestand zwischen den drei Gerichtspersonen zunächst darin, dass die Inquisitin wohl keinen Zauber begangen hat, um sich selbst zu bereichern. Das hatte sie nicht nötig, denn sie war ja reich. Daher sollten die vielen Fragen aus dem weiten Feld des Fragenkatalogs zum Schadenszauber – zumindest zunächst – nicht Gegenstand der peinlichen Befragung sein. Unter diesem Aspekt unterschied sich dieser Prozess von den meisten anderen Hexenprozessen, bei denen es häufig darum ging, dass arme Leute, alte Weiber, Bettler, Landfahrer oder andere sozial schwache Kreise mittels Schadenszaubers Milch, Butter, Schmalz oder andere Lebensmittel entwendet haben sollten.

Einigkeit bestand weiterhin darüber, sich zunächst auf die Punkte zu konzentrieren, bei denen klare Beweisanzeichen dafür bestünden, dass die Zwingensteinin eine Hexe sei. Und so wurde für das peinliche Verhör der Katalog der Examination beschränkt auf Fragen:

– zum Teufelspakt: aufgrund ihres Hexenmals;

– über ihre Teilnahme am Hexensabbat: wegen der Denunziation durch Els Gluri:

– der Hostienschändung: wegen ihres sonderbaren Verhaltens bei den Fragen zu diesem Thema.

– zum Wetterzauber: wegen ihres Zusammenzuckens beim Examinieren bei den Fragen zum Brauen von Gewitter, Hagel, Sturm.

Husmann und auch Wid wunderten sich sehr, dass Fry sich mit dem zunächst eingeschränkten Fragenkatalog zufriedengab. Beide hatten im Stillen damit gerechnet, dass Fry darauf bestünde, alle Hexenfragen zu erörtern und jedes Mal zu torquieren. Doch Fry war schlau, ihm war nämlich sofort klar: Bei diesen vier vorerst zu examinierenden Interrogationsthemen hat das Gericht kaum Probleme mit der Verifizierung eines Geständnisses, wie es im normalen Inquisitionsprozess unbedingt erforderlich war. Wie sollte ein Richter bei diesen Fragen nachprüfen, ob das, was die Hexe unter den Schmerzen der Folter eingesteht, überhaupt richtig ist? Wie soll das Verhältnis eines Menschen zu Gott und den Heiligen durch ein Gericht überprüft werden? – oder ein solches zwischen ihm und dem Teufel? Dies sind Themenkreise, die sich vorwiegend im spirituellen Bereich bewegen und sich somit der richterlichen Überprüfung entziehen. Daher, so sagte sich Fry zu Recht, kommt es nur auf das Geständnis an, und das wird ja wohl schnell abgelegt werden. Und so erhoffte er sich einen kurzen Prozess – und da sollte er Recht behalten.

Nach dieser kurzen einvernehmlichen richterlichen Absprache wandte sich der Vorsitzende an die Inquisitin: »*Torqueatur – jetzt beginnen wir mit der peinlichen Frage.*

Ich ermahne die Sybille Zwingenstein nochmals ernsthaft und eindringlich, die Wahrheit zu sagen und sich als Hexe zu bekennen.«

»Nein!«

Ohne richterliche Aufforderung baute der Henkersknecht auf Anweisung seines Eisenmeisters einen kleinen Foltertisch vor der Inquisitin auf und legte dort einen Daumenstock bereit. Er nahm Sybilles Daumen, legte sie auf das mit stumpfen Zähnen versehene, flache untere Eisen und drückte das obere flache Eisen darauf. Dann zog er die Schraubenmuttern an den beiden Schraubenspindeln, die beide Eisen zusammenhielten, leicht an. In panischer Angst versuchte die Inquisitin ihre Hände zurückzuziehen – aber vergeblich: Der eiserne Griff des Henkersknechts hielt sie dort fest.

»*Ob ihr der Teufel das Hexenmal an der Hüfte markiert?*«, war die erste peinliche Frage des Vorsitzenden.

»Nein.«

»*In welch Gestalt ihr der Böse erschienen?*«

»Er ist mir nicht erschienen!«

Auf einen Wink seines Meisters drehte der Geselle am Schraubenschlüssel, die beiden Eisen kamen sich näher, die Daumen wurden stark zusammengedrückt. Schmerz ließ Sybille laut aufstöhnen.

»Wann sie mit dem bösen Feind in Gemeinschaft gekommen?«, variierte Husmann seine Frage leicht:

»Überhaupt nicht!«

Nun trat der Henker selbst an das Martergerät, denn von jetzt an war Vorsicht geboten. Schwere Verletzungen mit bleibenden Schäden durften durch die Folter nicht zugefügt werden, das war zu gefährlich für den Eisenmeister. Schließlich bestand ja die Möglichkeit, dass der Gefolterte vom Gericht freigelassen wurde, und dann haftete der Nachrichter für die durch die Marter zugefügten körperlichen Schäden. Auch wenn in Hexenprozessen ein solcher Richterspruch ausgesprochen selten war, wollte Sybilles Henker dieses Risiko nicht eingehen und übernahm fortan die weiteren »Handtierungen« selbst. Von diesem Zeitpunkt an verließ er sich nur noch auf sich selbst und sein eigenes Geschick, denn er verstand sein Handwerk.

Leicht drehte der Eisenmeister am Schraubenschlüssel, Sybille schrie auf, ihre Daumen wurden stark gequetscht.

Nach kurzer Pause: *»Wann sie mit dem Teufel den Bund geschlossen?«*

»Ich hab mit ihm keinen Bund geschlossen!«

Nur ganz leicht bewegte der Henker den Schraubenschlüssel weiter und schlug mit einem Hammer auf das Eisen. Sybille stieß gellende Schreie aus, die Haut platzte, Blut trat aus ihren Daumen.

»Wie hat sie der Böse verführt?«

»Nein, nein, nein ...«, suchte die Gepeinigte sich die Schmerzen aus dem Leib zu schreien.

Der Henker schüttelte den Kopf, trat an den Richtertisch und erklärte, dass er diesen ersten Grad der peinlichen Befragung ergebnislos abbrechen müsse, da sonst die Daumen völlig deformiert würden, und das könne er nicht verantworten.

Die Richter tauschten sich leise aus und kamen, vor allem auf Drängen von Fry, zu dem Beschluss, Sybilles vom Teufel gestärkte Verstockung mit dem nächsten Grad der Tortur zu lösen und damit sofort zu beginnen – der Wahrheitsfindung zuliebe.

»Bevor wir nun zum zweiten Grad der Tortur kommen, möchte ich der Delinquentin noch einmal gut zusprechen und sie eindringlich darauf hinweisen, endlich ihre teuflische Verstockung aufzugeben und die Wahrheit zu sagen.

So könne sie sich weitere Qualen ersparen«, ermahnte sie der Vorsitzende wiederum sehr ernsthaft.

Sybille schüttelte den Kopf.

Der Henkersknecht schraubte den Daumenstock auf. Nach einer kurzen Kopfbewegung seines Meisters in die Richtung der Seilwinde nahm er Sybilles Handgelenke und schnürte sie auf ihrem Rücken zusammen. Der Henker überprüfte die Verschnürung, und als er zustimmend nickte, fixierte der Knecht dort einen großen Eisenhaken, der an einem Seil hing, das über eine Rolle an der Decke zu einer Winde lief. Der Knecht drehte an dem großen Rad der Winde, so dass Sybille sofort den Boden unter den Füßen verlor und frei in der Luft schwebte, den Oberkörper nach vorn gebeugt. Wahnsinnige Schmerzen rasten durch ihren Oberkörper, ihr war, als würden ihre Arme aus dem Körper herausgerissen. Schreie wie die einer Wahnsinnigen gellten durch das Gewölbe.

»Das Aufziehen können wir beenden, wenn ihr endlich die Wahrheit bekennt«, mahnte Husmann wiederum eindringlich.

Sybille schrie »Nein, Nein, Nein!«

Da hängte ihr der Knecht Gewichte an die Füße. Ihr war so als würde ihr Körper Stück für Stück auseinandergerissen und zerfließen, und trotzdem schrie sie den Amtspersonen ihr Nein weiterhin zu.

»Dann kommen wir zur weiteren Befragung«, so der vorsitzende Richter:» *Wie oft sie Blitz, Donner, Sturm, Gewitter und Hagel gebraut?*«

Und wiederum schrie Sybille ihr fortwährendes »Nein!« in die Folterkammer.

»Es macht im Augenblick keinen Sinn, weitere Fragen zu stellen. Sie schreit ja nur noch hysterisch ihr Nein«, flüsterte er seinen Beisitzern zu und verkündete laut, dass das Verhör zwei Stunden lang ausgesetzt werde. – Der Hauptgrund für diese Unterbrechung war allerdings sein knurrender Magen.

»Die Inquisitin bleibt aufgezogen. Vielleicht können wir so ihre Verstockung lösen. Sonst müssen wir nachher die Marter durch Feuer verstärken. »Mit diesen Worten erhob sich Husmann und verließ das Gewölbe und nach ihm die drei weiteren Amtspersonen.

Danach gab der Scharfrichter seinem Knecht einige Anweisungen und stieg majestätisch, seine rechte Hand am Schwert, ebenfalls die Treppe hinauf.

Der Henkersknecht setzte sich gelangweilt an den kleinen Verhörtisch, behielt dabei aber die schreiende, in der Luft baumelnde Delinquentin stets im Auge. Dann und wann erhob er sich und rüttelte kräftig am Seil, was Sybille noch fürchterlichere Schmerzen bereitete.

Langsam schwanden ihre Kräfte und damit verstummten ihre gellenden Schreie. Sie war ein gebrochener Mensch, der nicht mehr in der Lage war, Widerstand zu leisten.

Als die vier Amtspersonen und der Henker das Gewölbe wieder betraten, bot sich ihnen eine völlig veränderte Situation: keine gellenden »Nein«-Schreie mehr, sondern ein »Hexe, Hexe, Hexe«-Jammern und – nahezu in Trance – das stöhnende Bekenntnis: »Ja, ich bin eine Hexe!«

Da leuchteten die Augen von Fry auf. »Wir haben es vollbracht. Ihre Verstocktheit ist gelöst. Der Teufel ist aus der Hexe herausgefahren«, triumphierte er lauthals, während der Vorsitzende die Verhandlung wieder aufnahm mit den Worten: *»Gesteht ihr jetzt endlich, dass ihr eine Hexe seid?«*

»Ja, ich bin eine Hexe.«

Ihre wahnsinnige Pein ließ aus ihr heraussprudeln, was sie vom Hexenbild kannte und von dem sie glaubte, dass die Richter es hören wollten:

»Ja, ich bin eine Dienerin des Teufels.

Es ist schon viele Jahre her, da er in Gestalt eines frischen, jungen Jägers mit grünem Hütchen und feurigen Augen als Buhle auf mich zugekommen ist; er hat sich Fränzle genannt. Das Zusammentreffen mit ihm als Liebhaber hat sich zweimal wiederholt. Daraufhin hat er erklärt, dass ich ihm verfallen sei, und mich gefragt, ob ich ihn denn nicht erkenne. Da fiel es mir wie Schuppen von den Augen: Ich sah seine Bockshufe und seinen Schwanz. Aber da war alles schon zu spät.

Er überredete mich, mit ihm einen Bund zu schließen:

Ich musste Gott und den Heiligen abschwören, sie verleugnen, den Namen des Heilands verfluchen und versprechen, beim Abendmahl die heiligen Hostien aus dem Mund zu nehmen und zu den Hexenzusammenkünften mitzubringen. Ich durfte fortan nur ihm und seiner Hexensekte angehören, musste an den Zusammenkünften teilnehmen und ...«

»Darin liegt die Majestätsbeleidigung Gottes, sie muss brennen«, schrie Fry fanatisch dazwischen.

Nur einer freute sich wieder über diese Unterbrechung. Das war der Gerichtsschreiber, der große Schwierigkeiten hatte, die nur so aus Sybille heraussprudelnden Worte alle ins Gerichtsprotokoll aufzunehmen. Husmann hingegen warf dem Zwischenrufer einen warnenden Blick zu und forderte die Inquisitin auf, ihr Geständnis fortzusetzen.

»Ich bin dann in des Teufels Namen getauft worden. Daraufhin hat mir der Satan sein Teufelsmal auf die Hüfte gedrückt als Zeichen dafür, dass ich ihm jetzt voll und ganz gehöre, wie er damals zu mir sagte. Schließlich musste ich dem Teufel den Hintern küssen. Und alles wurde besiegelt, indem wir uns ›fleischlich vermischten‹.«

Und schon wieder bellte Fry dazwischen und wackelte dabei erregt mit seinem dicken Kopf: »Wie hat der ›Tuffel erstmals mit ihr gemeinsamnet‹, welchs Orts und später wie oft ihm Jahr geschehen?«

Dieses Mal beließ es Husmann nicht bei einem ermahnenden Blick: Er forderte seinen Beisitzer vielmehr ernsthaft auf, seine Zwischenfragen einzustellen und ihm die Verhandlungsführung zu überlassen, was Fry mit einem verlegenen Räuspern quittierte.

»Und was hat der Teufel in euerem Pakt als Gegenleistung euch zugesagt?«, fragte Husmann die Inquisitin weiter.

»Er gab mir Kräuter, Tränke, Mixturen und Salben. Auch lehrte er mich die Zauberkunst, vor allem die Wettermacherei. Menschen und Tieren zu schaden oder sie gar zu töten, das hat der Teufel nicht von mir verlangt.«

Hier legte Sybille eine Pause ein, denn die Schmerzen ihres geschundenen Körpers ließen ihr jedes weitere Wort immer schwerer fallen. Doch der Vorsitzende wollte schnell ein umfassendes Geständnis und drängelte:

»Und wie war das mit den Zusammenkünften?«

»Ja, die Els Gluri hatte Recht.

An vielen Donnerstagen, das sind ja die Versammlungstage der Hexen, habe ich die Teufelssalbe genommen, habe sie auf einen Stecken geschmiert, diesen zwischen meine Beine geklemmt, bin durch den Kamin ausgefahren und in höllischem Tempo durch die Lüfte zum Heuberg geritten. Dort war schon eine große Schar von Frauen versammelt. Alle haben dann an einem großen Tisch Platz genommen. Es gab es eine herrliche Mahlzeit auf Silbergeschirr, Herrenspeise, köstlichen Braten, Wein aus silbernen Bechern, alles in Hülle und Fülle. Brot und Salz gab es jedoch nicht; das mochte der Teufel nicht. Es wurde reichlich gegessen und getrunken. Allesamt waren wir lustig. Dann haben Sackpfeifer und Spielleute zum Tanz aufgespielt. Die Tänzer sind nach Art der Geißböcke gesprungen und gehüpft, ich auch. Die Frauen wirbelten herum und drehten sich so wild, dass vielen schwindelig wurde. Allesamt waren wir angeheitert und endeten immer wieder bei den Weinkrügen, die nie leer wurden. Der Teufel und seine Diener haben die Frauen dann ›zu ihrem Willen gebrucht‹. Immer wieder wurde über Gott gelästert, mitgebrachte Hostien wurden verhöhnt und bespuckt. Schließlich bin ich wieder auf meinem Stecken durch die Lüfte heimgeritten; erst bei Morgengrauen war ich zuhause.

Die Els Gluri habe ich beim Hexentanz gesehen, sonst habe ich niemanden erkannt.« Damit wollte Sybille weiteren diesbezüglichen Fragen zuvorkommen, denn sie wollte keinen Menschen durch Besagung der Hexerei bezichtigen.

»Wann und wie oft, an welchen Orten sie Wetter gemacht, mit welcher Intention es geschehen, wer dabei gewesen, was sie dazu gebraucht und was darauf erfolgt?«

Diese Fragen stellte Husmann in schneller Folge, denn er hatte erkannt, dass die Kräfte der Geschundenen schwanden. Unbedingt wollte er auch noch ein Geständnis zu diesem letzten Komplex des festgelegten Fragenkatalogs, auch wenn nicht mehr alles umfassend erörtert werden konnte. Daher kam er der Gemarterten entgegen und erklärte, dass es ausreichend sei, das Notwendigste einzugestehen.

»Wir waren zu dritt. Unter einem großen Topf mit Wasser haben wir Reisig, Laub und Holz angezündet, uns an den Händen gehalten und sind drum herumgetanzt. Jede von uns gab Mixturen, Pulver und Kräuter, die vom Teufel stammten, in den Topf. Dazu warf die eine eine Schlange und die andere eine Kröte und einen Hahn sowie Asche ins Wasser. Ich gab Menschenhaar hinzu und von der Satanssalbe, die mir der Teufel gegeben hatte. Alles wurde zusammengerührt, wir lachten und kreischten. Nach längerer Zeit kam der Zauberspruch: ›Da brunz ich hinein in Teufels Namen, dass ein Unwetter draus werd, so Obst, Wein und Getreid verderb.‹ Sofort bildeten sich aus dem aufsteigenden Dampf mächtige Wolken, Blitze, Donner, Sturm und Hagel; große Schäden wurden durch das Unwetter angerichtet.«

Sybilles Stimme war immer leiser geworden, so dass die Amtspersonen sehr genau hinhören mussten, um ihre Worte zu verstehen; die letzten Sätze verließen fast tonlos ihre Lippen.

An sich hätte der Vorsitzende noch den Ort der Handlung und die Gewitterschäden im Einzelnen erfragen müssen. Da die Wettermacherei ein Gruppendelikt war, wäre es auch erforderlich gewesen, Angaben zur Person der beiden anderen Wetterhexen in Erfahrung zu bringen. Weil er aber erkannte, dass die Geschundene halb ohnmächtig war, schloss er die peinliche Befragung ab.

Der Gerichtsschreiber war hoch konzentriert, um das Geständnis vollinhaltlich im Protokoll festzuhalten.

Der Scharfrichter ließ die Seilwinde trotz Sybilles Geständnis noch nicht zurückdrehen. Nach seinen Erfahrungen widerriefen die Gemarterten häufig sofort, wenn man sie unmittelbar nach dem Geständnis von der Folter befreite. Zu den Richtern gewandt, erklärte er dies in sachlichem Ton: »Wir müssen sie noch einige Zeit hängen lassen, denn wir wollen ja vermeiden, dass sie sofort revoziert.« Fry spendete in gewohnt geifernder Weise Beifall: »Gut so, gut so, Hexen sollen leiden.«

Als man die Gemarterte schließlich abnahm, brach sie zusammen, und Schwärze umfing sie. Und so konnte sie, wie ja vom Henker intendiert, nicht mehr widerrufen.

Ohnmächtig wurde sie aus dem Gewölbe geschleppt, auf dem Armsünderwagen zurück zum Raueneggturm gekarrt und dort an ihrem Platz angekettet.

Kapitel 34

Wie lange sie das Bewusstsein verloren hatte, war Sybille Zwingenstein auch später nicht klar.

Sie kam erst wieder zu sich, als ein fürchterlicher Schmerz wie ein Messer durch ihre Schulter fuhr. Es war die Gefängniswärterin, die sie am Oberarm rüttelte, um ihr eine stärkende Brühe anzubieten. »Trinkt das, ihr müsst wieder zu Kräften kommen!« – Der Grund für diese Aufmunterung war keinesfalls reine Nächstenliebe, sondern die Gier der Ratzin nach weiteren Gulden. Einige Stunden danach, der zerschundene Körper schmerzte nach wie vor heftig, kam die Kerkerwärterin mit einer Schale Milch: »Stärkt euch, denn bald werdet ihr ins Rathaus geholt. Dort solltet ihr, das ist mein guter Rat, euer Geständnis widerrufen, denn sonst werdet ihr als Hexe verbrannt. Ihr seid doch keine Hexe, ich spüre das«, sagte das geldgierige Weib scheinheilig.

»Ihr habt Recht, ich bin keine Hexe. Die wahnsinnigen Schmerzen unter der Folter haben mir das Geständnis abgezwungen. Aber was geschieht, wenn ich widerrufe?«

»Ja dann, ja dann ...«, meinte die Kerkerfrau zögerlich, »dann beginnt die Tortur von vorn.«

Nach dieser Antwort war der Entschluss Sybilles sofort und ohne weiteres Nachdenken gefasst: *Ich werde nicht widerrufen; derartige Torturen kann ich nicht noch einmal ertragen.* Dabei dachte sie an die weiteren Grade der Folterung, die man ihr demonstriert hatte, und an die angekündigten Spezialitäten dieses Henkers. *Nein, lieber sterbe ich im Feuer. Das ist zwar die schrecklichste Art der Hinrichtung, der furchtbarste Tod, und es werden wahnsinnige Qualen werden, aber nach einigen Minuten ist dann die Pein vorbei. Vielleicht wird es aber doch nicht ganz so schlimm,* sprach sie sich etwas Mut zu, *vielleicht gewährt man mir einen Gnadenerweis, indem man mich zuerst erdrosselt oder enthauptet und erst danach meinen toten Körper den Flammen übergibt. Verbrennen steht bei Hexen fest, lebendig oder tot. In geweihter Erde werde ich nicht begraben werden, nicht einmal außerhalb des Gottesackers.*

Mit diesen Gedanken hat Sybille Zwingenstein mit sich und ihrem Leben abgeschlossen.

*

Am nächsten Tag, es war ein Freitag, wurde sie ins Rathaus gebracht, in die gleiche Ratsstube, in der das Gerichtsverfahren gegen sie begonnen hatte. Dort erwarteten sie neben den ihr bekannten vier Amtspersonen vier weitere Ratsmitglieder. In ihrer Mitte hatte ein besonders sorgfältig und vornehm bekleideter, hagerer, großer Patrizier Platz genommen. Dies war jetzt der Reichsvogt der Stadt Konstanz, Hans Schwaininger, der sich in diesen letzten Verfahrensabschnitten nicht mehr von Jos Husmann vertreten ließ. Sofort ergriff er das Wort – er wollte diese ihm lästige Sitzung so schnell wie möglich hinter sich bringen – und wies den Gerichtsschreiber an, die »Urgicht« zu verlesen. Dies war das Protokoll mit der Zusammenfassung aller Geständnisse der Sybille Zwingenstein, das der Schreiber verfasst hatte und das von Husmann, Fry und Wid gebilligt worden war.

Mit ihrem geschundenen, schmerzenden Körper stand sie nun vor den ehrwürdigen Herrn, und der Gerichtsschreiber verlas im Predigerton all jene Frevel, die sie unter der Folter eingeräumt hatte, also den Teufelspakt, den Abfall von Gott, den Hostienfrevel, die Teilnahme am Hexensabbat und den Wetterzauber.

Danach fragte der Reichsvogt Schwaininger die Delinquentin: »Ist sie mit dieser soeben vernommenen ›Urgicht‹ so einverstanden, oder lehne sie diese Geständnisse im Ganzen oder nach Artikeln ab oder ändere sie?«

Ohne zu zögern, erklärte sie ihr Einverständnis.

»Nachdem Sybille Zwingenstein hier vor Zeugen aus freien Stücken auch ohne Marter wiederum geständig ist, ist das Schuldbekenntnis bekräftigt und die Grundlage für das Urteil gesichert. Damit ist das Inquisitionsverfahren beendet.

Morgen wird der kleine Rat beschließen, dass ein ›MALEFIZGERICHT‹ einen ›ENDLICHEN RECHTSTAG‹ halten wird. Das wird nach drei Tagen sein, also am nächstkünftigen Dienstag, der da wird der elfte Tag des Monats Juli sein. Wenn dann am Morgen die Malefizglocke vom Schnetztor läutet, wird Sybille Zwingenstein hier im Rathaus sein, die Klag und ›Urgicht‹ hören und erfahren, was Urteil und Recht geben und erkennen wird.

Die Tage bis dahin soll sie nutzen und sich mit Rücksicht auf ihre arme Seele allein zu Gott dem Allmächtigen wenden, sich mit ihm versöhnen, beichten und das Heilige Sakrament empfangen.«

Diese Ausführungen des Reichsvogts vernahm Sybille Zwingenstein gesenkten Hauptes, regungslos und tränenlos.

*

Sybille, wieder angekettet, lag starr auf der Lagerstatt in ihrem Kerker. Jede Bewegung hätte ihrem geschundenen Körper weitere Qualen bereitet. Erst nach Stunden, als die Schmerzen etwas verebbten, war sie in der Lage, über die Geschehnisse im Rathaus nachzudenken. *Am nächsten Dienstag ist »Malefizgericht«, ist »endlicher Rechtstag«. Was ist das denn?,* fragte sie sich. *Diese Bezeichnungen habe ich noch nie gehört. Wozu braucht man denn noch einen »endlichen Rechtstag«? Nach meinem Geständnis ist das Urteil über mich doch gefällt: Die Strafe wegen Hexerei ist der Feuertod, das weiß doch jeder. Warum verbrennt man mich denn nicht gleich? Das wäre doch viel humaner. Dann müsste ich meine Schmerzen und meine Angst vor dem Tod nicht noch tagelang aushalten. Ich habe den Eindruck, dass alles, was an diesem »endlichen Rechtstag« gemacht wird, nichts anderes ist als ein Spectaculum* – und damit hatte die junge Frau, die sich in den Fallstricken der Jurisdiktion nicht auskannte, in der Sache vollkommen Recht.

*

Am Abend wurde Sybille überrascht. Es roch gar köstlich, als die Kerkermeisterin mit mehreren Schüsseln den Raum betrat: gute Suppe, gebratenes Fleisch und frisches, wohlschmeckendes Gemüse. Und die Überraschung wurde noch größer, als Gefängniswärter Ratz mit einem großen Glas Wein erschien und dies der Gefangenen überreichen ließ. *Das geht doch weit über die von mir finanzierte leicht verbesserte Nahrung hinaus. Warum diese Herrenspeise?,* fragte sich Sybille und schlang alles gierig in sich hinein. Auch an den folgenden Tagen schmeckten ihr die reichhaltigen Mahlzeiten vorzüglich.

Sie kannte sich bei den Gepflogenheiten vor Hinrichtungen natürlich nicht aus und war sich daher nicht bewusst, dass dies die so genannten Henkersmahlzeiten waren. Und dies war auch gut so, denn sonst hätte es ihr wohl nicht so gut geschmeckt.

*

Am nächsten Morgen betrat der junge Priester, der zwischenzeitlich alles erfahren hatte, wieder Sybilles stinkendes Gefängnis. Jetzt ging es nicht mehr um die Tötung von Jacob und Christina Zwingenstein, sondern um die noch viel schlimmere Tat der ketzerischen Hexerei. Er betete mit ihr und versuchte, sie zum Bekennen und Bereuen ihrer Sünden wegen ihrer Hexerei zu bewegen. Bevor sie vom Leben zum Tod gebracht werde, solle sie ihre Missetaten als Unholdin vor Gott bringen, ihre Frevel bereuen, Gott um Verzeihung und Erlösung bitten, denn Gottes Gnade sei unendlich. Um ihres Seelenheiles willen, solle sie Gott die Wahrheit offenbaren.

Sybille schwieg und überlegte lange: *Darf ich ihm auch hier die Wahrheit sagen? Darf ich ihm anvertrauen, dass ich wirklich keine Hexe bin? Oder interpretiert er dies dann möglicherweise so, dass ich ihm gegenüber mein Geständnis widerrufe und verrät es dann gar der Obrigkeit? In einem solchen Fall ginge die ganze Marterei wieder von vorn los, dann wäre in wenigen Tagen nicht alles vorbei, und das könnte ich nicht ertragen.*

Diese Bedenken waren durchaus begründet. Sybille wusste nämlich, dass Priester mit dem Beichtgeheimnis sehr großzügig umgehen durften, wenn es um Hexerei ging, da dieses Verbrechen sich gegen Gottes Ordnung richtete.

Schließlich überwog jedoch ihr Vertrauen zu diesem Menschen, das er sich bei seinen zahlreichen Besuchen erworben hatte, so dass sie sich auf die Verschwiegenheit des jungen Geistlichen verlassen wollte.

Der Priester wartete geduldig. Schließlich erklärte sie, auch in diesem Falle ihre Sünden beichten zu wollen: »Meine Beichte ist kurz: Ich habe große Schuld auf mich geladen, denn ich habe vor den Richtern die Unwahrheit gesagt. Ich bin nämlich gar keine Hexe. Die fürchterlichen Schmerzen unter der Folter haben mich gezwungen, Dinge zu sagen, von denen ich glaubte, dass die Richter diese so hören wollten. Alles war von mir erfunden und gelogen. Gott sei mir gnädig!«

Diese Worte verblüfften den Geistlichen nicht nur, sie versetzten ihn sogar in Schrecken. Damit hatte er nicht gerechnet, so etwas hatte er noch nicht erlebt: die Beichte einer Nichtschuld.

Nun war er es, der längere Zeit schwieg und innerlich mit sich kämpfte. Intensives Nachdenken brachte ihm die Erkenntnis: Wenn ein Priester bei großen Sünden die Absolution aussprechen darf, dann doch wohl erst recht bei Nichtsünden oder bei kleineren Sünden, so wie etwa bei Lügen.

Die Besorgnis von Sybille war unbegründet: Eine Verletzung des Beicht-geheimnisses kam für den jungen Priester auch bei Hexerei absolut nicht in Betracht, auf derartige Gedanken verschwendete er keine Sekunde.

Nachdem der seelsorgerische Teil des Gesprächs beendet war, fragte Sybille den Priester, ob sie ihm auch eine rein weltliche Frage stellen dürfe. Auf sein zustimmendes Nicken erkundigte sie sich, was denn ein »endlicher Rechtstag« sei, den man auf nächsten Dienstag für sie ange-setzt hätte. »Das kann ich beantworten. Bei meinem Theologiestudium habe ich mich nicht nur mit kanonischem, sondern am Rande auch mit weltlichem Recht beschäftigt: Der ›endliche Rechtstag‹ ist der Gerichts-tag, an dem sich ein Angeklagter in einer öffentlichen Gerichtsverhand-lung verantworten muss. Dort erfolgt die Anklage, dort wird die ›Urgicht‹ verlesen und das Urteil gefällt, das unmittelbar darauf vollstreckt wird.«

Nach einem gemeinsamen Gebet verabschiedete sich der vertrauenswür-dige Priester freundlich.

Dabei fragte er, ob sie weitere Besuche zum Trostspenden und zum gemein-samen Gebet wünsche und ob er sie bei ihrem letzten Gang begleiten solle.

Dankbar nahm sie seine Angebote an.

Der Besuch des jungen Geistlichen brachte Sybille innere Ruhe in ihren letzten Stunden.

*

Mit Windeseile war es durch die Stadt Konstanz gegangen, dass eine Ver-urteilung auf Dienstag, den 11. Juli, verkündet wurde. Und diese Nach-richt hatte nicht an den Stadtmauern haltgemacht, sondern sich rasch weit ins Land hinaus verbreitet. Leute um den ganzen See herum, aus dem Thurgau, aus dem Hegau, selbst aus dem noch weiter entfernten Hinter-land machten sich auf den Weg nach Konstanz zur Hinrichtung der Sybille Zwingenstein. Ein solches Spectaculum ließ man sich nicht gern entge-hen.

So trudelten schon am Sonntag die ersten Schaulustigen ein, und ihre Zahl schwoll in den nächsten beiden Tagen stark an. Sie kamen einzeln oder in Grüppchen, zu Fuß, zu Ross oder mit Wagen, wohlbekleidete, aber auch zerlumpte Gestalten. Herbergswirte, Gasthäuser und Wirtsgärten freuten sich über eifrigen Besuch und kräftigen Konsum, und im heißen Juli war der Durst besonders groß.

Aber nicht nur die Freude am reinen Schauspiel lockte die Menschenmassen in die Mauern der Stadt Konstanz, bei vielen war es auch die Hoffnung, bei der Ansammlung so vieler Leute gute Geschäfte zu machen. Dies betraf vor allem das fahrende Volk, das eine Stadt gar nicht so gern in so großer Zahl in seinen Mauern sah. Daher waren die Torwächter angewiesen, ein besonderes Augenmerk auf diese Personengruppen zu richten. So wurde der eine oder andere bereits an den Toren der Stadt abgewiesen, etwa wenn er gar zu garstig aussah oder seinen Spieltisch allzu offensichtlich mit sich trug. Die meisten aber fanden Einlass: die fahrenden Händler, die Handwerksburschen, Kesselflicker, Kupferstecher, die Schauspieler, Gaukler und Feuerspucker, die Jongleure, Seiltänzer, Stelzenläufer, Bauchredner, Wahrsager, Glücksspieler und die vielen Musikanten, ebenfalls die Taschendiebe und die große Zahl der Bettler. Und auch reisende Schüler, vagierende Studenten und Bettelmönche erhofften sich milde Gaben.

*

Auf dem kleinen Bruel, auf dem Espan, südwestlich vor den Mauern der Stadt, setzte am Montag geschäftiges Treiben ein. Die Knechte des Nachrichters gruben unter seiner Aufsicht ein tiefes Loch, in dem ein Rundholz von etwa vierzig Zentimeter Durchmesser aufgestellt werden konnte. Dieser Pfahl war etwa vier Meter hoch. Die ausgeschaufelte Erde wurde um den Stamm herum aufgeschüttet und festgestampft. Nach getaner Arbeit ragte der Pfahl wie ein einsamer langer Zahn aus der Erde. Die Reisigbündel, etwa vier Meter im Durchmesser und zwei Meter in der Höhe, wurden – es könnte ja immerhin regnen – erst am nächsten Morgen in der Frühe aufgeschichtet.

*

Am Dienstag, am elften Tag des Juli, morgens um acht Uhr, fuhr Sybille Zwingenstein, ein ungebleichtes Hemd übergestreift, auf dem Armsünderkarren angekettet und in sich zusammengesunken, vom Raueneggturm zum Rathaus. Neben ihr saß ihr seelischer Beistand, der junge schmale Priester. Zahlreiche neugierige Gaffer begleiteten das traurige Gefährt und »Hexe, Hexe, Hexe!«-Rufe erschallten.
Die Malefizglocke läutete vom Schnetztorturm.

Am Fischmarkt angekommen, nahmen Stadtknechte Sybille die Ketten ab. Sie wurde in den Raum geführt, in dem der Rat zu tagen pflegte. Doch dies war heute keine normale Sitzung des Rates, sondern als Malefizgericht eine außerordentliche.

Die Gerichtsstube war durch eine Schranke aufgeteilt: Der eine Teil war für die Öffentlichkeit freigegeben, und hier drängten sich die Menschen, über die Rathaustreppe hinab bis hinaus auf den Fischmarkt, wo viele Schaulustige das Rathaus nur von außen betrachten konnten, fernab vom eigentlichen Geschehen. Im anderen Teil des Raumes, dem Gerichtsteil, standen im Vordergrund zwei kleinere Tische. Auf dem einen war das Bild des Gekreuzigten, auf dem anderen lag der kostbare Gerichtsstab, gekreuzt mit dem Gerichtsschwert, dazu die Akten zu diesem Fall.

Dahinter, an einem langen mit schwarzem Tuch bedeckten Tisch, saßen in schwarzer Ratskleidung vornehm gewandete, würdig dreinschauende Herren. Mehrere von ihnen kannte Sybille schon von den bisherigen Gerichtsverhandlungen, einige aus früheren Zeiten, als sie als wohlhabende Bürgerin noch allseits geachtet war.

In der Mitte des Richtertisches präsidierte Hans Schwaininger, Reichsvogt der Stadt Konstanz, der Herr des Malefizverfahren, rechts neben ihm Ludwig Appenteger, der Bürgermeister, und neben diesem die zehn Ratsmitglieder der Geschlechter. Auf der anderen Seite des Tisches hatten die zehn ratsherrlichen Zunftvertreter Platz genommen, und an einem Tischende saß der Ratschreiber, die Spitze der städtischen Verwaltung. Sie alle bildeten den kleinen Rat, der für die Blutgerichtsbarkeit zuständig war.

Vor sich hatte der Gerichtsschreiber sein Schreibgerät sowie Berge von Akten und viel Papier aufgetürmt. Schließlich sollte jedermann erkennen, wer mit diesem Verfahren die meiste Arbeit gehabt hatte.

Vor diesem Aufgebot Konstanzer Würdenträger stand nun Sybille Zwingenstein als arme Sünderin, kahlköpfig und gesenkten Hauptes. Sie hatte sich bereits von der Welt abgewandt und fühlte sich so, als habe dies alles mit ihrer Person gar nichts zu tun – wie in Trance.

Nachdem Stimmengewirr und Lärm der vielen Schaulustigen durch des Gerichtsschreibers laute Rufe nach Stille endlich verebbt waren, eröffnete der Reichsvogt nach einigen einleitenden Worten das öffentliche Verfahren mit der Frage an die Gerichtsmitglieder: »Ist es die rechte Zeit zum Richten?« Nach deren Zustimmung »verbannte« er das Blutgericht im Namen Gottes und seiner königlichen Majestät. Das bedeutete, dass nunmehr alle Gerichtsmitglieder verpflichtet waren, anwesend zu bleiben und dem Verfahren aufmerksam zu folgen. Danach fuhr Schwaininger mit feierlicher Stimme fort: »Als Reichsvogt dieser Stadt und somit Vertreter des Königs bin ich berechtigt, gegen die zu diesem Blutgericht erschienene Sybille Zwingenstein, Bürgerin zu Costnitz, zu klagen, wie Malefizrechtens ist und des Rechts zu begehren. Schreiber, verlest die ›Urgicht‹.«

Der Gerichtsschreiber erhob sich langsam und feierlich, jetzt vornehm schwarz gewandet und nicht mehr in seinem verfleckten Schreiberkittel, und verlas mit lauter Stimme das unter der Folter abgepresste Geständnis der Angeklagten. Es war der gleiche Text, der Sybille bereits am vergangenen Freitag in der Amtsstube im Rathaus vor Zeugen vorgelesen worden war.

Geflüstere, drohendes Geraune, Ohs und Ahs, gar Entsetzensschreie kamen aus dem öffentlichen Bereich der Gerichtsstube, als der Schreiber mit der Verlesung fertig war.

Da Sybille als Hexe keinen Fürsprecher fand, war dieser Teil des Verfahrens abgeschlossen.

Nunmehr wurde die Angeklagte aus dem Gerichtsraum geführt, wieder in Fesseln gelegt, in einen kleinen anliegenden Amtsraum verbracht und von zwei Gerichtsdienern bewacht.

Auch die Schaulustigen mussten den Ratsraum verlassen, so dass das Gericht nunmehr unter Ausschluss der Öffentlichkeit weitertagte.

Nach einiger Zeit erhob sich der Reichsvogt wiederum und forderte das Malefizgericht auf, »zu Recht zu erkennen und sprechen, dass die Angeklagte ihrer begangenen Missetaten wegen mit endlicher Urteil und Recht das Leben verwirkt und nach Recht und Gewohnheit durch Feuer vom Leben zum Tod gebracht wird«. Er führte eine mündliche Umfrage über die Bestrafung durch. Vom Bürgermeister angefangen, erklärte sich jedes Ratsmitglied sofort mit dem Vorschlag des Vogts einverstanden. Das alles ging ganz schnell. Damit war formal dem Recht Genüge getan – materiell stand das Urteil längst fest.

Nunmehr wurde die Delinquentin, immer noch in Fesseln, aus der kleinen Amtsstube geholt und unter freien Himmel auf den Platz vor dem Rathaus geführt. Dort, vor allem Volk auf dem Fischmarkt, sollte das Urteil öffentlich verkündet werden. Vor allem die Menschen, die das Glück hatten, vorher im Rathaus die Verhandlung zu verfolgen und die ›Urgicht‹ zu hören, warteten ungeduldig auf das Urteil, das die Teufelshure endlich vom Leben zum Tod bringen sollte.

Schließlich erschien auf dem Balkon des Rathauses ein Gerichtsdiener, der das entblößte Gerichtsschwert feierlich zeigte. Ihm folgten der Reichsvogt Hans Schwaininger mit dem Gerichtsstab und der Gerichtsschreiber mit einer Urkunde in der Hand. Nachdem alle ihre Positionen auf dem Balkon würdig eingenommen hatten, forderte der Vogt den Schreiber auf, das – längst vorher verfasste – URTEIL vor allem Volk zu verkünden. Dieser verlas die Urkunde mit lauter, deutlicher, über den ganzen Fischmarkt hallender Stimme: »

Urteil gegen Sybille Zwingenstein

... wird wegen Teufelsbuhlschaft und Zauberei als Hexe zum Tod durch Verbrennen verurteilt und am elften Tag des Monats Juli 1483 in Konstanz hingerichtet.

Der wohl edle gestrenge Herr Reichsvogt des Heyl. Römischen Reichs, Stattrichter zu Konstanz, hat Dienstag, den elften Monatstag des Juli dißes vierzehnenhundertdreiundachtzigsten Jahrs abermals peinlich Halßgericht gehalten.

Alß nun die in hernachfolgender Urtheln benambste Übelthäterin vor Gericht gebracht, ist ihr berührte Urthel so zuvor in gesampten Rath einhellig geschloßen, durch den Gerichtsschreiber deutlich vor und abgeleßen worden.

Nachdem ein wohl edler gestrenger und hochweiser Rath dieser Statt unßere Herren von Obrigkeit und Ampts wegen gegenwertige Sybille Zwingenstein, den 16. Januaris iüngsthin auß rechtmäßigen billichen Ursachen in ihrer Wohnbehausung gefänglich annehmen und in die Loch verhaft führen laßen, hat sich in denen mit ihr unterschiedlich vorgenommenen Verhören befunden, sie auch bekanntlich außgesagt, daß sie auß leichtsinniger Verachtung Gottes den allerärgsten Feind Gottes und des menschlichen Geschlechts, den listigen Sathan, auf deßen Erscheinung und Verführung der allerheyligsten hochgelobten Dreyfaltigkeit und dem ganzen himmlischen Heere vermittels grausamer Gotteslästerungen abgesagt, dem Teufel sich zu aigen ergeben, mit ihme sich abscheulich vermischet, die heylige Oblaten bei Empfahung des hochwürdigen Abendmahls aus dem Mund genommen und dem boßen Geist zugestellt, auf gottlosen teuflischen Zusammenkünften, wohin sie gefahren und dort auch Unholdstänze gemacht, auch die hochverbotene, abscheuliche und schreckliche Sünd begangen und sich freventlich unterstanden, anderen Personen auf des Teufels Befehl ohne alle sonder Ursach durch Wettermacherey und Zauberey großen Schaden zu machen. Inmaßen sie solches alles mit Umbständen vor des Heyl. Reichs Vogt zu Konstanz und vieren geschwornen Schöpfen frey, ledig und ungebunden nochmals bekannt, dardurch sie dann in die Straf gefallen ist, ihr Leib und Leben verwürcket hat, mit der schärfsten und schrecklichsten Straf, so einem Menschen anzutun, also mit Brand hinzurichten.

Dießem allem nach erkennen meine Herren, die geschwornen Schöpfen, zu Recht, daß die Sybille Zwingenstein auf die gewöhnliche Richtstatt geführet und daselbsten mit Feuer zu Pulver und Aschen verbrennt werden solle, ihr selbsten zu einer wohlverdienten Straf, sich vor dergleichen abscheuligen Unthaten und Greulen desto mehr wißend zu hüten.

Mit angehengter Warnung und Vermahnung, daß sich mennigklich vor dergleichen Leichtfertigkeit und Verachtung Gottes Worts und der Heilgen Sacramente fleissig hüten wolle.

All liegendes und fahrendes Gut von Sybille Zwingenstein, auch all ihr Zinsbrief sind dießem Gericht verfallen ...«

Viele Menschen haben die Bedeutung der einen oder anderen juristischen Wendung in dieser Urteilsbegründung sicherlich nicht verstanden, so etwa auch nicht den letzten Satz. Und so ist den meisten Leuten wohl gar nicht aufgefallen, dass durch diesen einen Satz die Stadt Konstanz beträchtlich reicher wurde. Hierdurch verfiel nämlich der Stadt das große Vermögen der einst mächtigen, bekannten und wohlhabenden Kaufherrn Zwingenstein. – Eines hat jedoch jeder begriffen: Die Missetäterin wurde zum Tode durch Verbrennen verurteilt.

Sofort nach Verkündung dieses Todesurteils folgte die Stimme des Volkes: Rufe wie »Hexe«, »Zauberin«, »Teufelshure«, »Verräterin Gottes«, »Gottesfrevlerin«, »Hexen müssen brennen und im Feuerpfühl verenden« zeugten von der puren Zustimmung zu diesem Urteil.

Nachdem der Lärm etwas nachgelassen hatte, nahm der Reichsvogt einen schwarzen etwa armlangen und daumendicken Stab – es war eine Imitation des kostbaren echten Gerichtsstabes – und zeigte ihn dem Volk. Dann zerbrach er diesen »GERICHTSSTAB« theatralisch, warf die Einzelteile der »armen Sünderin« vor die Füße und sprach die Worte: »Gott sei deiner armen Seele gnädig.« Er folgte damit einer uralten Gerichtsgewohnheit, durch welche die Hinrichtung symbolisiert wurde.

Die Verurteilte stand regungslos und gesenkten Hauptes vor den Gerichtsherrn. In ihrem entrückten Zustand hatte sie kaum etwas von alledem wahrgenommen, was um sie herum geschehen war. Ihre Empfindungen waren keine subjektiv menschlichen mehr, vielmehr die Nichtempfindungen eines Objekts.

Jetzt kam die Stunde des Nachrichters: In seinem imposanten Scharfrichtergewand trat er vor die Tribüne und verneigte sich so tief vor den edlen Herren am Richtertisch, dass die farbigen Federn auf seinem Haupt tanzten; seine Knechte folgten in gebührendem Abstand.

»Nachrichter«, so befahl der Reichsvogt lautstark, »bei dem Eid, den ihr der Stadt Costnitz geschworen, übergebe ich euch die Übeltäterin ›an Hand und Band‹. Führt sie gekettet zur Richtstatt und vollzieht dort das gesprochene Urteil.«

Auf einen Wink des Scharfrichters eilten seine Knechte herbei, fesselten die Missetäterin und zerrten sie auf den Armsünderkarren. Dort wartete bereits der junge Priester, um sie auf ihrem letzten Weg zu begleiten und ihr geistlichen Beistand zu leisten. Als sie völlig apathisch neben ihm kauerte, fing er an zu beten.

Recht schnell hatte sich ein Zug formiert, der sich sogleich in Bewegung setzte.

Vorneweg marschierten als bewaffnete Begleitmannschaft, die den Weg durch die Schaulustigen bahnte, Stadtknechte mit Hellebarden und Spießen.

Hoch zu Rosse folgten einige Amtsdiener, die alles zu überblicken und zu überwachen hatten.

Dahinter gingen in festlichen schwarzen Gewändern die Honoratioren der Stadt, vorweg der Bürgermeister Ludwig Appenteger mit dem Reichsvogt Hans Schwaininger, dann Ratsmitglieder, Ratsschreiber und Stadtamann.

Hinter diesen schritt majestätisch der Gerichtsschreiber, demonstrativ ein Bündel Schriftstücke in der Hand – Verhörprotokolle, ›Urgicht‹ und das soeben verlesene Urteil.

Direkt vor dem Hexenkarren trug ein Dominikanermönch in schwarzem Mantel, die Kapuze tief ins Gesicht gezogen, ein großes Kruzifix vor sich her.

Rechts und links wurde das Hexenfuhrwerk von Henkersgehilfen bewacht.

Unmittelbar hinter dem Karren schritt der Nachrichter in seiner pomphaften Aufmachung, sein geliebtes Symbol, das Richtschwert, in seiner Rechten; schon mit seiner Haltung und seiner Aufmachung wies er unzweifelhaft auf die Bedeutung seines baldigen Handelns hin. Hinter ihm kamen weitere Henkersknechte.

In großem Abstand folgte eine beachtliche Zahl von Delegierten der Geistlichkeit – Priester, Mönche, Nonnen – mit Gebeten und frommen Gesängen.

Das Ende des Zuges bildeten die vielen Gaffer vom Fischmarkt, die sich auch auf den Weg zum Richtplatz machten.

Unter dem Geläut der Malefizglocke vom Schnetztor bewegte sich der prozessionsartige Zug vom Fischmarkt zum Kaufhaus, vorbei an Kornhaus und Heilig-Geist-Spital über die Marktstätte zum Obermarkt, durchs Hägelistor hinaus auf den Bruel zum gewaltigen Scheiterhaufen.

Die Hinrichtungsstätte war weiträumig umzäunt. Hinter den Sperrketten hatten sich Stadtknechte mit Spießen und Hellebarden postiert, um das Eindringen in den geschützten Bereich zu verhindern. Jenseits der Absperrungen standen Menschenmassen, dicht gedrängt. Schon seit frühester Morgenstunde waren die Leute herbeigeströmt, um ein gutes Plätzchen zu ergattern. Das schöne Sommerwetter hatte noch ein Übriges zu dieser großen Zahl von Schaulustigen beigetragen.

Hier herrschte seit Stunden ausgelassene Volksfeststimmung: Musikanten spielten auf, Straßenkünstler boten ihr Bestes, hier Radschläger, dort Feuerschlucker und Tänzer. Spieltische waren aufgebaut, Bettler schlichen, Mitleid heischend, von Mann zu Mann. Selbst ein Zahnbrecher, der seine Arbeitsgerätschaften auf einem kleinen Karren mitführte, hatte Kundschaft. Ringsherum war ein Durcheinander von Gerede, Grölerei, Gezeter und Geschrei.

Dieser Lärm, dieses Stimmengewirr verebbte auch nicht, als sich der traurige Zug seinen Weg langsam durch die Menschenmassen bahnte.

Die Würdenträger, der Armsünderkarren, der Scharfrichter und seine Knechte wurden durch die Absperrung geschleust.

Die vielen Menschen, die dem Zug vom Rathaus her gefolgt waren, gesellten sich zu den schon lange hier an der Richtstätte Wartenden und komplettierten das Menschengewimmel.

Der Lärm, die Musik, Singen, Lachen, Schreien, Rufen und Kreischen standen auf ihrem Höhepunkt, als der durchdringende Ruf »Stille!« erschallte, mehrfach, und zwar so oft, bis er auch zu den letzten Reihen der Gaffer durchgedrungen war.

Nachdem endlich Ruhe eingetreten und nur noch das Bimmeln der Armsünderglocke vom Schnetztor zu hören war, trat der Reichsvogt hervor und rief: »Ich befehle dem Nachrichter, seines Amtes zu walten und zu richten, so wie im Urteil erkannt!«

Nun war der Zeitpunkt gekommen, an dem das Volk das zu sehen bekam, was es sehen wollte, wofür der eine oder andere eine große Strecke hinter sich gebracht hatte: das Schauspiel der Verbrennung einer Hexe.

Der Scharfrichter selbst legte kaum Hand an, er gab lediglich die entsprechenden Anweisungen an seine Gehilfen. Diese zerrten die Verurteilte vom

Armsünderkarren herab, schleppten sie über eine Bretterbrücke auf den Scheiterhaufen, setzten sie auf einen an den Holzstamm gelehnten Holzstuhl, banden ihre Hände hinter dem Pfahl zusammen und stülpten ihr eine Haube über den Kopf.

Sybille ließ alles willenlos über sich ergehen, immer noch wie in Trance, weit entfernt, weltabgerückt. Die lauten Gebete des jungen Priesters in ihrer Nähe drangen wie aus weiter Ferne an ihr Ohr.

Nunmehr wurden mehrere Pechfackeln entzündet und an verschiedenen Stellen in das dürre Reisig gesteckt. Sofort loderten die Flammen hoch.

Nur kurz konnte man sehen, wie sich der Oberkörper der Delinquentin in der unerträglichen Hitze aufbäumte und wand, denn schnell verhinderten dichte Rauchschwaden weitere Sicht.

Aber das Stöhnen und schreckliche Husten konnten selbst die weit entfernt Stehenden noch vernehmen – und dann die grässlichen Schreie, Todesschreie der Erstickenden. Aber nicht lange, denn das Ende kam schnell.

Immer noch ertönten laute Gebete der Geistlichen.

Ansonsten herrschte Totenstille, nur das Prasseln des Feuers war weithin zu hören.

Nach einiger Zeit trat der Scharfrichter auf den Reichsvogt zu und fragte – entblößten Hauptes und erhobenen Schwertes – mit weit hallender Stimme, ob er recht gerichtet habe.

»Du hast wohl gerichtet nach Urteil und Recht. Du hast den Frieden und sicheres Geleit«, war die vernehmliche Antwort des Reichsvogts. Hiermit war gerichtlich festgestellt, dass der Nachrichter seinen Lohn für die Hinrichtung verdient hatte und unter den Schutz des Gerichts gestellt war.

Mit diesen letzten Worten des Reichsvogts war die Hinrichtung der Sybille Zwingenstein nun auch amtlich abgeschlossen.

Der Scharfrichter befahl zweien seiner Knechte, auf dem Richtplatz zu verharren und über die Glut bis zu deren Erlöschen zu wachen.

Als letzter Akt der Vollstreckung wurde die Asche der Verbrannten dann später in den Rhein gestreut.

Damit war die Verbrecherin Sybille Zwingenstein wegen ihrer abscheulichen Tat der Hexerei durch die drei Urgewalten endgültig vom Erdboden vertilgt: Das *Feuer* verzehrte das Böse, der *Wind* trug den Rauch und das ihm immanente Böse in die Ferne, und das fließende *Wasser* schwemmte die Asche und damit die letzten Reste des Bösen fort.

Epilog

Hinrichtungen von Hexen und Zauberern gab es zu allen Zeiten. Schon bei 2. Mose 22,18 heißt es: »Zauberinnen sollst du nicht leben lassen.«
Gegenstand dieses Buches war allein die Hexenverfolgung im späten Mittelalter und zum Beginn der Neuzeit.

Die frühesten Hexenprozesse wurden vor allem im heutigen Schweizer Raum geführt; man nennt hier das Jahr 1428. In den nördlichen Regionen des Bodensees war das erste Verfahren gegen eine Hexe in Ravensburg im Jahre 1481.

Genaue Zahlen über die als Hexen Verfolgten und Hingerichteten können nicht genannt werden, denn die Dunkelziffer ist groß. In früheren Zeiten ging man von wesentlich höheren Zahlen aus als es in der neueren Hexenforschung der Fall ist. Eine Zahl sei dennoch genannt: Allein in *Mitteleuropa* dürften zwischen dem 15. und 18. Jahrhundert etwa 80.000 Frauen als Hexen vor Gericht gestellt worden sein (in größeren Städten machten die Hexenprozesse etwa zehn Prozent aller Kriminalprozesse aus, der weitaus größte Teil der Hinrichtungen betraf Diebe, Räuber und Mörder). Die Hexenverfolgung wütete aber in *ganz Europa* – und besonders stark in Spanien. Ab dem 17. Jahrhundert kam es auch *jenseits des Atlantiks* zu Hexenprozessen; dort hielten sie sich aber – im Vergleich zu europäischen Dimensionen – in Grenzen.

Die Reformation brachte in Bezug auf die Hexenverfolgungen keine wesentlichen Veränderungen: Hexen wurden in katholischen und protestantischen Gebieten gleichermaßen verfolgt.

Der Hexerei angeklagt waren auch *Männer*, dies jedoch in viel geringerem Umfang; man geht heute von einem Männeranteil von lediglich zwanzig bis fünfundzwanzig Prozent aus.

Hexerei war also ein typisches Frauendelikt.

Der Hexerei bezichtigt waren insbesondere sozial nonkonforme Personen: Landfahrer, Schäfer, Hirten und Totengräber waren es bei den Männern, die am häufigsten in den Verdacht gerieten, Hexer oder Zauberer zu sein, bei den

Frauen waren es vor allem alte Weiber, ungebildete, einfache Frauen, Bettlerinnen, Wirtinnen sowie Hebammen und Frauen, die Kräuterkunde oder Heilwesen betrieben.

Die Hexenverfolgungen verbreiteten sich zwischen dem 15. und 18. Jahrhundert – sowohl zeitlich als auch regional gesehen – nicht gleichmäßig über die Lande, sondern in Verfolgungswellen. Das hatte seinen Grund darin, dass *ein* Hexenprozess wegen der vielen dort erfolgten Denunziationen meist eine große Zahl *weiterer Verfahren* nach sich zog.

Von der großen Zahl der als Hexen angeklagten Frauen kamen am Ende des Prozesses nur etwa fünf Prozent wieder auf freien Fuß, von den männlichen Leidensgenossen waren es immerhin über zwölf Prozent. Man sieht also, dass der Hexenprozess bei Frauen fast immer mit dem Tod endete, sei es, dass sie den Prozess rein körperlich nicht überstanden, sei es durch Todesurteil.

Der letzte Hexenprozess in *Europa* fand 1793 in Polen statt. In *Deutschland* wurde im Jahr 1749 die letzte Hexe verbrannt: eine neunundsechzigjährige Nonne.

Glossar

Zum Titel: *Sigillen* waren *Geheimzeichen*. Sie fanden sich häufig auf Amulettanhängern und in Amulettbriefen, denen magische Kräfte zugeschrieben wurden. Sie galten als mächtige Mittel zur Abwehr des Bösen und zum Schutz des Trägers. Besondere Wirkung entfalteten die Amulette dann, wenn sie aus Liebe geschenkt wurden.

Amulettbriefe waren verstärkt im 15. und 16. Jahrhundert im Umlauf, haben sich allerdings sogar bis ins 20. Jahrhundert hinein gehalten. In alten Zeiten wurden sie handschriftlich gefertigt, wobei der Schreiber meist auf astrologisch günstige Tage oder Nächte achtete. Seit Gutenberg hatte man diese Schutzbriefe dann auch gedruckt.

Zusammengefaltet und in Kapseln oder Ledertaschen verwahrt, trug man die Amulettbriefe in der Regel an einem Band um den Hals und hütete sie als geheim gehaltenes Kleinod. Meist wurde ein in der Nesteltechnik geknüpftes rotes Band verwendet, da ein solches, nach der Auffassung jener Zeit, die Abwehr- und Schutzfunktion der Amulette noch verstärkte.

Die Amulettbriefe mit ihren Sigillen und den hinzutretenden Gebeten, Psalmen und Beschwörungen sollten deren Träger gegen Teufel und Hexen, gegen Feuer, Pest, sonstige Krankheiten und schlimme Vorkommnisse, gegen »ungerechten Tod« und allerhand »Maleficia« schützen.

Derartige Schwarzkunstbriefe wurden von der Kirche bekämpft. Gerade dieser Umstand dürfte – neben dem in jenen Zeiten ohnehin stark ausgeprägten Aberglauben – die heimliche Bewunderung derartiger Amulettbriefe und den Glauben an deren Zauber noch verstärkt haben.

Zum Prolog: HAUPT: 1. Paulusbrief an die Korinther, Kapitel 11, Vers 3; FRAUEN SCHWEIGEN: 1. Paulusbrief an die Korinther, Kapitel 14, Vers 34; UNTERTAN: Paulusbriefe an die Epheser, Kapitel 5, Vers 22, an die Kolosser, Kapitel 3, Vers 18, an Titus, Kapitel 2, Vers 5; so auch 1. Petrusbrief Kapitel. 3, Verse 1 und 5.

Zum Prolog: MOSAISCHER DARLEGUNG: 2. Buch Mose, Kapitel 22, Vers 17: »Die Zauberinnen sollst du nicht leben lassen.«

Zu Kapitel 1: COSTENZ = Konstanz: Die einst wehrhafte Stadt, von zwei Seiten von Wasser umgeben und sonst von Reben umsäumt, hat eine bewegte Vergangenheit. Das begann schon mit dem *Namen*: Zunächst das antike Constantia und dann im Mittelalter, als Sprache und Schreibweise recht willkürlich waren, Costentz, Costannz, Costanze, Costenze, Costnitz.

Bereits zu Zeiten der *römischen Herrschaft* am Bodensee gab es im Bereich des heutigen Münsterhügels mehrere wohl zeitlich getrennte private Siedlungsanlagen und ein Kastell. Constantia lag an der römischen Hauptheeresstraße von Arbon nach Pfyn.

Um das Jahr 600 wurde Konstanz *Bischofssitz* und das Bistum entwickelte sich zum flächenmäßig größten in Deutschland. Im Bereich der ehemaligen römischen Besiedlung wurde auf dem Hügel die erste Bischofskirche errichtet: das der Gottesmutter Maria geweihte Münster. In deren Umfeld entstanden sukzessive Bischofspfalz, Gebäude der Bistumsverwaltung und Domherrenhöfe. Diese »Bischofsburg« war schon früh durch Mauern geschützt.

Zwischen Bischofsburg und Rhein entstand eine Ansiedlung von Handwerkern, Fischern und Bischofshörigen, die »Niederburg«, und ab dem 10. Jahrhundert deren Pfarrkirche St. Johann.

Aus dieser Keimzelle entwickelte sich kontinuierlich ein großes Gemeinwesen.

Die *Verkehrslage* von Konstanz war günstig, lag man doch an der alten Römerstraße, vor allem aber an der großen Handelsstraße nach Italien, der Verbindung von Norden über die Alpen, die immer wichtiger wurde. Aber auch die Schifffahrtswege spielten eine recht bedeutende Rolle. Daher ist es nicht verwunderlich, dass sich in Konstanz der Handel zu einem bedeutsamen Faktor entwickelte. Bereits im frühen 10. Jahrhundert entstand ein *Markt* bei der Pfarrkirche St. Stephan. Im 13. Jahrhundert folgten zwei weitere Märkte: der Obermarkt sowie die Markstad, die heutige Marktstätte, ein Gelände, das zum Teil dem See abgerungen worden war. Einen Höhepunkt in der Entwicklung zu einer *bedeutenden Handelsstadt*, vor allem in Bezug auf den Fernhandel, bildete der Bau des Kaufhauses im Jahre 1388. Um 1400 war Konstanz wirtschaftlich ein Schwerpunkt des quer durch Europa laufenden Fernhandels.

Die Stadt am See wuchs kontinuierlich, so dass mehrfach erweiternde Ummauerungen erforderlich wurden. Im Spätmittelalter lebten hier, zusammen mit den Vororten Stadelhofen, Paradies und Petershausen, etwa *6000 bis 8000 Einwohner*. Damit gehörte die Reichsstadt am See zwar nicht zu den mittelalterlichen Großstädten wie Frankfurt, Straßburg, Nürnberg oder Augsburg, jedoch schon zu den größeren Mittelstädten.

Auch in Konstanz war der *Bischof* zugleich der *weltliche Herr* der Gemeinde. Ihm oblag die Herrschaft mit Niedrig- und Hochgerichtsbarkeit, an ihn waren die Steuern zu entrichten.

Das wirtschaftliche Erstarken der Bürger hatte deren Anspruch auf politischen Einfluss zur Folge, der schließlich um das Jahr 1212 herum durch die Einsetzung des *Rates als Selbstverwaltungsorgan der Bürgerschaft* realisiert wurde.

In den Machtverhältnissen zwischen Bischof und Rat gab es ständige Auf- und Abwärtsbewegungen, die letztendlich zugunsten der Bürgerschaft endeten. Ein eigenes Stadtschreiberamt im Jahr 1260 und ab 1308 ein Bürgermeister, der durch den Rat bestellt wurde, verstärkten die Position der bürgerlichen Selbstverwaltung erheblich.

Als Bischofsstadt gehörte Konstanz auch zum Reichskirchengut und stand damit nicht nur unter der Gewalt des Bischofs, sondern auch unter der des *deutschen Königs,* was sowohl durch viele Königsaufenthalte als auch durch Reichstage in den Mauern dieser Stadt dokumentiert wurde. Die bürgerliche Selbstverwaltung nutzte diese Verbindung zum König zuweilen recht geschickt zulasten des Bischofs, so etwa 1192, als Kaiser Heinrich VI. die Stadt von bestimmten bischöflichen Steuern befreite. Im 14. und 15. Jahrhundert trat der Status von Konstanz als *Reichsstadt* immer stärker in den Vordergrund. Ständiger Vertreter des Königs in der Stadt war der Reichsvogt.

So war die Herrschaft in Konstanz zunächst geteilt zwischen Bischof und König; beiden gegenüber wurde der Bürgereid geleistet. Sehr deutlich kam diese Herrschaftsteilung auch in der Steuerliste von 1241 zum Ausdruck, wonach die von der Stadt zu entrichtende Steuer Bischof und König je hälftig zufloss.

Allmählich befreite sich die Stadt von der bischöflichen Herrschaft, so dass sie schließlich als Reichsstadt im Rahmen ungeschriebener königlicher Verfassung, die aber weitestgehend Spielräume ließ, die plenitudo potestatis, also die Fülle aller Gewalten innehatte. Modern gesprochen: Konstanz war ein *eigenes Staatswesen*, das sich seine Gesetze gab, eine eigene Verwaltung hatte, Gericht hielt, eigene Münzen prägte, seine eigene Außenpolitik verfolgte – in deren Rahmen Verträge mit anderen Städten und Bünden abschloss – und Kriege führte sowie eine eigene Wirtschaftspolitik betrieb. Im Alltag äußerte sich diese in einer Vielzahl wirtschaftspolitischer Maßnahmen, etwa durch viele gewerbepolizeiliche Satzungen, vor allem aber durch Entscheidungen von großer wirtschaftlicher Tragweite, wie etwa der Bau des Kaufhauses.

Alle diese Aufgaben oblagen allein dem *Rat* der Stadt, sei es dem kleinen, bei dem der Schwerpunkt alltäglicher Arbeit lag, oder dem großen. Letzterer wurde nur einberufen, wenn der kleine Rat dies für erforderlich hielt, was in der Regel bei wichtigen politischen und wirtschaftlichen Entscheidungen der Fall war. Bei der Hochgerichtsbarkeit, also dem Gericht über Leben und Tod, führte der Reichsvogt als Repräsentant der Reichsautorität den Vorsitz beim Rat. Eine Gewaltenteilung im heutigen Sinne gab es damals noch nicht.

Mit dem Erstarken des Rates entbrannte der Kampf um die politische *Vorherrschaft* in diesem zentralen Organ der bürgerlichen Selbstverwaltung zwischen den zwei großen ständischen Gruppierungen: dem Patriziat und der Gemeinde.

Das *Patriziat*, der Stadtadel, trug in Konstanz die Bezeichnung *Geschlechter*. Nach ihrem Gesellschaftshaus nannte man sie auch die »Gesellschaft zur Katz«. Zahlreiche Mitglieder dieser Gesellschaft besaßen die Ritterwürde. Zu diesen Geschlechtern gehörte zunächst das ältere Patriziat, das aus der bischöflichen Stadtministerialität hervorging. Hinzu kam das jüngere Patriziat, vorwiegend Kaufleute, die schon im früheren Mittelalter Handel betrieben, was zur Hauptquelle ihres Reichtums und ihrer Macht wurde. Die Zusammenkünfte der Geschlechter waren Glanzpunkte des gesellschaftlichen Lebens in Konstanz, vor allem die Tanzveranstaltungen, die Gastgelage, aber auch Turniere und Gesteche. Selbst der Bischof war manchmal zu Gast – sogar der Kaiser. Bis in die Mitte des 14. Jahrhunderts hinein hatten die Geschlechter die uneingeschränkte politische Führung.

Die Handwerkerschaft war zunächst an der Stadtherrschaft nicht beteiligt. Diese gesellschaftliche Schicht erreichte im Jahre 1342 jedoch durch einen Aufstand die Befugnis zur Bildung von *Zünften* und somit die Anerkennung einer Organisation zur Regelung ihrer gewerblichen Angelegenheiten. Zunächst auf den Status einer bloßen Ratsbeaufsichtigung beschränkt, erreichten die Zünfte schließlich 1370 eine paritätische Zusammensetzung des kleinen und des großen Rates durch Geschlechter einerseits und Vertreter der neunzehn Zünfte andererseits; im Jahr 1393 kam es sogar zu einer Zweidrittelmehrheit der Zünfter. Eine tiefgreifende Verfassungsänderung erfolgte durch König Sigismund nach dem Zunftaufstand von 1429/30: Die Zünfte wurden entmachtet, ihre Zahl wurde halbiert und in den beiden Ratsgremien wurde ihnen, wie in vergangenen Zeiten, lediglich noch die gleiche Mitgliederzahl zugestanden wie den Patriziern.

Was die *Vermögensverhältnisse* der Einwohner von Konstanz betraf, zeigte sich ein enormes Sozialgefälle. Die patrizischen Geschlechter besaßen mehr Vermögen als 9/10 der Gesamtbevölkerung. Aber auch innerhalb der Zünfte gab es große soziale Unterschiede. So gehörten etwa Goldschmiede, Krämer, Metzger und Bäcker in der Regel zu den Wohlhabenderen, während Weber, Zimmerleute, Fischer, Rebleute und Schneider sich oft in wirtschaftlich prekärer Situation befanden.

War das Mittelalter bereits im Allgemeinen schon durch *kirchliches Leben* geprägt, so galt dies für Konstanz als Bischofsstadt in besonderem Maße. Dies bezeugen die überdurchschnittlich vielen Kirchen, Klöster, Stifte und sonstigen kirchlichen Institutionen. Auf engem Raum befanden sich im Spätmittelalter neben dem Marienmünster mit Mauritiuskapelle, der Bischofskirche, die Pfarrkirche St. Stephan, St. Johann in der Niederburg, die Ratskapelle St. Lorenz am Obermarkt und St. Paul, die Augustinerkirche und in späterer Zeit die Kapelle St. Jodok-St. Jost in Stadelhofen sowie das Gotteshaus in Petershausen. Der Konstanzer Bischof sorgte im 13. Jahrhundert für die Niederlassung von drei Bettelordensklöstern, die am Rande der Stadt angesiedelt wurden. Das waren im Jahre 1236 zunächst die Dominikaner, die auf der Insel ein gewaltiges Kloster errichteten; sie wurden die »Prediger im Rin (Rhein)« genannt. Vier Jahre danach kamen bereits die Franziskaner, »die Barfüßer«, die ihr Kloster zwischen der Pfarrkirche St. Stephan und der Stadtmauer erbauten. 1268 schließlich hatten sich die Augustiner-Eremiten beim Rindermarkt nahe der Stadtmauer niedergelassen. Neben den Chorherren der Bischofskirche gab es die beiden Stifte bei St. Stephan und bei St. Johann. Und auch was klösterliches Zusammenleben von Frauen angeht, gab es in Konstanz einige Frauensammlungen, von denen zwei erwähnt seien: die Dominikanerinnen von Zoffingen und die von St. Peter an der Fahr. Von Bedeutung waren auch die zahlreichen Stadthöfe auswärtiger Klöster, so die der mächtigen Abteien Salem und Reichenau, der Klöster Münsterlingen und Paradies bei Schaffhausen sowie der Deutschordenskommende Mainau. »Extra muros«, unmittelbar außerhalb der Stadtmauer angesiedelt, fanden sich das Benediktinerkloster in Petershausen sowie der Pflegeorden der Antoniter und das Schottenkloster, das die Kelten von der Insel Irland (man nannte diese im Mittelalter Schotten) als Niederlassung für ihre Wallfahrten nach Rom gegründet hatten.

Was die *wirtschaftliche Situation* von Konstanz anging, so war schon seit dem 12. Jahrhundert die *Leinwand* – später auch Barchant (ein Baumwoll-Leinen-Gemisch) – von entscheidender Bedeutung. Die Konstanzer Fernhandelskaufleute lieferten diese nicht nur in den Süden in die verschiedensten Regionen Italiens, vor allem nach Mailand, Venedig und Genua, sondern auch nach dem europäischen Südosten, ebenso nach Spanien, vor allem nach Barcelona, auch nach Süd- und Nordfrankreich, nach Flandern sowie in die Ostseeländer. Die Leinwand, wichtigste Exportware des *gesamten* Bodenseegebietes, war im Mittelmeerraum generell als *Tela di Constanza* bekannt – das Konstanzer Leinwandzeichen war renommiert. Das hatte durchaus seinen Grund, denn Konstanzer Leinwand wies eine hohe Qualitätsstufe auf. Dafür sorgten strenge Bestimmungen und die scharfe Aufsicht des Rates: Es fanden öffentliche Qualitätskontrollen in den verschiedenen Herstellungsstufen, vom Garn bis zum rohen, gebleichten und gefärbten Tuch, statt. Diese Überprüfungen erfolgten durch vereidigte städtische »Beamte«, die sogenannten Leinwandschauer, die unnachsichtig ihres Amtes walteten. Hatte das Tuch nicht die richtige Provenienz, nicht die geforderten Dimensionen, nicht die notwendige Zahl von Fäden oder andere Mängel, so wurde es durch Zerschneiden unbrauchbar gemacht und der Hersteller bestraft. Korrekte Leinwand wurde mit einer die Qualitätsstufe bezeichnenden Marke versehen.

Im 14. und 15. Jahrhundert kam zu dem Export von Leinwand der von Seewein hinzu; dieser beschränkte sich allerdings auf den südwestdeutschen Raum. Damit sind die bedeutsamsten Quellen genannt, aus denen sich der Reichtum der etwas über 100 sehr wohlhabenden Konstanzer Bürger speiste. Die meisten dieser Reichen gehörten den Geschlechtern und nur ein geringer Teil den Zünften an.

Konstanz war nicht nur das bedeutendste Handelszentrum des Bodenseeraumes, sondern spielte darüber hinaus eine große Rolle im gesamten Wirtschaftsleben Oberdeutschlands und war dort eine der wohlhabendsten Städte.

So etwa gegen die Mitte des 15. Jahrhunderts schwand die wirtschaftliche Bedeutung der Reichsstadt an See und Rhein allmählich dahin. Dies hatte vor allem drei Gründe:

Der Thurgau, jahrhundertlang Rückhalt für Produktion und Handel für das Zentrum Konstanz, war im Jahr 1460 an die Eidgenossen gefallen; damit hatte Konstanz sein wichtiges Hinterland verloren.

St. Gallen lief der Stadt Konstanz den Rang als Leinwandmetropole ab.

Im Inneren beeinträchtigten politische Machtkämpfe zwischen Geschlechtern und Zünften das wirtschaftliche Florieren des Gemeinwesens.

Einmal rückte *Konstanz* sogar in den *Mittelpunkt der Welt- und Kirchenpolitik,* und zwar beim Reichs- und Kirchenkonzil von 1414 bis 1418, das König Sigismund dorthin berufen ließ. Dies war der größte Kongress des europäischen Mittelalters und bis heute das einzige Kirchenkonzil auf deutschem Boden. Jenes weltgeschichtliche Ereignis machte die Stadt Konstanz fast vier Jahre lang zum geistigen, weltlichen und politischen Zentrum des Abendlandes und bildete somit den Höhepunkt der Konstanzer Geschichte.

Zu Kapitel 1: Kaufhaus: Der Bau des riesigen Gred- oder Kaufhauses, noch heute neben dem Münster ein Wahrzeichen der Stadt Konstanz, hatte insbesondere folgende Gründe: Die alten Lagerhäuser reichten nicht mehr zur Unterbringung der mit Schiffen angelandeten Waren aus. Die Handelsbeziehungen mit Italien, speziell mit Mailand, wurden immer intensiver, vor allem durch den Ausbau des Septimerpasses für den Wagenverkehr.

So beschloss der große Rat der Stadt Konstanz im Jahr 1387, dass »man ein Hus machen soll, darinnen man den Handelsfründen von Mailand und anderen frömden Lüten ihr Gut inne besorge und behalt«, also deren Waren lagert.

In der außerordentlich kurzen Bauzeit von drei Jahren wurde das gewaltige Bauwerk von Meister Arnold, einem Zimmermann, direkt am See errichtet. Die wehrhaft starken Mauern der beiden unteren Geschosse wurden als festes Bollwerk in die Stadtmauer integriert. Darüber hinaus ragte ein mit Brettern verschaltes Fachwerkgeschoss mit imposanten Erkerausbauten, und alles wurde schließlich überdeckt von einem mächtigen Walmdach.

Das Kaufhaus hatte eine Vielzahl von Funktionen: Es war verbindlich vorgeschriebenes Lager- und Stapelhaus sowie Zollstelle. Das bedeutete, dass alle Kaufmannswaren, gleichgültig, ob von Schiffen ausgeladen oder durch die Tore der Stadt gerollt, ins Kaufhaus kamen. Dort waren dann die Zölle und Abgaben zu leisten. Darüber hinaus war es auch Verkaufsort für Händler, die dort abschließbare »Gaden« (Bretterverschläge) gemietet hatten, wo sie ihre Produkte feilhielten. Schließlich war das Kaufhaus auch die Stelle gewerbepolizeilicher Aufsicht. Hier befanden sich die Normalmaße und Normalgewichte gängiger Art sowie die große Waage. Dort wurde auch die Leinwandschau durchgeführt, das heißt, die Leinwand wurde dort der Qualitätsprüfung durch die Leinwandschauer unterzogen.

Mannigfaltigste Waren wurden im Kaufhaus gelagert und verkauft, neben den üblichen Nahrungsmitteln auch Mandeln, Feigen, Salz, Pfeffer, Ingwer, Wein aus dem Rheinland, Italien und Frankreich, englische Wolle, Tuche aus Brabant, Textilien aus der Lombardei und Venedig, Wachs, Papier, Eisen und Kupfer, um nur einige Beispiele zu nennen.

Verantwortlich für das Ganze war der »Hausherr«, der vom Rat eingesetzt und vereidigt wurde. Er hatte eine ansehnliche Zahl von Mitarbeitern, wie etwa den Schreiber, den Salzmeister, mehrere Frauen als Gehilfinnen für die Händler sowie zahlreiche »Trögel«, wie die Knechte für das Entladen der Schiffe und für den Warentransport bezeichnet wurden.

An diesem großen Umschlagplatz sollte der gesamte Handel heimischer und fremdländischer Erzeugnisse gesteuert und zentralisiert werden. So war das Kaufhaus über Jahrhunderte hinweg der Mittelpunkt des Konstanzer Wirtschaftslebens und der gesamten Region.

Heute ist das Gelände um das Kaufhaus herum aufgeschüttet und als schöne Hafen- und Stadtgartenanlage gestaltet. Im Gebäude selbst ist seit vielen Jahren eine Gaststätte; überdies dient es der Abhaltung von Kongressen, Konzerten, Festen und Feierlichkeiten.

Das Kaufhaus von Konstanz pflegt heute *Konzil* genannt zu werden. Historisch gesehen ist diese Bezeichnung falsch, denn dort wurde keine einzige der insgesamt 45 Kirchenversammlungen abgehalten; diese fanden alle im Münster statt. Im Kaufhaus war lediglich das Konklave vom 8. bis 11. November 1417, wo Kardinal Otto von Colonna als Papst gewählt wurde, der sich nach dem Tag seiner Wahl, dem Martinstag, Martin V. nannte.

Zu Kapitel 1: Petershauser Tor: Dieser wehrhafte Turm im Norden der Stadt, ab 1492 Rheintorturm genannt, war mit Wächtern besetzt und diente auch als Gefängnis, genauso wie einige weitere Stadttürme.

Zu Kapitel 1: Schwarzes Horn: Die Häuser trugen zu ihrer Kennzeichnung in jener Zeit keine Nummern, sondern Namen, zum Teil recht stolze und exotische.

Zu Kapitel 1: MARKSTAD: Markstad = Markisstaad = Margitstad = die heutige Marktstätte. Stad = Gestade, also Uferland. Die Bezeichnung ist einleuchtend, denn es handelt sich bei diesem Gebiet um Auffüllland. Etwa fünfzig Prozent der Fläche der Stadt Konstanz bestand aus Landgewinnung.

Zu Kapitel 1: RHETORIK: Aus der Antike übernommen, ging der mittelalterliche Begriff der Rhetorik weit über das, was wir heute im Sinne von »Redekunst« darunter verstehen, hinaus. Dahinter stand ein vollständiges Weltbild, letztlich die Erkenntnis, dass alle Dinge zwei Seiten haben, und es – im Gegensatz zur Auffassung der Ontologie – keine Sicherheit einer endgültigen Wahrheit gebe. Mit der »Kunst der Überredung« galt es, zur wahren Erkenntnis zu kommen. Nach der Überzeugung der Rhetorik sollten *Verstand und Gefühl* eingesetzt werden, um zu diesem Ziel zu gelangen. Rhetorik unterschied sich hierdurch von der späteren Philosophie der »Aufklärung«, die allein auf die Vernunft setzte.

Zu Kapitel 1: DOMINIKANER-MÄNNERKLOSTER: heute das Inselhotel.

Zu Kapitel 1: SKAPULIER: ein über die Schultern getragener Überwurf über das eigentliche Ordensgewand, der aus zwei bis fast auf den Boden reichenden Tüchern über Brust und Rücken besteht.

Zu Kapitel 1: LESEN, SCHREIBEN: Von der Stadtbevölkerung waren in jener Zeit nur etwa fünf Prozent des Lesens und Schreibens kundig. Auf dem Land war das Analphabetentum naturgemäß noch wesentlich ausgeprägter.

Zu Kapitel 2: STEINERNE, MIT ZIEGELN GEDECKTE WOHNHÄUSER: Diese waren nur reichen Leuten vorbehalten, was für Stadt und Land gleichermaßen galt. Die Holzhäuser der nicht so wohlhabenden Schichten waren in der Regel mit Stroh oder Schindeln gedeckt. Bauernhäuser auf dem Land waren gewöhnlich aus Holz gebaut.

Zu Kapitel 2: ZUNFT - TRINSTUBE: Zünfte waren genossenschaftliche Interessenvertretungen der einzelnen Gewerbe.
Zunächst hatten die Zünfte eine Überwachungsfunktion in Bezug auf Ausbildung, Produktion und Handel ihrer Mitglieder.

Darüber hinaus kamen ihnen soziale Aufgaben zu, insbesondere bei Todes-
fällen und Krankheiten ihrer Mitglieder und deren Angehörigen. Daher war
es wichtig, wohlhabende Mitglieder in den eigenen Reihen zu haben, und so
ist es verständlich, dass man deren Abwanderung zu verhindern versuchte.
Das war auch in Konstanz der Fall, wo der Wechsel eines reichen Zunftmit-
gliedes zu den Geschlechtern vermieden werden sollte.
Nur Zünfter durften ihr Gewerbe ausüben, in der Regel nur Männer.
Zünfte übernahmen auch wichtige Aufgaben zum Wohl ihrer Städte, etwa die
Organisation von Feuerlösch-, Wach- und Militärdienst.
Die Trinkstuben der Zünfte spielten eine bedeutsame Rolle im gesellschaft-
lichen Leben einer Stadt.

Zu Kapitel 2: THURGAUZUNFT: Dies war die reichste und angesehenste Bür-
gerzunft von Konstanz. Mitglieder waren: Kaufleute, Goldschmiede, Maler,
Tuchscherer und Bildhauer.

Zu Kapitel 2: STUBE: Die Stube befand sich in den *Bürgerhäusern* in der
Regel im ersten Obergeschoss zur Straße hin. Sie war der Mittelpunkt des
familiären Lebens und diente dem täglichen Aufenthalt. Meist war sie mit
einer Heizung versehen, häufig mit einem Kachelofen, der von der Küche
aus beheizt wurde. Obwohl meist spärlich möbliert, war es gerade die Stube,
in der wohlhabende Bürger ihre gehobene Wohnkultur zur Schau stellten, sei
es durch feines Schnitzwerk, Einlegearbeiten, Wirkteppiche oder Malereien
an der Wand sowie durch Geschirr aus Zinn oder gar Edelmetall auf Wandborden.
Die Stuben waren meist zwei bis drei Fuß niedriger als die übrigen Räume.
Diese Abhängung erfolgte deswegen, weil so der Raum besser und schneller
beheizt werden konnte.

Zu Kapitel 2: WÄRME: In jener Zeit herrschte ein Kampf gegen die Kälte.
Einfache Leute mussten sich in der Regel mit der Wärme des Herdfeuers
begnügen. Daher spielte sich das Leben der meisten Menschen in der Küche
ab. Reichere Familien hatten einen Kachelofen in der Stube, aber auch ihre
Schlafkammern blieben häufig kalt.

Zu Kapitel 2: GEDECKE: Es fällt wohl auf, dass keine *Essgabeln* aufgedeckt
waren. Diese gehörten nämlich im Mittelalter nicht zum Bestecksatz. Zwar

waren Gabeln schon den Römern bekannt, wurden aber erst im 17. Jahrhundert ins Essbesteck aufgenommen. Das hatte seinen Grund darin, dass die Römische Kirche die Gabel als Teufelswerkzeug ansah und daher den Bann über sie verhängt hatte. In diesem Sinne verurteilte auch die Heilige Hildegard von Bingen (1098–1179) eine Gabel »als Verhöhnung und Verärgerung Gottes durch Benutzung des teuflischen Instrumentes statt der Finger, um die Mäuler zu stopfen«.

Hildegard von Bingen war sicherlich keine zurückgebliebene, sondern eine selbstständig denkende, hochintelligente Frau, eine Lichtgestalt ihrer Zeit, häufig als Wundertäterin Deutschlands bezeichnet. Sie war eine überragende Theologin, eine vom Papst anerkannte Seherin, war bekannt als Klostergründerin, hervorragende und reiselustige Äbtissin, politisch außerordentlich interessierte und aktive Frau, als Verfasserin von geistlichen, insbesondere von mystischen Werken, aber auch von naturkundlichen und medizinischen Schriften sowie – aufgrund ihres tiefen Kräuterwissens – von praktischen Anweisungen für die Diät- und Küchenpraxis. Selbst so ein universeller Geist, so eine begnadete Frau, wie es sie selten im Mittelalter gab, sah in der Gabel ein Teufelswerkzeug.

Wegen dieser kirchlichen Ächtung der Gabel war es im Mittelalter üblich, das Fleisch mit einem Messer in mundgerechte Stücke zu zerschneiden. Dies geschah auf einem Stück Brot, dem sogenannten Tellerbrot, im späteren Mittelalter dann, vor allem bei den Wohlhabenden, auf einem Teller. Die so zerkleinerten Teile wurden mit den Fingern zum Munde geführt.

Aus diesen Gründen wurden die Hände häufig gewaschen, nicht nur vor dem Essen, sondern erforderlichenfalls auch nach jedem Gang. Das Wasser entnahm man Aquamanilen. Diese Behälter standen auf den Speisetischen oder waren an Wänden in Stuben oder Küchen fixiert. Bei den Reichen waren dies meist kunstvoll verzierte Geräte.

Zu Kapitel 2: TRACHTEN: Alle Speisen einer jeweiligen Tracht (= Aufgetragenes) wurden gleichzeitig aufgetischt. Dabei ging es – im Gegensatz zu den heutigen, gut aufeinander abgestimmten und nacheinander folgenden Gängen – um mehrere, innerhalb einer Tracht *willkürlich* zusammengestellte Einzelspeisen: Süßes stand neben Saurem, Salzigem und Scharfwürzigem. Bei der Anzahl der Einzelspeisen gab es keine Beschränkung. Je wohlhabender der Gastgeber und je größer die Feierlichkeit, desto mehr Speisen wurden im Rahmen einer Tracht aufgetragen. Sozialprestige spielte hier eine große Rolle.

Normalerweise gab es drei Trachten, vor allem bei den Bürgern. Bei ganz großen Festen wurden allerdings zwölf und mehr Trachten angeboten, auch schon einmal über mehrere Tage hinweg verteilt.

Zu Kapitel 2: WEIN: Im Mittelalter wurde viel Alkohol getrunken: Met, Bier und Wein. Das war nicht nur beim Adel und bei Wohlhabenden der Fall, sondern auch in breiteren Schichten der Bevölkerung, soweit man es sich dort nur irgendwie leisten konnte. In der Literatur zum Mittelalter ist zum Teil sogar von regelrechter Trunksucht die Rede. Sicherlich war das in gewisser Weise auf die stark gewürzten Speisen zurückzuführen. Auch die Frauen waren durchaus trinkfest.

Folgender Beleg mag die Trinkgewohnheiten charakterisieren: Pfründner im Spital – in der Regel also ältere Menschen – erhielten pro Tag einen bis anderthalb Liter Wein. Selbst wenn dieser mit Wasser vermischt worden sein sollte, ist diese Zahl doch recht beeindruckend.

Zu Kapitel 2: HERRENSPEISE – FESTTAGS- UND ALLTAGSSPEISE – FASTENTAG: Die sozialen Unterschiede spiegelten sich natürlich auch in den Essgewohnheiten wider. Der *Herrenspeise* der Wohlhabenden stand die Speise der einfachen Bevölkerung gegenüber. Symbol der Herrenspeise war Fleisch, zu einer Mahlzeit meist mehrere Sorten und in verschiedener Gartechnik zubereitet. Typische Mahlzeiten der armen Leute waren dunkles Brot und Mus, ein Brei, in der Regel aus Getreide, zum Teil auch aus Gemüse.

Neben der Differenzierung nach sozialen Schichten gab es eine weitere Unterscheidung der angebotenen *Speisen nach dem Kirchenkalende*r. Ungefähr 140 Tage im Jahr waren *Fastentage*, die strengsten davon waren die 40 Tage vor Ostern, dazu kamen zwei Tage pro Woche und noch einige weitere religiöse Feiertage. Art und Umfang des Fastens waren nicht zu allen Zeiten des Mittelalters gleich. Die Spannbreite ging hierbei von der rigorosesten Form der Verweigerung jeglicher Nahrungsaufnahme bis hin zum bloßen Verzicht auf das Fleisch von Vierfüßlern, oder generellen Verzicht auf tierische Produkte, wie etwa Milch, Quark und Käse. Die Übergänge waren dabei fließend.

Im Gegensatz zur Fastenspeise stand die *Festtagsspeise*. Hier ging es vielfach bis an die Grenze der Völlerei – oder gar darüber. Auch bei der ärmeren Bevölkerung waren vor allem Weihnachten, Ostern, Pfingsten und Christi Himmelfahrt Tage, an denen man sich ein üppigeres Mahl, meist auch einmal mit Fleisch, gönnte, hatte man doch hierauf einige Zeit vorher schon gespart.

Zu Kapitel 2: GEWALT: Dies ist ein wichtiger mittelalterlicher Begriff aus dem Familienrecht. Die Gewalt des Ehemannes bezog sich auf den gesamten Hausstand.

Die Gewalt des Ehemannes über die Ehefrau = die Ehevogtei = die ehemännliche Vormundschaft sowie die väterliche Gewalt wurden zu Zeiten dieses Romans nicht mehr als ein absolutes Herrschaftsverhältnis, eine eigentumsartige Gewalt des Ehemannes und Vaters über Ehefrau und Kinder aufgefasst, sondern als ein Schutz- und Vertretungsverhältnis.

Zur *Gewalt des Ehemannes*: Nach *außen* hin musste der Mann seine Frau verteidigen, ihr »als rechter Vogt« vor Gericht, also beim Rat der Stadt, beistehen. Das Bürgerrecht der Frau richtete sich nach dem des Mannes; gab er es auf, so verlor sie es auch. Entsprechendes galt für den Wohnsitz. Lief die Frau ihm weg, so wurde sie aus der Stadt verbannt. Wurde er der Stadt verwiesen, so musste sie ihm folgen.

Die Wirkungen der Gewalt nach *innen* kamen vor allem im Züchtigungsrecht des Mannes zum Ausdruck. Dieses Recht war allerdings auf die Fälle beschränkt, in denen sich die Frau etwas zuschulden kommen ließ. Willkürliche Züchtigung war verboten. In solch einem Fall konnte die Frau den Rat anrufen und eine Bestrafung des Mannes herbeiführen. Umgekehrt hingegen stand der Frau kein Züchtigungsrecht gegenüber dem Ehemann zu. Das hätte dem System ehemännlicher Vormundschaft völlig widersprochen und insofern eine Schmach für das gesamte männliche Geschlecht dargestellt.

Vermögensrechtlich bedeutete die ehemännliche Vormundschaft, dass der Ehemann das Vermögen seiner Ehefrau – Frauen waren durchaus vermögensfähig – in seinen Besitz nahm, es verwaltete, die Nutznießung daran hatte und über ihre Fahrnis frei verfügen konnte. Als Korrelat hierzu hatte er alle Lasten des ehelichen Lebens zu tragen.

Zur *väterlichen Gewalt*: Sie entsprach in vielen Punkten der Gewalt des Ehemannes über seine Frau: Wohnsitz und Bürgerrecht der Kinder folgten dem ihrer Väter. Dem Vater stand zudem das Züchtigungsrecht zu. Die Kinder waren vermögensfähig. Das Vermögen wurde vom Vater in Besitz genommen und verwaltet, und er zog die Nutzungen daraus. Ihm stand das Verfügungsrecht zu, und er hatte die Kinder gerichtlich zu vertreten. Den Vater traf die Alimentationspflicht: »Ain vatter sol sinem kind muß und brot geben.«

Zu Kapitel 2: HEIMSTEUER: Die Heimsteuer entspricht in etwa dem, was man heute als Aussteuer bezeichnen würde.

»Haimstur« wurde in Konstanz jenes Gut genannt, das die Braut anlässlich der Eheschließung von ihrem Elternhaus erhielt, zumeist von ihrem Vater. In früheren Zeiten umfasste die Heimsteuer lediglich typische Frauengegenstände wie Kleidung und Schmuck, im Spätmittelalter auch andere Fahrnis, auch Geld und sogar Liegenschaften.

Zu Kapitel 2: WIDERLEGUNG: Darunter verstand man die Gegenleistung des Ehemannes für die Heimsteuer der Ehefrau. Die Widerlegung konnte auch durch Dritte bestellt werden, etwa vom Vater des Bräutigams. Ihr Umfang entsprach dem der Heimsteuer. Die Gegenstände der Widerlegung gingen nicht sofort in das Eigentum der frisch vermählten Ehefrau über, sondern erst beim Tode ihres Mannes.

Zu Kapitel 2: MORGENGABE: Dies war die uralte Sitte, dass der Ehemann seiner Frau eine Zuwendung machte, »als er by siner Frow lag die erst Nacht«, also nach der Brautnacht.
Gegenstand der Morgengabe war häufig Geld, es konnten aber auch sonstige bewegliche Sachen sein, weitaus seltener waren Grundstücke.
In Konstanz kam es sogar vor, dass der Bräutigam seiner jungen Frau sein lediges Kind als Morgengabe brachte. Allerdings war dies recht selten, da es, aus wohl verständlichen Gründen, nicht gern gesehen war.
Im alten germanischen Recht wurde die Morgengabe als Ausdruck des Vollzugs einer vollgültigen Ehe und als Auszeichnung der Ehefrau vor allen anderen Personen im Hause angesehen. Mit der Verpönung des Konkubinats und der allmählichen Erweiterung der Vermögensrechte der Frau verlor die Morgengabe vieles von dieser ursprünglichen Bedeutung.
In Bezug auf das spätere Mittelalter ist das Wesen der Morgengabe nicht mehr so klar. Die einen sahen sie als pretium virginitatis an, also als Preis für die Hingabe der Jungfräulichkeit, die anderen als Geschenk der Liebe schlechthin, also ohne Rücksicht darauf, ob die Frischvermählte nun noch Jungfrau war oder nicht.

Zu Kapitel 2: NEUES JAHR: Der Anfang eines neuen Jahres war im Mittelalter regional verschieden bestimmt. Im Jahre 1310 wurde der Weihnachtstag, also der 25. Dezember, offiziell zum Neujahrstag erklärt. Daher wurde das Christkind häufig als Glücksbringer auf Neujahrsglückwunschblättern dargestellt.

Erst im Jahre 1691 wurde der 1. Januar durch Papst Innozenz XII. als Beginn eines Kalenderjahres allgemein festgelegt.

Zu Kapitel 2: LATERNE: Ratsverordnungen schrieben vor, dass »nieman an lieht gan«, also dass niemand nachts ohne Licht ausgehen durfte, ansonsten drohte Geldbuße.

Zu Kapitel 2: HEIMLEUCHTEN: Daher kommt die noch heute in übertragenem Sinne gebrauchte Redewendung »jemandem heimleuchten«.

Zu Kapitel 2: TIEFSCHWARZ: Stoffe tiefschwarz zu färben war eine besondere Kunst, aufwändig und technisch schwierig. Sie war den sogenannten Schwarzfärbern vorbehalten. Schwarze Stoffe waren daher teuer. Diese wertvollen Tuche waren bei den Wohlhabenden sehr beliebt, konnte man doch so seinen Reichtum zeigen.

Zu Kapitel 2: NACHTWÄCHTER: Von neun Uhr abends bis drei Uhr morgens sang der Nachtwächter jede Stunde aus. In begrenztem Umfang hatte er Polizeigewalt: Er arrestierte Randalierer, führte Betrunkene nach Hause und verscheuchte Liebespaare. Natürlich oblagen ihm auch feuerpolizeiliche Funktionen.

Zu Kapitel 2: FEUERSCHAUER: Neben Hungersnöten, Seuchen und Naturkatastrophen waren Brände die größten Unglücksfälle, die eine mittelalterliche Stadt treffen konnten. Da die Gassen eng und keine hemmenden Brandmauern vorhanden waren, konnte sich das Feuer in der Regel ungehindert ausbreiten. Brandfördernd waren auch die damals verwendeten Baumaterialien. Die Häuser waren hauptsächlich aus Holz, Lehm, Stroh und Schilf gebaut; die steinerne Bauweise setzte sich nur allmählich durch und war wenigen Reichen vorbehalten. Ausbruch eines Feuers bedeutete daher in der Regel Feuersbrunst, der die ganze Stadt, oder doch zumindest Stadtteile, zum Opfer fielen.
Wie sich aus Ratsbüchern ergibt, ist auch Konstanz mehrfach vollständig in Schutt und Asche gefallen: »... do verbran die ganz Statt von dem Strobachen« (d. h. das Feuer ging vom Haus des Strobachen aus). Auch vom Abbrennen ganzer Stadtteile oder von mehr als sechzig Häusern wurde berichtet. Als im Februar 1444 »nur« sechs Häuser teilweise verbrannten, betrachtete man dies

als großes Gottesgeschenk: »... gieng zu Costanz im Stainbock (heute Rosgartenstraße 26) in aim Badstüble Für (Feuer) uff. Und weyet der Wind so
stark, als er in 50 Jar nit geweyet hat. All Welt schray und jomert... die gantz
Statt müst verbrennen. Aber Got gab Gnad, das nit sonder Schad geschach,
das nit mer dan 6 Hüser angezündet wurdent, deren doch kains gar verbran
... sang man in der Kirchen ain loblich Ampt und dancket damit Got, der die
Statt vor großem Schaden verhüt und beschirmt hat.«

Als ein Instrument zur Brandverhütung wurden *Feuerschauer* eingesetzt.
Ihre primäre Aufgabe kommt bereits in der Berufsbezeichnung treffend zum
Ausdruck. In der Stadt Konstanz selbst gab es zwei Feuerschauer, weitere in
den Vorstädten. Das Entgelt eines Feuerschauers betrug 18 Pfennig pro Tag.
Aber auch der einzelne Bürger hatte Feuerschutzmaßnahmen zu ergreifen:
So musste »jedermann alle nacht ain gelten vol wassers in sinem hus haben«,
so lautete eine Satzung des Rates.

Die Brandbekämpfung selbst war Aufgabe der Zünfte.

Zu Kapitel 3: LICHT: Licht war ein Zeichen des Wohlstandes: je reicher, desto
heller. Beleuchtung war recht kostspielig, vor allem die Wachskerzen waren
teuer. Der arme Mann hatte ein dunkles Dasein. In der Regel war er auf den
Schein des Herdfeuers oder auf ein Talglichtlein angewiesen.

Zu Kapitel 3: KUNST DER UNTERREDUNG UND DER GESPRÄCHSFÜHRUNG: Diese
war im Mittelalter erstaunlich gut entwickelt; es gab – häufig im Gegensatz
zu heute – eine ausgesprochen gesunde Streitkultur.

Zu Kapitel 3: EHRE: Für den mittelalterlichen Menschen war Ehre eines
der bedeutendsten Rechtsgüter. Verlust der Ehre bedeutete Entziehung von
Rechten, die sogenannte Recht- und Ehrlosigkeit. Seine Ehre zu verlieren
war daher etwas vom Schlimmsten, was jemandem passieren konnte. Unehrenhaftigkeit bedeutete Ausschluss aus dem gesellschaftlichen Leben.

Ehrverlust trat automatisch ein bei einer Verurteilung zum Tode oder zu
einer Leibesstrafe, wie dem Abhauen einer Hand oder dem Abschneiden
von Zunge, Nase oder Ohren, häufig auch als Folge einer Prangerstrafe.
Bestimmte Delikte galten schon ihrem Wesen nach als unehrlich, etwa Meineid, Treuebruch, Diebstahl und Raub. Auch Selbstmord machte unehrlich.

Die Unehrenhaftigkeit wirkte sogar nach dem Tode der Malefikanten und der
Selbstmörder fort. Sie erhielten kein ehrliches, das heißt kein christliches,

Begräbnis, wurden also nicht auf dem Friedhof, dem Gottesacker, beigesetzt. In schlimmen Fällen wurden die Leichen verbrannt, und die Asche wurde ins Wasser gestreut oder dem Wind übergeben, so dass, schon rein körperlich gesehen, diese Existenz vollkommen eliminiert war. Häufig wurden die Leichname der Unehrlichen an einsamen Orten verscharrt oder gar unter dem Galgen vergraben; Letzteres galt als besonders unehrenhaft.

Selbst die Kinder unehrlicher Leute trugen das Stigma der Unehrenhaftigkeit und waren nicht einmal handwerksfähig.

Unehrlich waren weiterhin diejenigen, die durch ihren Beruf oder gar durch Zufall mit Leichen von Mensch oder Tier in Berührung kamen. Dies waren vor allem die Nachrichter, auch Meister oder Scharfrichter genannt, und die Abdecker.

Für den normalen Bürger ergab sich daraus, dass er niemals einen Erhängten berühren oder eine Leiche aus dem Wasser ziehen durfte; das war Sache des Nachrichters.

Unehrlich waren schließlich auch die landfahrenden Leute, so etwa die Schausteller, Spielleute, Gaukler, Wahrsager und landstreichenden Bettler.

Der »unecht Geborene«, also der Nichteheliche, war zwar rechtlos, meist aber zumindest nicht ehrlos.

Der Rechtlose konnte nicht als Richter oder Zeuge auftreten, er war lehensunfähig, und Zünfte nahmen ihn nicht auf.

Wenn man von dem *ehrbaren* Herrn ... sprach oder wenn das Wort ehrbar häufig in Urkunden formuliert war, so war dies damals keine Leerfloskel, wie heute etwa sehr geehrter Herr ... Es war vielmehr ein vollkommen ernst gemeinter Hinweis darauf, dass dem Betreffenden das bedeutsame Rechtsgut der Ehre zukam.

Zu Kapitel 3: STADTPHYSICUS: Seit dem 14. Jahrhundert wurden von den Städten Physici eingestellt. Dies waren studierte Mediziner, die an der Spitze des städtischen Medizinalwesens standen und eine Doppelfunktion innehatten: Zum einen arbeiteten sie als praktizierende Ärzte, zum anderen führten sie Aufsicht über das gesamte städtische Heilwesen – also über Wundärzte, Bader, Barbiere und Hebammen – und hatten die entsprechenden gesundheitspolizeilichen Anordnungen zu treffen.

Zu Kapitel 4: ABAKUS: Der Abakus ist das älteste Rechengerät der Welt, das bereits von Griechen und Römern benutzt wurde. Auch im Mittelalter war der Abakus gang und gäbe, sei es als Rechenbrett oder als Rechentisch. Das Rechnen erfolgte durch Verschieben von eigens für das Abakusrechnen hergestellten Marken, den sogenannten »Rechenpfennigen«, auf einem Liniensystem.

Der heute noch übliche Begriff »Rechnung legen« geht auf das Abakusrechnen zurück.

Zu Kapitel 4: ALTER MANN: Die Menschen im Mittelalter verstarben früh. Für die durchschnittliche Lebenserwartung nimmt man etwa fünfunddreißig Jahre an. Frauen starben wegen mangelhafter hygienischer Verhältnisse bei den Geburten häufig noch viel früher. Ein Vierzigjähriger war bereits alt, ein Fünfzigjähriger galt als sehr alt; wurde er krank, musste er mit seinem baldigen Ende rechnen.

Zu Kapitel 4: GEDÄCHTNIS: Da die Weitergabe von Informationen überwiegend mündlich erfolgte, musste die Gedächtnisleistung der mittelalterlichen Menschen auf sehr hohem Niveau gestanden haben.

Zu Kapitel 4: LÄDINEN: Diese Lastensegler, ein Schiffstyp, der sich im späten Mittelalter speziell am Bodensee entwickelte, hatten eine Länge von bis zu dreißig Metern und hohe Rahsegel. Typisch waren der flache, vorn und hinten hochgezogene Boden und das seltsamerweise an Backbord angebrachte Steuerruder mit quer stehender Pinne.

Zu Kapitel 5: VERHANDELTE: So sagen Konstanzer Quellen: »Do fieng der küng ainen handel an ze triben mit den räten ze Costentz ...«, um sich der Bezahlung seiner Schulden zu entledigen.

Zu Kapitel 6: MÜNZEN: Das Münzregal, das Recht, Münzen zu bestimmen und prägen zu lassen, stand in Deutschland dem König zu. Dieser verlieh es an weltliche Fürsten, Bischöfe, Äbte und Städte. So entstanden eine *große Zahl von Münzherrn* und damit eine Vielzahl divergierender Währungen in verschiedenen Währungsgebieten.

Das hierdurch hervorgerufene Problem liegt auf der Hand: Die Feststellung des *Tauschwertes* der einen Währung im Verhältnis zu anderen. Maßgebend hierfür war der Anteil an Gold, Silber und Kupfer bei den verschiedenen Münzen. Hieraus wird auch die große Bedeutung der Geldwechsler ersichtlich.

Um der Vielfalt und damit der Verwirrung etwas Einhalt zu gebieten und um eine gewisse Vereinheitlichung der Zahlungsmittel zu schaffen, wurden häufig *Münzverträge* abgeschlossen. In derartigen Münzkonventionen vereinbarten die Münzberechtigten vor allem die Art der Münzen, die Gewichtseinheiten der Edelmetalle, die zu schlagende Menge, die gegenseitige auf fixierten Wechselkursen beruhende Akzeptanz der jeweils eigenen Münzen und die Ablehnung bestimmten fremden Geldes.

Auch Konstanz hatte Münzrecht und damit eine eigene Münzstätte. Da hier der Rückhalt eines Territoriums fehlte, leitete man – auch als Vorort der sogenannten Seestädte – verschiedene Schritte ein, um das Münzgebiet zu erweitern, so etwa mit Schaffhausen und mit Ulm als Vorort mehrerer schwäbischer Städte. Entscheidend waren aber die Riedlinger Münzverträge von 1423, die dem Währungswesen in Städten in Südschwaben und in Württemberg eine feste Grundlage gaben. Durchgehende Rechnungseinheit war der Rheinische Gulden. Auf diesen gingen 14 Schilling Pfennig oder 28 Schilling Heller. Dieser Wechselkurs war die Richtschnur für viele weitere Jahrzehnte.

Wichtiger als die bloßen Zahlen ist deren Umsetzung in Waren und Dienstleistungen. Wenige Beispiele aus jener Zeit: Ein Haus mit Hofstatt hatte etwa einen Wert von 700 Gulden; 40 Gulden Jahreseinkommen genügten zur Lebenshaltung einer Familie mit durchschnittlichen Ansprüchen, einfache Hilfskräfte verdienten etwa die Hälfte; 1/4 Wein kostete ungefähr 40 Heller. Da sich die Währungs- und Geldwertverhältnisse im Mittelalter selbst innerhalb eines Jahrhunderts zum Teil mehrmals änderten, sind auf diesen Gebieten Vergleiche über längere Zeitabschnitte hinweg sehr schwierig und problematisch.

Zu Kapitel 6: BRUEL: Der Bruel = Brühl, die große Wiesenfläche westlich der Stadtmauer, erfreute sich großer Beliebtheit und war das, was wir heute als Sportstätte bzw. Naherholungsgebiet bezeichnen würden. Dort traf man sich zu Sport und Spiel, auch zum Zweikampf. Die Büchsen- und die Bogenschützen hatten dort ihre Übungsstätten. Dementsprechend fanden dort auch die Schützenfeste statt, zu denen sich immer viel Volk aus naher und ferner Umgebung einfand, ebenso wie zu den Turnieren. Selbst die Glücksspieler kamen hier auf ihre Kosten, wobei es wegen Falschspielens nicht selten großen Ärger gab. Der Brühl war aber auch ein großer Spielplatz für Kinder. So konnten Groß und Klein sich hier nach Belieben tummeln, so dass die Bezeichnung der »Statt Blatz« durchaus zutreffend war.

Auf dem »Espan«, dem westlichen Teil des kleinen Brühls, fanden die Hinrichtungen durch Verbrennen statt, zu denen sich meist mehr Volk einfand als zu den Lustbarkeiten.

Zu Kapitel 6: HAUS ZUM WOLF IN DER MORDERGASSE: heute Rosgartenstraße 4.

Zu Kapitel 6: PEST: In jener Zeit bezeichnete man nicht nur die asiatische Beulenpest, die im 14. Jahrhundert über Europa hereinbrach, als Pest, sondern auch andere Formen von ansteckenden Krankheiten, so wie etwa Typhus oder Milzbrand.

Zu Kapitel 7: FRAUENHÄUSER: Die Prostitution stand im gesamten Mittelalter in hoher Blüte. Die Kirche hatte damals erkannt und letztlich auch akzeptiert, dass sie nicht in der Lage war, den Sexualtrieb einzudämmen und Prostitution auszurotten. Ihr war vor allem eines wichtig: Alles musste im *Verborgenen* ablaufen, keinesfalls auf offener Straße. Daher wurden die »Hübscherinnen« – nach antikem Vorbild – in eigens hierfür geschaffenen Häusern untergebracht, den sogenannten Frauenhäusern. Diese hatten einen gesicherten Platz in der damaligen Gesellschaftsordnung.
Man sieht also: Der Begriff Frauenhaus hatte in jener Zeit eine völlig andere Bedeutung wie heutzutage. Die damaligen Frauenhäuser würde man heute als Bordelle bezeichnen.
Es kam sogar vor, dass Frauenhäuser von Geistlichen oder Oberinnen von Klöstern betrieben wurden. Auch die Städte wiesen Aktivitäten mit Frauenhäusern auf. So hatte der Rat der Stadt Konstanz Pachtverträge mit Frauenwirten abgeschlossen und zudem Ordnungen für Frauenhäuser erlassen. Hierzu einige bemerkenswerte Aspekte: Dirnen durften nicht geschlagen und nicht verpfändet werden. – Tag und Nacht mussten sie in »freiem Wandel« aus- und eingelassen werden. – An Werktagen mussten sie am Spinnrad arbeiten. – Sie hatten dem Frauenwirt ein Schlafgeld zu entrichten und, wenn sie »ein Mann bei ihr liegen haben«, einen weiteren Pfennig Schlafgeld.
Auch die Stadt verdiente an den Dirnen. Diese hatten erhöhte Steuerauflagen. Zunächst mussten sie zehn Schilling Pfennig – quasi als Grundgebühr für ihre Tätigkeit – entrichten und darüber hinaus die Vermögenssteuer wie jeder andere Bürger.
Mit kirchlichen Belangen allerdings durften die frivolen Freuden im Frauenhaus nicht in Widerstreit geraten. Daher war es dem Frauenwirt strengstens

verboten, in bestimmten Nächten nach dem großen Ave-Maria-Geläut Männer einzulassen, um »Werke der Unzucht mit den Frowen zu treiben«. Das war an allen Samstagen, an Frauen- und Apostelfesten und zu weiteren heiligen Zeiten der Fall. Dies, und noch vieles mehr, hatte der Frauenwirt der Stadt zu beschwören.

Für Männer war der Besuch eines Frauenhauses nichts Unehrenhaftes, was insbesondere für Unverheiratete galt, vor allem für Gesellen und Knechte, die aus wirtschaftlichen Gründen keine Ehe eingehen konnten.

Kapitel 8: ENGLISCHE SCHURWOLLE: Sie galt als diejenige mit der höchsten Qualität. Da ihr Hauptverteilermarkt Brügge war, wurde sie oft auch als »Flämische Wolle« bezeichnet.

Kapitel 8: GULA: Gula (lat.) = Vraz = Völlerei gehörte zu den sieben Todsünden. Dennoch speisten die wohlhabenden Menschen damals lange und ausgiebig, wesentlich reichlicher als wir heute. Vor allem bei Festessen schien der Appetit unersättlich, und die Leckerbissen wurden in ausschweifender Weise genossen. Bei der Beurteilung der Hauptsünde Gula war die Kirche allerdings sehr großzügig; eine Ausnahme mag bei den Bettelmönchen gemacht worden sein.

Kapitel 8: MESSER: Es entsprach dem Brauch jener Zeit, dass man sein eigenes Messer mit sich trug und dies auch außer Hauses zum Essen benutzte.

Kapitel 8: AQUA VITAE: Das »Wasser des Lebens« fand zunächst medizinische Verwendung. Die Kenntnis der Alkoholdestillation kam aus der islamischen Welt. Spiritus vini, also Branntwein, gab es erst im späten Mittelalter.

Kapitel 8: ST. PAULSGASSE: die jetzige Hussenstraße. Dort gibt es heute ein Johannes-Hus-Museum.

Kapitel 8: URTEIL VOLLSTRECKT: »Do nam in der Henker und band in« ... legte Holz und Stroh um ihn und schüttete etwas Pech darüber ... »und was bald verbrunnen«, wie uns Urkunden aus jener Zeit belegen.

Kapitel 8: ELSÄSSER WEIN: Dieser Wein galt in jener Zeit als besondere Spezialität aus der näheren Umgebung. Noch begehrter, aber auch wesentlich teurer, waren die Weine von Rhein, Neckar und Mosel, besonders aber die ausländischen Weine aus Italien, Frankreich und Spanien, die sich nur ausgesprochen Wohlhabende leisten konnten.

Kapitel 8: BEHERBERGE: Nach einer Konstanzer Satzung aus dem Jahre 1390 war es Privatpersonen nicht gestattet, einen Fremden zu beherbergen, es sei denn, man stand dafür ein, dass jener der Stadt keinen Schaden zufügte oder sonstige Schwierigkeiten bereitete: »... kain Schad noch Gebrest von im uffstand«.

Kapitel 8: LOB: Als Beispiel eines positiven Urteils über den guten Konzilgastgeber Konstanz sei der aus Rom stammende Humanist Benedict de Pileo zitiert, dessen Lob aus dem Jahre 1415 in folgenden Sätzen zum Ausdruck kam: »... Allen, die sich hier aufhalten und es selbst miterleben, erscheint es fast unglaublich, wie dieser kleine Ort so viele Gäste mitsamt ihren Pferden unterbringen und ernähren kann. Italien muss ganz zurücktreten; dort gibt es kaum eine Stadt, welche die Last einer derartig zahlreichen Einquartierung ertragen kann ... Alles ist in reichem Überfluss vorhanden, was notwendig, nützlich oder angenehm ist, für Menschen und Tiere und alles was man sich nur wünschen kann. Man möchte glauben, alle Gottheiten der Felder und der Berge ... und alle anderen guten Götter hätten sich diese Stadt ausersehen, und auch die Götter des Meeres, der Flüsse und der Quellen ... hätten hier ihren Ort der Verehrung.«

Kapitel 8: ZAHLEN: Diese Zahlen gehen auf Ulrich Richental, den Chronisten des Konstanzer Konzils zurück.
Richental, gegen Ende des 14. Jahrhunderts geboren und wohl 1437 verstorben, berichtete aus eigener Initiative als Außenstehender, also nicht als offizieller Berichterstatter, über die Geschehnisse des Konzils. Die sogenannte Richental-Chronik, leider nicht im Original auf uns überkommen, ist die erste moderne Chronik, in der ein historisches Großereignis von einem Augenzeugen geschildert wird. Richental hat keine exakte Konzilsgeschichte geschrieben. Den reinen Sachthemen war er weniger zugetan, weder den politischen Hintergründen noch den politischen Kämpfen und auch nicht den theologischen und kirchenrechtlichen Auseinandersetzungen. Ihm ging es vielmehr um die Darstellung dessen, was ein interessierter Beobachter während der Konzilszeit mit dem Auge wahrnehmen konnte, vor allem um *Spektakuläres,* etwa um die Einzüge von Papst und König mit ihren großen Gefolgen, um Prozessionen und

Kirchenfeste, um Turniere und um andere bedeutsame weltliche Geschehnisse. Richental ließ wichtige Ereignisse, die er in seiner Niederschrift festhielt, illustrieren. So haben wir Nachkommen ihm dafür zu danken, dass wir durch seine Chronik eine bunte und lebensnahe Darstellung vom Leben und Treiben zu Zeiten des Konstanzer Konzils in Wort und Bild besitzen.

Kapitel 8: AUGUSTINERKLOSTER: Als Dank für die Beherbergung ließ der König in der Augustinerkirche, der heutigen Dreifaltigkeitskirche an der Rosgartenstraße, durch drei Konstanzer Künstler Wandgemälde schaffen. Sie geben uns noch heute Eindrücke vom Geschehen des Konzils und zeigen Sigismund in vollem Ornat.

Kapitel 8: BLATTEN: die heutige Wessenbergstraße.

Kapitel 8: RATHAUS : Das alte Rathaus wurde Ende des 13. Jahrhunderts »auf dem Wasser am Fischmarkt« errichtet. Es lag damals unmittelbar am See; die Landaufschüttungen – heute ist dort der Stadtgarten – erfolgten erst viel später im 19. Jahrhundert.
Im Ratssaal hielten kleiner und großer Rat ihre Sitzungen ab. Dort wurden auch durch Reichsvogt und kleinen Rat die meisten Urteile über Leben und Tod gefällt; nur wenige Blutgerichte wurden am Obermarkt abgehalten.
Das heutige Rathaus mit seiner beeindruckenden Renaissancefassade und dem stimmungsvollen Innenhof geht auf einen Umbau des ehemaligen Zunfthauses »Zur Salzscheibe« im 16. Jahrhundert zurück, fällt also in eine Zeit, zu der Konstanz seinen Status als freie Reichsstadt bereits verloren und seine Blüte längst hinter sich hatte.

Kapitel 8: MARK BRANDENBURG: Diese Belehnung war ein geschichtlicher Meilenstein, denn dies war ein erster Schritt zum späteren Preußen.

Kapitel 8: UNZUCHTIGE WEIBER: Dirnen wurden im Mittelalter häufig »prostibilis« genannt, auch »prostitutae« oder »gemeyne wiber«. Die letzte Bezeichnung zeigt recht plastisch, dass sich die Dirne der Allgemeinheit, sprich jedem Freier, zur Verfügung stellen musste. Die Prostituierten galten als sündhaft und lebten am Rande der Gesellschaft.
An die Dirnen zur Zeit des Konzils erinnert *Imperia*, die Monumentalskulptur – neun Meter hoch – des Bodmaner Bildhauers Peter Lenk aus dem Jahre

1993. Sie steht an der Einfahrt zum Konstanzer Hafen. Die imposante, wohlgestaltete Hafenfigur hält ihre Arme waagerecht ausgebreitet, in der rechten Hand den König, in der linken den Papst jonglierend. Imperia symbolisiert die vielen Liebesdienerinnen, die – der Richental-Chronik zufolge – zum Teil erheblichen Einfluss auf Konzilsteilnehmer genommen hätten, sowohl auf weltliche als auch auf geistliche.

Imperia hieß auch die leichte Dame, deren Leben und Treiben zu Zeiten des Konzils in Konstanz Honoré de Balzac in seinen »Tolldreisten Geschichten« beschrieb. Da diese sowohl geistliche wie auch weltliche Fürsten beherrscht haben soll, charakterisierte er sie als die eigentliche Königin des Konzils.

Die historische Imperia lebte als Kurtisane »von Geist und Bildung« allerdings erst ungefähr einhundert Jahre später in Rom.

Zu Kapitel 9: THURGAU: Weinfelden gehörte in jener Zeit zur Landgrafschaft Thurgau, deren Landesherrn die Herzöge von Österreich waren. Der Thurgau zählte damit unmittelbar zum Deutschen Reich.

Nachdem kräftige Alpensöhne aus der Innerschweiz den Thurgau bereits in früheren Jahren mehrfach durch ihre Streif- und Beutezüge geschädigt hatten, eroberten im Jahre 1460 die sieben Orte Zürich, Luzern, Zug, Uri, Schwyz, Unterwalden und Glarus diese Landgrafschaft und übernahmen dort die landesherrliche Gewalt. Die Herzöge von Österreich hatten somit ihre Rechte verloren, und der Thurgau gehörte von nun an nicht mehr dem Reich an.

Diese Entwicklung kam 1499 zum Abschluss, als die Eidgenossen nach gewonnenem Schwabenkrieg das letzte noch ausstehende Herrschaftsrecht übernahmen: das Landgericht von Konstanz.

Zu Kapitel 9: SCHLOSS: Das Schloss Weinfelden wurde 1847 abgebrochen und 1860 nach alten Plänen – etwas kleiner – wieder aufgebaut. So zeigt es sich dem Betrachter heute ganz ähnlich wie in alter Zeit.

Zu Kapitel 9: NIEDRIGE GERICHTSBARKEIT: Vor die Gerichte der niedrigen Gerichtsbarkeit gehörten Streitigkeiten, die »Erb und Eigen« angingen, also etwa Geldschulden, privatrechtliche Auseinandersetzungen der Gemeindemitglieder sowie kleinere Vergehen, die mit einer Buße abgetan werden konnten.

Zu Kapitel 9: LANDGERICHT: Dies war der oberste, mit Blutbann versehene Gerichtshof, der für die Verfolgung schwerer Verbrechen zuständig war, also für die sogenannten Malefizvergehen. Der rote Querbalken oben im Konstanzer Stadtwappen, der »Blutzagel«, erinnert noch heute daran, dass die Reichsstadt Konstanz die Blutgerichtsbarkeit innehatte.

Die Landgerichte sprachen Ehr-, Leibes- und Todesstrafen aus, die in aller Regel von beträchtlichen Geldstrafen und Bußen begleitet waren.

Häufigste Malefizvergehen waren Gotteslästerung, Ketzerei, Hexerei, Totschlag, Körperverletzung (Wunden), Meineid und Diebstahl.

Ein Landgericht verschaffte seinem Gerichtsherrn Ansehen und politische Macht. Die Präsenz der weltlichen Gewalt kam am deutlichsten bei den Hinrichtungen zum Ausdruck. Das Landgericht brachte seinem Träger aber auch bedeutende wirtschaftliche Vorteile: Die zumeist hohen Geldstrafen und Bußen fielen an den Gerichtsherrn, ebenso das gesamte Vermögen eines zum Tode Verurteilten. Das galt auch für die Güter dessen, der sich wegen des Verdachts einer »verübten bösen Tat« der Bestrafung durch Flucht entzog, sowie für die Hinterlassenschaft von Selbstmördern. So ist es verständlich, dass man auf eine solche Gerichtsherrschaft größten Wert legte.

Im Jahre 1415 hatte König Sigismund das Landgericht der Landgrafschaft Thurgau für eine Summe von 3100 Gulden an die Stadt Konstanz verpfändet. Dies war für die Bestätigung Konstanzer Präsenz im Thurgau von großer Bedeutung, denn nunmehr übte die Reichsstadt das Blutgericht weit über die eigenen Mauern hinaus aus. Diese Gerichtshoheit überdauerte auch das Jahr 1460, als die Eidgenossen die Landgrafschaft Thurgau eroberten und durch Friedensschluss mit Herzog Friedrich von Österreich die Landesherrschaft dort übernahmen. Dass den Eidgenossen das Fehlen der Gerichtshoheit missfiel, ist verständlich, zumal kraft königlicher Dekrete das thurgauische Landgericht sogar in die Mauern der Stadt gezogen wurde und ab 1468 der Rat von Konstanz überdies noch den eigenen Stadtvogt zum Landrichter ernennen durfte. Immer wieder machten die Schweizer geltend, dass durch die Trennung der Gerichtsgewalt von der übrigen Herrschaft die Rechtssicherheit leide. Erst nachdem die Eidgenossen den Schwabenkrieg gewonnen hatten, verlor die Stadt Konstanz 1499 das thurgauische Landgericht, das dann nach Frauenfeld kam.

Zu Kapitel 9: AUSBÜRGER: Diese waren nicht in der Stadt ansässig, sondern wohnten draußen auf dem Lande, meist in der näheren Umgebung, und waren trotzdem Bürger der Stadt mit den entsprechenden Rechten und Pflichten.

Ausbürger genossen die Schutzrechte des Gemeinwesens und durften dort Handel betreiben, ohne Zoll zahlen zu müssen. Als Gegenleistung entrichteten diese Stadtbürger auf dem Lande Steuern an ihre Stadt und mussten sich dieser in Fällen von kriegerischen Auseinandersetzungen als Verstärkung zur Verfügung stellen. Selbst ganze Dörfer konnten den Ausbürgerstatus annehmen.

Im Thurgau hatte Konstanz eine beträchtliche Zahl von Ausbürgern, darunter einige Gemeinwesen. Diese Ausbürger durften in Kriegen »gen Costanz in die muren wichen« und mussten »zu Costanz an den märkten kain zol geben von kaufen noch verkaufen«.

Zu Kapitel 9: HAUPTGASSE: die heutige Frauenfelder-Straße.

Zu Kapitel 9: RAUHTAGE: Die zwölf Tage vom 25. Dezember bis 6. Januar, häufig auch die Zwölften genannt, waren einerseits beliebt wegen der Zeit, in der man sich etwas Ruhe gönnen konnte, andererseits aber auch gefürchtet wegen der Nächte, »der längsten und finstersten Nächte des Jahres, wo ein wildes und wütendes Heer von *Dämonen* auf Tieren durch die Lüfte über die Lande ritt und wo eine innige Verbindung mit der Geisterwelt stattfand«.

Dieser Volksglaube hatte seine Wurzeln im Heidnischen. Die heidnischen Götter, die vor allem in den Zeiten der Wintersonnenwende ihre Umzüge hielten, waren in der christlichen Kultur zu Dämonen, zu teuflischen Spukgestalten degradiert worden, die, wie das Böse überhaupt, in der *Luft* wohnten. Um diese bösen Geister von sich zu halten, unternahmen die Menschen jener Zeit vielerlei. Das Einfachste war zunächst das Verschließen aller Fenster. Man räucherte Wohnungen und Ställe aus (daher der Name Rauch = Rauhtage) und besprengte sie mit Weihwasser. Sogar Speiseopfer brachte man den bösen Mächten dar, vor allem an Kreuzwegen, wo sich die teuflischen Heerscharen zu versammeln pflegten (diese Speiseopfer wurden in den christlichen Gebrauch integriert als Spenden für die Armen vor der Türe, heute sind es in ganz Europa die Bescherungen im Familienkreis). Auch Kerzenopfer zugunsten der Dämonen waren üblich (wiederum vom Christentum assimiliert als Opfergaben für die toten Seelen – heute die Kerzen am Tannenbaum). Mit viel Lärm sollten die bösen Geister vertrieben werden (das Geräuschemachen verbreitete sich auch später über ganz Europa, etwa wenn Sänger durch den Ort zogen oder beim »Hexenschießen« – heute beim Feuerwerk).

Bestimmte Tätigkeiten waren während dieser Spuktage verboten, etwa Waschen und Fegen, vor allem aber das Spinnen: »Nur Hexen spinnen in den Zwölften.«

Träumen in den Rauhnächten schenkte man besondere Beachtung, denn man nahm an, dass sie in die Zukunft weisen und in Erfüllung gehen würden.

Zu Kapitel 9: SCHACHZABEL: = Schach. Zabel von lateinisch tabula = Brett.

Zu Kapitel 9: WURFZABEL: = Tric-Trac, auch Backgammon oder Puff genannt, leitet seinen Namen von Würfel her (im Gegensatz zum Schachzabel).

Zu Kapitel 9: GEHEIMES GEMACH: Das geheime Gemach = Abort = necessarium wurde auch »Schissgruob, Privathüslin oder Privet (von privata camera)« genannt.

Zu Kapitel 9: FRAUEN IN ZUNFT: Frauen waren in der Regel nicht zunftfähig. Unter bestimmten Bedingungen konnten sie jedoch in reine Handwerkerzünfte aufgenommen werden; dies kam insbesondere im Textilgewerbe vor.

Zu Kapitel 9: ANRÜCHIGE GEWERBE: Nicht zu verwechseln mit den bereits oben dargestellten »ehrlosen« Berufen sind die »anrüchigen« Gewerbe. Dazu zählten an vielen Orten Bader, Barbiere, Müller und Schäfer, zum Teil auch Leinenweber. Diesen war die Zunftfähigkeit – im Gegensatz zu den ehrlosen Gewerben – in der Regel nicht verwehrt.

Zu Kapitel 9: BUCHHORN: das heutige Friedrichshafen.

Zu Kapitel 9: STAND: Man kleidet sich, benimmt sich, verhält sich ... *anständig.* Das moderne Wort anständig geht auf die mittelalterliche Standesordnung zurück: anständig = seinem Stand gemäß.

Zu Kapitel 10: EINEM BETT: Häufig kam es vor, insbesondere auf dem Lande, dass die ganze Familie in einem Bett schlief. Zum Teil waren es aber auch nur die Kinder, die alle beieinander schliefen.

Zu Kapitel 10: GABELFUHRWERK: Bei diesem Fuhrwerk mit relativ engem Geleis gingen bis zu zwölf Pferde, zum Teil sogar mehr, *hintereinander.* Das letzte Pferd lief in einer Gabel, d. h. zwischen in der Vorderachse einge-lassenen parallelen Hebeln. Erst nach 1700 wurden die Deichselfuhrwerke üblich, bei denen jeweils zwei Pferde *nebeneinander* ziehen.

Zu Kapitel 10: HEXE: Der Hexenglaube geht bis zu den Ursprüngen der Menschheit zurück, ist also weit älter als alle heutigen Weltreligionen. Die »Hexe« hatte in verschiedenen Zeiten unterschiedliche Gesichter und Bezeichnungen. Hier geht es nur um das Hexenbild des späten Mittelalters und der beginnenden Neuzeit.

Die Bezeichnung Hexe hatte sich im deutschen Sprachgebiet erst in der zweiten Hälfte des 17. Jahrhunderts *allgemein* als Sammelbegriff für all das durchgesetzt, was man sonst – teils je nach Region oder nach dem jeweiligen Erscheinungsbild des bösen Weibes – auch Unholdin, Trutte, Zaubersche, Teufelshure, ketzerische Hure und Feindin Gottes genannt hatte.

Auch bei einer nur groben Charakterisierung des Hexenstereotyps ist das Phänomen *Hexe* nicht zu verstehen, wenn man nicht zugleich den Zusammenhang mit dem *Teufel* herstellt. Hexen und Teufel gehörten damals zusammen. Die Hexe war dem Teufel zugeordnet, sie war seine Dienerin.

Der Teufel war der Inbegriff alles Bösen, war der Widersacher Gottes. Satan, der Böse, Beelzebub, Luzifer, Herr der Hölle, Gehörnter, Leibhaftiger und viele weitere vor allem regional geprägte Ausdrücke bezeichneten den Teufel.

So verschiedene Namen der Teufel hatte, so vielfältig waren nach der Auffassung jener Zeit auch die Gestalten, die er annahm. Nicht nur mit Hörnern, Schwanz, Fell, Bocksfüßen, Flügeln, als Bock, Schlange, Drachen oder als schwarzer Mann ausgestaltet, trieb er sein Unwesen auf Erden. Als Versucher des Christenmenschen zeigte er sich auch als vornehmer Mann oder frischer, junger Bursche mit feurigen Augen und einem grünen Hütchen, als grüner Jäger oder als attraktiver Pilger und machte so auf Frauen großen Eindruck; nur Schwanz und Bocksfüße machten ihn erkennbar.

Teufel und Hexe waren nach der damaligen Anschauung real existierende Gestalten. Von der *Leibhaftigkeit* des Teufels zeugt zum Beispiel das bekannte Kirchenlied von Martin Luther «Ein feste Burg ist unser Gott«, wo es heißt: »und wenn die Welt voll Teufel wär«. Auch in der damaligen Literatur war vom realen Teufel viel die Rede, etwa vom »Ehe-, Hosen-, Jagd-, Wucher- oder Saufteufel«.

Die entscheidende Verbindung zwischen Teufel und Hexe wurde durch den *Teufelspakt* hergestellt. Dieser war die Grundlage für den Eintritt in die

Hexensekte, in der nach der theologischen Hexenlehre der Teufel an die Stelle Gottes tritt. Das Aufnahmeritual bestand darin, dass das Taufgelübde widerrufen, dem christlichen Glauben abgeschworen und dem Teufel ein Treueid geschworen wurde mit der Zusage, nur ihm zu dienen. Die Huldigung vollzog sich in der Regel durch das Küssen des Hinterteils des Teufels. Besiegelt wurde alles durch den Geschlechtsakt, das »sich ihm (dem Teufel) zu eigen geben«. Auch vom »er hat sie zu sinem Willen gebrucht« war in vielen Hexenprozessen die Rede. Als Gegenleistung versprach der Teufel seinen Dienerinnen, auch Teufelsbräute genannt, Schutz und Hilfe, auch materieller Art; zudem lehrte er sie die Zauberkunst. Zur äußeren Kennzeichnung der Teufelszugehörigkeit versah der Teufel seine neuen Hexenmitglieder mit einem bestimmten körperlichen Mal, etwa einem Hautfleck, einem Gewächs, einer Beule oder einer sonstigen Hautirritation. Diese Hexenmale galten als unempfindlich, aus ihnen floss kein Blut, wenn man in sie hineinstach. In den Hexenprozessen war der Teufelsbund immer der erste Anklagepunkt.

Daneben gehörten nach damaliger Auffassung zur Hexenlehre der *Hexenflug*, der *Hexensabbat*, der *Schadenzauber* und die *Tierverwandlung*.

Recht plastisch wurde die damals gängige Auffassung über die Hexen und deren Unwesen von Martin Luther 1522 so beschrieben: »Die Hexen sind die bösen Teufelshuren, die da Milch stehlen, Wetter machen, auf Böcken und Besen reiten, die Leute schießen, lähmen, verdorren, die Kinder martern, die ehelichen Gliedmaßen bezaubern, die da können Dingen eine andere Gestalt geben, dass eine Kuh oder Ochs scheinet, das in Wahrheit ein Mensch ist, und die Leute zur Liebe und Buhlschaft zwingen und des Teufels Dinge viel.« Diesem Hexenstereotyp entsprechend, sprach man von Milch- und Butterhexen, Wetterhexen, von Hexen, die Leid, Krankheit und Tod bringen, von Männlichkeitsdiebinnen, Kupplerinnen und vor allem von den Teufelshuren, die auch zur Tierverwandlung fähig sind.

Hexerei war sowohl nach kirchlichem als auch nach weltlichem Recht strafbar. Dementsprechend waren kirchliche und weltliche Gerichte zuständig. In Konstanz wurde diese Straftat allein durch die weltliche Strafjustiz verfolgt.

Dass von der Hexenverfolgung vorwiegend Frauen betroffen waren, lag an der Bewertung der Frau als moralisch schwach und leicht verführbar; dabei verwies man stets auf »Eva«. Oder um es aus der Sicht jener Zeit auszudrücken: Das »Gift in der Weiber Herz zu blasen«, bereitete dem Satan offenbar weniger Schwierigkeiten, als dies bei Männern der Fall war.

Zu Kapitel 11: ANRÜCHIG: Gründe dafür, dass das Badergewerbe als anrüchig angesehen wurde, dürften vor allem das lockere Treiben in den Badestuben und die den Badern nachgesagte Schwatzhaftigkeit gewesen sein. Folgender Auszug aus einem Gedicht des 15. Jahrhunderts gibt uns Hinweise auf die negative Bewertung der Bader:
Der Bader und sin Gesind
Gern Huoren und Buoben sind.
Das sich wol dick anphind
Dieb, Lieger und Kuppler,
Und wissend alle fremde Maer ...

Zu Kapitel 11: BADESTUBE: Die Badestuben erfüllten doppelte Funktion: Zum einen diente das Bad der Reinlichkeit und damit der Gesundheit. Zum anderen waren die Badestuben Orte der Vergnügungen, wo man sich entspannte, um die alltäglichen Anstrengungen zu vergessen.

Zu Kapitel 11: LOCKENGERINGEL, TROPFBIER: Männer vornehmer Kreise trugen oft lange Locken wie Frauen. Diese »Lockengeringel« wurden mit heißen Eisen gebrannt, so dass die Haarenden nach innen oder nach außen fielen. Hilfsmittel für die Kräuselung der Haare war häufig Tropfbier.

Zu Kapitel 11: HAARAUSFALL: Haarausfall, gar Kahlköpfigkeit galt als großes Übel. Hiergegen wurden vielerlei Mixturen verwendet, seien es pflanzliche Tinkturen aus Kräutern, etwa aus Brennnesseln und Klettwurzeln oder aus Essenzen aus Birkensaft, aber auch aus tierischen Substanzen. Dabei wurden Absude von Blutegeln, Maulwürfen, Bienen und Hasenköpfen, mit Bärenfett oder Essig vermengt, als besonders den Haarwuchs fördernde Mittel angeboten.

Zu Kapitel 11: RASIERMESSER: Wegen des damals minderwertigen Stahls konnten die Rasiermesser nicht geschliffen werden. Dementsprechend hatten sie keine dünne, glatte, elastische und somit keine hautfreundliche Schneide. Die Klingen wurden von Schmieden so scharf und glatt es eben ging hergestellt. Hautverletzungen waren oft die Folge. Um die Schmerzen in Grenzen zu halten, nahm der Barbier häufig eine »Vorrasur« mit der Schere vor.

Zu Kapitel 11: LAUGE: Diese wurde aus Asche und Wasser hergestellt. Beliebt war die Asche aus Reben und Weiden, die mit heißem Wasser übergossen wurde, so dass ein Brei entstand.

Zu Kapitel 11: BADEFREUDEN: Jene Zeit war von großer Badefreudigkeit erfüllt. Von der Auffassung des frühen Mittelalters, als der Kirchenlehrer Augustinus mahnte, dass ein Bad pro Monat gerade noch mit dem christlichen Glauben zu vereinbaren sei, war man im späten Mittelalter weit entfernt.

Zu Kapitel 11: GEMEINSAM NACKT: Bis ins 16. Jahrhundert stand man der Nacktheit, die Klöster bildeten hier eine Ausnahme, recht ungezwungen gegenüber. Geschlechtertrennung war bis dahin nicht vorgeschrieben. Es galt als durchaus normal, dass Mann und Frau gemeinsam nackt in einem Zuber badeten.
Erst die Reformationszeit brachte hier einen Paradigmenwechsel in Bezug auf das Scham- und Anstandsgefühl und damit auf die Intimität. Nun wurde Nacktheit mit Erbsünde in Verbindung gebracht. Fremde Nacktheit sollte man nicht mehr betrachten, nicht einmal die eigene nackte Haut.
Dies war eine der Ursachen für das Ende der Badestuben. Es gab jedoch noch weitere Gründe, so vor allem die durch spanische Soldaten aus Westindien eingeschleppte Syphilis, die damals tödliche »Franzosenkrankheit«. Hinzu kamen die drohende Verknappung des Brennholzes, konfessionelle Konflikte und die steigende Kriminalität in den Bädern.

Zu Kapitel 11: AUSBADEN: Daher stammt die Redewendung »etwas ausbaden müssen«.

Zu, Kapitel 12: FELDGASSE: die heutige Rathausstraße.

Zu Kapitel 12: THURBRÜCKE: Diese wurde um 1453 vom Konstanzer Ritter Berthold Vogt erbaut, dem Herrn des Schlosses Weinfelden und Inhaber der halben Herrschaft von Weinfelden. Sie war damals die einzige Thurbrücke.

Zu Kapitel 12: FRÖSCHENGASSE: die heutige Bankstraße.

Zu Kapitel 12: HEIRATEN: In Konstanz war damals das Ehefähigkeitsalter für das weibliche Geschlecht auf fünfzehn und für das männliche auf achtzehn Jahre festgesetzt. Man kann wohl davon ausgehen, dass im Konstanzer Umland Entsprechendes galt.

Zu Kapitel 14: ROOSEN: Roosen nannte man kleine Teiche. Die meisten lagen im Westen von Weinfelden, einem Sumpfgebiet, den »Rohrwiesen«, einige auch an der Fröschengasse.

Zu Kapitel 14: WASSERROTTE: In den Flachswässerungsteichen wurde durch Gärungsprozess der Pflanzenleim zerstört. Dadurch konnten die wertvollen Bastfasern von der holzigen Substanz des Stängels gelöst werden.

Zu Kapitel 14: BRECHEN/HECHELN: Um spinnfertiges Flachsgut zu erhalten, mussten die Bastfasern nach dem Wässern von der holzigen Rinde getrennt werden. Bei diesem Brechen Flachses gab es verschiedene Techniken. So wurde mit Holzklopfern oder mit Bläueln durch Klopfen, Stampfen, Dreschen oder Bläuen die holzige Substanz des Stängels zerstört und von den wertvollen Leinfasern getrennt. Hecheln war der letzte Arbeitsgang zur spinnfertigen Flachsfaser. Dabei wurde das bisher gefertigte Rohmaterial über die Hechel, ein Brett mit sehr spitzen Metallzähnen, gezogen. So wurde der Bast durch Spalten in einzelne Fasern zerlegt und eine Ausscheidung kurzer Fasern (Werg) und letzter kleiner Holzteilchen bewirkt. Das Endprodukt war der Reinflachs, der sich durch seidenartigen Glanz, Feinheit und Reinheit auszeichnete und der dann zu Garn versponnen wurde.

Zu Kapitel 15: MORDERGASSE: heute die Rosgartenstraße.

Zu Kapitel 15: GÄHER TOD: Vor plötzlichem Tod hatte der mittelalterliche Mensch große Angst, denn ein solcher galt als Strafe Gottes. Dies vor allem deswegen, weil man nicht mehr mit den notwendigen Sterbesakramenten versehen werden konnte.

Zu Kapitel 15: GELEITSBRIEFE: Die Hoheit über alle Verkehrswege auf Wasser und Land stand ursprünglich dem König zu, im späten Mittelalter den einzelnen Landesherrn. Hieraus ergab sich das *Geleitsrecht*, das ius conducendi, als Recht der Gebietsherren. Letztere sicherten den Reisenden, vor allem den

Kaufleuten, Schutz vor drohenden Gewalttätigkeiten innerhalb ihres Territoriums zu. Dieses Geleit konnte entweder dadurch gewährt werden, dass der Landesherr den Kaufleuten *bewaffnete Begleitung* beigab oder einen ideellen Schutz in Gestalt eines *Geleitsbriefes* zusagte. In beiden Fällen hatte der Reisende eine bestimmte Summe Geldes an den Geleitsherrn zu entrichten, das sogenannte Geleitsgeld.

Zu Kapitel 15: KARREN: Die Frachtwagen hatten in jener Zeit keine Federung.

Zu Kapitel 16: SIEBEN: Seit alters her wurden einige Zahlen als heilige Zahlen bezeichnet. Im Vordergrund stand hier die Zahl sieben. Sie galt als eine vollkommene, gleichzeitig aber auch von Geheimnissen umwitterte Zahl, der Mystik und Magie zugeschrieben wurden.
Im *kirchlichen Bereich* war die Sieben äußerst bedeutsam: Gott schuf die Welt in sieben Tagen. In der Offenbarung des Johannes ist die Rede von dem Lamm, das sieben Hörner und sieben Augen hat, auch von einem Drachen mit sieben Häuptern, wobei jedes einzelne sieben Kronen trägt, auch von sieben Sternen, sieben Leuchtern, sieben Engeln mit sieben Schalen mit den letzten sieben Plagen. Das Vaterunser hat sieben Bitten, der Heilige Geist spendet sieben Gaben, man spricht von sieben Hauptsünden, sieben Freuden Mariä, einem Buch mit sieben Siegeln etc.
In der *deutschen Rechtsgeschichte* geht es häufig um sieben erforderliche Zeugen, um ein Siebenergericht, sieben Kurfürsten wählten den König.
Besonders aus dem *Märchen* ist die Zahl sieben bekannt, so etwa die sieben Zwerge hinter den sieben Bergen, die sieben Geißlein, die sieben Söhne, die sieben Raben, sieben auf einen Streich ...
Auch im *Volksmund* ist die Zahl sieben bedeutsam. So spricht man etwa von sieben fetten und sieben mageren Jahren, von Siebenmeilenstiefeln, einer bösen Sieben, und man packt seine Siebensachen.

Zu Kapitel 16: BADEGELD: Was wir heute Trinkgeld nennen, wurde damals als Badegeld bezeichnet.

Zu Kapitel 16: TESTAMENTIERER: Der Testamentierer = Testamentsvollstrecker hatte die Aufgabe, »alles und jedes, was und wie das dasselbig in sich haltet, sampt den gläubigern fürderlichen usrichten, bezalen und zu vollstrecken«, also den Letzten Willen des Erblassers zu realisieren. Für seine Mühewaltung pflegte man ihm einen »Lohn« auszusetzen, zumeist bestimmte Gegenstände aus dem Nachlass.

Zu Kapitel 16: GEMÄCHTE: Das einseitige Gemächte entspricht dem, was wir heute als Testament bezeichnen. In der Regel wurde es vor dem kleinen Rat errichtet, von diesem »für kreftig erkennt« und in das Ratsbuch eingetragen. Auf Antrag wurde dem Testator eine mit Stadtsiegel versehene Abschrift ausgefertigt. Testierfähig waren Männer und unverheiratete Frauen. Ehefrauen hingegen konnten nur mit Einwilligung ihres Ehemannes ein Gemächte fertigen; es war erforderlich, dass sie »mit sinem willen und siner gunst verschafft hab«. Wichtigste Gegenstände der Gemächte waren: das »ze erben machen« (das entspricht unserer Erbeinsetzung), lebenslängliche Nutzungsrechte, Verfügungen über Einzelobjekte (entspricht Vermächtnissen) und Seelgeräte (vergleiche zweitfolgende Erklärung) zugunsten kirchlicher Einrichtungen.

Zu Kapitel 16: SPITAL ZUM HEILIGEN GEIST: Das um 1225 gegründete Heilig-Geist-Spital an der Marktstätte stand unter der Obhut des Rates der Stadt Konstanz und entwickelte sich zur wichtigsten sozialen Einrichtung der Reichsstadt. Es diente der Pflege von Kranken, armen alten Menschen und Waisenkindern. Aber auch reiche Bürger konnten dort eine Pfründe erwerben, um im Alter versorgt zu sein. Durch derartige ansehnliche Pfründengelder und durch vielfältige Schenkungen und testamentarische Verfügungen wurde das Spital zum Heiligen Geist zur reichsten Institution von Konstanz. Das Spital war nichts für Konstanz Spezifisches. Die Heilig-Geist-Spital-Bewegung hielt in jener Zeit in vielen Städten Einzug.

Zu Kapitel 16: SEELGERÄTE: Bei diesen ging es um Schenkungen zugunsten von Kirchen und Klöstern zum Heil der Seele, sei es der eigenen, sei es der von verstorbenen Familienangehörigen. Meist erfolgten diese Zuwendungen in letztwilligen Verfügungen in der Regel in Form von Geld oder anderen beweglichen Sachen.
Mittelalterliches Denken war primär auf das Jenseits ausgerichtet. Da die Kirche deutlich zum Ausdruck brachte, dass durch »fromme Werke« kirchliche Fürbitten zu erlangen seien und man damit selbst einen eigenen Beitrag zum Seelenheil leisten könne, sprudelten die Quellen der Seelgeräte reichlich.

Zu Kapitel 17: GOTTS ACKER: Gottes Acker = Totenacker = Friedhof = Cimiterium = Kirchhof (da meist in der Nähe einer Kirche gelegen) waren die Bezeichnungen für die gemeinschaftlichen Begräbnisplätze von *Christen*. Diese Stätten wurden vom Bischof geweiht. Nichtchristen, zum Beispiel Juden, durften dort nicht begraben werden. Aber auch Selbstmörder und zum Tode verurteilte Verbrecher durften nicht in der geweihten Erde bestattet werden. Gleiches galt, je nach Brauch, sogar zum Teil auch für die Personen, die in ihrer Ehre eingeschränkt waren, etwa für sonstige Verbrecher oder Uneheliche.

Zu Kapitel 20: STADTSCHREIBER: = Ratschreiber. Er war ein rechtskundiger Mann, der das wichtigste Amt der städtischen Verwaltung versah. Als Vorsteher der städtischen Kanzlei – häufig über viele Jahre hinweg – war er Garant für die Kontinuität der städtischen Geschäfte, denn die wichtigen politischen städtischen Ämter, wie Bürgermeister, Reichsvogt und Ratsmitglieder, wurden jährlich neu gewählt.
Der Stadtschreiber war zuständig für die tägliche Korrespondenz von Bürgermeister und Rat und für die Führung aller amtlichen städtischen Bücher. In den Ratsitzungen hatte er Sitz und Stimme.
Aufgrund seiner meist jahrelangen Erfahrung und seines Gesamtüberblicks wirkte er häufig nicht nur verwaltend, sondern auch gestaltend, das heißt die Stadtpolitik mitbestimmend.
Seinen Sitz hatte der Stadtschreiber von Konstanz im Rathaus am Fischmarkt.

Zu Kapitel 21: FRAUEN: Eine mögliche Strafe für Frauen, die wegen Diebstahls verurteilt wurden, war das Säcken, so etwa geschehen im Jahr 1585. Die Missetäterin wurde in einen Sack eingenäht und im Bodensee ertränkt, und zwar in der Nähe des Ausflusses des Rheins. Daran erinnert heute noch der »Frauenpfahl«, der sich an jener Stelle befindet.

Zu Kapitel 23: UHLDINGEN: Unteruhldingen, an der nördlichen Seite des Bodensees gelegen, war damals ein Dörfchen mit etwa zweihundert Einwohnern. Dort lebten vorwiegend Fischer sowie Schiffsleute, die ihren Lebensunterhalt durch Transporte von Handelsgütern über den See verdienten. Heute ist Unteruhldingen bekannt durch das Pfahlbaumuseum mit seinen rekonstruierten Pfahlbauten aus der Stein- und Bronzezeit.

Zu Kapitel 26: KLEIDERORDUNGEN: Kleidung bedeutete im Mittelalter Kennzeichnung von Stand und Rang, Zugehörigkeit zu einer bestimmten sozialen Schicht. Ein Bürger durfte sich nicht wie ein Adliger kleiden, ein Bauer nicht wie ein Bürger.

Der Adel bediente sich kostbarer Gewänder und wertvollen Körperschmucks. Derartiger Luxus bedeutete nicht nur Schönheit, sondern dokumentierte auch Erfolg.

Die Moden der Adligen waren Vorbild für die reichen Bürger.

Diesen Aspekten der Eigendarstellung standen die Postulate der Kirche nach Verhüllung des menschlichen Körpers und Mäßigung entgegen. Da die Kirche die kulturelle und geistige Vormachtstellung in Europa innehatte, dehnten sich diese Forderungen auch auf das Alltagsleben aus.

Besonders starke Reglementierungen betrafen die Frauen. Hier standen christliche Werte Pate, wonach Keuschheit, Demut und Bescheidenheit den Lebenswandel der Frauen prägen sollten, denn »die Putzsucht der Frauen ist ein Netz des Teufels«, so sagte man.

Auf diesem Hintergrund entstanden in vielen Städten Kleiderordnungen, bei denen insbesondere folgende Aspekte maßgebend waren: Kleidung sollte
- verschiedene Schichten unterscheiden,
- die Putz-, Prunk- und Verschwendungssucht der Reichen eindämmen und
- die im Luxus zutage tretende Unsittlichkeit steuern.

Um welche Geringfügigkeiten es hier häufig ging, mögen einige Beispiele aus den Konstanzer Kleiderordnungen von 1390 und 1436 zeigen:

Frauen durften keine Haupttücher tragen, die bei Seide mehr als das Zwanzigfache, bei Wolle mehr als das Sechszehnfache normaler Kopfbedeckung ausmachten, wobei Nacken und Haare bedeckt sein mussten.

Haupttuch und Mantel mussten so aufeinander abgestimmt sein, dass der Hals hinten völlig bedeckt war.

Frauen durften keine Kopfbedeckungen mit Perlen, Edelsteinen und Ringen mit einem Wert von mehr als fünfzig Gulden tragen.

Röcke und Mäntel von Frauen durften nicht länger als bis zur Erde gehen. Die spätere Kleiderordnung von 1436 war toleranter und erlaubte Längen, die drei Finger breit darüber hinausgingen, mithin also als kleine Schleppe wirkten. Diese »Toleranz« galt aber nicht für Dienstmägde.

Frauen durften keine beschlagenen silbernen Gürtel und Halsbänder mit einem Wert von mehr als vier Mark Silber tragen. Bei Männern war der Wert des Körperschmucks auf sechs Mark Silber beschränkt.

Männern und Frauen war es verboten, einen Kranz oder Schappel zu tragen. Männer durften kein Gewand von mehr als zwei Farben tragen.

Knechten, seien es Haus- oder Handwerksknechten, war es untersagt, gefärbte Schuhe zu tragen.

Und schließlich noch eine recht amüsante Vorschrift für Männer im Originalzitat: Ein Mann, der »in ainem bloßen Wamsel gon wält ..., der sol das erbarlich machen, dass er sin Scham hinden und vornen decken müg, dass man die nit sehe.«

Auch die Schuhe wurden vielerorts reglementiert. Bei den mit Baumwolle ausgestopften Schnabelschuhen wurde die Länge der Schuhspitzen je nach Stand und Rang festgelegt; so schrieb eine Kleiderordnung vor: Fürsten eine Länge der Schuhspitzen von zweieinhalb Fuß, höhere Adlige zwei Fuß, einfache Ritter eineinhalb Fuß, reiche Bürger ein Fuß, gewöhnliche Leute einen halben Fuß. Auf diesen Umständen basiert übrigens die Redewendung »auf großem Fuß leben.«

Wer gegen die Kleiderordnung verstieß, wurde mit einer Geldstrafe belegt.

Die Einhaltung derartiger Luxusverbote zu überwachen, wurden vielerorts städtische Bedienstete beauftragt, in Konstanz nannte man sie »Lußmer«. Diese Aufpasser hatten der Obrigkeit Verstöße gegen die Kleiderordnung zu melden.

Die Verbote der Kleiderordnungen nutzten meist recht wenig. Zum Teil häufig geändert, zum Teil nachsichtig ausgeübt, wirkten sie nicht sehr nachhaltig. Sie betrafen allein die Betuchten, denn die Habenichtse konnten sich den verbotenen Luxus ohnehin nicht leisten. Die Reichen hingegen konnten die Geldbußen problemlos bezahlen. Von der Auswirkung her gesehen, handelte es sich also quasi um eine Art Luxussteuer.

Zu Kapitel 26: HAARE: Nur Jungfrauen durften die Haare offen tragen. Verheiratete Frauen mussten ihre Haare verbergen, meist unter einer Haube. Daher rührt die Redewendung »unter die Haube kommen« im Sinne von Verheiratung.

Das Postulat der Bedeckung des Hauptes der Frau begründete die Kirche mit dem 1. Brief des Paulus an die Korinther, Kapitel 11, Verse 7 und 8.

Zu Kapitel 28: KONTAKTE: Die Diözese Konstanz reichte im Süden bis weit in die Zentralalpen hinein. Daher führte für viele *Priester* aus der Innerschweiz der Weg zum Sitz des Bischofs nach Konstanz.

Auch aus *politischen Gründen* gab es immer wieder eidgenössische Besuche in Konstanz, etwa wenn Streitigkeiten durch Schiedssprüche, sei es durch den Bischof, sei es durch den Rat der Stadt, beigelegt werden sollten. Hier, auf »neutralem Boden«, wurden die »Boten« der Eidgenossen vom Rat in Ehren empfangen, häufig sogar bewirtet und mit Wein versorgt.

Immer wieder waren *Händler* aus der Innerschweiz in Konstanz anzutreffen. Dort boten sie – trotz großer Entfernungen und schwieriger Wege – wöchentlich ihre Landesprodukte an. Das waren vor allem Schafe, Wolle, Pferde, Käse, speziell aber auch Schmalz – so nannte man damals die Butter – , und nahmen dafür Korn in die Alpentäler mit. Diese Schmälzler, wie man sie überall nannte, waren regelmäßige Besucher in den Konstanzer Trinkstuben.

Aber auch auf *gesellschaftlicher Ebene* trafen sich Konstanzer und Eidgenossen, mal hier, mal dort, wie etwa bei Freundschaftsbesuchen von Zünften, zu Fasnachts-, Maien-, Kirchweih- und zu Schützenfestveranstaltungen. Besonders häufig war das Zusammentreffen – nicht nur der Schmälzler – in den Wirtshäusern der Reichsstadt. Dabei kam es allerdings immer wieder zu handfesten Auseinandersetzungen mit den Einheimischen.

Diese häufigen sozialen Kontakte auf religiöser, politischer, wirtschaftlicher oder generell gesellschaftlicher Ebene dürfen aber nicht darüber hinwegtäuschen, dass die Denk- und Lebensformen der Konstanzer und der Eidgenossen aus den Alpentälern dem Grunde nach recht verschieden waren.

Konstanz war eine weltoffene Handelsstadt, und deren Bürger, seien es Kaufleute oder Zünfter, waren in erster Linie an Geschäften interessiert. Ihrem Wesen nach waren sie wenig militant. In den Mauern der Stadt wurden mehrfach Frieden stiftende Maßnahmen vorgenommen, Abkommen und Verträge geschlossen. Probleme schaffte man in Konstanz lieber mit Geld als mit kriegerischen Auseinandersetzungen aus der Welt. Wenn aber solche einmal unumgänglich waren oder man als Reichsstadt dem König Truppen schicken musste, so heuerte der Rat von Konstanz lieber Söldner an, wenn notwendig auch mehrere Hundert, als eigene Bürger in den Kampf marschieren zu lassen.

Die robusten Alpensöhne hingegen waren kampfesfreudige Bauernkrieger, kampferprobt schon auf Grund der Auseinandersetzungen mit den Herzögen von Österreich. Die Eidgenossen wollten ihre Interessensphäre in Richtung Bodensee vorschieben. Daher zogen innerschweizerische Freischaren mehrfach in angeblichen Rache- und Fehdefeldzügen in Richtung Norden, verursachten im Thurgau zum Teil erhebliche Schäden und ängstigten auch die Bürger von Konstanz. In diesem Kontext ist auch der – an sich kaum verständliche – »Plappertkrieg« zu sehen.

Diese häufigen Reibereien fanden erst im Jahre 1460 ein Ende, als die Eidgenossen die Landgrafschaft Thurgau eroberten und dort die Landesherrschaft übernahmen.

Wurde Konstanz mit eidgenössischen Freischaren konfrontiert, so eilten die sieben Städte um den Bodensee, nämlich Überlingen, Lindau, Ravensburg, Biberach, Pfullendorf, Wangen und Isny, zur Hilfe. Als Feldzeichen trugen diese ein rotes Kreuz auf ihrer Kriegskleidung. Im Gegensatz dazu hatten die Eidgenossen ein *weißes Kreuz* – noch heute die Nationale der Schweiz.

Zu Kapitel 28: EIDGENOSSEN: Von den Eidgenossen, also von Uri, Schwyz, Unterwalden, Glarus, Zug, Luzern, und auch deren Verbündeten, etwa Zürich, war Schwyz am aktivsten, sowohl militärisch als auch politisch, und entwickelte sich immer stärker zur führenden Kraft. Daher wurden in zunehmendem Maße die Einwohner aller eidgenössischen Orte als Schwyzer bezeichnet, selbst wenn sie gar nicht in Schwyz beheimatet waren. Die Begriffe »Schweizer« und »Eidgenossen« sind so im Laufe der Jahre zu Synonymen geworden.

Zu Kapitel 29: VERWANDTE: Was für uns heute Schwägerschaft ist, galt im Mittelalter als Verwandtschaft.

Zu Kapitel 30: SCHELMEN: Schelm = Dieb, Betrüger. Einen unbescholtenen Mann als Schelm zu beschimpfen war damals eine schwere Beleidigung.

Zu Kapitel 31: INQUISTITION: Unter Inquisition, abgeleitet vom lateinischen Wort inquisitio = Untersuchung, versteht man zwei Dinge:
– Zum einen geht es bei diesem Begriff um die *päpstliche Sondergerichtsbarkeit* zum Aufspüren und Vertilgen von Häretikern.
– Zum anderen versteht man darunter den Inquisitions*prozess*, den früheren deutschen Strafprozess.
Die Glaubensgerichte hatten ihre Wurzeln bereits im vierten Jahrhundert. Schon der Kirchenvater Augustinus (354-430) forderte die *gewaltsame* Zurückführung der Ketzer, also derer, die sich von Gott innerlich gelöst hatten, in den Schoß der Kirche. Marksteine der Inquisition waren die Päpste Innozenz III. und Gregor IX. Ersterer versicherte sich der weltlichen Hilfe bei den Ketzerverfolgungen, etwa bei denen gegen die Katharer und Waldenser in Südfrankreich. Letzterer entzog den bisher für die Ketzerverfolgung

zuständigen Bischöfen, da sie seiner Meinung nach zu lasch vorgingen, ihre Befugnisse in Bezug auf die Häresie. Er initiierte die *päpstlichen* Glaubensgerichte und übertrug im Jahre 1232 die Durchführung der Inquisition dem Dominikanerorden. Dessen Aufgabe war das Aufspüren, die Verfolgung und Verurteilung der Ketzer. Die Dominikanermönche führten dies mit großem Eifer durch. Da sie als Bettelmönche durchs Land zogen, waren sie vorzüglich geeignet, eigene Nachforschungen über Glaubensabtrünnige anzustellen. Den Gläubigen wurde die Pflicht auferlegt, ketzerische Umtriebe zu denunzieren. Die öffentliche Meinung schließlich war eine weitere Quelle, um Kenntnis von ketzerischen Verbrechen zu erlangen.

Was den Inquisitions*prozess* betrifft, so steht dieser im Gegensatz zum Anklageprozess. Im Recht des früheren Mittelalters galt auf deutschem Gebiet der Anklageprozess, in dem ein Kläger dem Beklagten gegenüberstand, und der Richter als neutrale Instanz die Rechte und Interessen der beiden Kontrahenten gegeneinander abzuwägen und schließlich das Urteil zu sprechen hatte. Im Jahre 1215 führte die geistliche Rechtsprechung den Inquisitionsprozess ein, bei dem die Funktionen von Ankläger und Richter in einer Person vereinigt waren. Fünfzig Jahre später übernahmen auch die weltlichen Gerichte das Inquisitionsverfahren.

Zu Kapitel 31: HEXENPROZESS: Die Hexenprozesse hatten ihre Grundlagen in den Glaubensprozessen der Kirche gegen Ketzer. Nach der damals gängigen Hexenlehre war dies schlüssig: Die Hexe hatte Gott abgeschworen, dem Teufel den Treueid geleistet und gehörte somit der Hexensekte des Teufels an. Damit war sie in gröblichem Maße von Gott abtrünnig, also eine Ketzerin. Diese Verknüpfung der Hexerei mit der Ketzerei war letztlich maßgebend für die Anwendung der Regeln der Ketzer- auf die Hexeninquisition, was bedeutete: Hexeninquisitoren waren die Dominikaner, die, vom Papst hierzu beauftragt, durchs Land zogen, um Hexen aufzuspüren und diese dann durch die Inquisitionstribunale zu bestrafen.

Die wichtigste Grundlage für eine groß angelegte und über zwei Jahrhunderte hinweg systematisch betriebene Hexenverfolgung war die »Hexenbulle« von Papst Innozenz VIII. aus dem Jahre 1484, mit der die Inquisition gegenüber Zauberern angeordnet wurde. Damit in Zusammenhang stand das Werk »Malleus maleficarum«, auch »Hexenhammer« genannt, aus dem Jahr 1486. Verfasser war der Dominikaner Heinrich Institoris, Jacob Sprenger wurde als Mitautor genannt. Der »Hexenhammer« wurde 1487 erstmals gedruckt und erschien, in mehrere Sprachen übersetzt, bis ins 17. Jahrhundert in achtundzwanzig Auflagen. Es handelt sich hier um eine Art von kirchenamtlicher Glaubenslehre, die auf biblischen Grundsätzen, scholastischer Theologie sowie auf dem kanonischen Recht aufbaute. Der »Hexenhammer« beschrieb die Macht der Hexen, ihre verschiedenen Untaten, die besten Methoden, sie zu erkennen, mithilfe von genau festgelegten Prozessanweisungen zu überführen und durch Tod zu besiegen. Das Gesamtwerk war von *Frauenhass* geprägt: Boshaftigkeit, Schlechtigkeit und unersättliche sexuelle Begierde waren Attribute, mit der die Frau über alle drei Teile dieses Werkes hinweg versehen wurde.

Am Beginn eines Hexenprozesses standen Denunziation, Besagung oder Hexengeschwätz.

Zur *Denunziation* wurde aufgefordert, sie wurde geradezu zur Pflicht für einen guten Christenmenschen erklärt. Durch Anschläge an Kirchen und Rathäusern und sogar von der Kanzel herab wurde eindringlich darauf hingewiesen, Hexen anzuzeigen. Der Denunziant durfte anonym bleiben. Hinter den Aufforderungen standen meist Dominikaner, die als Inquisitoren durchs Land reisten, um Hexen aufzuspüren.

Besagung bedeutete, dass eine als Hexe Verurteilte in ihrem Prozess eine andere Person als Hexe genannt hat, etwa in der Weise, dass sie jene bei einem Hexentanz erkannt habe.

Hexengeschwätz ist das öffentliche Gerücht, das einen Menschen der Hexerei bezichtigt. In einem solchen Fall musste die so bezichtigte Person den Verdächtigungen widersprechen. Tat sie das nicht, so setzte sie den Urheber des Hexenvorwurfs nicht ins Unrecht, und damit galt das Gerücht als wahr. Kam dem zuständigen Hexentribunal einer dieser Gründe zur Kenntnis, so leitete es nach dem Inquisitionsprinzip von amtswegen die Ermittlungen ein und trat dann als Ankläger auf.

Zeugenvernehmungen halfen in Hexenprozessen meist nicht weiter, da es bei diesen primär nicht um objektiv Wahrnehmbares ging, sondern um Subjektives, nämlich um die Abwendung von Gott, letztlich also um Sünde.

Daher verblieb als letzter Beweis meist nur das *Geständnis*, das – und dies galt damals wie heute – in der Regel nicht freiwillig abgelegt wurde. Bei angeklagten Hexen kam damals noch erschwerend hinzu, dass sie nach der Hexenlehre aufgrund des Teufelspaktes als verstockt galten. Diese Verstockung galt es zu zerschlagen, die *Wahrheit musste* ans Licht kommen. Und dieser »Wahrheitsfindung zuliebe« wurde die *Folter* als Mittel der Erkenntnis angewendet, um zu einem Geständnis zu kommen.

Die Verteidigung der Beschuldigten, also ein »Fürsprech«, spielte im Hexenprozess kaum eine Rolle. Einer Hexe und damit auch dem Teufel selbst Rechtsbeistand zu leisten würde den Verteidiger ja selbst zum Feind der Kirche und damit zu einem Ketzer machen. Damit wäre er selbst der Inquisition ausgesetzt.

Alle Prozesshandlungen waren nicht öffentlich. Öffentlich hingegen war der feierliche »*endliche Rechtstag*«, an dem das Urteil gesprochen wurde, in der Regel Verurteilung. In diesem Fall wurde das Geständnis mit der Schilderung des Tathergangs als »*Urgicht*« öffentlich verlesen.

Wurde die Malefikantin als Hexe schuldig gesprochen, so war das Urteil in der Regel Tod durch Feuer.

Die Vollstreckung der Strafen führte die Kirche nicht selbst durch. Die vom kirchlichen Tribunal zum Tode verurteilten Hexen wurden der weltlichen Gerichtsbarkeit zum Vollzug der Strafe übergeben.

Hexerei war ein Verbrechen nach kirchlichem *und* weltlichem Recht. Daher waren sowohl kirchliche als auch weltliche Tribunale für die Aburteilung zuständig.

Zu Kapitel 31: FOLTERN: Bei der Folter, auch Tortur (vom lateinischen tortura), Marter oder peinliche Befragung genannt, geht es darum, Menschen durch Anwendung von physischer oder psychischer Gewalt, die Schmerzen an Leib oder Seele verursachten, zu Aussagen zu zwingen. Derartige Folterungen gibt es seit Anbeginn der Menschheit in den verschiedensten Lebensbereichen – bis heute. Die Methoden weichen je nach Ort und Zeit voneinander ab. Sie sind immer subtiler geworden.

Hier geht es allein um die Folterung durch *Gerichte* im *Spätmittelalter* und in der beginnenden Neuzeit. Mittels Folter sollten verstockte Delinquenten durch an ihrem Körper angelegte Instrumente zu einem Geständnis veranlasst werden.

Ziel und Zweck jeder Folterung war das Herausfinden der *Wahrheit*.

Im kirchlichen Recht wurde die Folter durch Papst Innozenz IV. für den kanonischen Ketzerprozess im Jahre 1252 zugelassen.

Man war sich der Gefährlichkeit des Einsatzes der Folter durchaus bewusst, da hierdurch ja auch Unschuldige zu Tode gebracht werden konnten, weil sie die körperlichen Qualen nicht aushielten. Daher gab es für das gerichtliche Beweisverfahren der Folter *rechtliche Schranken*, zum einen in Bezug auf den Personenkreis, zum anderen in Bezug auf die Durchführung der peinlichen Befragung. Einige besonders bedeutsame Regeln seien hier erwähnt: Kinder, Kranke, Schwangere und Wöchnerinnen durften nicht gefoltert werden. Auch Adeligen und hohen Beamten kam die »liberatio a tortura«, die Befreiung von der peinlichen Befragung, zugute.

Einschränkungen bei der Durchführung der Tortur:

– Die Folter durfte nicht willkürlich, sondern nur dann angewendet werden, wenn ausreichende Indizien und Verdachtsmomente vorlagen.

– Die Marter musste »ultima ratio« sein, also letztes rechtliches Mittel, wenn die Wahrheit nicht in anderer Weise festzustellen war.

– Es durften keine Suggestivfragen gestellt werden, auch keine solchen, die mit einem einfachen Ja oder Nein zu beantworten waren.

– Ein bloßes Geständnis reichte nicht aus, es musste vielmehr verifiziert werden. Das bedeutet, dass der Tathergang in plausibler Weise zu schildern war. Dabei waren vor allem die Umstände von Bedeutung, die nur dem Täter bekannt sein konnten, etwa der Ort des versteckten Diebesgutes, des »corpus delicti«. Der Richter musste dann einen eigenen Augenschein vornehmen.

– Das Geständnis musste außerhalb der Folterkammer wiederholt werden.

– Durch die Folter durften dem Delinquenten keine körperlichen Verletzungen zugefügt werden, zumindest keine unheilbaren. Daher wurde bisweilen auch ein Arzt zur Überwachung hinzugezogen.

Im Kampf gegen *Hexen* und damit auch gegen den Teufel waren diese rechtlichen Schranken jedoch aufgehoben, zumindest abgeschwächt. Hexerei war ein »crimen extraordinarium«, ein außerordentliches Verbrechen. Die Folter war hier ein Kampfmittel gegen das Böse schlechthin. Schließlich hatte man es mit dem leibhaftigen Teufel zu tun, der der Hexe auch bei der Folterung beistand. Und da war *jedes Mittel recht* – sogar Lügen und falsche Versprechungen durch den Richter.

In Fällen der Hexerei machte die Folter auch vor Personen aus höheren Kreisen keinen Halt mehr. Kaum ein anderer Weg war so einfach, einen missliebigen Menschen zu beseitigen, als ihn der Hexerei zu verdächtigen. Das Vermögen des Verurteilten wurde eingezogen.

Hexen durften durch die Folter körperliche Verletzungen erleiden, denn aufgrund der Teufelshilfe fühlten sie keine Schmerzen.

Die Art und Weise der Folterungen war nicht einheitlich. Übereinstimmung bestand aber darin, dass die Tortura mehrere Grade durchlaufen konnte. Nach Gelehrtenmeinung wurden fünf Foltergrade unterschieden, ansonsten waren es häufig drei Stufen.

Da die jeweiligen Hexentribunale und die geübten Scharfrichter ohnehin ihre eigenen »Besonderheiten« hatten, soll hier nicht eine zahlenmäßige Zuordnung der Folterungsgrade im Vordergrund stehen, sondern eine kurze Darstellung gängiger Marterinstrumente:

– Zunächst ein Drohen mit der Folter (territio verbalis).

– Ein bloßes Anlegen und damit die Vorstellung der Daumenschrauben.

– Anwendung des Daumenstocks (territio realis): Verschrauben von zwei Metallplatten um die Finger, Verstärkung der Pein durch Draufklopfen mit dem Hammer.

– Schnürung an Händen und Beinen.

– Spanischer Stiefel: Verschrauben von Metallplatten um Schienbein und Waden.

– Aufziehen: Aufhängen an auf dem Rücken zusammengebundenen Händen mit einem Seil, das über eine an der Decke befestigte Rolle lief.

– Verstärktes Aufziehen: Aufziehen, dann Schütteln der Stricke oder Beschweren durch Gewichte an den Beinen.

– Spannen auf der Leiter: Dehnung des gesamten Körpers, meist mit Ausrenken der Glieder verbunden. Verschärfung durch Feuer: Brennen mit Schwefeltropfen, Pechfackeln oder mit entzündeten Kienspänen unter den Fingernägeln.

– Der Bock, ein Folterinstrument speziell für Frauen, war ein scharf zulaufender Keil, auf den die Hexen gesetzt wurden. Auf Grund des eigenen Körpergewichts erfolgten tiefe Einschnitte in den Unterleib der Gefolterten.

Konnte dem Gefolterten auch nach dreimaliger Marter kein Geständnis abgepresst werden – was bei diesen Qualen selten genug vorkam –, so galt die Anschuldigung als entkräftet; er wurde dann auf freien Fuß gesetzt. Zuvor musste er aber *Urfehde* schwören, d. h. unter Eid bekräftigen, sich für die Gefangenschaft und die erlittenen Qualen nicht zu rächen.

Dass durch die Grausamkeit derartiger Folterungen nicht die Wahrheit ans Licht kam, sondern meist das Gegenteil, nämlich unsinnige Fantasiegeständnisse, liegt auf der Hand. Nur um den Qualen ein Ende zu machen, gestanden Gemarterte häufig alles, von dem sie annahmen, dass das Tribunal dies so hören wollte.

Zu Kapitel 32: INTERROGATIONSSCHEMA: Der Fragenkatalog in einem Hexenprozess war extrem umfangreich und in allen Gegenden ähnlich. Die Fragen, die hier vom Vertreter des Reichsvogts der Sybille vorgelegt werden, stellen lediglich einen kleinen, meist wörtlich übernommenen Teil des damals üblichen Interrogationskatalogs dar.

Zu Kapitel 33: HÄGELISTOR-TURM: Dieser Torturm wurde auch als Geltinger- oder Inneres Paradiser-Tor bezeichnet. Er war beheizbar und somit wohl für gerichtliche Verfahren geeigneter als die anderen unbeheizbaren Tortürme, in denen Gefangene gehalten wurden.

Zu Kapitel 33: NACHRICHTER: Der Nachrichter, damals häufig auch Eisenmeister, Meister oder Peiniger genannt und uns heute als Scharfrichter oder Henker bekannt, war ein wichtiges Organ im mittelalterlichen Strafsystem. Seine Tätigkeiten waren vielfältiger Art.

Seine Aufgaben begannen bereits *vor* der Verurteilung des Verbrechers. Er war nämlich für das Foltern, für die Tortura, zuständig: Daumenschrauben, Beinschienen, Streckfolter, peitschen, prügeln, mit Zangen zwicken, Kienspäne unter Finger- oder Zehnägel zwängen und anzünden, mit nassen Riemen fesseln, die sich beim Trocknen zusammenzogen, oder Wasserfolter, bei der der Meister dem Delinquenten Wasser, Essig oder andere Flüssigkeiten mit einem Trichter in großen Mengen in den Mund schüttete. Damit sind beileibe nicht alle Foltermethoden aufgezählt. Jeder geübte Nachrichter hatte seine Besonderheiten, musste allerdings darauf achten, dass keine bleibenden Verletzungen entstanden. Hatte die Folter nämlich einmal keinen Erfolg und wurde der Angeklagte freigesprochen, so musste der Meister das Opfer heilen und Schadenersatz leisten.

Die wichtigsten Aufgaben des *Nach*richters lagen, wie der Name schon sagt, *nach* dem Urteil, nämlich in der Vollstreckung des Urteils. Hier entsprachen seine mannigfachen Aufgaben der Vielfalt der Strafen, die im Mittelalter existierten.

Bei Todesstrafen, durch den Reichsvogt zusammen mit dem Rat ausgesprochen, hatte der Meister das jeweilige Urteil zu vollziehen, sei es Enthaupten, Verbrennen, Erhängen, Erdrosseln, Ertränken, Rädern, Vierteilen, Zersägen, Lebendigbegraben, Letzteres häufig verbunden mit Pfählung.

Bei den Leibesstrafen, die der Rat aussprach und die in der Regel auf Verstümmelung hinausliefen, musste der Henker je nach Urteil Finger, Fingerglieder oder die ganze Hand abhauen, Zunge, Nase oder Ohren abschneiden oder die Augen ausstechen.

Bei Strafen an Haut und Haar vollzog der Henker je nach Urteilsspruch das Auspeitschen, die Prügelstrafe, die Stäupung mit der Rute und auch die Brandmarkung.

Wurde ein Malefikant vom Rat wegen einer Ehrverletzung verurteilt, so war auch hier der Nachrichter Vollzugsorgan. Je nach Urteilsspruch wurde der

Straftäter vom Eisenmeister an den Pranger gestellt oder in einem Schand-korb ins Wasser getaucht – was häufig bei unreellen Bäckern vorkam, so dass man dies Bäckertaufe nannte. Andere Verurteilte wurden vom Henker auf einen Esel gesetzt und mussten auf diesem sogenannten Schandesel durch die Stadt reiten. Wieder andere wurden vom Meister in einen Schandmantel gesteckt, mussten eine Halsgeige tragen oder wurden in eine Drille gesperrt. Dies war ein auf einer Spindel befestigter Käfig, der häufig so lange gedreht wurde, bis der Malefikant ohnmächtig wurde.

Die Entlohnung des Nachrichters war genau festgelegt. So ist einem Kon-stanzer Ratsbucheintrag aus dem Jahre 1456 zu entnehmen, dass der Peiniger in der Woche einen Sold von sieben Schilling Pfennig erhielt. Das war die Grundvergütung. Für jede einzelne Vollstreckungshandlung bezog er einen zusätzlichen Lohn. Nur wenige Beispiele: für eine Hinrichtung, gleichgültig welcher Art, ein Pfund Heller, für das Augenausstechen, Ohrenabschneiden und das mit Ruten Ausschlagen jeweils fünf Schilling Pfennig. An anderer Stelle wird erwähnt, dass ihm für das Ertränken ein Pfund Heller und für Folterung zwei Schilling Pfennig bezahlt wird. Das Häs des Hingerichteten, seine Bekleidung, fiel immer an den Nachrichter.

Bei der beträchtlichen Zahl von Verurteilungen musste ein Meister in Kon-stanz durchaus sein Auskommen gehabt haben.

Zu diesen typischen Henkertätigkeiten kamen noch einige weitere äußerst wichtige Aufgaben und somit auch weitere Einnahmequellen hinzu:

Vom Rat wurde dem Meister die Stadtreinigung übertragen. Unterstützt von sei-nen Knechten, musste er Schmutz und Unrat aus Gassen und Wegen entfernen.

Auch bei Privatpersonen verdiente er gutes Geld für die Leerung von »Abort-gelten« (= Abortgruben). Dies durfte er mit seinen Gesellen allerdings nur in der Winterzeit und auch dann nur nachts durchführen.

Häufig war der Scharfrichter auch als Abdecker tätig.

Darüber hinaus pflegten die Henker mit gegerbter Menschenhaut und mit Leichenteilen einen lebhaften Handel zu treiben, etwa mit Diebesdaumen, die häufig für Amulette verwendet wurden.

Hieraus wird ersichtlich, dass die Henker in der Regel nicht unvermögend waren.

Wegen ihrer Tätigkeiten galten die Nachrichter als *unehrliche* Berufsgruppe. Der einzelne Nachrichter war ehr- und rechtlos, verachtet und gefürchtet. Wer ihn berührte, wurde selbst unehrlich. Auch seine ganze Familie war ehr-los. Daher bot sich dem Sohn eines Henkers als einem Unehrlichen häufig nur die Möglichkeit, selbst wieder Nachrichter zu werden. So erklärt es sich, dass ganze Henkerdynastien entstanden.

Zu Kapitel 34: MALEFIZGERICHT = Blutgericht.

Zu Kapitel 34: ENDLICHER RECHTSTAG: Das Rechtsinstitut des »endlichen Rechtstages« passte an sich überhaupt nicht in das System des Inquisitionsverfahrens. Es war ein Relikt aus dem früheren jahrhundertealten Anklageverfahren, in dem sich ein freier Mann in *öffentlichem* Gerichtsverfahren zu verantworten hatte. Hier im Inquisitionsverfahren war der »endliche Rechtstag« letztlich ein der Öffentlichkeit gebotenes formales Schauspiel.

Zu Kapitel 34: URTEIL: Der Wortlaut dieses Urteils gegen Sybille entspricht einem stark verkürzten und sprachlich etwas redigierten Originaltext eines Hexenprozessurteils.

Zu Kapitel 34: GERICHTSSTAB: Das Stabbrechen bedeutete symbolisch das Abschneiden des Lebensfadens, die Vernichtung der Existenz des Verurteilten. Derartige Rechtssymbolik entspringt alten Rechten, in denen symbolische Rechtshandlungen von großer Bedeutung waren.
Noch heute kennen wir die Redensart: »Man solle nicht den Stab über ihm/ ihr brechen.«

Zu Kapitel 34: ASCHE: Selbst die Asche eines verbrannten Missetäters galt noch als gefährlich. Daher wurde sie in ein fließendes Gewässer gestreut, um sie wegzuschwemmen.

Quellen für die hier beschriebenen Konstanzer Verhältnisse sind vor allem die städtischen Amtsbücher und von diesen insbesondere die Ratsbücher, die in großer Zahl im Stadtarchiv vorhanden sind.

Dank

möchte ich allen sagen, die mich bei diesem Buch durch Anregungen, Hinweise oder in welcher Weise auch immer unterstützt haben. Mein ganz besonderer Dank gilt:

– dem Stadtarchiv Konstanz mit dessen Leiter Herrn Dr. Jürgen Klöckler, speziell auch den Herren Norbert Fromm und Michael Kuthe für freundliche und stets bereitwillige Hilfe im Rahmen meiner Literaturarbeit sowie durch wertvolle Hinweise und Ratschläge,

– meinem Kollegen Herrn Prof. Helmut Käß, Pforzheim, für kritische Durchsicht und wertvolle Vorschläge,

– meinem Kollegen Herrn Prof. Dieter Pflaum, Pforzheim, für Ratschläge bei Gestaltung und Marketing,

– Herrn Dr. med. Helmuth Krieg, Calw-Stammheim,

– Frau Helga Schneider, Calw-Stammheim,

– Frau Margit Gotthardt, Kurhaus König, Bad Mergentheim,

allen dreien für medizinische Beratung zu Krankheitsbildern, die in diesem Buch eine Rolle spielen,

– meinem Sohn Urs Eisenmann für Beratung und technische Unterstützung,

– meiner Ehefrau Helga für Hinweise und Ratschläge bei vielen Einzelfragen.

Brüel

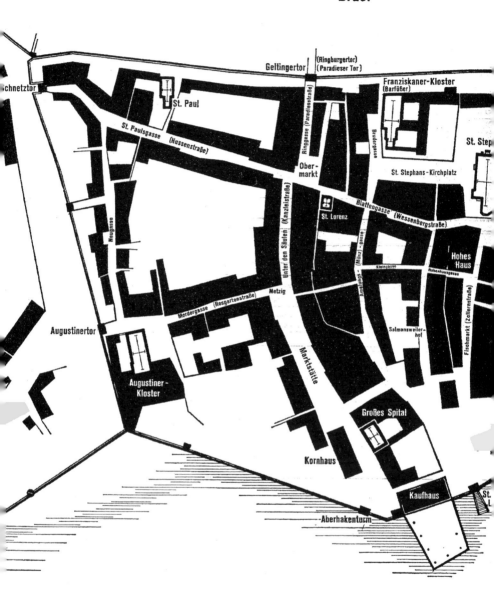

chnetztor

Geltingertor

(Ringburgertor)
(Paradieser Tor)

Franziskaner-Kloster
(Barfüßer)

St. Paul

St. Step

St. Paulsgasse (Hussenstraße)

Ober-
markt

Ringgasse (Paradiesstraße)

Brudergasse

St. Stephans-Kirchplatz

Blattengasse (Wessenbergstraße)

Haugasse

St. Lorenz

Amelungs(Münz-)gasse

Steingasse

Hohes
Haus

Unter den Säulen (Kanzleistraße)

Hohenhausgasse

Metzig

Mördergasse (Rosgartenstraße)

Augustinertor

Augustiner-
Kloster

Marktstätte

Salmansweiler-
hof

Fischmarkt (Zollernstraße)

Großes Spital

Kornhaus

Kaufhaus

St.
L

Aberhakenturm

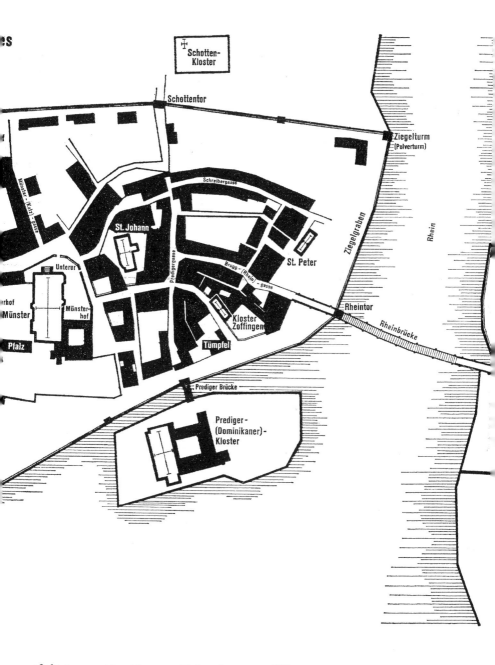

Mittelalterliches Konstanz